JANE FONDA

LE BEL ÂGE de la femme

avec Mignon McCarthy

Photographies de Harry Langdon

ROBERT LAFFONT

Ce volume a été publié aux États-Unis sous le titre :
WOMEN COMING OF AGE
par Simon & Schuster, New York – ISBN : 0671.46997.5

Maquette : Eve Metz. Production : Richard L. Willett.
Iconographie : Vincent Virga. Illustrations : Barbara Schock.
Photogravure : Irving Press and Associates.
Chorégraphie de la Gymnastique-Harmonie : Carol Garabedian.
Coiffure : Barron. Maquillage : Jeff Jones.

Traduction en langue française :
Yvonne Baudry, Christian Bounay, Jean-Pierre Galante, Christiane Ramasseul.

Composition et impression par Maury, Imprimeur, Malesherbes ; reliure par Brun, Malesherbes.

Numéro d'éditeur : 5768. Dépôt légal : mai 1985.
Numéro d'imprimeur : B 85/16211. PRINTED IN FRANCE.

Nous exprimons nos remerciements pour l'autorisation de reproduire ce qui suit :

Extrait de *La Naissance du jour*, par Colette, Garnier-Flammarion, 1969, p. 9.
Citations de Maggie Kuhn, fondatrice et présidente des Gray Panthers, pp. 19 et 147.
Extrait de *La Maison du lac*, script d'Ernest Thompson, p. 21.
Extraits d'un entretien avec Randi Gunther, Ph. D., pp. 34 et 115.
Extraits et éléments biographiques d'un entretien avec Julie Gordan, pp. 75-76.
Extraits et éléments biographies d'un entretien avec Hazel Washburn, pp. 79-80.
Extraits de *The Mirror cracked*, script de Jonathan Hales et Barry Sandler, pp. 102.
Citation de « An Unsentimental Journey » par Grace Paley, *Ms*, février 1978, p. 106.
Citation d'une communication avec Estelle Ramey, M.D., p. 139.
Citation de « The Sexual Lives of Women Over 60 » par Carol Travis, *Ms*, juillet 1977, p. 147.
Citation de *Growing Older, Getting Better*, par Jane Porcino, Ph. D., publié par Addison-Wesley, 1983 p. 155.
Citation de *The Controversial Climacteric*, par P.A. Van Keep, W. H. Utian et A. Vermeulen, publié par MTP Press, 1982, p. 169.
Citation et éléments biographiques d'un entretien avec Patricia M. Walters, pp. 235-236.

LE BEL ÂGE de la femme

SOMMAIRE

PREMIÈRE PARTIE

Les femmes et leur maturité

Au cours des heures, où je me sens inférieure à tout ce qui m'entoure, menacée par ma propre médiocrité, effrayée de découvrir qu'un muscle perd sa vigueur, un désir sa force, une douleur la trempe affilée de son tranchant, je puis pourtant me redresser et me dire « puissé-je n'oublier jamais que je suis la fille d'une femme qui penchait, tremblante, toutes ses rides éblouies sur une promesse de fleur, une telle femme qui ne cessa elle-même d'éclore, infatigablement, pendant trois quarts de siècle ».

COLETTE
La Naissance du Jour

Me voici avec Troy et Tom en train de pêcher sur le lac Cachuma dans les collines au-dessus de Santa Barbara.

CHAPITRE 1

LES LEÇONS DE L'EXPÉRIENCE

JE M'ÉTAIS JURÉ, après avoir achevé mon premier livre, *Ma Méthode* *, de ne plus récidiver. Je n'ai pas une vocation d'écrivain. Rester assise devant une page blanche à me demander comment je vais enchaîner les mots les uns aux autres est, pour l'actrice que je suis, bien plus éprouvant que le plus difficile de tous mes rôles. Je deviens alors d'une humeur massacrante, houspillant les enfants au moindre bruit, criant sur les chiens dès qu'ils aboient, et m'ingéniant chaque jour à trouver mille obligations pour retarder le moment inéluctable du face à face avec la page immaculée. Et voici que je me retrouve, quatre ans plus tard, mettant la dernière main à un nouveau manuscrit.

Mais, pendant les quatre années qui séparent ces deux livres, je suis devenue une femme qui fait face, en pleine conscience, à la seconde moitié de sa vie. Cette façon d'assumer mon âge, et toute la réflexion qui l'a précédée, m'ont à nouveau poussée à affronter l'épreuve de l'écriture. Tout a commencé lorsque j'ai remarqué en moi certains signes de vieillissement. Puis il y a eu la maladie et la mort de mon père. Lui disparu, j'ai endossé tout naturellement le rôle d'aîné de la famille.

Je crois que la nature a commencé à me révéler son travail, un peu avant que ne s'achève la première moitié de ma quarantaine, avec l'apparition de quelques véritables marques de vieillissement. Alors que je termine ce livre, j'ai quarante-six ans, et toute l'habileté du plus talentueux des éclairagistes ne peut empêcher les stries de mon visage d'apparaître désormais à l'écran. Mes cheveux s'éclairent maintenant de fils d'argent. Mon dos – adolescente je me suis cassé des vertèbres en plongeant – me rappelle qu'il a besoin de ménagements. Les longues soirées passées assise au fond d'un bateau à moteur à regarder mon mari jouer au plus malin avec les bars réveillent des douleurs qui me précipitent chez le chiropracteur. Une petite boule sur mon auriculaire s'est révélée de l'arthrose, « Allons, Fonda, me suis-je dit, c'est quand même arrivé. Te voilà une bonne femme d'âge mûr ! »

* Jane Fonda *Ma Méthode*, Le Seuil, 1982.

Assise sur les genoux de papa, à la maison, pendant l'une de ses permissions alors qu'il était dans la marine.

J'apporte à papa l'Oscar qui lui a été décerné pour son rôle dans La Maison du lac.

Moi, Vanessa, Troy et Tom, il y a déjà quelques années, pendant un moment de détente à Laurel Springs, notre ranch de Santa Barbara.

Mais je ne me *sens* pas « une femme d'âge mûr », je ne ressens rien de tout ce que cette expression implique. Je suis même capable de courir plus vite, d'escalader des parois plus raides, de soulever des poids plus lourds, d'étirer mon corps davantage et de danser plus longtemps qu'à vingt ans. « Au temps de jadis », selon l'expression favorite de mon fils, j'*étais* jeune. Aujourd'hui, je *me sens* jeune.

Se pourrait-il que je sois épargnée par le vieillissement ? Peut-être puis-je échapper aux impitoyables griffes du temps ? Mais il y a mon dos douloureux, et cette petite bosse sur mon doigt, et tout le reste que je vois dans ma glace, il me faut admettre alors que, en dépit de toute ma vigueur et malgré ma pleine forme, je suis une femme d'âge mûr, une femme qui défie cette vérité et la craint en même temps.

La disparition de mon père a soudain placé tous ces éléments sous un éclairage implacable. Tant que nos parents sont en vie, ils constituent un barrage entre la mort et nous-mêmes. Du jour où ils ne sont plus là, nous nous retrouvons en première ligne. Vivre, aux côtés de mon père les ultimes mois de son existence, partager son agonie a balayé mes dernières et puériles illusions d'immortalité. J'ai compris, au fil des jours passés à son chevet, que ce n'était pas tant l'idée de la mort elle-même qui m'effrayait que la confrontation avec certains regrets, « j'aurais dû », « Ah si seulement... » qui surgissent quand déjà on n'a plus le temps, quand déjà s'achève le troisième acte de ce qui, hélas, n'était pas une répétition.

Alors le temps, soudain, devient le plus précieux des biens. Le temps passé avec mon père. Et aussi le temps qui me reste à moi-même. J'ai alors ressenti le besoin de réfléchir sur ce que je pouvais devenir, de visualiser ce que je voulais être et ce que je voulais que soit ma vie proche de son terme. Je prenais pleinement conscience du fait qu'on n'a qu'une vie et que, à moins d'un miracle, j'avais déjà dépassé le mi-parcours. Or, j'avais jusque-là gaspillé mon temps, suivi de mauvaises routes, cru que tout m'était dû. Aujourd'hui j'entame un nouveau chapitre, enrichie d'un don tout neuf, l'expérience. Mon passé est là pour que j'en tire des leçons. Je vais pouvoir envisager ce qui me reste de temps à vivre non plus dans le flou du romantisme et de l'illusoire, mais avec la lucidité que donnent le sens de la réalité et la connaissance de soi-même. Je ne veux plus avoir à dire « si seulement... » en parlant de ce qui me tient le plus à cœur, mes enfants, mon mari, mes amis, ma communauté idéologique, les espoirs que je fonde pour mon pays et ma foi en la paix mondiale. Je vais me construire ma propre philosophie et elle guidera désormais la dernière moitié de ma vie. Il me faudra, je ne l'ignore pas, faire preuve de plus de courage qu'auparavant, m'engager dans des choix définitifs mais je pourrai aussi saisir des occasions qui m'étaient interdites lorsque les enfants étaient plus petits et que j'avais moins d'expérience.

En pensée, j'ai déjà commencé à ébaucher le portrait de la femme que je souhaite devenir au crépuscule de ma vie. Je regarde cette vieille dame qui marche au grand air, d'un bon pas, indifférente aux intempéries. Une grande vitalité émane d'elle. Elle ne craint pas la solitude. Son visage ridé est animé d'une vie intense. Le sang rosit ses pommettes à la peau fanée et ses yeux brillent d'une curiosité sans cesse en éveil car elle apprend toujours. Son mari l'accompagne souvent dans ses promenades. Ils rient beaucoup ensemble.

Elle aime ce qui est simple. Elle apprécie particulièrement la compagnie des jeunes et sait écouter. Ses petits-enfants ne se font pas faute de lui raconter leurs histoires et ils adorent quand elle évoque les siennes ; elle sait leur donner un tour à la fois tendre, amusant et riche d'enseignements cachés. Elle s'est choisi un système de valeurs et possède un talent très sûr pour initier ses jeunes amis à sa philosophie.

Devant ce portrait auquel j'aspire à ressembler et dans lequel je retrouve souvent l'image de mon père, je me dis, « O.K., Fonda », si tu veux réellement être cette femme-là quand tu auras quatre-vingts ans, comment comptes-tu y parvenir ? Comment comptes-tu conduire ta vie jusqu'à tes cinquante puis soixante ans puis soixante-dix ans pour devenir la fidèle réplique de ton rêve ? Comment vas-tu mener ta barque entre les écueils inévitables et les chances qui s'offriront à toi dans cette nouvelle et ultime traversée ?

Les vertus de la préparation

J'ai découvert un jour un principe que le cours des ans n'a fait que vérifier. Lorsqu'on se trouve face à une situation nouvelle le mieux est de l'aborder avec un maximum de connaissances. Cette évidence faussement simple m'est apparue à l'occasion de la naissance de mes enfants. La venue au monde de mon premier enfant a été pour moi une expérience terrifiante que j'ai subie dans la solitude. Je l'ai affrontée sans aucun enseignement, sans y avoir été préparée. Impuissante, j'ai été emportée par un océan de douleur. Ma seconde expérience se situe aux antipodes de cette épreuve. Mon mari, Tom Hayden, se mit à étudier avec moi, sous la direction de Femmy DeLyser, enseignante en obstétrique et auteur de *La Méthode Jane Fonda pour la grossesse... et après* *, tout ce qu'on peut apprendre sur l'accouchement. Femmy m'a aidée à bien me *préparer* à ce qui m'attendait. Tom et moi nous nous sommes familiarisés avec le déroulement de la naissance, nous l'avons imaginée, répétée. La souffrance ne se révéla pas moins intense, l'accouchement ne se passa pas plus vite – c'est une question de gènes ou d'hérédité – mais préparée comme je l'étais, j'ai pu garder mon sang-froid. J'ai pu surmonter la douleur sans me laisser submerger par elle. La nature même de l'expérience s'en trouva transfigurée.

Aujourd'hui, douze ans après la naissance de mon second enfant, j'aborde une autre période de profonds changements. La *maturité*. Une part de

* Le Seuil, 1983.

L'une de mes photos préférées de Troy ; aujourd'hui encore il a cette même expression.

moi-même savoure les richesses que cet âge apporte. Mais une autre part avoue sa peur – terreur de voir les enfants s'éloigner, de voir retomber le succès que me valait ma jeunesse, de voir s'envoler la vieille identité quand celle d'aujourd'hui ne me paraît pas encore bien définie. Une certitude me soutient cependant : les vertus de la préparation, ce principe que j'ai découvert grâce à la naissance de mes enfants m'obligera d'abord à *devenir physiquement plus forte* puis, ce qui est tout aussi important, à *comprendre ce qui se passe et à savoir comment réagir* à ces changements. Je pourrais très bien voguer en aveugle vers cet âge de la maturité, assise au fond de ma barque, le dos tourné au courant qui m'entraîne et les yeux obstinément clos priant seulement pour que le voyage se passe bien. Je pourrais larguer les voiles, naviguant au petit bonheur dans l'obscurité de l'ignorance. Il m'est également possible de m'engager sur cette route les yeux grands ouverts. Je peux travailler à découvrir ce qu'il me sera indispensable de savoir pour pouvoir prendre la bonne décision au moment voulu au fur et à mesure des changements de cette nouvelle vie.

La première question que je me pose est de savoir ce que les femmes qui abordent la seconde partie de leur vie peuvent réellement espérer sur le plan physique. Est-il possible de rester en bonne forme, de conserver toute sa vigueur et sa sexualité. Avons-nous désormais des besoins alimentaires spécifiques ? Pouvons-nous ralentir le processus du vieillissement ? Existe-t-il une technique semblable à celle de la respiration pendant l'accouchement pour nous aider à franchir cette étape du milieu de la vie ? En cherchant la réponse à ces interrogations, j'ai mesuré combien cet âge de notre vie présente de défis, aussi bien sur le plan physique que psychologique, et j'ai découvert à quel point nous sommes tributaires de notre alimentation, dépendantes de nos habitudes d'activité, de la façon dont nous nous voyons, dont nous menons notre vie. J'ai compris également que j'avais personnellement besoin de ménager mon dos et mon bassin avec des exercices moins traumatisants, mais capables de m'amener encore à me dépasser moi-même tout en épargnant mes articulations.

Je décidai ainsi d'écrire un autre livre pour aborder et développer tous ces sujets.

Le premier livre, *Ma Méthode*, se voulait un guide complet de la forme et de la santé utilisable par chacun d'entre nous. Celui-ci a pour ambition plus particulière de traiter, en profondeur, une des phases de notre vie. Je sais cependant que, à bien des égards, il intéressera *toutes* les femmes, quel que soit leur âge, parce que nous sommes toutes concernées par les problèmes soulevés dans notre société par la femme qui avance en âge. J'espère aussi que les hommes liront ces pages ; non seulement ils comprendront mieux les femmes qui traversent cette période, mais ils apprendront beaucoup sur les changements physiques qui, à l'exception de la ménopause, les affectent de la même façon que nous.

J'ai fait en sorte que ce livre réponde à toute les questions que je me suis posées. J'ai voulu qu'il soit un guide pratique pour bien vivre ce passage à la deuxième moitié de notre vie. Enfin, j'ai voulu faire partager aux femmes qui atteignent leur maturité ma conviction qu'avancer en âge ne doit pas être une évolution négative.

J'ai compris très vite, après avoir mis ce projet en route que, contrairement à mon premier livre pour lequel il m'avait suffi de puiser dans mon passé, la rédaction de cet ouvrage me projetterait dans le futur. J'avais bien certaines idées, certaines intuitions au sujet de mon avenir, mais je ne disposais d'aucun matériel tangible, d'aucune connaissance indubitable sur lesquels m'appuyer. J'allais donc devoir me lancer dans un sérieux travail de recherche.

Pour m'aider dans cette tâche, j'ai demandé le soutien de mon amie, Mignon McCarthy. Après avoir passé son doctorat en littérature à l'université de Stanford, Mignon était devenue responsable générale de la Campaign for Economic Democracy (Campagne pour une économie démocratique) organisation de l'Etat de Californie dont mon mari et moi-même faisons également partie. Douée d'une grande intelligence, elle se passionne en outre pour les mêmes problèmes politiques et sociaux que moi et partage ma conviction sur l'importance primordiale de se maintenir en bonne forme physique. Je ne doutais pas que sa participation à l'élaboration de ce livre élargirait considérablement le champ de mes investigations et, qu'ensemble nous allions réussir à drainer tout ce que l'on peut savoir sur la femme au milieu de sa vie.

Nous ne nous attendions nullement cependant à découvrir que, si on n'ignore plus rien de la femme dans sa fonction reproductrice, les recherches sur le maintien de sa santé dans d'autres circonstances de sa vie

Moi, Mignon et notre ordinateur Kaypro. Nous sommes en train de travailler à ce livre.

brillent par leur absence. Bien plus, la plupart des études faites sur le vieillissement ont été entreprises *par* des hommes et *sur* des hommes. Je ne prendrai pour exemple que les travaux, les plus importants en la matière, menés aux États-Unis sur ce problème depuis 1950. Pendant vingt ans, les recherches se sont circonscrites autour des hommes. En 1970 seulement, on commença à inclure les femmes dans les données. « Les femmes ont été totalement négligées sur le plan de l'étude du processus du vieillissement », reconnaît le National Institute on Aging (N.I.A.), aujourd'hui à la pointe des recherches dans ce domaine. « Ni le législatif, ni l'exécutif n'ont jamais ordonné d'enquête sur les problèmes des femmes d'âge mûr. »

En dépit de la découverte de ce grand manque, nous nous sommes accrochées à notre idée et l'avons approfondie, lisant tout ce qui tombait entre nos mains, explorant jusqu'au bout toutes les voies qui s'ouvraient devant nous au fil de nos recherches. Nous avons débusqué, à travers tout le pays, le moindre groupe de chercheurs qui travaillait sur ce sujet, et c'était, la plupart du temps, des femmes elles-mêmes d'âge mûr. Ce travail de glaneur nous a permis de rencontrer, à côté des spécialistes, de nombreuses femmes qui, seules ou rassemblées en groupements, partageaient nos préoccupations. Elles éprouvaient les mêmes frustrations et les mêmes satisfactions, elles nous racontèrent leur histoire, où comédie et tragédie s'imbriquent toujours étroitement et partagèrent avec nous leur connaissance rudement acquise de cette période de leur vie.

Le résultat, c'est ce livre, là, devant vous – et ma nouvelle méthode que j'ai appelée « Gymnastique-Harmonie ». La transcrire noir sur blanc a été ma façon de me préparer à cet âge de la maturité, de l'aborder *con gusto*. J'espère qu'il vous apportera la même aide.

CHAPITRE 2

UNE NOUVELLE FRONTIÈRE

A notre âge, nous n'avons plus rien à perdre ! Mais nous avons tout à gagner en osant vivre dangereusement ! Nous pouvons enfin être des risque-tout, être de ceux qui n'hésitent pas à défier, à déranger les systèmes établis, la politique, les modes de vie et soi-même.

Maggie KUHN
Fondatrice des Gray Panthers

VIVRE SA MATURITÉ, pour une femme dans notre société, c'est, à bien des égards, mener une vie de pionnier. Ces années qui sonnent le milieu de l'existence constituent une terre encore vierge dont nous sommes appelées, nous les femmes de quarante ans, à dresser la carte. Il va nous falloir tailler à coups de serpe dans l'enchevêtrement encore vivace bien qu'un peu étiolé des mythes qui obscurcissent la promesse de notre accomplissement dans l'âge nouveau de la maturité.

Très peu d'entre nous ont eu quelqu'un pour leur indiquer la voie. Aucune des femmes qui ont peuplé mon passé n'a su donner un éclairage direct à cette période déjà avancée de notre vie. Ma mère, quant à elle, a choisi de se suicider alors qu'elle n'avait même pas mon âge. Son médecin m'a expliqué que, parmi tous les spectres qui hantaient son univers, la peur de perdre sa jeunesse la tourmentait sans cesse. Vos mères ont peut-être aussi connu la même peur devant cette fatalité. Sans doute nourrissaient-elles les plus grandes inquiétudes sur la façon dont elles pourraient s'armer pour affronter cet état inconnu qu'elles considéraient, le plus souvent, comme leur dernière étape.

Nous sommes la génération de transition.

Toutes celles d'entre nous qui abordent aujourd'hui la seconde moitié de leur vie sont la pierre angulaire d'une nouvelle définition de la maturité, bien différente de ce que connurent nos aïeules. Nos filles, après nous, vivront alors cet âge moyen de leur vie d'une manière radicalement différente. Ce qui, autrefois, paraissait la phase déclinante et redoutée de l'existence se présentera à elles comme une période particulièrement productive et enviée. Quant à nous, nous nous trouvons à l'épicentre de ce bouleversement, nous nous penchons au bord de la faille qui éloigne

Ma mère, Peter et moi. On avait fait cette photo pour l'envoyer à papa qui faisait la guerre, loin de nous, de l'autre côté de l'Océan.

de nous l'idée de l'âge mûr commencement de la fin pour la reconstruire au centre de notre vie.

A quel âge peut-on commencer à parler de maturité ? A quarante ans ? A quarante-cinq ans ? S'achève-t-elle à soixante ou à soixante-cinq ans ? Ces chiffres paraissent bien arbitraires et inadéquats pour tenir compte de l'infinité des expériences individuelles. En outre, les premières années de la maturité sont incontestablement très différentes des dernières. Soucieuse de conserver des repères temporels, j'en suis venue à concevoir la maturité comme une succession de trois époques différentes, dont deux de quinze ans chacune, se situant de part et d'autre de la ménopause, qui se produit en général vers la cinquantaine. J'inclus la période de trente-cinq à trente-neuf ans pour tenir compte des changements qui interviennent dans notre corps dès l'âge de trente ans. Ils demeurent alors certes peu visibles, mais si nous savons qu'ils existent, nous pourrons alors nous préparer à affronter, aussi bien que possible, cette nouvelle étape de notre vie.

Oui, j'imagine le concert de protestations que je vais soulever chez toutes les jeunes femmes indignées de se voir déjà considérées comme arrivées dans l'âge de la maturité ! Il n'y a rien d'étonnant à cela. Notre société ne fait preuve d'aucune indulgence pour la femme qui vieillit. Nous avons de tout temps été célébrées pour notre rôle de reproductrices et pour notre attrait sexuel, valeurs inséparables de la jeunesse. C'est bien pourquoi nous bravons une double épreuve en atteignant ces années cruciales du milieu

---

NORMAN THAYER

La maturité, Ethel, ça veut dire qu'on a déjà parcouru la moitié de notre existence. On ne vit pas jusqu'à cent cinquante ans.

ETHEL THAYER

Nous approchons de la fin de notre maturité, c'est tout.

NORMAN

Mais non, tu le sais très bien. Nous ne sommes pas des gens d'âge moyen. Tu es vieille, et moi je suis très vieux.

ETHEL

Peuh ! Tu es dans tes soixante-dix ans et moi dans mes soixante.

NORMAN

Exactement, c'est la bonne estimation.

Henry Fonda
Katharine Hepburn
La Maison du lac

de notre existence, nous perdons à la fois jeunesse et fertilité. En somme, nous nous retrouvons les survivantes en pleine santé d'une culture qui nous rejette et refuse notre participation pleine et entière.

LES MYTHES

Notre génération est l'héritière de toute une mythologie du vieillissement qui fait de la femme un être précocement usé et la place en face de son déclin dès qu'elle atteint la quarantaine, l'écartant, sans autre forme de procès, du courant de la vie. On nous refuse tout rôle important dans la société. Il ne nous reste plus qu'à croire qu'il est trop tard pour atteindre les buts qu'on s'était fixés ou pour en envisager d'autres. Tout nous conditionne pour nous amener à penser que nous sommes en marche vers notre déclin physique, intellectuel et psychologique et, de fait, nous perdons la santé, nous anesthésions nos émotions et devenons désabusées.

Confrontée avec ce genre d'avenir, il n'y a rien d'étonnant à constater que très tôt, la femme ressent la peur de vieillir. Il ne m'a pas fallu aller bien loin pour m'en rendre compte. J'ai vu cette peur au sein du groupe d'adolescentes qui faisaient partie du camp pour enfants que Tom et

De jeunes campeurs à Laurel Springs. Dans le fond, c'est moi, avec dix kilos de plus, je venais de terminer The Dollmaker *(Les Poupées de l'espoir).*

Gloria Steinem.

moi-même dirigeons depuis huit ans. L'été dernier, j'ai eu l'occasion de dire mon âge. Plusieurs filles m'adressèrent alors des signes de reproche et mes voisines me murmurèrent que je n'aurais pas dû dire mon âge parce que je ne *paraissais* pas du tout mes quarante-six ans. Il ne faisait pas de doute que, pour elles, ce conseil était un compliment. J'aurais dû alors leur citer cette version mise à jour de la phrase désormais célèbre de Gloria Steinem, "*This is what forty-six looks like !*" (c'est *ça*, avoir quarante-six ans !)

Quelle tristesse de voir ces adolescentes croire que la maturité est une tare à cacher et estimer qu'elles vivent les meilleures années de leur vie. Et pourtant, la plupart d'entre nous ne souhaiterait probablement pas revivre ces années-là. Nous préférons ce que nous sommes aujourd'hui. En revanche, j'apprécie ma chance de pouvoir penser au passé – au temps où on allait au cinéma pour deux francs cinquante avec un documentaire en prime, quand on ne connaissait pas encore les fast foods, quand le monde n'était pas asservi par la télévision et quand on savait encore dialoguer, quand on pouvait avoir foi en la grandeur de son pays et quand aucun enfant ne songeait à se demander si le monde existerait encore le lendemain.

Loin de moi l'idée de renoncer à ces souvenirs. Je ne voudrais pas davantage échanger tout ce que j'ai appris dans ma vie contre une nouvelle jeunesse. Lorsqu'une femme atteint sa maturité, elle a, en général, appris à se connaître ; elle s'aime davantage, elle comprend son corps et sait ce qui lui convient le mieux. Nous, les femmes de quarante ans, avons pris confiance en nous-mêmes et dépendons moins de l'opinion d'autrui. Nos inhibitions se sont évanouies et nous nous sentons des partenaires sexuelles épanouies – c'est aussi ce que nous espérons trouver chez les autres. Mais quoi ? N'y aurait-il pas là un secret jalousement gardé pour quelques favorisées ? Certes, il le sera, du moins aussi longtemps que la société, à notre insu, nous inculquera des attitudes négatives ne laissant aux adolescentes aucun avenir auquel elles puissent aspirer.

Très souvent la peur d'être mise à l'écart, parce qu'on nous préférera des « images » plus jeunes à la fois dans notre travail et dans nos rapports avec les hommes, nous pousse à dissimuler notre âge à autrui, comme à nous-mêmes. Mais lorsqu'on s'attelle à la tâche épuisante de cacher son âge, on se cache soi-même. Toutes les années que nous gagnons en apparence sur le travail du temps, nous nous les dénions à nous-mêmes. Nous nous dépouillons d'une véritable fierté que nous pourrions éprouver devant les années réellement vécues. Et nous nous séparons également des femmes qui, elles, montrent des signes plus précoces de vieillissement, nous nous en séparons au moment où un rapprochement entre nous toutes nous conférerait plus de force, de réconfort et de considération. Finalement notre vie pourrait se résumer en trois états : être jeune, *prétendre* être jeune et être vieille. Nous perdons ainsi toute la période si enrichissante du milieu de notre existence. L'actrice que je suis peut vous dire que le troisième acte est rudement branlant quand il n'y a pas de deuxième acte.

Il y a deux poids et deux mesures

Pour un homme, la maturité sonne le vrai départ ; c'est le moment où il atteint en général l'apogée de sa carrière. Sa valeur personnelle et sa réalisation sexuelle sont intimement liées à sa pleine participation à la vie active. Elles ne dépendent en rien de son état ou de son apparence physique ni de ses organes de reproduction comme c'est le cas pour nous. L'attirance qu'il exerce n'est pas remise en question. Sa sexualité se place au-dessus de tout soupçon.

Alors que le visage de la femme, comme son corps, ne sont prônés qu'autant qu'ils conservent un aspect lisse et inchangé, l'homme, lui, acquiert le poids de l'expérience. Les changements d'aspect apparaissent comme des enrichissements de sa personnalité, ceux de la femme sont des stigmates. Paul Newman gagne des cheveux d'argent et autant de distinction. Mes cheveux grisonnent et on me conseille les colorations. Mon copain Redford se burine et ses traits prennent de la personnalité. Je me ride et j'ai des pattes d'oie. Ce n'est pas juste !

SALLY FORTH **par Greg Howard**

Un âge oublié par notre culture

Pour l'actrice que je suis, la maturité s'est accompagnée de menaces et de défis bien particuliers. De par mon métier, en effet, ce que je donne est inséparable de moi-même, ce qui n'eût pas été le cas si mon talent s'était exercé dans d'autres domaines, sculpture, médecine ou affaires. Je ne crée pas d'autre « produit » que moi-même – personnages, émotions, je les évoque tous avec mon corps, mon visage, mes yeux, mes mains. Ce que je donne, c'est ce que vous voyez. Voilà pourquoi mes quarante-six ans m'ont placée dans une position tellement précaire, du moins jusqu'à récemment, car les producteurs et écrivains américains semblaient persuadés que le public ne voulait pas d'une femme ridée sur les écrans, à plus forte raison si son personnage lui conférait un rôle primordial avec une vitalité et une sexualité florissantes.

Dans le monde du cinéma et de la télévision, ces fabriques d'images, si importantes dans notre société qu'elles sont devenues de véritables institutions, on s'aperçoit que la femme d'âge mûr, active, forte, indépendante demeurait pratiquement invisible. Nous étions les oubliées de notre culture. La Guilde de l'acteur a étayé cette impression avec les données de l'étude qu'elle a menée pendant les années 70 sur les heures de grande écoute et sur les émissions du week-end destinées aux enfants : les personnages féminins intéressants commencent à disparaître quand les rôles campent une femme de quarante ans. En revanche, le nombre des hommes de plus de quarante ans, tous à l'apogée de leur puissance, beaux, sexy et sophistiqués ne fait qu'augmenter. Pour la télévision la femme n'existe qu'*au-dessous de trente ans*, et les hommes, *au-dessus de trente-cinq ans !* (combien de fois a-t-on vu un homme âgé face à une partenaire de son âge ?). Notre absence des medias ne fait que renforcer l'image terrifiante que les enfants et nous-mêmes avons déjà de la vieillesse. Les téléspectateurs les plus assidus, toujours selon les travaux de la Guilde, sont ceux qui croient aussi que la femme vieillit très tôt et que notre société ne compte presque pas de personnes âgées ! Pour la télévision, conclut la Guilde « un homme vit toutes ses saisons, une femme n'a droit qu'au printemps ».

Moi, dans le rôle de Gertie Nevels dans The Dollmaker *(Les Poupées de l'espoir), la réalisation d'un rêve vieux de douze ans, auquel j'avais commencé à penser quand j'ai lu pour la première fois le roman d'Harriet Arnow.*

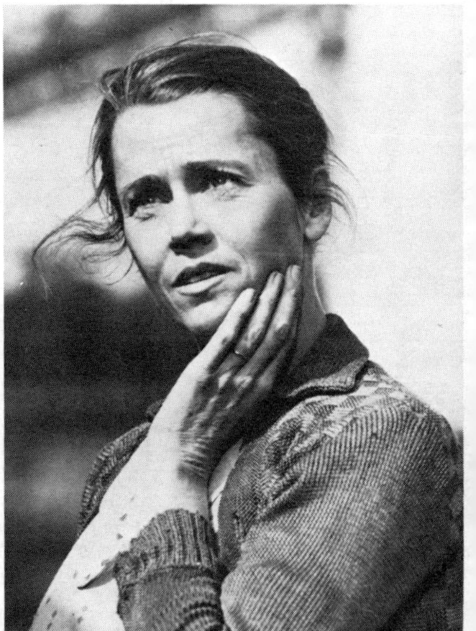

Eh bien, me voici en automne et furieuse ! Plusieurs solutions s'offrent à moi. Je peux, tout simplement, prendre ma retraite. Je peux aussi tenter de maintenir l'image d'une « séduisante femme dans la trentaine » – ce ne sont pas les propositions dans ce sens qui me manquent. Mais je peux également reconnaître que je n'ai aucune envie de recommencer ce qui appartient dorénavant au passé. Jouer des femmes plus jeunes que moi ne m'intéresse pas, même si je suis capable de paraître l'âge du rôle. Me replacer à trente ans me serait une contrainte. Je veux incarner des personnages de mon âge, avec tout ce que cela implique. Ce qui m'intéresse, ce sont les femmes qui en sont là où je me trouve moi-même.

Toutes celles d'entre nous qui sont devenues des actrices d'âge mûr doivent se forger une nouvelle identité, et, en même temps, il nous faut réussir à persuader producteurs et écrivains, ceux-là même qui ne croient qu'aux femmes de moins de trente-cinq ans, que le public compte un bon nombre de spectatrices de notre âge qui seraient passionnées par des films sur des femmes comme elles.

Heureusement, beaucoup d'actrices en atteignant la maturité sont devenues productrices. Ainsi se trouve renforcée notre chance d'être la première génération d'actrices à donner, dans notre culture, un visage et une voix aux femmes de plus de trente-cinq ans, à corriger la vision sectaire de notre société, à proclamer par les medias, créateurs de la conscience collective, que, entre la joliesse de la jeunesse et la beauté intérieure d'une femme de plus de soixante-dix ans, d'autres femmes existent pleinement, elles ont le visage qui se marque et elles sont en même temps vibrantes, sensuelles, séduisantes.

LE VIRAGE

Les mythes et les idées toutes faites qui ont cours, dans notre société, sur la maturité de la femme se trouvent confrontés, les uns après les autres à des réalités nouvelles. Certaines nous sont déjà familières :

- Jamais nous n'avons été aussi nombreuses.
- Nous atteignons l'âge de la maturité plus fortes physiquement que nous ne l'avons jamais été.
- Et tout cela arrive au moment où les femmes des autres âges de la vie reconsidèrent leur place dans la société et découvrent les possibilités qui s'offrent à elles.

Devenir vigoureuses

Nous nous trouvons devant une période de transformation sans précédent dans notre société. Nous sommes en train de passer d'une culture où les jeunes étaient les plus nombreux à une nouvelle culture dominée par les gens d'âge mûr et les personnes âgées. En outre, les femmes y sont plus nombreuses que les hommes. Réfléchissez aux données suivantes :

1. Les enfants américains nés pendant le « baby boom » d'après la Seconde Guerre mondiale atteignent aujourd'hui leur maturité. *Quarante millions* d'entre eux sont des femmes.
2. Du fait que, actuellement, les jeunes ont moins d'enfants, la classe d'âge mûr devient de plus en plus importante par rapport au reste de la population. A elles seules, les femmes d'âge mûr représentent 20 % de la population *totale* des États-Unis, ce que leur confère une énorme influence économique, politique et sociale – importance qui s'étendra fort avant dans le XXIe siècle.
3. Les gens d'âge mûr et les gens âgés, dont une majorité de femmes, forment non seulement la classe la plus nombreuse de la société

américaine, mais celle qui évolue le plus rapidement. Ce groupe représentera plus de 50 % de la population avant la fin du siècle.

4. Aux États-Unis, une femme née en 1900 avait une espérance de vie d'environ quarante-sept ans, mon âge actuel. A cette époque, la maturité se situait aux alentours de vingt-cinq ans. L'existence de la plupart d'entre nous s'achevait donc *pendant* nos années de capacité de reproduction. De nos jours, une femme peut espérer atteindre, en moyenne, soixante-dix huit ans et un homme soixante et onze – un allongement de la vie de trente ans pour la plupart d'entre nous !

5. Grâce aux progrès réalisés dans l'alimentation, l'hygiène et la médecine, les gens vivent plus longtemps partout. Le vieillissement de la population américaine n'est qu'une partie d'un phénomène global qui prépare un *doublement* du nombre des plus de soixante ans partout dans le monde dans les vingt années à venir.

6. Rester en bonne santé en étant âgé est désormais tout à fait possible. La plupart des maladies chroniques et des infirmités physiques qui touchent encore les personnes âgés *ne sont pas* les compagnons fatals de la fin de la vie ; on sait de mieux en mieux comment s'en protéger.

7. Bien que nous ne connaissions pas encore les raisons de la plus longue longévité des femmes par rapport aux hommes, ce fait est indéniable, tout comme la constatation que nous vieillissons en meilleure santé. Et je récuse formellement la théorie, fruit de notre culture, qui nous classe au rang de personnes âgées dès que nous abordons un âge moyen.

Il n'y a pas si longtemps encore, la limite supérieure de la maturité se situait autour de la cinquantaine, c'est-à-dire l'âge moyen actuel de la ménopause. Aujourd'hui, quand on parle de maturité, on pense à une période de vie bien plus longue, qui s'étend largement au-delà de la ménopause. La ménopause elle-même, si elle reste un événement majeur, a perdu son caractère de seul facteur déterminant. Elle se place simplement parmi les autres événements, tous d'égale importance, qui jalonnent cette étape médiane dans la vie de la femme et qui englobe désormais les dernières années où l'on peut encore procréer et les premières années de la disparition de notre fertilité.

N'oubliez pas que la plupart d'entre nous auront encore, après leur ménopause, un tiers de leur existence à vivre.

Ce fait, et beaucoup d'autres, bousculent la tradition dont nous sommes les héritières où fertilité et maternité constituaient les seules raisons d'être de la femme.

Or, aujourd'hui, le total des années pendant lesquelles nous pouvons avoir des enfants est *inférieur à la moitié de notre vie* et le nombre d'années que nous passons vraiment à nous occuper des enfants à la maison est encore bien plus faible. Ces réalités nouvelles ne peuvent qu'inciter les femmes à se repenser dans leur totalité, à ne plus se considérer comme uniquement définies par leur utérus, leurs relations avec les enfants ou avec leur partenaire. Une maturité élargie signifie une multiplicité d'identités.

Modification des rôles et nouveaux risques

Comme pour beaucoup d'entre vous, mon adolescence s'est déroulée pendant les années 50, époque très exigeante et restrictive quant au rôle des femmes. La « mystique de la femme » était à son apogée quand, après la Seconde Guerre mondiale, notre génération atteignit l'âge du mariage. On nous avait forgé, en cette décade qui prônait la vie de famille et le « maternisme », une image idéalisée de ces valeurs suprêmes sans contrepartie réelle dans les joies de la maternité ou le monde clos de la famille.

Alors que de plus en plus de femmes se mettaient à travailler au dehors, on nous demandait toujours d'être des mères parfaites et des femmes d'intérieur irréprochables – à l'exclusion de toute autre chose. Le mariage c'était le pivot, l'événement le plus important de la vie d'une femme. Je terminai alors ma deuxième année d'université et je me souviens très bien que j'avais le sentiment de n'être pas concernée par tout cela. A la différence de la plupart de mes amies, je ne portais pas de bague de fiançailles, je n'étais pas abonnée à *Bride*, le magazine de la jeune mariée. Très souvent demoiselle d'honneur, je voyais mes amies se marier les unes après les autres. Mais, malgré ma peur de me voir condamnée à une vie solitaire et marginale, avec tous les risques que cela comportait de ne jamais connaître la sécurité, la normalité et la respectabilité, apanages des épouses, j'écoutais une petite voix intérieure qui me conseillait d'attendre.

C'est moi, à droite, en demoiselle d'honneur.

A cette époque, quand une jeune femme envisageait son avenir, elle le limitait à la première moitié de sa vie. Toute notre éducation était faite comme si notre vie devait s'arrêter à quarante ans ; au-delà régnaient le flou et l'inconcevable. Nous pensions beaucoup au mariage et très peu à ce qui se passerait ensuite. Les rôles d'épouse et de mère, dont nous n'avions qu'une vague notion mais tout auréolée de gloire, semblaient devoir durer la vie entière. Quant à penser que des femmes pouvaient influencer notre société, l'idée ne nous effleurait même pas. Pour moi, du moins, les seuls changements qu'une femme pouvait apporter s'exerçaient dans le domaine des couches pour bébés, du linge ou du mobilier de la maison.

Je parierais que la plupart d'entre nous comptait bien, à l'âge de quarante ans, posséder sa propre maison, et se voyait souhaitant, chaque matin, une bonne journée au mari qui partait travailler, pour ensuite veiller sur leurs filles ou leurs belles-filles enceintes de leur premier enfant. Mais actuellement, avec tout les bouleversements intervenus dans l'institution du mariage et de la famille, seuls des cas désormais exceptionnels se coulent dans le moule épouse et mère pour la vie – et pourtant ce stéréotype est toujours ancré dans nos esprits et reste la norme. Or un foyer seulement sur six perpétue encore notre concept de la famille américaine – le père qui travaille pour gagner le pain quotidien et la mère qui reste à la maison pour élever deux enfants ou plus.

Aujourd'hui, *plus de la moitié* des femmes d'âge mûr travaillent au dehors et nombre d'entre elles assument en même temps la charge d'une famille, avec ou sans partenaire. Nous sommes aussi de plus en plus nombreuses à affronter toutes seules une longue partie de notre vie – dans la tranche d'âge de la maturité, une femme sur quatre vit seule. Beaucoup s'étaient mariées jeunes et ont divorcé ou vivent séparées de leur conjoint à partir de leur maturité – un mariage sur trois, au moins, s'achève actuellement par un divorce. Quelques-unes d'entre nous subiront l'épreuve de la mort de leur compagnon. Mais certaines retarderont leur décision de se marier jusqu'aux premières années de leur maturité et même préféreront parfois ne pas se marier du tout. De fait, quelles qu'en soient les raisons, la femme d'âge mûr qui vit seule inaugure un mode d'existence de plus en plus répandu et bien admis.

Cette nouvelle attitude devant le mariage et devant les femmes qui mènent leur vie seules entraîne également une révision du concept du rôle de la mère. De nombreuses femmes arrivent à l'âge de la maturité en célibataires qui élèvent seules leurs enfants – la plupart ne disposent d'ailleurs que de revenus très modestes. 30 % sont à un niveau inférieur au seuil de pauvreté. D'autre part, les femmes ont désormais leurs enfants plus tardivement, ce qui signifie une prolongation du rôle de la mère dans la maturité. Toutes celles qui, comme moi, ont attendu la trentaine pour avoir des enfants continueront à les élever dans leur âge mûr. L'aîné de mes enfants ne quittera probablement pas la maison avant que j'atteigne la cinquantaine. A cet âge-là, ma grand-mère maternelle était déjà pourvue de petits-enfants adolescents.

Il y a seulement quelques décennies, les femmes nourrissaient pour unique ambition de mener une vie exactement semblable à celle de leurs amies, de leurs contemporaines. De nos jours, une multitude de routes différentes s'ouvrent devant nous et nos vies sont aussi variées que la couleur des feuilles des arbres en automne. Cette multiplicité m'est clairement apparue en parlant aux femmes d'âge mûr rencontrées à travers les États-Unis ; Doris, par exemple, a quarante ans et habite Cleveland. Elle m'a raconté sa vie ainsi : « Je travaille depuis l'âge de vingt ans et, jusqu'à aujourd'hui, j'avais toujours eu l'impression que je ne pouvais pas prendre le temps d'avoir un enfant. Maintenant, j'attends mon premier bébé. »

Ma grand-mère maternelle, Sophie Seymour, quand elle était jeune fille.

Je suis la troisième dans la file des nouvelles diplômées de l'Emma Willard School à Troy, New York. (J'avais dessiné les robes.)

Mary, elle, ne s'est jamais mariée. Elle a trente-cinq ans et vit seule. Elle se trouve à la veille d'une importante promotion dans sa carrière et s'apprête à acheter une maison à Los Angeles. « Je n'aurais jamais pensé que les choses tourneraient ainsi, m'a-t-elle dit. Mais j'avais commencé à mettre de l'argent de côté et voilà que je vais réaliser mon rêve de posséder un endroit bien à moi. » Il y a aussi mon amie, Susan. Elle habite New York et, à cinquante ans, elle vient juste de devenir grand-mère et de se lancer dans une nouvelle activité en ouvrant une galerie d'art. « J'ai décidé de transformer mon appartement en galerie pour exposer uniquement des tableaux peints par des femmes. Je suis ravie d'être indépendante. »

Nous ne sommes pas devenues ce à quoi on nous avait préparées dans les années 50 – pas plus que le monde n'est ce que nous attendions. « Nous devenons les hommes que nous aurions aimé épouser », résume mon amie Steinem. Nous assistons à la naissance d'une définition élargie de ce qu'est une femme aujourd'hui, dans notre société. Prenons l'exemple tout récent de la disparition des frontières politiques grâce au choix, qui fera date dans l'histoire, d'une femme, membre du Congrès, Geraldine Ferraro, comme candidate à la vice-présidence des États-Unis. La notion de la place de la femme ne sera plus jamais la même.

Rien ne nous avait préparées à tous ces possibles révélés par d'inimaginables changements. Rien ne nous a non plus préparées à affronter les douloureuses difficultés inhérentes à la remise en question de la notion traditionnelle du mariage et de la famille. Quoi qu'il en soit, nous, les femmes d'âge mûr, nous nous révélons plus fortes que jamais et capables de porter un regard tout neuf sur nous-mêmes.

Nous apprenons que conquérir de nouveaux rôles à l'intérieur et hors du mariage, au-delà des restrictions de la « mystique féminine », nous est très bénéfique – en exigeant beaucoup de notre forme physique et psychologique. « Plus les femmes s'engageront dans des occupations hors de la maison, constate le *National Institute on Aging,* mieux cela vaudra pour elles. » Notre entrée dans le monde du travail joue peut-être l'un des rôles les plus importants dans le changement de notre statut et dans l'amélioration de notre bien-être.

De neuf à dix-sept heures

Celles qui renversèrent les barrières retenant les femmes à la maison, loin du monde du travail, furent les plus de trente-cinq ans qui, pendant la Seconde Guerre mondiale, envahirent le marché du travail. De ce jour, le rôle des femmes d'âge mûr dans l'économie américaine n'a cessé de se développer. Aujourd'hui, presque 60 % des femmes travaillent et la moitié d'entre elles ont plus de trente-cinq ans.

Le travail s'est taillé une large place dans notre vie. La plupart d'entre nous passeront trente ans dans ce qu'on appelle la classe active – c'est-à-dire bien plus de temps que celui vécu dans le mariage ou celui passé à élever les enfants. Malgré les interruptions dans la durée du travail salarié pour s'occuper des enfants, la carrière de la femme, en moyenne, n'est que de dix ans plus courte que celle de l'homme. Elle exige la même prise en main

A ma table de travail. Je n'aime pas le mobilier de bureau classique.

et le même soin que les autres aspects de notre existence – et aussi la volonté de réussir en dépit des obstacles.

Les mythes auxquels nous nous sommes heurtées en tant que femmes d'âge mûr nous poursuivent dans notre vie salariale. On trouve encore la croyance très répandue que l'accomplissement et la réussite, si importants dans la vision masculine du bonheur et du bien-être, n'ont pas, pour nous, le même intérêt. Le travail d'une femme d'âge mûr est souvent considéré comme une « occupation » pour combler un vide dans sa vie, même si, comme c'est le cas pour les hommes, la raison primordiale qui nous pousse au travail est avant tout économique. On veut nous convaincre de ne pas trop investir dans notre travail, de ne pas l'envisager comme une carrière ou un but de notre existence, on nous encourage à le considérer plutôt comme une activité passagère et même superflue. Nous avons appris à nous dévaloriser en ne refusant pas certaines idées toutes faites qui nous dénient toute chance d'accomplissement par le travail, à domicile ou au dehors.

Le tort que nous nous faisons ainsi se voit en particulier quand une femme de plus de trente-cinq ans cherche à entrer ou à retourner dans le monde du travail. Elle se heurte aussitôt au « complexe de Dracula », un besoin de chair fraîche et de sang jeune. Malgré la loi qui interdit toute discrimination par l'âge, ce réflexe conditionne les attitudes des patrons pour l'embauche et pour les promotions internes. Ils ne connaissent qu'un mot d'ordre : vous êtes trop vieille. Les femmes d'âge mûr, et même les autres, ne sont en fait qu'une réserve de main-d'œuvre bon marché – les dernières engagées en temps de prospérité, les premières licenciées dans les périodes d'austérité économique – qu'on relègue dans les postes sans avenir, emplois de bureau ou fonctions subalternes dans le secteur des services, situations pas ailleurs les plus mal rémunérées. Selon le ministère du Commerce, une femme en milieu de carrière gagne, aujourd'hui encore, nettement moins que son collègue masculin, à capacités et ancienneté égales, même si cette femme n'a jamais quitté son emploi pour s'occuper de ses enfants. Cette inégalité se trouve encore vérifiée quand on compare la courbe des salaires masculins à celle des salaires féminins, le salaire de l'homme progresse tout au long de sa carrière alors que celui de la femme diminue, et ces deux courbes ne se croisent jamais car celle de l'homme commence à un niveau supérieur. Une jeune femme, au début de sa carrière, ne gagne que 76 % du salaire perçu par l'homme ; à la veille de sa retraite, elle ne gagne plus que 53 % de ce salaire, *à peine un peu plus de la moitié de ce que perçoit son collègue masculin.*

Se porter de mieux en mieux

Malgré la résistance de ces barrières qui empêchent toute réelle égalité dans le monde du travail, les femmes d'âge mûr appartiennent sans conteste à la classe active et s'y cramponnent. Notre nombre, sans cesse croissant, et notre contribution de plus en plus importante à la vie économique nous donnent les forces nécessaires pour essayer de changer les aspects négatifs des conditions de travail des femmes, et finalement, ces efforts seront également profitables au hommes. D'autre part, travailler au dehors, pour une femme, se révèle bénéfique pour sa forme en général. On a d'abord cru que la tension supportée dans le travail nuirait à sa santé, les faits ont prouvé le contraire. Le taux de nos maladies cardiaques, par exemple, symptômes les plus courants de la tension nerveuse, est en *baisse* depuis le début des années 60, alors que le nombre de celles qui ont des occupations rémunérées est plus élevé que jamais.

L'une des enquêtes les plus poussées sur les maladies cardiaques a été réalisée à Framingham, petite ville du Massachusetts. Les effets du travail sur la santé ont été étudiés, en particulier, sur un groupe de femmes d'âge moyen. Les données ont été collectées sur une durée de dix ans. Les résultats ont montré que les femmes qui avaient travaillé en dehors pendant plus de la moitié de leur vie d'adulte ne présentaient pas plus de risques d'accidents cardiaques que les femmes qui étaient restées à la maison. L'enquête a permis de tirer d'autres conclusions. Si quelques femmes d'âge mûr montraient parfois une certaine fragilité nerveuse, cela tenait davantage à la *sorte* de travail qu'elles effectuaient qu'au fait de travailler. Le groupe des employées de bureau et de magasin s'est révélé, parmi la classe des femmes d'âge mûr travaillant au dehors, le plus sujet à la fatigue – et non le groupe des « cols blancs » ou même des « cols bleus » qui bénéficie d'une plus grande autonomie de mouvement, d'organisation ou d'une plus grande responsabilité. Quant aux employées, qui avaient en outre des enfants à élever, elles se situaient parmi les femmes qui souffraient le plus de tension nerveuse. Assumer à la fois son travail, le souci de la maison, la responsabilité des enfants reste le lourd apanage des femmes ; bien peu d'entre nous trouvons un partenaire, un employeur ou un responsable politique capable d'endosser une partie de ces charges. La négligence criminelle de notre pays envers tout ce qui concerne les enfants et leurs besoins condamne la mère de famille qui travaille à assumer une double tâche qui absorbe tout son temps – veiller à la fois à ce que toutes les factures puissent être payées et à ce qu'il y ait toujours de quoi manger dans les assiettes.

Il est étonnant de constater que, malgré toutes ces responsabilités, les femmes qui travaillent considèrent en général qu'elles se portent bien, ou même très bien. En revanche, les femmes qui restent à la maison sont souvent victimes de maladies chroniques, allergies, asthme, ulcères et diabète. Tout concourt donc à démontrer que nous nous sentons d'autant mieux que notre sphère d'activités et notre pouvoir de décision sont étendus. Selon plusieurs études importantes menées au long de ces trente dernières années, on assiste à une amélioration sans précédent du bien-être psychologique de la femme d'âge mûr. En 1975, le *National Center for*

Health Statistics (Centre national de statistiques sur la santé *) faisait état d'extraordinaires progrès dans la santé mentale des femmes de plus de quarante ans, en comparaison avec les données d'une enquête de 1960. Pour prendre un autre exemple, le *Midtown Manhattan Study*, dans une enquête sur les femmes d'âge mûr vivant à New York dans les années 50, révélait que 20 % d'entre elles souffraient de « graves problèmes psychologiques ». Or, la même étude, menée vingt ans plus tard, en 1970, ne compte plus que 8 % de femmes présentant ces difficultés. (Quant à la santé mentale des hommes, elle est restée inchangée pendant toute cette même période avec un taux de 9 % d'individus souffrant de problèmes psychologiques.)

Que voilà une bonne nouvelle ! La dépression nerveuse a été considérée pendant si longtemps le sort et le fardeau de la femme qui vieillit ! Aujourd'hui, ce spectre terrible s'évanouit. Il reste toujours, bien sûr, des femmes d'âge moyen victimes de dépression, mais ni plus ni moins que dans les autres tranches d'âge. Nous avons parlé de ce phénomène avec Randi Gunther, une thérapeute d'une quarantaine d'années qui, dans l'exercice de sa profession, rencontre beaucoup de personnes de cet âge concernées par ce problème. Le Dr Gunther pense que la dépression de l'âge mûr survient quand la femme prend douloureusement conscience des limites de sa vie, et, plus particulièrement, des limites qui restreignent ses rôles traditionnels. Le mariage, la maternité sont des royaumes protégés qui peuvent nous combler et nous donner une impression de plein accomplissement. « Mais plus on s'est consacré à ce royaume, plus on se sentira cruellement démobilisé ne sachant plus quoi faire de soi. »

Celle qui a strictement respecté son rôle dans le contrat social, s'en tenant exclusivement à une vision traditionnelle de la famille, connaît les pires angoisses le jour où ses enfants quittent la maison ou encore si son mariage bat de l'aile – ou les deux. La femme qui, par exemple, n'a vécu que pour ses enfants, supporte forcément très mal leur départ, qui intervient au moment où elle-même aborde la deuxième moitié de sa vie – elle se retrouve seule dans ce qu'on appelle, à tort, « le nid vide ». Sa raison de vivre envolée, cette femme risque de se sentir à la dérive, dépossédée de tous ses points d'ancrage. Ainsi, loin de tirer profit de cette étape,

---

Endosser des responsabilités n'a jamais tué personne, ce serait plutôt de ne pas pouvoir en prendre. Le conducteur subit moins de contraintes que ses passagers.

Estelle Ramey, M.D.
Professeur de physiologie et de biophysique,
Georgetown University Medical School

---

* Pour la France : Service études et statistiques du ministère de la Santé, 1, place de Fontenoy, 75007 Paris.

d'établir, puisque sa tâche d'éducatrice est achevée, des relations d'adultes avec ses enfants, de chercher à renouveler les liens familiaux et de les élargir en approfondissant les rapports avec les amis, elle se croit dans un cul-de-sac, n'imaginant pas une seconde qu'elle pourrait repenser fondamentalement son avenir. Quel que soit leur âge, la mère de famille à la maison et celle qui travaille au dehors comme simple employée ont en commun la même fragilité qui tient à la fois à leur manque d'autonomie et à la douloureuse découverte que le rôle qu'elles s'étaient assigné se termine.

Tout concourt donc à nous montrer combien il est vital pour nous, quand c'est possible, de repousser les limites attribuées à nos rôles traditionnels et de prendre nos vies en main. Quand un rôle s'effrite, un autre peut alors se développer. Il n'y a qu'en prenant des risques que nous connaîtrons de nouvelles satisfactions, nous nous protégerons mieux contre les mythes encore si vivaces sur le vieillissement. Nous échapperons au rôle impossible à tenir qu'ils imposaient aux femmes d'âge mûr – et aussi, par voie de conséquence, aux hommes du même âge.

Nous avons la chance d'appartenir à la première génération préparée à la maturité. Notre vision de nous-mêmes est en pleine évolution. Nous possédons, en outre, le nombre, la santé et suffisamment de connaissances pour nous permettre de résoudre toutes les difficultés inhérentes à cette étape. Plus que jamais, nous sommes en position de force pour saisir toutes les chances qui se présenteront – et oser échouer aussi bien que réussir. Chacun de nos actes, comme autant de pierres lancées sur la surface d'un lac, ricochera jusqu'à transformer la société tout entière. Chacune d'entre nous, en forgeant son propre avenir, fait progresser l'expérience commune de la maturité.

DEUXIÈME PARTIE

Le corps dans sa maturité

CHAPITRE 3

LE PROCESSUS DU VIEILLISSEMENT

QUELQUE PART DANS LA TRENTAINE OU LA QUARANTAINE surgissent les premiers signes de vieillissement. Après une longue excursion, par exemple, mes genoux me rappellent leur existence. Je sais aussi que je risque de surmener les tendons de mon bassin si je me livre à une gymnastique aérobic trop brutale le jour où je me sens fatiguée ou si j'oublie de mettre mes chaussures à semelles rembourrées. Le lendemain d'une sortie tardive ou d'un dîner trop riche, je vois le contour de mes yeux tout ridé et légèrement bouffi, or, il y a peu de temps encore, je sortais indemne de ces écarts. Je me souviens d'un matin où je m'activais comme d'habitude dans ma cuisine quand, inopinément, j'aperçus, dans le chrome du toaster, un visage hagard aux yeux rapetissés et bouffis, le visage de quelqu'un qui, *de toute évidence,* n'était plus l'image de la jeunesse. « Qui c'est ? » m'étonnai-je, jusqu'à ce qu'une évidence me pétrifie : c'était moi.

Nous avons toutes connu ce genre de confrontation – elles arrivent au moment où on s'y attend le moins, et on se trouve face à une vision terrifiante dans laquelle, pendant quelques instants, on refuse de se reconnaître – et qui, brutalement, nous révèle les signes accumulés à notre insu par l'inévitable travail du temps.

Mes recherches sur les raisons biologiques du vieillissement m'ont permis de découvrir qu'il est tout à fait possible de *composer* avec ce processus. Le plus important, c'est de bien comprendre que nous disposons d'un champ d'action considérable pour modifier notre vieillissement. La génétique y joue bien sûr son rôle. Et nous ne pouvons rien non plus contre l'accumulation du nombre des années. Mais ce ne sont là que deux facteurs parmi tant d'autres qui, tous ensemble, déterminent notre façon de vieillir et la longueur de notre vie. Maladie et décrépitude, qui jadis rendaient insupportable l'idée de vieillir, ne sont *pas* inéluctables. Elles résultent, le plus souvent, du fait que nous *n'utilisons pas* ou *utilisons mal* notre corps.

Tout ce que nous avons acquis auparavant – nos habitudes alimentaires, notre façon de prendre de l'exercice, si nous sommes fumeurs ou non, en un mot, notre manière de vivre – constitue une addition que nous payons à la maturité. Si nous avons vécu sans aucun souci de ménagement, ni sur le plan physique ni sur le plan psychologique, le vieillissement nous attaquera lui aussi sans ménagement, nous entraînant sur la pente savonneuse du stéréotype qui veut que maturité soit synonyme de déclin.

Mais il est rarement trop tard pour changer de voie. Nous pouvons toutes *ralentir* le processus du vieillissement. Nous sommes même capables de progresser physiquement avec l'âge. Si nous n'avons pas encore atteint notre forme la meilleure (nous sommes presque toutes dans ce cas), nous avons alors largement le temps d'améliorer notre santé et parfois même d'acquérir plus de force qu'au début de notre vie d'adulte. C'est un scientifique qui le dit, nous devons, littéralement, « nager contre le courant de la dégénérescence ». Se sentir mieux, avec ou malgré le temps, n'est pas une chimère. Les performances de championnes, que ce soit dans le domaine du sport, de l'art ou de l'intelligence, âgées de quarante, cinquante, soixante ans et même au-delà – Katharine Hepburn, Billie Jean King, Lillian Hellman, Margaret Mead et Martha Graham, pour n'en citer que quelques-unes – sont là pour nous donner une idée de ce que nous pouvons espérer. Nous portons en nous la capacité de vivre longtemps tout en restant en bonne santé, à condition toutefois de le vouloir. Je souhaite donc vous donner les moyens d'intervenir dans l'enchaînement fatal du vieillissement. Conclure un meilleur contrat avec vous-même, comme pourrait vous le conseiller tout avocat digne de ce nom, exige que vous compreniez certaines notions de base. Il y a des processus de vieillissement sur lesquels on ne peut agir, mais la plupart s'infléchiront s'ils sont attaqués avec une sérieuse stratégie nutritionnelle et physique.

QU'EST-CE QUE LE VIEILLISSEMENT ?

En termes simples, vieillir signifie que notre corps perd peu à peu ses réserves et sa capacité de faire face à tous les changements et stimuli qui l'affectent constamment tout en maintenant ce même corps dans un état d'équilibre. Une personne de trente ans, par exemple, se remettra rapidement d'un rhume, mais quelqu'un de soixante ans mettra sensiblement plus de temps. A mesure que nous vieillissons, notre aptitude à maintenir un équilibre général s'amenuise, très lentement il est vrai, mais inéluctablement. Personne n'échappe à ce mouvement irréversible, même les plus vigoureux d'entre nous. Cela ne veut pas dire que nous ressentons ce déclin comme une fuite de notre vitalité. Nous avons parlé plus haut de réserves, ce sont les éléments du système. Si nous savons rester en bonne santé, la maturité venant, nous nous sentirons toujours bien et ce bien-être pourra durer des années encore. En fait, ce n'est qu'à la toute dernière extrémité de notre existence que notre capacité de réponse se trouve au-dessous du niveau nécessaire à notre survie. Il reste qu'un accident ou une maladie grave peuvent toujours enrayer, voire arrêter, tous nos mécanismes prématurément. Cependant, si nous atteignons un âge avancé, il y aura un moment où notre vitalité sera trop affaiblie pour supporter les aléas de la vie, un soudain changement de temps, ou infection virale, tous les à-coups prévisibles ou inattendus qui, des années plus tôt, n'auraient pas représenté une agression bien sévère. Le processus du vieillissement est alors achevé.

Ce changement dans notre capacité de réserves intervient assez tôt, grosso modo entre vingt-cinq et trente ans. Jusqu'à cet âge, notre corps peut maintenir à peu près égales les pertes et les reconstitutions de nos réserves. Une fois passées les premières années de la vie d'adulte, cet équilibre se rompt. Le rythme d'autorestauration de notre corps commence à prendre du retard sur les agressions normales qui attaquent nos cellules. Les agressions anormales, celles provoquées par exemple par le tabagisme, ou par l'air, de l'eau ou des aliments toxiques, viennent accentuer le retard déjà pris. Le vieillissement intervient quand le travail de « réparation » à effectuer commence à s'accumuler.

Quelles sont les raisons de ce retard ? Nous ne détenons pas encore de réponse *précise.* Certains chercheurs croient que nous possédons une « horloge du vieillissement » qui annonce le moment où son processus doit se mettre en place, une sorte de message vraisemblablement programmé dans le cerveau ou encore génétiquement codé dans les trillions et les trillions des cellules de notre corps. La découverte d'une telle horloge ouvrirait des perspectives étonnantes, les savants trouvant par exemple alors comment la remonter. Mais pour le moment, son existence n'est toujours pas prouvée. Si l'on écarte donc cette inquiétante possibilité, la plupart des gérontologues pensent qu'il y a *plusieurs* causes au vieillissement sans qu'aucune explique ce phénomène à elle seule. Le vieillissement se manifeste quand un grand nombre de mécanismes, mis en route séparément et d'une façon un peu anarchique dans les parties les plus infimes de notre corps – nos cellules –, se conjuguent pour devenir apparents.

La cellule est l'unité fondamentale de la vie, elle constitue la plus grande partie des tissus et des organes de notre corps. Entourée de sa propre membrane, chaque cellule baigne dans de l'eau et a besoin d'oxygène et de nourriture pour assurer son fonctionnement. A tout moment, certaines cellules vieillissent, d'autres naissent, d'autres encore sont en état de reconstitution ou, à nouveau, en parfaite condition. Chaque cellule a son âge propre et se reconstitue à un rythme qui lui est spécifique.

Certaines d'entre elles, les cellules cutanées par exemple, se renouvellent à l'infini. Elles se subdivisent et se remplacent les unes les autres tout au long de notre vie. Une autre catégorie de cellules suit le même processus, mais seulement par intermittence et beaucoup plus lentement ; elles ne se subdiviseront que cinquante fois par exemple au cours d'une vie. On les trouve dans nos tendons, nos ligaments et nos cartilages. Enfin, il y a les cellules qui ne sont que reconstituées et jamais renouvelées, elles durent de notre naissance à notre mort. Elles ont donc la plus grande longévité. On les trouve dans les muscles, le cœur, le cerveau, les nerfs et les reins. « Cette espèce de cellule qui vieillit est tout à fait comparable à l'histoire d'une ville, explique un gérontologue poète. Une cité peut traverser le cours des siècles alors que la plupart de ses constructions ont été détruites et rebâties plusieurs fois. »

En général, pendant la durée de la vie d'une cellule, notre corps peut choisir entre fabriquer de nouvelles cellules saines ou reconstituer les vieilles. C'est là que nous pouvons intervenir dans le processus du vieillissement. Il faut savoir, cependant, qu'au fil des années ces usines biologiques en miniature subiront certains changements que nous pourrons seulement ralentir ou retarder. Il y a, en fin de compte, plusieurs sortes d'avaries qui finissent par altérer la structure interne et le fonctionnement de nos cellules. Ce sont ces péripéties qui déterminent quand et comment vieillit notre corps.

Les erreurs biologiques

Les techniques scientifiques dont je veux vous parler maintenant vont peut-être vous sembler ardues, mais je vous en prie, ce n'est pas le moment de sauter des pages. Suivez-moi pas à pas, car mieux vous comprendrez les mécanismes sous-jacents du vieillissement, mieux vous comprendrez également le programme que je vous présenterai dans la suite du livre et plus vous éprouverez l'envie de l'adopter.

L'une des causes essentielles du vieillissement résiderait dans une erreur génétique au sein d'une cellule et qui interviendrait tout à fait par hasard. Ces erreurs microscopiques finissent par se multiplier, jusqu'à former un mini raz de marée et à augmenter d'autant le nombre des cellules non intactes de notre corps.

Ce phénomène met en cause deux des molécules les plus importantes dans le principe de la vie. Elles se trouvent dans la noyau de chaque cellule : l'ADN (l'acide désoxyribonucléique) qui contient le programme général pour l'ensemble de notre corps, et l'ARN (acide ribonucléique), qui traduit les milliers et les milliers d'ordres contenus dans le programme et donnés à nos cellules par l'ADN. Avec le temps, cependant, les ordres émis par l'ADN perdent de leur netteté. Des interprétations chimiques erronées risquent alors de se produire dans la transmission du message de l'ADN à l'ARN, mais aussi de l'ARN vers les enzymes et les protéines – matière première pour la formation et la reconstitution des cellules de notre corps. Quelque chose disparaît ainsi dans la chaîne de synthèse ou de fabrication des protéines, exactement comme la copie d'une copie d'une copie perd la netteté de contours que possédait le document original.

Normalement, la cellule est capable de réparer ces erreurs. Mais ses possibilités de se restaurer par elle-même diminuent et quand surviennent en même temps d'autres sortes de détériorations, l'ensemble de ces agressions risque de dépasser les capacités de reconstitution de l'intégrité de la cellule. Soumise à tous ces déséquilibres, il devient de plus en plus difficile à une cellule désormais affaiblie d'utiliser aux mieux les éléments nutritifs qui lui sont indispensables et d'éliminer les déchets. Finalement, la cellule devient incapable de maintenir sa forme idéale ou de la restaurer dans toute sa force originelle.

Des strangulations biochimiques

Un autre important mécanisme du vieillissement, et qui n'est pas sans rapport avec ce que nous venons de voir, affecte l'opération qui permet aux cellules de rester saines. Avec l'âge, on assiste à la formation de soudures chimiques indésirables qui se glissent dans les chaînes de molécules des tissus conjonctifs particulièrement abondants dans notre corps – cette substance interstiticielle qui fournit les éléments nécessaires à la vie de la cellule et qui forme la plus grande partie de notre peau, de nos vaisseaux sanguins, de nos cartilages, tendons et ligaments.

Il est en fait tout à fait normal, et même nécessaire, que des sortes de nœuds se forment dans le tissu conjonctif à mesure que nous grandissons. Ces nœuds sont indispensables, car ils sont générateurs de force et ils assurent la structure du corps, tout en conservant aux tissus leur élasticité. Avec l'âge, cependant, ce processus d'entrecroisement a tendance à se maintenir. Les fibres du tissu conjonctif se soudent de plus en plus, ce qui le rend moins élastique et plus rigide. Les signes du renforcement à outrance de cette charpente biologique se voient d'abord dans les rides qui viennent marquer notre peau, dans la moindre souplesse de nos articulations, dans la diminution de l'élasticité de nos muscles et de notre acuité visuelle. En plus de tous ces signes classiques et bien connus du vieillissement, les minces vaisseaux capillaires reliés aux cellules se trouvent étranglés par les resserrements du tissu qui les entoure et les vaisseaux sanguins eux-mêmes se durcissent. La libre circulation de l'oxygène, de l'eau et des autres éléments nutritionnels des cellules est désormais ralentie et difficile. Nous commençons à perdre des cellules saines.

Nous ne savons pas encore clairement pourquoi ce processus se poursuit même quand notre croissance s'arrête. On estime en général que c'est une conséquence indirecte de l'oxydation, cette opération chimique par laquelle l'oxygène se combine à d'autres éléments. On peut facilement constater autour de nous des effets de l'oxydation, la rouille sur le fer, le caoutchouc qui se craquelle ou le beurre qui rancit. Ce même phénomène d'oxydation se produit dans notre corps, à notre insu, à chaque minute de notre vie. C'est l'un des aspects essentiels du métabolisme. L'oxygène y joue un rôle à la fois de catalyseur et de frein. L'opération d'oxydation se caractérise souvent par la grande quantité de sous-produits très actifs qu'elle dégage et qui peuvent, par exemple, provoquer les entrecroisements ou nœuds qui se forment dans les tissus conjonctifs, ce que nous venons d'évoquer, et aussi dans les cellules elles-mêmes, entraînant justement les erreurs cellulaires auxquelles on attribue le processus du vieillissement. Ces substances nocives sécrétées au hasard par l'oxydation interne risquent également d'attaquer la membrane de la cellule.

Le corps dispose de solides défenses naturelles contre ce genre d'oxydation anormale. Nous avons plusieurs dispositifs d'enzymes capables à la fois d'empêcher et de réparer ses effets nocifs. Parfois, cependant, ces enzymes défenseurs ne parviennent pas à compenser le rythme des dommages infligés, en particulier lorsque l'oxydation normale est accélérée par un environnement riche en oxydants extérieurs – la fumée de cigarette, un air pollué, des pesticides, la radioactivité, un abus de soleil ou d'alcool.

Les antioxydants

Nous sommes capables, du moins jusqu'à un certain point, de ralentir les effets d'une oxydation exagérée, laissant ainsi à notre corps une chance d'achever à temps ses processus de restauration. J'aimerais, ici, aborder un point que je développerai plus loin, pour profiter des notions que nous venons de voir. Une évidence en découle tout naturellement : *il faut, dans la mesure du possible, éviter les environnements toxiques.* Une seconde conclusion s'impose : *il faut privilégier certains aliments de notre régime.* Le *National Institute on Aging* a mis l'accent sur la nécessité d'une information poussée sur le rôle thérapeutique que peut avoir l'alimentation dans le ralentissement du processus de vieillissement. Les nutritionnistes ont découvert, par exemple, que certaines vitamines, certains minéraux et acides aminés protègent de l'oxydation interne excessive et de la formation des nœuds fibreux dont je viens de parler. Ces substances inhibent l'oxydation excessive de différentes façons, le plus souvent en supportant le surplus d'oxydation à la place de nos cellules et de nos tissus. On peut constater ce pouvoir antioxydant dans les pamplemousses, par exemple : ils ne foncent pas une fois coupés et exposés à l'air, ou dans les raisins secs qui se conservent très longtemps. La vitamine C qu'ils contiennent les protège de l'oxygène de l'air, principal agent de décomposition des produits frais.

Les aliments quotidiens connus pour leur pouvoir antioxydant contiennent tous de la vitamine C et E – les plus actives – ainsi que les vitamines B, thiamine (B_1), acide panthothénique (B_5), pyridoxine (B_6), les flavines et des éléments minéraux comme le zinc et le sélénium, qui catalysent l'action des vitamines C et E. En fait, le sélénium constitue une partie essentielle d'un des enzymes antioxydants.

La *vitamine E* est considérée comme la plus efficace de toutes les vitamines antioxydantes. Elle protège de l'oxydation la membrane de nos cellules, l'un de ses éléments constitutionnels. Cette membrane représente la première défense de la cellule, c'est un gardien qui filtre les aliments et les hormones et évacue les déchets. Si elle s'oxyde, des trous risquent de se creuser dans la paroi cellulaire, déréglant son bon fonctionnement et la rendant poreuse au point de finir par se dessécher et mourir.

La *vitamine C* ne se place qu'au second rang des antioxydants, après la vitamine E. Mais ces deux vitamines accentuent leurs effets respectifs.

Faut-il en conclure qu'augmenter nos rations en antioxydants va agir en notre faveur dans le processus du vieillissement ? Certains nutritionnistes en sont persuadés ; d'autres n'y croient pas du tout. En fait, nous n'avons aucune certitude, ni dans un sens ni dans l'autre. En attendant, il me semble raisonnable de veiller à ce que nos aliments soient riches de ces principes nutritifs, puisque leur présence peut contribuer à réduire les effets du vieillissement dû à l'oxydation et qu'elle renforce les défenses intérieures du corps ainsi que sa capacité à se reconstituer lui-même.

Les *produits alimentaires frais* contiennent beaucoup de vitamines antioxydantes et d'éléments minéraux. Mangeons donc des légumes, des fruits et des céréales non décortiquées et non traitées. Ce serait également une bonne initiative de diminuer notre consommation de graisses polyinsaturées comme les huiles végétales. Bien qu'ils ne soient pas impliqués dans les maladies cardiaques autant que les graisses saturées, ces lipides renforcent le processus d'oxydation interne, mieux vaut donc les utiliser le moins possible. Un régime bien équilibré et pauvre en graisses sous toutes ses formes sera toujours bénéfique. (Se reporter au chapitre intitulé « Comment se nourrir pour vivre longtemps », pour plus d'informations sur l'alimentation.)

CE QUI NOUS ATTEND

Le cours du vieillissement diffère d'un individu à l'autre, exactement comme il diffère d'une cellule à l'autre. Chacun le vit à sa manière et à son propre rythme. Les changements qui interviennent d'abord dans nos cellules se répercutent ensuite lentement à l'échelle de nos tissus, de nos organes et des systèmes de notre corps. Ces différentes parties de notre corps vont devenir à leur tour moins efficaces, il leur faudra donc davantage d'énergie pour continuer à remplir leurs fonctions et à maintenir l'équilibre indispensable à notre vie normale. Il est bien difficile, pour ne pas dire impossible, de dresser le tableau des manifestations spécifiques de toutes ces transformations, et de l'ordre dans lequel elles interviennent. Si on peut annoncer les changements physiques qui caractérisent chaque âge du développement de l'enfant, ceux qui se produisent à partir de la maturité sont bien trop complexes pour qu'on puisse définir à chaque étape ce qu'on devient physiquement et sur tous les autres plans. Comme l'a fait remarquer le premier directeur du *National Institute on Aging*, « (biologiquement), un groupe d'enfants de dix ans présente une véritable homogénéité, alors que les individus de quatre-vingts ou quatre-vingt-dix ans montrent des différences à l'infini ».

Tout en gardant à l'esprit ces diversités, essayons de commencer à discerner certains effets du vieillissement en esquissant plusieurs manifestations de caractère général qui nous affecteront toutes à un moment ou à un autre. Il s'agit ici des aspects non négociables du vieillissement.

- Les *cheveux* deviennent plus rares et perdent leur pigmentation jusqu'à blanchir complètement, mais à un rythme qui dépend largement de l'hérédité.
- La *peau* commence à perdre de son élasticité.
- Les *yeux* distinguent moins bien ce qui est très près.
- Les *parois* des vaisseaux sanguins se durcissent.
- Les *cartilages* de nos articulations perdent de l'eau.
- Les *reins* ne débarrassent plus le sang des matériaux étrangers qu'à un rythme ralenti.

Les autres aspects du processus de vieillissement se distinguent beaucoup moins aisément. Il est en fait plus facile de parler de ce que le vieillissement n'est pas ou n'a pas besoin d'être et de ce sur quoi on peut agir.

- **Vieillir ce n'est pas une descente en chute libre** après trente ans – j'espère avoir déjà réussi à vous transmettre ce message.

Des membres de l'équipe U.S. d'aviron.

Miki Gorman en train de remporter le marathon en 1976 ; elle a battu le record des plus de quarante ans.

Des changements affectent les tissus de nos muscles, qui peuvent se traduire par un ralentissement du *métabolisme*, d'où une augmentation du taux de graisses dans ces tissus. Notre système musculaire tout entier est touché par ces modifications qui affectent finalement nos *articulations, notre dos et nos os*. Quant à notre *peau* elle connaît, elle aussi, en plus de sa perte d'élasticité, différentes transformations.

Ces changements, s'étendent également à *l'absorption*, *la digestion* et *l'utilisation* des aliments, ainsi qu'à *l'élimination* des déchets. Enfin, ils touchent notre système *cardio-respiratoire*, notre *système nerveux* et notre *système immunitaire*. Les changements dans ce dernier domaine peuvent d'ailleurs être en même temps une cause de vieillissement.

Chacune de ces modifications, qui ont pour tendance générale d'amoindrir l'efficacité de toutes les fonctions de notre organisme, peut être minimisée par un programme d'aliments judicieusement choisis combiné à une activité régulière.

Nous disposons aujourd'hui de preuves formelles qui établissent une extraordinaire similitude entre les modifications dues au vieillissement et celles dues à l'inactivité – je n'insisterai jamais assez sur ce point. Une jambe immobilisée dans un plâtre pendant six semaines en sortira vieillie de *quarante ans*, les os fragilisés, les muscles atrophiés, la peau flétrie et la circulation sanguine ralentie. En revanche, des exercices appropriés auront l'effet inverse. Les os deviendront plus solides, les muscles plus forts, la peau plus saine et la circulation sanguine s'en trouvera améliorée. La signification de ces observations apparaît on ne peut plus clairement : plus on s'en sert, mieux ça marche. Notre corps, à la différence d'une machine, ne s'use pas en fonctionnant. Au contraire, la tendance naturelle de nos organes et de nos tissus est de s'adapter à chaque nouveau défi. Quand on les fait fonctionner, ils développent leurs fonctions spécifiques d'une façon telle qu'elles peuvent presque compenser les effets du vieillissement – et cela, quel que soit notre âge.

• **Vieillir ne s'accompagne pas d'une diminution des capacités intellectuelles et ce n'est pas le commencement de la sénilité.** L'un des plus grands mérites de la gérontologie a été d'enterrer le mythe de la sénilité comme conséquence normale et inévitable du vieillissement. Tout en sachant que la sénilité n'intervient pas à l'heure de la maturité, c'est en général à ce moment-là qu'on commence à s'en inquiéter.

Les douze milliards de cellules nerveuses que comptent notre cerveau et notre système nerveux sont irremplaçables et soumises, comme toutes celles de notre corps, aux mêmes modifications et effets de sclérose déjà évoqués.

Mais la croyance bien ancrée, que nous connaissons une érosion régulière des cellules de notre cerveau entraînant un déclin de l'intelligence et de la mémoire, s'est trouvée remise en cause.

Les cellules d'un cerveau âgé ne connaissent pas la fatigue. Bien au contraire. Et, à l'exemple de nos muscles, le cerveau peut progresser en s'exerçant. Tout labeur, toute difficulté ne pourront que lui être profitables. Notre cerveau, en fait, consomme une énorme part de notre énergie, environ un quart de l'énergie nécessaire au fonctionnement du métabolisme de base de notre corps. Les années laissent intacte notre capacité d'apprendre. Bien mieux, nous pouvons améliorer considérablement notre pensée conceptuelle. Là où nous pouvons cependant éprouver un changement négatif, c'est dans la vitesse avec laquelle les messages sont transmis à l'ensemble de notre système nerveux. Cela peut se traduire par un allongement de notre temps de réaction, dans tous les domaines, y compris celui de la mémoire (on l'estime en général à 15 % pour les personnes de soixante-dix ou quatre-vingts ans), mais cela ne veut nullement dire qu'il y ait perte d'intelligence.

Quant à la véritable sénilité, on ne trouve que 4 % d'hommes et de femmes de plus de soixante-cinq ans atteints de cet affaiblissement général. Elle se manifeste d'abord par une grave confusion mentale et des pertes de mémoire provoquées par la maladie d'Alzeihmer, ou par de petites attaques qui arrêtent le flux du sang vers le cerveau – il y a parfois même conjugaison de ces deux maladies. Malheureusement, le diagnostic de sénilité s'abat à tort sur de nombreuses personnes âgées. D'autres causes produisent en effet une pseudosénilité ou un changement des capacités mentales qui se calquent sur les symptômes de la sénilité : la dépression, un sang moins vigoureux et une oxygénation générale affaiblie en raison d'une mauvaise circulation, et une tendance à un abaissement des sécrétions chimiques du cerveau vers les nerfs (appelés neurotransmetteurs). Or, convenablement diagnostiquée, chacune de ces altérations se soignera très bien.

• **La vieillesse n'est pas une maladie.** Ces changements qui interviennent au fur et à mesure que passent les années sont un aspect tout à fait normal de la vie. En revanche, il existe bien une relation entre le fait de vieillir et la maladie, il est très important d'en connaître la nature. Les maladies chroniques de la maturité et de la vieillesse sont les meilleurs exemples qu'on puisse trouver de ce qu'est le vieillissement non contrôlé. Les maladies cardiaques, le cancer, le diabète, la cirrhose, toutes ces affections ont de multiples causes et, le plus souvent, elles se développement sournoisement pendant des années avant de se manifester. Toutes, cependant, entraînent le moindre fonctionnement d'un organe et une baisse de nos réserves ; nous retrouvons ici les processus classiques du vieillissement, mais considérablement accélérés.

Voyons un peu ce qui se passe du côté du cœur, des poumons et du réseau sanguin, l'un des systèmes les plus complexes de notre corps. Je n'ai pas pris ces exemples au hasard. Bien qu'en régression, les maladies cardiaques restent en tête des causes des décès aux États-Unis (elles se placent au deuxième rang pour les femmes d'âge mûr mais au premier pour les femmes plus âgées). De plus, le bon fonctionnement de notre système

Un cours pour débutantes au Workout Studio de Beverly Hills.

cardio-respiratoire reste le meilleur garant de notre santé et c'est l'un des systèmes sur lesquels nous pouvons largement intervenir. Bien comprendre son rôle, c'est-à-dire comprendre également ce qui parfois marche mal, c'est la démarche indispensable pour mesurer l'importance capitale de la gymnastique aérobic.

Le système cardio-respiratoire est le pipe-line de nos cellules. Il apporte à chacune d'elles le sang qui contient l'oxygène et les éléments nutritifs et il débarrasse notre corps du dioxyde de carbone et des autres déchets. Il fournit aux muscles l'oxygène sans lequel aucune calorie ne pourrait être brûlée pour se transformer en énergie. Il est donc l'élément de base de notre puissance sur le plan aérobic, et on l'appelle généralement notre *capacité respiratoire maximale,* ou plus couramment dans les milieux sportifs, notre « VO_2max » (V pour Volume, 0_2 pour oxygène). Nous abordons là l'une des mesures les plus importantes de ce que notre corps est capable de faire – quelle quantité d'oxygène nous inspirons, quelle quantité de sang est pompée, avec quel degré de facilité il est renvoyé dans tout le corps, et dans quelle mesure l'oxygène est utilisé par nos muscles et l'ensemble des cellules de notre corps. Ces facteurs sont la clé de notre vitalité.

Avec l'âge, le cœur, les poumons et l'appareil respiratoire perdent peu à peu de leur efficacité. Après trente ans, on constate en moyenne une diminution d'un pour cent, par an, de notre capacité respiratoire maximale. Les poumons retiennent un peu moins d'air et perdent de leur élasticité. Le muscle cardiaque s'épaissit et devient plus rigide, comme l'ensemble de notre système circulatoire. Chaque nouveau battement de cœur pompe un peu moins de sang. Le durcissement et le rétrécissement de nos artères obligent le cœur à travailler plus dur pour envoyer le sang de notre poitrine à notre tête, à nos bras et à nos jambes. Or, plus notre cœur forcera ses contractions pour réussir à envoyer le sang dans l'ensemble de notre réseau sanguin, plus notre tension aura tendance à monter.

Tous ces processus n'ont rien que de très normal et ne signifient pas une perte de santé, pourvu que nous nous conduisions raisonnablement et adoptions un régime et des exercices adaptés. Dans le cas contraire, ces signes de vieillissement risquent de s'amplifier et de devenir des problèmes chroniques. La perte normale de l'élasticité de nos artères, l'artériosclérose, peut s'accélérer en athérosclérose si des plaques de graisse commencent à s'accrocher aux parois des artères. A ce stade, le sang ne circule plus avec autant de fluidité à travers le réseau sanguin pour aboutir aux cellules, il est parfois étranglé dans des passages resserrés et le cœur, à son tour, doit se « surmener », dépassant la tension normale du sang pour un âge donné et nous en arrivons à l'hypertension chronique. L'hypertension complique le problème, car elle crée dans les parois des vaisseaux sanguins des lésions facilitant les dépôts graisseux. Un encrassement excessif peut obstruer un vaisseau ou même le cœur, c'est alors la crise cardiaque ; lorsque c'est dans le cerveau, cela provoque une hémorragie cérébrale. Athérosclérose, hypertension, crise cardiaque, hémorragie cérébrale sont des maux étroitement associés et chacun d'eux peut être mortel. Pris ensemble, ils constituent *la moitié* de tous les graves accidents de santé des femmes et aussi des hommes.

Il y a certes un facteur génétique qui prédispose à la crise cardiaque. Mais il existe d'autres facteurs, susceptibles, eux, de contrôle, et reconnus sinon aussi importants, du moins très agissants dans le processus fatal de la crise cardiaque :

- L'exercice physique inadéquat.
- Un mauvais régime alimentaire – en particulier, ceux qui comportent trop de sucres, de sel, d'aliments raffinés et gras, et trop peu de fibres.
- Un excès de poids.
- L'abus de l'alcool.
- Le tabagisme.
- Les toxines de l'environnement.

On retrouve ces mêmes facteurs de risques à la base de toutes les graves maladies chroniques. Il n'y a donc rien de surprenant à ce qu'ils soient étroitement liés aux facteurs d'accélération du vieillissement !

Si on modifie ces facteurs on peut prévenir, ralentir et, dans certains cas, renverser le cours de dégénérescences précises associées à la fois au vieillissement et à la maladie. Les changements qui se produisent en nous au fil des ans sont *beaucoup moins* agressifs que ceux auxquels nous préparons le terrain par les excès ou les manques qui font la trame de notre vie quotidienne.

Les chapitres suivants nous fourniront des renseignements nombreux et précis sur la peau, le vieillissement, le maintien de son poids idéal pour rester en bonne santé, et comment prendre soin de ce liquide de lubrification qui maintient ensemble nos différents éléments – nos articulations, notre dos et nos os – bref, tout ce que vous devez savoir pour rester en bonne santé et en pleine forme pendant votre maturité tout entière.

CHAPITRE 4

LA PEAU

LA PEAU EST L'ENVELOPPE DE NOTRE CORPS, l'emballage qui nous présente au monde. Même si on dit souvent que « l'habit ne fait pas le moine », on ne peut s'empêcher d'évaluer l'âge et la santé des gens d'après l'aspect de leur peau. Si nous croyons pouvoir, malgré les ans, conserver une peau de jeune fille nous nous préparons de cruelles déceptions. En revanche, en comprenant bien le fonctionnement de la peau au stade de la maturité, en nous fixant des objectifs et un style de vie qui tiennent compte de ces connaissances, nous serons surprises de constater à quel point notre aspect peut s'améliorer.

Voyons d'abord quelques notions de base. La peau se compose de deux couches. La plus profonde s'appelle le derme : on y trouve les terminaisons nerveuses, les vaisseaux sanguins, les glandes sudoripares, les glandes sébacées et les gaines des poils. La couche de surface s'appelle l'épiderme, elle se renouvelle constamment. Les cellules qui se trouvent dans l'épaisseur inférieure de l'épiderme sont en état permanent de division, elles montent à la surface où elles se dessèchent, se fanent et meurent. On les élimine en se lavant ou bien elles se détachent d'elles-mêmes, parfois par le frottement des vêtements. Le derme et l'épiderme reposent sur une couche encore plus épaisse, composée de cellules graisseuses et de tout un réseau de collagène et de fibres élastiques ; l'ensemble donne à notre peau son élasticité et sa vitalité. Le collagène est la protéine la plus abondante de notre corps et le support principal, non seulement de notre peau, mais des vaisseaux sanguins et du tissu conjonctif de nos cartilages, tendons et ligaments.

Certains des changements qui apparaissent dans l'infrastructure de notre peau sont la conséquence normale du vieillissement. Il ne faut pas s'attendre à pouvoir agir sur eux ; il demeure cependant très possible de les ralentir et de les minimiser.

1. **La déshydratation** – Les glandes sébacées et sudoripares, qui sont autant d'agents porteurs d'humidité pour la peau, ralentissent leur activité au cours des ans, à cause, principalement, des changements hormonaux, surtout après la ménopause. On arrive à une diminution très sensible de l'humidité et de la production de graisses, s'ajoutant aux agents desséchants extérieurs : notre peau devient de plus en plus sèche.

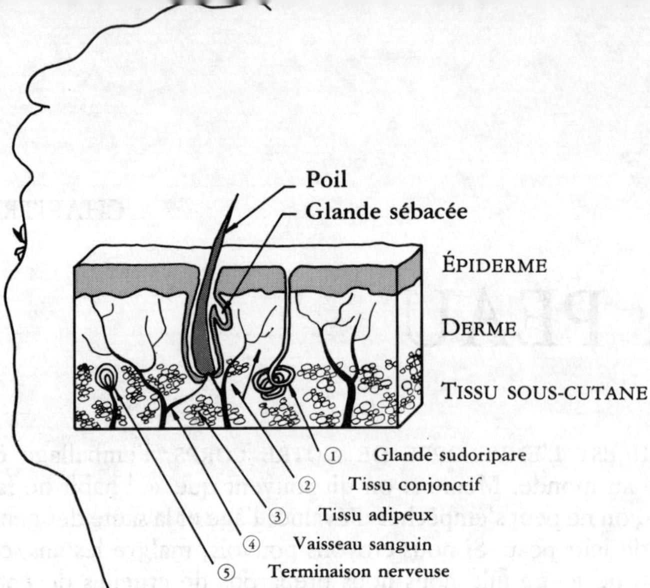

La structure de la peau

2. **La formation des rides** – On croit souvent que les rides proviennent du dessèchement de la peau. Ce n'est pas exactement le cas, même si la sécheresse de la peau les accentue. A l'origine des rides, on trouve le processus de vieillissement que nous avons abordé, au chapitre premier, en l'appelant « formation de nœuds ». La formation de ces nœuds soude, de façon malencontreuse, certaines molécules de collagène, et d'élastine. Ces modules continuent à se resserrer et notre peau se durcit peu à peu, perd de son élasticité et les premières rides apparaissent.

3. **Le flétrissement de la peau** – Le matelas de cellules graisseuses qui tendent la peau commence aussi, avec l'âge, à se racornir. Or comme la peau est devenue également moins élastique, elle épouse moins bien les contours modifiés de la chair, la peau « en trop » se flétrit comme un ballon crevé.

4. **L'amincissement de la peau** – Avec l'âge, le nombre des cellules cutanées reformées diminue, il y a moins de collagène et la peau perd de son épaisseur.

Déshydratation, formation des rides, flétrissement et amincissement de la peau sont des effets inévitables du vieillissement. Mais examinons ce que nous faisons très souvent et qui accélère la parution prématurée de ces symptômes.

Les agents d'agression

Si nous observons la peau fine, douce, blanche, aux pores imperceptibles du postérieur et des aisselles comparée à celle du visage ou du dos de nos mains la vérité nous saute aux yeux : ce qui abîme le plus notre peau, ce n'est pas l'âge mais plutôt l'exposition au *soleil,* au *brouillard,* au *vent* et au *froid*. Rien ne peut me coûter davantage – j'étais une adoratrice du *soleil* – que d'admettre qu'il est le premier ennemi de la peau, l'agent le plus actif dans la formation des rides. Non seulement il dessèche la peau, mais il est l'un des grands responsables de la formation des nœuds.

Pour être tout à fait franche, je dois reconnaître qu'on m'avait souvent mise en garde contre les méfaits du soleil. Mais j'aimais tellement cette sensation de chaleur sur ma peau, j'aimais tellement la couleur que prenait mon corps que je passais outre aux conseils de prudence. Hélas ! les jeunes ne voient pas plus loin que le bout de leur nez ! Tous les étés je subissais, stoïque, les premières brûlures du soleil, étape indispensable vers un bronzage que je voulais aussi foncé que possible. Je me sentais, pendant quelques mois, superbe. Mais, à l'approche de la quarantaine, j'ai pu remarquer, lorsque le bronzage disparaissait, à la fin de l'été, de multiples petites craquelures, de nouvelles rides et des « fleurs de cimetières » sur le dos de mes mains. Après plusieurs saisons de ce jeu de cache-cache avec la vérité, je dus bien me rendre à l'évidence : je payais mes trois mois de bronzage, de neuf mois d'une peau de plus en plus abîmée au fil des années. Ses effets étaient malheureusement cumulatifs et irréversibles. Impossible de faire tourner les aiguilles de l'horloge dans le sens contraire. La corrosion était bel et bien installée à jamais. Tout ce que je pouvais faire c'était mettre le holà, ne plus m'exposer à une nouvelle aggravation.

En plus de cette détérioration visible, il y avait le risque, lui indécelable, du cancer de la peau. Ce type de cancer connaît une recrudescence alarmante ; les dermatologues l'attribuent à un abus des expositions au soleil. Les rayons ultraviolets provoquent en effet des lésions durables de la peau. Les rayons les plus nocifs sont les ultraviolets courts, ou rayons B (UVB). Ils atteignent leur intensité maximale de 11 heures à 15 heures.

Mais on sait maintenant que les rayons plus longs, les UVA, présents du lever au coucher du soleil, risquent eux aussi de provoquer des cancers de la peau même s'ils brûlent moins l'épiderme. Ces deux sortes de rayons, mais surtout les UVA, altèrent le matériel génétique des cellules de la peau. Année après année, les rayons du soleil assèchent le collagène et l'élastine. Ils accélèrent par voie de conséquence, la formation des nœuds dans les fibres élastiques, rendant le tissu conjonctif moins souple et plus fragile.

Quand vous vous exposez des heures au soleil, sans protection, les cellules de l'épiderme gonflent. Les vaisseaux sanguins se dilatent, ce qui explique la douleur et la rougeur de la peau brûlée par le soleil. Les cellules de mélanine, le pigment qui détermine la couleur de votre épiderme, se précipitent à la surface de l'épiderme pour capter les rayons ultraviolets avant qu'ils pénètrent dans les couches plus profondes de la peau. Votre superbe bronzage, acquis après des heures d'exposition, résulte de ce processus de défense. Il provient donc d'une réaction de la peau pour se protéger, ce qui veut dire qu'elle est vulnérable à cette agression. Chronologiquement, il y a d'abord le coup de soleil, puis le bronzage, ensuite les rides et les « fleurs de cimetière » et, si vous persistez à vous mettre au soleil, l'ADN, ou matériel génétique de vos cellules, sera endommagé, et c'est la porte ouverte au cancer.

Il y a trois sortes de cancer de la peau. Les deux premiers – le *carcinome baso-cellulaire* et le *carcinome spino-cellulaire* – ont pour cause prouvée les rayons ultraviolets. La chirurgie en vient généralement à bout. *Le mélanome malin,* cancer mortel à 45 % et qui frappe chaque année 15 000 Américains, serait également dû à la surexposition au soleil. La maladie ne se déclare pas du jour au lendemain, mais quand elle se manifeste, les médecins savent qu'elle résulte de lésions accumulées parfois depuis l'enfance. On peut très bien examiner soi-même l'état de sa peau. Il faut le faire *au moins* une fois l'an et chercher, sur l'épiderme, toute grosseur colorée soit à l'aide d'une psyché, soit en demandant l'aide de quelqu'un. Ces grosseurs peuvent être rouges, blanches, bleutées, brunes, noires ou grises. Vérifiez bien également vos grains de beauté pour vous assurer qu'ils ne saignent pas et qu'ils ne grossissent pas. Un seul de ces signaux doit vous faire vous précipiter chez votre médecin.

Pour ma part, j'ai définitivement renoncé aux bains de soleil, je ne veux pas faire partie des statistiques ! En outre, je n'ignore pas que je cache peut-être un cancer en formation, héritage de tous ces étés de bronzage acharné. Je peux cependant réduire mes risques de cancer en arrêtant net de m'exposer au soleil. Je ne veux certes pas mourir pour être belle. Et pour être tout à fait sincère, je dois avouer que je suis bien contente de consacrer tout ce temps, passé jadis à lézarder, à faire des choses qui m'intéressent davantage.

Il ne faudrait cependant pas croire que je ne mets plus le bout du nez au soleil. Je pratique le jogging, je fais de longues promenades à pied, je

Troy et moi essayant d'avoir l'air de skieurs professionnels. Noël 1983, Sun Valley, Idaho.

Sun Valley
6
SKI SCHOOL
Sun Valley
26
SKI SCHOOL

skie, bref j'adore être au grand air. Mais je ne sors jamais sans m'être protégé la peau par un bon filtre solaire. N'oublions pas les aspects bénéfiques du soleil ; il est notre unique source de chaleur et si on se décidait à l'exploiter correctement, il pourrait devenir l'une de nos principales sources d'énergie. Il contribue en outre largement à la formation de la vitamine D, essentielle, pour nous, à la maturité, si nous voulons garder des os solides. Donc, sans mésestimer ses bienfaits, nous devons seulement prendre quelques précautions pour nous protéger de ses dangers. La meilleure défense, c'est encore l'application d'une crème hautement protectrice, elle absorbera ou dispersera les rayons ultraviolets. Le produit que vous choisirez devra obligatoirement contenir de l'acide para-aminobenzoïque, appelé PABA, car c'est lui qui forme un écran contre les rayons du soleil.

Les produits solaires n'opposent pas un barrage étanche au soleil ; ils sont conçus pour filtrer les rayons nocifs. Mais il faut également savoir que la lumière ultraviolette traverse brume, fine couche de nuages et brouillard. Le sable, l'eau et la neige la réfléchissent dangereusement, chapeau ou parasol n'offrent donc qu'une protection insuffisante. Les rayons ultraviolets peuvent même vous atteindre sous l'eau ou à travers vos vêtements, pour peu qu'ils soient en tissu léger.

Les filtres solaires sont maintenant classés selon leur coefficient de protection ; aux chiffres les plus élevés correspondent les produits les plus protecteurs. Les références du tableau ci-dessous vous aideront à choisir la protection la mieux adaptée à votre style de peau.

Type de peau	Degré de protection
1. Très blanche. Rougit, ne bronze jamais.	Écran total
2. Blanche. Rougit toujours, bronze parfois très légèrement.	6-12
3. Rougit parfois, bronze ensuite.	4-6
4. Ne rougit presque jamais, bronze toujours.	2-4

D'autre part, si vous avez la peau grasse ou si vous souffrez d'acné, vous choisirez un produit liquide à base d'alcool. Si votre peau est sèche, adoptez plutôt une crème solaire qui vous servira également de crème hydratante. Appliquez le filtre de votre choix sur toutes les surfaces exposées sans oublier le nez, les lèvres, le dessus des mains, la nuque et l'ourlet des oreilles si ces deux endroits ne sont pas protégés par vos cheveux. Ce sont justement les parties du corps qui absorbent le plus de radiations.

Les écrans solaires présentent un autre avantage appréciable : ils protègent la peau contre les agressions de tous les jours : la pollution de l'air – inévitable pour la majorité d'entre nous – a des effets dévastateurs ; le vent, le froid et l'air sec (aussi bien celui de l'extérieur que l'atmosphère desséchée des maisons) déshydratent peu à peu l'épiderme. Une crème solaire ou un bon produit hydratant conservera à votre peau non seulement l'humidité qui lui est nécessaire, mais formera un écran imperméable aux toxines extérieures. A la maison, il suffit de penser à installer des humidificateurs, ou une simple casserole d'eau, près des radiateurs pour maintenir constant un certain degré d'humidité dans les pièces surchauffées qui, sinon, dessèchent tant la peau.

Aux méfaits du soleil viennent s'ajouter ceux de l'*alcool* et de la *fumée du tabac,* facteurs très actifs dans la formation des nœuds qui détériorent le tissu conjonctif de nos couches cutanées. Tous deux, en effet, ralentissent la circulation du sang dans la peau. L'alcool, en outre, dilate les vaisseaux sanguins qui irriguent le visage. De petites vésicules apparaissent alors, ce sont des vaisseaux capillaires qui ont éclaté à fleur de peau, ils trahissent les grands buveurs d'alcool. Fumer, au contraire, rétrécit les vaisseaux, et la peau en sera d'autant moins bien irriguée, oxygénée et finalement nourrie. Les toxines ne s'élimineront que très lentement et finiront par s'accumuler. Prenez l'habitude d'observer autour de vous le visage de gens qui ont la quarantaine et connus pour leurs habitudes de fumeurs et de buveurs ; vous verrez qu'ils accusent bien plus que leur âge, leur peau est celle de personnes âgées. En fait, ces signes de dégénérescence existaient déjà avant leur maturité.

Si vous n'êtes cependant pas encore prêt à renoncer au tabac et à l'alcool, veillez au moins à compenser les détériorations que votre organisme et votre peau subissent à cause de ces toxines par un régime renforcé en vitamines (vitamines A, C, E, B_1, B_5 et B_6). Mais ne croyez pas aux miracles. Le seul antidote reste de boire de l'alcool modérément et de renoncer définitivement au tabac.

Le *régime chronique* est une autre cause, malheureusement beaucoup trop répandue, de flétrissement prématuré. Pauvres en calories, la plupart de ces régimes suppriment du même coup bon nombre de vitamines, de minéraux, d'acides aminés, d'enzymes indispensables au maintien d'une peau en bonne santé. En outre, personne ne peut suivre un régime *ad vitam aeternam.* Les étirements et relâchements successifs de la peau selon les prises de poids et les amaigrissements répétés finissent par endommager irrémédiablement les épidermes les plus jeunes. Imaginez alors les conséquences désastreuses de ces tiraillements sur des épidermes à l'âge de la maturité. Inévitablement la peau deviendra flasque et flétrie. Bien plus, la tension nerveuse et l'angoisse qui accompagnent tout régime sévère se refléteront dans les traits de votre visage. Je ne saurais trop recommander de déterminer d'abord votre poids *naturel* puis de tout faire pour s'y maintenir. Conserver votre poids d'équilibre à cette période de la vie doit être une exigence constante.

MON RÉGIME POUR LA PEAU : UN TRAVAIL INTÉRIEUR

Combien de fois ne m'a-t-on pas demandé quels étaient mes « secrets de beauté », quelles étaient les meilleures crèmes et lotions indispensables dans toute bonne trousse de produits cosmétiques pour garder une peau jeune et douce. Je surprends toujours mes interlocutrices car je n'ai pas de secret particulier – du moins dans le style qu'elles attendent. Ce n'est cependant pas faute d'avoir à peu près tout essayé. En tant qu'actrice, croyez-moi, j'ai tout expérimenté. Mais, au bout du compte – et il m'a fallu pas mal d'années pour m'en persuader – je n'ai jamais eu la preuve tangible des promesses publicitaires qui vantent tel produit de soin pour conserver à la peau toute sa beauté. Il reste indéniable, évidemment, qu'il faut hydrater et nettoyer la peau et que certains produits sont meilleurs que d'autres ; j'en parlerai bientôt plus en détail. Mais pour moi, la lotion de beauté la plus efficace, celle qui ne déçoit jamais, c'est prendre régulièrement de l'exercice et s'alimenter avec discernement. Voilà ce que vous pouvez faire de plus important et de plus bénéfique pour votre peau.

Si vous ne disposez que d'un budget limité, il vaut bien mieux dépenser votre argent pour vous adonner à une gymnastique régulière, qui vous fera transpirer et accélérera les battements de votre cœur, plutôt que d'acheter la panoplie, jamais complète, de crèmes, lotions, masques, etc., à l'effet superficiel et temporaire. L'exercice physique, en revanche, stimule la circulation sanguine et propulse oxygène et éléments nutritifs jusqu'aux cellules de la peau.

Ainsi, tout exercice vigoureux retarde les processus de vieillissement de la peau vus plus haut, y compris le flétrissement et la perte d'élasticité. Il peut même régénérer une peau en mauvaise santé et fatiguée. Le système entier de reconstitution et de production des cellules trouve alors son équilibre et les tissus conjonctifs se fortifient et deviennent moins vulnérables aux agressions. Peut-être avez-vous eu, comme moi, l'occasion de vous trouver dans la loge de danseurs professionnels. N'avez-vous pas été frappé par la qualité de leur peau ? La première fois que je l'ai remarqué, j'avais vingt ans et je commençais la danse classique. Je trouvais même que bien souvent la couleur de leur peau avait quelque chose de particulier. Par la suite, les médecins donnèrent une explication scientifique à mes observations : les danseurs, comme les athlètes, ont plus de collagène que nous dans leur peau – elle est donc plus épaisse ! Pendant une répétition, la température de la peau peut monter de 30 à 32 degrés, ou même davantage. On pense que cette élévation de température favorise la production de cellules de collagène, ce qui, ajouté aux autres effets bienfaisants de l'effort physique, rend la peau plus épaisse – donc plus ferme, moins ridée, plus colorée.

J'ai remarqué ce genre de changements sur moi-même à partir du jour où j'ai commencé à pratiquer systématiquement des exercices physiques

Une classe de ballet quand j'avais vingt ans.

vigoureux tout en prenant de nouvelles et meilleures habitudes alimentaires. Ma peau est devenue également moins sèche. Auparavant je devais, après chaque bain, m'enduire le corps d'un produit hydratant. Aujourd'hui, je n'en éprouve que très rarement le besoin et, si je m'en tiens à quelques pratiques très simples, je ne décèle plus aucune trace de déshydratation sur l'épiderme de mon visage. L'exercice physique hydrate naturellement la peau, de l'intérieur, en stimulant les glandes sudoripares et sébacées. En même temps, la transpiration nettoie les pores de la peau, drainant vers l'extérieur toxines et déchets. Ces différentes réactions, auxquelles vient s'ajouter une meilleure circulation sanguine facilitée par l'effort physique, ont rendu ma peau plus claire et lui ont donné les couleurs de la bonne santé. Je ne vois d'ailleurs plus guère la nécessité d'utiliser une base de maquillage. En fait, je me suis habituée à ne me servir que d'une crème hydratante, parfois légèrement teintée, si besoin est car une base plus épaisse tend à accentuer les rides. Les jours où je ne me trouve pas aussi bonne mine que je le souhaiterais, au lieu de camoufler le problème sous des couches et des couches de fond de teint, je pratique ma méthode ou je cours. C'est le meilleur masque de beauté que je connaisse. Je ne conçois plus de me présenter devant les caméras avant d'avoir pris le temps de pratiquer mes exercices quotidiens, même si je dois, pour cela, me lever

Mignon et moi en train de courir avec les chiens.

à quatre heures du matin. Ce que je dépense en effort, je le gagne en maquillage naturel.

La façon dont j'alimente ma peau, en plus de l'oxygène apporté par l'exercice physique, me paraît également très importante. Notre épiderme, en terme de surface, est l'organe le plus important de notre corps ; il se nourrit de l'intérieur, par la circulation sanguine. Comme tout notre organisme, il a besoin de protéines, d'hydrates de carbone, de graisses, de vitamines et de minéraux. L'exercice physique assure un rapide acheminement de ces éléments essentiels jusqu'à notre peau, mais il reste de notre ressort de veiller à la qualité et à la régularité de la présence de ces différents éléments nutritifs.

Toute carence se manifestera par une déshydratation de la peau, des éruptions, un teint brouillé ou autre anomalie. Un régime bien équilibré comprenant le genre d'aliments dont je vais parler dans le chapitre intitulé « Comment se nourrir pour vivre longtemps » se reflétera dans le bon état de votre peau. Mais je recommande tout particulièrement aux femmes qui ont la quarantaine ou davantage d'adopter définitivement les produits « superstars » suivants pour s'assurer une peau en pleine santé :

La vitamine A – Elle contribue à la bonne nutrition de nos cellules. Sa carence se traduit par une peau sèche, rugueuse et tachetée.

Les vitamines B – Elles empêchent la peau de peler et de se craqueler.

La vitamine C – Elle régénère la peau car elle est indispensable pour la production du collagène, cette protéine qui soutient la peau et lui donne son élasticité.

La vitamine E – Grâce à son rôle antioxydant, elle contribue à défendre les cellules de notre peau contre toute oxydation anormale. Elle favorise également le phénomène de cicatrisation.

L'eau – Puisque nous parlons de la façon dont la peau se nourrit de l'intérieur, il me faut absolument attirer votre attention sur le meilleur ami de votre épiderme : l'eau. Buvez-en au moins six à huit verres par jour, je vous en conjure ! Elle chassera les toxines et hydratera votre épiderme.

La gymnastique faciale

Beaucoup de femmes me demandent ce que je pense de la gymnastique faciale. Je vante tellement les mérites de l'exercice physique, pourquoi n'aurais-je pas la même confiance en une gymnastique adaptée au visage ? Je répondrai que notre visage travaille d'une façon très différente de celle de notre corps. Pour cette raison, je considère que les exercices faciaux sont préjudiciables aux épidermes des femmes de quarante ans et à plus forte raison aux épidermes vieillis. Observons simplement les faits. Notre visage est probablement la partie de notre corps qui travaille le plus. Chaque fois que nous mâchons, sourions, ou parlons, nous faisons de la gymnastique

Les muscles du visage

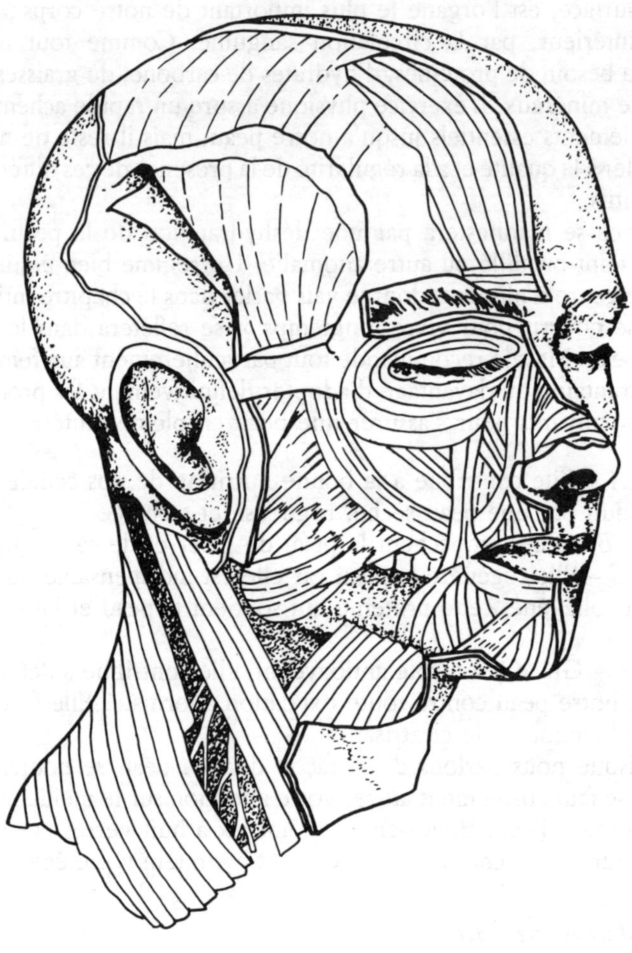

Si l'on pouvait éplucher notre visage,
on découvrirait tout un entrelacs de muscles.

faciale. Si s'astreindre à des exercices effaçait les rides, certes, nous aurions toutes, aujourd'hui, une peau aussi lisse que celle d'un bébé.

L'étirement et la contraction des muscles faciaux et des fibres de collagène accentuent les rides déjà formées. Contrairement à la peau du reste de notre corps, l'épiderme de notre visage s'attache directement à différentes bandes musculaires. Si on épluchait notre visage, on découvrirait un entrelacs de muscles qui donnent toute sa mobilité à notre visage, qui lui permettent de changer d'expression à l'infini. Cependant, à mesure que la peau perd de son élasticité en vieillissant, ces lignes d'expression ont tendance à subsister le long des muscles le plus souvent sollicités jusqu'à devenir permanentes.

Mais, pour l'amour du ciel, n'allez pas vous mettre en tête qu'il faut figer vos sourires, garder œil et paupière fixes, bref, gommer toute forme d'expression. En revanche, vous pouvez très bien veiller à ne pas distendre vos traits par des crispations ou grimaces inconscientes lorsque vous regardez la télévision, lorsque vous lisez, travaillez ou réfléchissez. Dès à présent, habituez-vous à vérifier que vous n'abaissez pas les commissures de votre bouche, que vous ne serrez pas les lèvres ou que vous ne les plissez pas sans raison. Ces tics inconscients et inutiles se traduiront, au fil des années, d'abord par une mince trace, puis par une vraie ride.

Pour les muscles de notre cou et de notre mâchoire inférieure, c'est différent. Les faire travailler grâce à certains exercices *peut* ralentir l'apparition des lignes qui barrent notre cou et la formation du double menton. Vous trouverez des exercices appropriés au chapitre « Gymnastique – Harmonie ».

CE QU'ON PEUT FAIRE DE L'EXTÉRIEUR

Si exercice et bonne alimentation restent la meilleure façon de protéger notre peau au fil des ans, il est également important de pratiquer, tous les jours, des soins de nettoyage et d'hydratation, et parfois d'appliquer un masque pour se débarrasser en profondeur de toutes les impuretés. Mais un nettoyage inconsidéré et mal adapté à votre peau risque de produire les mêmes effets qu'une mauvaise alimentation, le tabac, l'abus d'alcool ou les toxines de l'environnement. Des toilettes trop fréquentes, avec de l'eau trop chaude, un savon agressif ou des produits excessivement détergents, par exemple, auront tôt fait d'irriter votre peau et de lui ôter ses sécrétions grasses naturelles, protection la plus efficace, et garantie d'une bonne hydratation.

Voyons d'abord *le nettoyage.* Les savons abrasifs et détergents à base de produits de synthèse sont les plus efficaces pour dissoudre la saleté souvent bien accrochée à notre épiderme par la pollution de l'air, surtout en eau calcaire ; mais ils agissent sans discrimination, attaquant avec autant de vigueur les graisses indésirables que les sécrétions naturelles, unique protection contre le desséchement de l'épiderme. Après la quarantaine, n'infligez pas, je vous en prie, ce traitement de choc à votre peau qui n'a déjà que trop tendance à se déshydrater ; utilisez un savon doux, neutre ou à la rigueur légèrement acide, à base de graisses ou d'huiles naturelles. En outre, on ne devrait mettre sur notre visage que des produits non parfumés et sans propriétés médicamenteuses, c'est particulièrement vrai en ce qui concerne les savons. Vous trouverez d'excellentes savonnettes pour peau ultra-fragile chez Elizabeth Arden ®ou sous le label Clinique ®et Germaine Monteil ®. Si elles vous paraissent trop chères, n'oubliez pas qu'elles dureront des mois et des mois. Une récente enquête sur les savons d'un usage plus courant cite, parmi les plus doux, ceux proposés sous les marques, Emulave ®, Avenoderm ®(j'y ajouterai personnellement Neutrogena ®).

J'ai la peau plutôt fine et elle se desséchait fâcheusement jusqu'au jour où je me suis régulièrement adonnée à mes exercices physiques tout en observant un régime alimentaire équilibré. Cependant, comme chez la plupart des femmes, l'épiderme situé près des ailes du nez et sur le menton est beaucoup plus gras que la peau du front, des joues et autour des yeux ; il compte en effet un grand nombre de glandes séreuses. Je limite donc l'usage du savon à ces deux zones. Du bout des doigts j'étale doucement la mousse sur le menton et le nez en massant légèrement puis je rince à l'eau tiède (jamais chaude) et je tamponne d'un linge doux pour sécher. Je procède toujours avec précaution ; soumettre la peau à des frictions vigoureuses, que ce soit pour la laver ou pour l'essuyer, distend inutilement le tissu conjonctif et le fragilise. De temps en temps, et seulement si ma peau n'est pas trop sèche, je me passe du savon sur tout le visage, mais toujours avec mes doigts, je ne me sers jamais d'un gant de toilette.

Mais certains types de peau sont trop secs pour le savon même le plus doux. Il convient alors d'utiliser une crème nettoyante : elle enlèvera toute trace de saleté sans attaquer les graisses protectrices naturelles. Il m'arrive d'ailleurs d'y faire appel et j'ai constaté que la plupart s'éliminent facilement à l'eau tiède. D'autres, les plus épaisses, parmi lesquelles les crèmes et huiles végétales, ne partent qu'à l'aide d'un coton, mais attention, choisissez toujours du coton *naturel*. (Si vous vous servez d'huiles végétales, huile de sésame, d'avocat ou d'amandes douces, achetez-les en petite quantité et conservez-les au réfrigérateur pour qu'elles ne rancissent pas.) Étalez l'huile ou la crème sur tout le visage et le cou, puis prenez un peu de coton trempé dans l'eau tiède et enlevez le produit nettoyant en procédant par petites touches légères. N'utilisez, au grand jamais, aucun coton sec ni aucun disque de démaquillage fabriqué industriellement. Tous deux accrochent trop l'épiderme et la plupart des disques, à base de fibre de bois, agissent comme du papier de verre sur les épidermes fragiles.

Si vous habitez une région où l'eau, trop calcaire, laisse une fine pellicule de savon malgré de nombreux rinçages, ou si les pores de votre peau vous semblent trop dilatés, vous pouvez imbiber vos cotons d'une lotion astringente, à condition toutefois que votre épiderme ne soit pas déshydraté. Peut-être souhaiterez vous vous limiter aux zones situées entre les sourcils, de chaque côté du nez, et sur le menton. La lotion astringente resserrera momentanément les pores dilatés. J'apprécie particulièrement la lotion pour le visage de chez Caswell-Massey ® à base de concombre. J'utilise aussi leur Cucumber Cold Cream en guise de démaquillant. (Les produits de cette marque se vendent par correspondance. Il suffit de se reporter au Guide pratique à la fin de ce livre pour trouver l'adresse de Caswell-Massey. En France, vous trouverez la lotion astringente de chez Clinique ®.)

Certaines cellules mortes restent collées à la surface du visage et expliquent souvent un teint terne, en outre leur présence ralentit l'apparition des cellules neuves. Il existe trois façons de se débarrasser de cette couche de peau morte :

- à l'aide d'une brosse à fard, en poils de soie ;
- avec une petite éponge végétale (louffa) ;
- en appliquant un masque désincrustant.

Si votre peau est plutôt grasse, vous pouvez utiliser l'éponge louffa ou la brosse à fards (je me sers indifféremment des deux) une fois par semaine, sinon, la bonne fréquence est de deux fois par mois. Mais ces deux procédés ne conviennent en aucune façon aux épidermes très fragiles. Dans ce cas, contentez-vous de vous masser avec des mouvements circulaires, puis rincez-vous le visage à l'eau tiède où placez-vous sous la douche pour balayer les cellules mortes décollées.

Vous pouvez également, pour obtenir un nettoyage en profondeur, appliquer un masque désincrustant. Je le fais toutes les deux ou trois semaines, tout dépend du temps dont je dispose et de l'état de ma peau. Avant d'étaler le masque, je prends toujours un bain de vapeur facial en restant environ cinq minutes au-dessus d'un récipient d'eau fumante, la tête sous une serviette pour former une tente étanche et ne rien perdre de la vapeur. En général, je jette dans l'eau un sachet de camomille. J'enlève une partie de la transpiration de mon visage en le tamponnant doucement avec un linge mais sans l'essuyer complètement, alors seulement j'applique le masque en couches épaisses mais en laissant un bon centimètre de libre autour des yeux. J'émerge toujours de ce « traitement » le teint frais comme une rose ! Et je vous garantis le même résultat. Voici d'ailleurs la recette de la pâte que je prépare moi-même :

MASQUE À LA FARINE DE MAÏS

Ajoutez un peu d'eau à une tasse de farine de maïs. Travaillez la farine humide du bout des doigts et, avec des mouvements circulaires, enduisez totalement votre visage et votre cou. Cette pâte va détacher les cellules mortes, enlever la saleté accrochée à votre peau et du même coup empêcher la formation de « points noirs », tout en adoucissant votre épiderme. Enlever l'enduit avec des cotons trempés dans de l'eau fraîche (surtout pas froide).

Le moment idéal pour un masque traitant se situe tout de suite après ce nettoyage. Si vous ne pouvez profiter de l'occasion, prenez quand même le temps d'appliquer un produit hydratant. Sinon, un masque judicieusement choisi donnera un « coup de fouet » à votre peau, la nourrira et resserrera ses pores. Vous aimerez peut-être préparer votre masque nourrissant comme celui dont je vais vous indiquer le principe et qui est à base de germe de blé pour stimuler et nourrir les peaux sèches. Il assurera un aspect velouté à votre visage et en refermera les pores trop dilatés.

MASQUE AU GERME DE BLÉ

Ramollissez la valeur d'une grande cuillère de germe de blé non traité dans la même quantité d'eau distillée. Mélangez avec une petite cuillerée de jaune d'œuf (gardez le reste du jaune pour un autre masque dans un récipient fermé dans votre réfrigérateur). Battez ensemble le germe de blé, l'eau et le jaune d'œuf jusqu'à obtenir une pâte bien homogène. Étalez ce mélange sur tout le visage à l'exception des paupières. Continuez à étaler cette pâte tant que vous n'aurez pas sur la peau une épaisse couche de mélange. Laissez sécher une vingtaine de minutes. Enlevez le masque à l'aide d'un linge humide. Rincez bien le linge chaque fois dans de l'eau tiède pour qu'il soit propre à chaque application. Quand tout le masque est enlevé, éclaboussez-vous le visage avec de l'eau froide, essuyez-vous soigneusement mais doucement et appliquez un produit hydratant.

Parlons maintenant de *l'hydratation*. Les personnes dont la peau est plutôt grasse ont intérêt à utiliser une lotion hydratante à base d'eau, comme je leur conseillais, plus haut, de choisir une protection solaire à base d'alcool. Les peaux sèches, en revanche, réclament une crème hydratante à base d'huile et une crème solaire. Votre pharmacien vous dira laquelle vous convient. Mais en règle générale, que votre peau soit sèche ou grasse, essayez de dénicher le produit qui vous servira à la fois de protection solaire et de crème hydratante. C'est ce que je fais moi-même pour simplifier les choses. Je n'utilise d'ailleurs pas toujours la même marque, me servant aussi bien, par exemple de l'Almay's Skin Saver® que de PabaPlus® (les produits Biotherm sont excellents eux aussi). Je ne vous conseillerai pas de vous précipiter sur les crèmes à l'œstrogène, au collagène, aux vitamines, et aux protéines. Elles coûtent très cher et leur efficacité n'est pas prouvée scientifiquement.

Si vous appliquez votre produit hydratant sur un épiderme déjà légèrement humide, il n'en deviendra que plus souple. Cette méthode a en effet le mérite d'emprisonner littéralement l'eau dans votre épiderme. A Santa Monica, où j'habite, l'eau du robinet est particulièrement calcaire. J'ai donc pris l'habitude de conserver de l'eau distillée dans un atomiseur pour m'humidifier le visage avant d'appliquer le produit hydratant. Mais j'ai trouvé un autre moyen remarquablement efficace pour emprisonner l'eau dans mon épiderme : j'applique ma crème hydratante et, aussitôt après, je me livre à de vigoureux exercices physiques, ou bien je pars pour un long jogging. Mon visage se couvre de sueur, la crème retient l'eau et me protège des agressions extérieures. Mon visage sort toujours de ce traitement plus adouci que par n'importe quel autre moyen.

Et la nuit ? Tout dépend, bien sûr, de votre programme, de la personne avec qui vous comptez passer la soirée et de l'état de votre peau. Par exemple, si mon humeur me pousse au romantisme et si ma peau me paraît sans problème particulier, je prends ma crème hydratante de jour et je me contente d'une légère application sur le contour des yeux, cette partie du visage la plus fragile et la plus sèche. Si Tom, mon mari, ne passe pas la soirée à la maison, je choisis ce moment pour m'enduire le visage d'une crème à base d'huile, Caswell-Masey's Cucumber Night Cream ®, par exemple, ou d'une simple huile végétale. Mais je crois, sans en détenir les preuves scientifiques, je l'avoue, que laisser sa peau respirer pendant une huitaine d'heures, nette de tout produit, une fois de temps en temps, lui procure un répit bénéfique.

Tous les matins, je me réveille les yeux bouffis, véritable défi à l'ingéniosité des cinéastes ! Mais ces « boursouflures » s'accentuent fâcheusement si j'ai eu un dîner tardif, si j'ai bu plus d'un verre de vin ou de bière accompagné d'aliments riches en graisses animales. Quelle calamité ! Ces « excès » retiennent l'eau dans mes tissus, problème que je connais malheureusement depuis toujours. Le liquide s'accumule sous les yeux. La circulation sanguine et le simple phénomène de gravité, évidemment, ont raison de ces « poches » à mesure que passent les heures de la journée, et en temps normal, j'en prends mon parti. Mais quand je tourne, la discipline du travail m'oblige à intervenir. J'ai donc un truc pour effacer ces boursouflures matinales. La veille au soir, je trempe deux sachets de thé dans de l'eau et je les mets au réfrigérateur. Au réveil, mon premier geste est de reprendre ces sachets pour les placer sur chacun de mes yeux pendant cinq minutes. Ensuite j'applique normalement ma crème et je sors faire un jogging ou des exercices. La transpiration et l'effort physique après ces petits cataplasmes froids font très vite disparaître ces poches disgracieuses. Cette méthode vous conviendra à condition que vos poches proviennent d'œdèmes comme dans mon cas. Elle pourrait être inefficace si elles proviennent d'une allergie, d'une infection des sinus, d'un rhume ou de toute autre cause de ce genre.

Tout gonflement répété – quelle qu'en soit la raison – étire la peau si fragile sous les yeux et peut la faire vieillir précocement. Elle perdra son élasticité et se flétrira. Bien plus, le tissu conjonctif lui-même se relâchera et de petites boules graisseuses s'y nicheront à plaisir. Dans ce cas, tous les « trucs » du monde restent inefficaces. Il n'existe plus qu'un moyen, le recours à la chirurgie. Nous en parlerons plus loin.

Mais ne négligeons pas le reste de notre corps. Une bonne habitude à prendre pour activer la circulation du sang à fleur de peau consiste à vous frictionner tout le corps avec une louffa *bien sèche* avant d'entrer dans votre

bain. Vous pouvez aussi bien vous servir d'une brosse en soies, solution que j'ai choisie définitivement. Frictionnez-vous bien tout le corps, y compris la poitrine, pour laquelle vous adopterez des mouvements circulaires. A mesure que vous frottez, votre peau rougira, preuve que le sang afflue sous l'épiderme (veillez cependant à ne pas irriter la peau). Non seulement cette friction facilite l'irrigation de votre épiderme, mais elle vous débarrasse également des cellules mortes. Le bain finira de les enlever. Mais attention, n'oubliez pas de laver votre louffa ou votre brosse après chaque friction pour chasser les bactéries et pour qu'elles aient le temps de sécher avant le lendemain. Le meilleur moment pour tirer tout le bienfait de cette toilette se situe après une bonne séance de ma méthode.

Les séjours prolongés dans des bains très chauds ou dans un sauna détendent et nettoient les pores de la peau, mais sachez qu'ils déshydratent également en profondeur. Si vous êtes une adepte des bains et des saunas, je vous conseille d'appliquer une crème hydratante sur votre visage, là encore elle emprisonnera votre transpiration, produit de beauté naturel. Passez ensuite une lotion rafraîchissante sur tout votre corps. Quand j'ai suffisamment de temps pour que mon épiderme l'absorbe complètement, je choisis une huile naturelle, avocat, amandes douces ou sésame. Sinon, je prends la Keri Lotion ®, particulièrement efficace en hiver quand la peau se dessèche encore plus vite et donne une sensation de démangeaison.

SOYEZ VOTRE PROPRE CHIRURGIEN ESTHÉTIQUE

Avant de conclure ce chapitre sur la peau, j'aimerais évoquer tout particulièrement le problème des rides. Il y a trois façons de l'aborder. Ne rien faire du tout. Adopter une solution radicale comme la chirurgie esthétique. Ou opter pour une position intermédiaire, celle que j'ai choisie pour ma part : dédramatiser l'apparition de ces multiples stries (bien plus que des stries la plupart du temps !) sur notre visage et mettre en œuvre toutes les techniques que nous possédons, alimentation équilibrée, exercice, nettoyage approprié, hydratation et mode de vie sain, pour ne pas aggraver ou favoriser leur formation.

Les rides reflètent ce que nous sommes, ce que nous avons vécu. L'absence de rides voudrait dire que nous n'avons jamais ri ou pleuré, que nous n'avons connu aucune passion, que nous avons renoncé à la brûlure du soleil et à la morsure du vent hivernal, que nous n'avons pas osé vivre !

Je suis assez mal placée, alors que mon métier d'actrice m'apporte le succès et que je suis une épouse comblée, pour jeter la pierre aux femmes qui se tournent vers la chirurgie esthétique dans l'espoir d'être compétitives sur le marché du travail où règne l'élitisme de la jeunesse, ou encore dans l'espoir de se trouver et de s'attacher un compagnon, ce rempart vieux comme le monde contre la solitude. Mais j'ai vu nombre de femmes « parfaites » à tous égards, soucieuses de chaque centimètre de leur personne et réussissant le tour de force de se montrer constamment sous leur meilleur jour, bref de très séduisantes personnes, rester cependant seules dans la vie. Peut-être pensent-elles que leur apparence compte davantage que ce qu'elles sont réellement. Il faut bien reconnaître que notre culture fait tout ce qu'il faut pour cultiver de telles idées. L'important, cependant, ce qui reste essentiel, c'est notre *gestalt*, un assemblage unique d'éléments différents et qui à eux tous forment notre originalité – notre façon de nous comporter, notre énergie, notre forme d'humour, notre capacité de jugement, notre aptitude à écouter et à savoir aussi dialoguer, et notre force de caractère.

Cependant, si votre situation personnelle ou professionnelle, ou si un défaut physique vraiment disgracieux vous semble justifier une intervention chirurgicale, je dois attirer votre attention sur certains points. Une fois rendez-vous pris avec un chirurgien esthétique, vous vous trouverez dans un état d'esprit de totale réceptivité vis-à-vis de l'homme de l'art, et vous n'entendrez que ce que vous souhaitez entendre. Trop de femmes passent outre aux avertissements et aux conseils de prudence. Rien n'est plus facile en effet que de nier les risques de la chirurgie esthétique. Le vocabulaire lui-même commence par banaliser l'événement ; on vous parlera de « nez à raccourcir » « de mini-lifting » ou de « petites reprises » par exemple, exactement comme si vous alliez chez votre couturière, sans plus ni moins de risques.

Mais, sans aller jusqu'à dire qu'une opération de chirurgie esthétique peut mettre votre vie en danger, elle présente parfois des complications sérieuses sur le plan physique et esthétique. On n'en parle pas volontiers, mais elles existent réellement. Il peut y avoir formation de caillots, certains nerfs subissent des dommages irréversibles, on voit aussi des infections, des déformations permanentes, impossibilité de fermer la bouche ou les yeux (quand par exemple on a enlevé trop de peau ou si la cicatrice tire l'épiderme), il y a parfois des cicatrices qui ne disparaissent pas et aussi des paralysies faciales. Et je ne veux même pas parler du nouveau visage qui ne va plus avec le corps.

Je ne veux pas insinuer qu'il n'y a pas d'opération parfaitement réussie ou qu'il n'y a pas de chirurgiens remarquablement habiles, je souhaite seulement vous faire prendre conscience qu'une intervention de chirurgie esthétique ne doit pas être prise à la légère ; elle comporte des risques bien réels. Donc, si vous décidez d'y recourir, choisissez votre médecin avec le plus grand soin.

Le choix d'un chirurgien esthétique

- Consultez deux ou trois chirurgiens « patentés », membres de l'AMA (pour les Américains : American Medical Association) et de l'American College of Surgeons (Université américaine de chirurgie*). Vous éliminerez ainsi tout doute possible sur leurs capacités. Choisissez ceux que vous irez voir sur les conseils de votre médecin ou d'une ex-patiente, excellente façon de vous faire une idée sur le travail du praticien en question.
- Ce médecin devra obligatoirement être *Board Certified* (Diplômé de la faculté de médecine) dans sa spécialité, en l'occurrence la chirurgie

* En France, pour obtenir les noms et coordonnées de chirurgiens esthétiques, on peut s'adresser au Conseil de l'ordre des médecins ou au Syndicat des chirurgiens plasticiens (126, bd des Invalides à Paris XVe) ou à la Société française de chirurgie plastique et de reconstruction esthétique (Hôpital Saint-Louis, 40, rue Bichat à Paris X^{e}).

esthétique. *J'insiste sur ce point qui me paraît le plus important, et je vous conseille vivement d'obenir ces renseignements avant même de prendre rendez-vous.* Aux États-Unis, vous obtiendrez la liste des chirurgiens diplômés en téléphonant au *Surgeon's Office* ou en vous renseignant auprès des deux associations de chirurgiens esthétiques dont je donne les références dans le « Guide pratique », à la fin de ce livre.

Le Board Certification signifie que le chirurgien en question a obtenu, à l'issue d'un stage pratiqué dans sa spécialité, un diplôme décerné par le *Board of Specialists* de l'*AMA* (Jury de sommités médicales appartenant toutes à l'American Medical Association). Les deux diplômes qui permettent, aux États-Unis, de pratiquer toutes les formes de chirurgie faciale sont décernés par l'*American Board of Otolaryngology-Head and Neck Surgery* et l'*American Board of Plastic Surgery.* Les diplômés en ophtalmologie ont le droit de pratiquer des opérations sur les paupières, et les diplômés en dermatologie peuvent faire des ablations de lésions cutanées. Attention, tous les chirurgiens qui font de la publicité seuls ou en groupe ne possèdent pas obligatoirement ces diplômes.

- Le chirurgien que vous choisirez devra avoir un service attitré dans un hôpital. Si vous vous renseignez auprès du chirurgien, il sera en mesure de vous donner cette précision. (Assurez-vous toutefois que le médecin en question travaille bien, à l'hôpital, dans la spécialité qui vous intéresse.)
- Après avoir réuni toutes les données ci-dessus, il vous reste à choisir votre chirurgien parmi peut-être plusieurs praticiens aussi valables les uns que les autres. Décidez-vous pour celui avec lequel vous vous sentez le mieux et qui examinera votre visage avec le plus de minutie au lieu de vous offrir un traitement routinier. Il se peut en effet que votre style de visage, vos yeux ou votre menton exigent un type particulier d'intervention ou même qu'une intervention chirurgicale vous soit contre-indiquée. Votre chirurgien doit tout vous dire, il vous est plus utile de connaître les risques que de vous entendre bercer de promesses miracles. Enfin, il me reste à évoquer une dernière mise en garde, si vous êtes bien décidée à recourir à la chirurgie : des honoraires au rabais ne doivent pas être un élément du choix de votre praticien.

Encore un mot sur le lifting, en particulier sur le lifting par acupuncture. Je connaissais cette médecine à laquelle j'avais fait appel pour mes problèmes de rétention d'eau, pour faire tomber une fièvre intempestive, bref pour différents petits maux. Un jour, en début de tournage, et parce qu'on m'avait dit qu'elle pouvait momentanément effacer les rides, je prêtai mon visage aux aiguilles d'un acupuncteur. Ça ne marche pas pour moi ; en fait, si l'implantation des aiguilles sur le corps reste indolore, l'accupuncture faciale fut très douloureuse et me laissa pour un certain temps le visage criblé de bleus.

CHAPITRE 5

LA MATURITÉ S'INSTALLE

CERTAINES D'ENTRE VOUS, après avoir acheté ce livre, l'auront probablement ouvert directement à ce chapitre en se disant : « Voyons donc ce qu'elle raconte sur la façon de se débarrasser de ça ! » – et vous vous êtes pris les hanches à pleines mains, ces hanches trop bien en chair pour qu'on puisse encore les désigner sous la tendre métaphore de « poignées d'amour ».

Nous sommes toutes obligées de constater combien il est plus difficile de perdre ces kilos en trop aujourd'hui qu'il y a seulement cinq ou dix ans. Beaucoup ont carrément renoncé. D'autres placent encore tous leurs espoirs dans les régimes, exténuées par cette lutte sans répit contre l'embonpoint, ballottées sans fin entre des accès de boulimie et des régimes de famine. J'ai moi-même vécu ce combat. Je peux donc en parler en connaissance de cause et je sais que nous sommes des milliers concernées par ce problème.

Julie Jordan, âgée de quarante-cinq ans et l'une des plus régulières adeptes de ma méthode, était, à trente-huit ans, vraiment trop grosse. En outre, elle fumait en cachette. Elle avait passé quinze ans de sa vie à élever ses deux garçons, à se consacrer à sa communauté paroissiale avec effacement, à se porter volontaire pour toutes les ventes de charité ou kermesses. Inquiète de son manque d'énergie, et alarmée par les proportions que prenait son embonpoint, elle décida un beau matin que tout cela devait changer. Et elle tint parole. De ce jour-là elle se mit au régime, un régime progressif, et diminua sa consommation de cigarettes jusqu'à l'arrêt définitif. Elle décida également de commencer à faire de la course à pied. Les premiers temps, elle ne put guère dépasser quelques rues. Mais, quand les portes du centre d'application de ma méthode s'ouvrirent, plusieurs années après son changement de style de vie, Julie se présenta aussitôt pour adhérer au club. Elle avait déjà lancé sa propre affaire et s'habillait désormais en taille 42. Aujourd'hui, Julie, qui n'a jamais abandonné ma méthode, s'habille en 36, exactement la corpulence qui correspond à son ossature. « Depuis que je travaille avec vous, j'ai perdu

Une habituée du Workout, Julie Jordan, quarante-cinq ans.

un mètre trente de tour de hanche » me dit-elle un jour où nous filmions les vidéocassettes de ma Gymnastique-Harmonie. « Trente centimètres ? » ai-je demandé, croyant avoir mal entendu. « Non, affirma-t-elle, radieuse. *Un mètre trente !* Et jamais plus je ne dépasserai mon poids d'équilibre. Il m'a fallu six ans pour l'atteindre. Pas à pas. Et voilà que j'y parviens en même temps que j'aborde mes quarante-cinq ans, c'est aujourd'hui seulement que je me sens vraiment bien dans ma peau. Dites-moi ce qu'il pourrait y avoir de mieux ! »

La combustion interne

Depuis vingt-cinq ans que je pratique la culture physique, j'ai pu constater qu'elle accélère mieux la combustion des graisses qu'un régime seul. Je n'ai cependant compris la raison de ce phénomène que récemment, en écrivant mon premier livre, *Ma Méthode.* Tout vient du métabolisme, et de la clé du métabolisme : nos muscles. Si vous avez la même réaction que moi devant cette découverte, elle deviendra votre meilleure raison de faire travailler ces fameux muscles – et de brûler des calories.

Le métabolisme a trait à la combustion interne qui se déroule dans les cellules de notre corps quand les graisses, protéines et hydrates de carbone (sous forme de glucose) déjà digérés sont « brûlés » pour se transformer en énergie à l'aide de l'oxygène. L'énergie ainsi libérée se mesure en calories.

Pourquoi donc, pourriez-vous alors me demander, certaines femmes semblent-elles plus aptes que d'autres à brûler les calories ? Sont-elles nées avec un meilleur métabolisme ? Est-ce que les bienheureuses qui peuvent manger de bon cœur tout ce dont elles ont envie sans grossir d'un gramme bénéficient d'une grâce particulière sous la forme d'un bon métabolisme ? Est-ce que les gens trop gros, malgré des régimes draconiens, tombent sous le coup d'une forme de malédiction contre laquelle ils ne peuvent rien ? Non. Il n'y a là ni mystère ni chance ou malchance. Votre métabolisme sera ce que vous l'aurez fait et vous pourrez l'améliorer quand vous le voudrez. Mais cela demande du travail, il faut en effet renforcer les tissus de vos muscles et les maintenir en activité.

Les muscles constituent la plus grande partie de votre corps et lui confèrent, avec votre squelette, son *allure générale.* Les muscles, comme un fourneau, brûlent du combustible, nos calories, à raison de 90 % de celles contenues dans notre corps. Ils sont *constamment* au travail, brûlant graisses et glucose, que vous vous reposiez, fassiez de la gymnastique ou vous livriez simplement à vos occupations quotidiennes. Plus importante sera la proportion de tissu musculaire dans votre corps, plus vous brûlerez de calories. Par exemple, une femme de quarante ans pesant cinquante-quatre kilos et à forte musculature aura besoin de plus de nourriture pour maintenir son poids que la même femme, à poids et âge égaux mais moins musclée. La première pourra se permettre de manger considérablement plus sans prendre de poids.

Quand nous atteignons la quarantaine, nous présentons chacune notre propre forme musculaire, donc notre métabolisme particulier et une certaine corpulence. La plupart d'entre nous traînent derrière elles des années de régimes catastrophiques, de déséquilibre alimentaire et surtout de manque d'exercice physique, que nous payons par une diminution de notre masse musculaire donc par un *ralentissement* de notre métabolisme. Et si nous n'avons pas encore pris de poids, cela ne saurait tarder car, l'âge intervenant avec certains changements inévitables dans nos muscles, nous allons, doucement, mais sûrement, commencer à grossir.

Toutes, sans exception, nous nous apercevrons que nos muscles fondent avec l'âge. A partir de trente ans, chaque décennie s'accompagnera d'une perte moyenne de 3 à 5 % de nos tissus musculaires. Si, en plus de cette évolution naturelle nous ralentissons également notre activité, comme c'était le cours normal de la vie de la femme d'âge mûr, nos muscles disparaîtront à vue d'œil. Quand ils ne sont pas sollicités, nos muscles s'atrophient, raccourcissent même et perdent ces précieux enzymes sans lesquels la combustion de calories ne peut se faire. Qui dit moins de muscles – que ce soit dû à l'âge, au manque d'exercice ou aux deux à la fois – dit baisse de combustion de calories. Et si vous continuez à en absorber la même quantité, elles auront tôt fait de se transformer en graisses. Si, par exemple, vous absorbez ne serait-ce que 100 calories par jour en plus de celles que vous usez, au bout de cinq ans, vous vous serez alourdie de vingt-deux kilos ! Si vous laissez l'âge accomplir son œuvre sans essayer de lever le petit doigt pour réagir, vos tissus musculaires mangeurs de calories deviendront des tissus amateurs de graisses – vous entrerez dans un cercle vicieux.

Les premiers temps, tout se passe insensiblement. A mesure qu'un muscle fond, la graisse prend la place libérée, d'abord dans le muscle lui-même, dont elle finit par déformer l'allure autrefois ferme et longiligne. C'est la raison pour laquelle vous ne remarquerez pas de changements extérieurs, la graisse prend la place du muscle et même, comme elle pèse moins lourd, nous nous *empâtons* avant de prendre du poids. Mais quand le muscle est saturé de graisses, elles se déposent autour, juste sous la peau, et nous connaissons bien ses endroits de prédilection, les hanches, les cuisses, la taille, le ventre, le haut des bras, et le dos. C'est alors que notre poids change, nous grossissons aussi sur la balance. Molle et informe, la graisse prend aussi plus de place que les muscles.

A mesure qu'augmente le pourcentage de graisses dans le corps, le métabolisme se ralentit. En effet, un muscle, pour se maintenir tel qu'il est, consomme ce qu'il absorbe, mais la graisse elle, est *inerte*. Toute la graisse emmagasinée dans notre corps ne consomme pas la moindre calorie. Elle n'a nul besoin d'énergie pour maintenir son état. La graisse, *c'est* la calorie elle-même – il y en a 7 800 environ dans chaque kilo – c'est le combustible le plus dense de notre corps. Celui-ci a, certes, besoin d'une certaine quantité de graisses – comme source d'énergie pour des fonctions spécifiques. Par exemple, pendant les années de fertilité de la femme, les graisses assurent un cycle menstruel sans problème ; ensuite, avec la ménopause, elles assurent la production d'œstrogènes. L'organisme utilise donc des graisses pour son bon fonctionnement, mais en quantité telle qu'il en trouve toujours suffisamment dans notre corps, à moins de souffrir d'anorexie. La capacité du corps humain à stocker les graisses ne connaît *pas de limites*. Il n'en va pas du tout de même pour les autres éléments nutritifs essentiels. Le corps ne peut mettre en réserve qu'une quantité déterminée d'hydrates de carbone, tout comme il n'utilise qu'une certaine quantité de protéines. Quand nous dépassons ces limites en mangeant plus que nécessaire, les hydrates de carbone et les protéines en surplus se transforment en graisses. Et, à plus forte raison, si nous consommons trop de matières grasses, elles s'accumuleront dans notre organisme. Une fois stockées, *la seule et unique façon d'éliminer ces graisses indésirables est de les brûler en les transformant en énergie.*

Et pourtant, combien en avons-nous essayé de ces régimes insensés et impossibles à suivre ? En fait, le corps qui sort d'une période de sévères restrictions n'a qu'un réflexe, reconstituer ses réserves habituelles de graisses. Il s'agit là d'une survivance d'un vieux comportement de l'espèce humaine, stocker en prévision de famines ou de dangers inattendus. Certains scientifiques soupçonnent l'existence, en chacun de nous, d'un centre de régulation des quantités de graisses que nous emmagasinons – une sorte de point d'équilibre, spécial à chacun. Il interviendrait pour *emmagasiner* les graisses quand leur taux diminue ou menace de diminuer.

Bien comprendre le fonctionnement de notre organisme est essentiel pour apprendre à se débarrasser à jamais des graisses en excès. La façon dont la plupart des gens essaient de perdre du poids tourne à l'effet contraire et tend à stimuler notre système régulateur. Quand le corps se sent en état de privation – et c'est le cas lorsque vous vous imposez un régime *sans discontinuer* ou si vous décidez du *jour au lendemain* des restrictions alimentaires draconiennes –, il réagit automatiquement en veillant jalousement sur son stock de graisses. Il vous donnera d'abord des *fringales* irrésistibles pour reconstituer son petit capital – et les fringales porteront essentiellement sur des envies de sucre et de graisses à haute teneur calorique. Si vous ne cédez pas à ces manques, votre corps adoptera une autre stratégie, il ralentira son métabolisme pour conserver ce qui lui reste de calories et de tissus gagnés par la graisse. En d'autres termes, il s'adaptera à cette diminution d'aliments en réduisant la vitesse à laquelle il les brûle – ainsi s'explique pourquoi, lors d'un régime, les derniers kilos superflus restent les plus difficiles à perdre. Rappelez-vous ce que nous disions tout à l'heure : quand notre corps a trop de graisses, notre métabolisme se ralentit parce qu'il y a relativement peu de muscles pour brûler de plus en plus de graisses.

On sait que les régimes chroniques abaissent le métabolisme de 10 à 14 % ! La raison essentielle de cette baisse résiderait dans l'activité régulatrice de notre centre d'équilibre. Une autre raison maintenant bien connue tient au fait qu'en nous efforçant de perdre le plus vite possible nos kilos en trop, nous perdons effectivement des graisses, mais *nos muscles fondent en même temps.* C'est ce qui arrive immanquablement quand un régime amaigrissant présente une grande carence en hydrates de carbone complexes. Notre corps, pour satisfaire, malgré ce manque, certaines demandes spécifiques d'énergie qui ne peuvent se contenter de graisses, se met à brûler des protéines. Il va consommer les protéines de nos aliments, normalement destinées au renouvellement ou à la reconstitution de nos muscles et aussi les protéines qui constituent notre tissu musculaire lui-même. L'heure de vérité sonnera fatalement un jour, car on ne peut vivre longtemps en tournant à vide, sans muscles, et en épuisant encore d'autres parties de notre corps. L'addition risque alors d'être lourde.

J'aimerais maintenant vous raconter l'histoire de mon amie Hazel Washburn, soixante-deux ans, qui peut se vanter d'avoir essayé tous les régimes imaginables et qui, un beau jour, a décidé de tous les rejeter en bloc. Voici ce qu'elle dit :

J'étais toujours au régime. Je m'y mettais le lundi matin, et le lundi soir j'avais déjà craqué ! Je me jetais sur les sucreries, les graisses, et ainsi de suite, semaine après semaine. Je boudais les légumes et me régalais de croissants et de bonbons.

Hazel Washburn, soixante-deux ans, et Femmy DeLyser, au second plan.

Avec ce système de douche écossaise, je devins boulimique, et les kilos s'accumulèrent. Un jour je décidai de consulter le nutritionniste du centre de la Méthode. Il y a de cela un an. Aujourd'hui, tout mon embonpoint a fondu. C'est arrivé progressivement, jamais plus d'un kilo ou un kilo et demi par semaine. Je mange avec plaisir les fruits et les légumes que je méprisais, et je n'ai plus du tout envie de sucreries. Jamais je n'aurais espéré en arriver là.

J'ai fait la connaissance d'Hazel il y a dix ans, quand elle travaillait pour le Syndicat des travailleurs agricoles. Aujourd'hui, elle dirige la collecte de fonds pour la California Campaign for Economic Democracy (la Campagne californienne pour une économie démocratique). En fait, Hazel est l'illustration de tout ce que je souhaite expliquer sur les effets d'un bon régime associé à l'exercice. Dès l'ouverture, elle s'inscrivit à mes cours de Gymnastique-Harmonie à Los Angeles. Elle a maigri de douze kilos. Elle fait de la marche très régulièrement et, pour rien au monde, ne manquerait un cours de gymnastique. Enfin, elle mange selon son appétit et sans jamais se priver. Pour son entourage, elle représente un idéal enviable, hommes et femmes s'inspirent de son style de vie. Elle-même m'a confié : « C'est la première fois en soixante ans que je me sens pleinement satisfaite de moi. Je ne me croyais pas capable de réussir de telles performances physiques – et voilà que je projette aujourd'hui d'ajouter à mon programme les cours pour débutantes de la Méthode. Je m'imaginais condamnée à perpétuité à observer un régime draconien – aujourd'hui je suis libérée de toute contrainte de ce genre, ma seule obsession, ô combien agréable !, est devenue la constatation à chaque instant redécouverte de mon bien-être. J'avais commencé cette gymnastique et mon nouveau style d'alimentation sans en souffler mot à personne. Je voulais me lancer dans cette bataille toute seule, uniquement pour mon bien-être personnel. Ce furent mes enfants qui, les premiers, remarquèrent que j'avais changé. Je me sentais d'humeur constructive. Je n'étais plus " déprimée ". Et, cela va de soi, mon aspect physique se modifiait. J'ai enfin l'impression de prendre ma vie à pleines mains. »

LE RÉVEIL DE VOTRE MÉTABOLISME

Quand on veut maigrir, le but à atteindre est de perdre des kilos de graisses et non de muscles ou d'eau. Il n'y a qu'un moyen de faire fondre les graisses et non les muscles : la culture physique – associée à un régime équilibré à haute teneur en hydrates de carbone et leurs dérivés ; ils vous permettront d'économiser les protéines dont vos muscles pourront alors bénéficier. La gymnastique jouera le rôle d'un *bouclier pour vos muscles* pendant que les graisses superflues de votre organisme feront tous les frais de l'opération. (Elle pourra même influencer votre centre régulateur et l'inciter à baisser le niveau de stockage des graisses auquel votre corps est habitué.)

- *La seule façon de se muscler, c'est de faire de la gymnastique.*
- *La seule façon de créer plus d'enzymes qu'il n'en faut pour le métabolisme normal de nos muscles et ainsi d'attaquer les graisses, c'est de faire de la gymnastique.*
- *La seule façon de ralentir la diminution de notre masse musculaire due au vieillissement, c'est de faire de la gymnastique.*

Si vous n'avez pas encore atteint votre forme optimale, vous disposez de tout ce qui vous reste d'années à vivre pour *améliorer*, par la gymnastique, l'ensemble de vos muscles.

Pour toutes ces raisons, une gymnastique régulière reste la meilleure façon d'élever le rythme de base de votre métabolisme, et cela, pour votre vie tout entière. Mais l'exercice physique stimule également votre métabolisme à chaque séance, *pendant* que vous vous « dépensez » de toutes vos forces. Dans ces moments privilégiés, les calories brûlent donc plus vite, et cette consommation accélérée dure plusieurs heures *après* la période d'activité. L'énergie tirée des aliments passe exclusivement dans vos muscles, pas une once ne se transforme en graisses. Bien plus, à mesure que vos muscles s'échauffent, votre appétit se modère, vous vous en rendrez parfaitement compte si vous fixez votre séance de gymnastique dans l'heure qui précède votre déjeuner. Enfin, l'exercice physique régulier vient à bout des tissus adipeux eux-mêmes, surtout si vous faites de l'aérobic.

L'aérobic est en effet inégalable dans son pouvoir mobilisateur des graisses sous-cutanées du corps entier pour en tirer l'énergie nécessaire au travail des muscles fessiers et des muscles des jambes. La gymnastique aérobic parvient même à débusquer les réserves de graisses accrochées au plus profond des muscles – performance que le régime le plus draconien ne réussira *jamais.* En suivant un régime, vous parviendrez, sans doute, à peser une dizaine de kilos de moins, mais votre allure générale risque de devenir « informe » parce que les graisses stockées à l'intérieur des muscles n'auront pas fondu. En plus de l'aérobic, on peut exécuter des exercices destinés à des groupes spécifiques de muscles afin de venir à bout de tous les résidus graisseux internes – ce type d'exercices se trouve dans mon cours de Gymnastique-Harmonie, j'en parlais déjà dans ma première méthode. Si vous associez un régime alimentaire équilibré et conçu selon les *dernières découvertes diététiques* à un programme de gymnastique, genre aérobic, non seulement vous maigrirez plus vite, mais vous vous façonnerez en même temps un corps plus vigoureux, plus mince et plus souple. Aussi longtemps que vous pratiquerez votre gymnastique, votre métabolisme conservera ce nouveau rythme accéléré.

La gymnastique aérobic obtient de tels résultats parce qu'elle se sert des graisses superflues de l'organisme comme « carburant ». Les premières minutes d'une séance d'aérobic brûlent déjà toute l'énergie fournie par le glucose alors présent dans l'organisme, et, à mesure que la séance se poursuit, le corps puise son carburant dans les couches adipeuses, des plus accessibles aux plus profondes. Cette consommation d'énergie exige beaucoup d'oxygène. Or l'aérobic, par définition, signifie gymnastique « avec oxygène ».

J'en arrive ainsi à la dernière conséquence d'un métabolisme qui a été réveillé – il procure un système cardio-respiratoire en excellent état. Le cœur, les poumons et les vaisseaux sanguins qui le composent assurent la distribution et de l'oxygène et de l'énergie à chacune des cellules de nos muscles. Or ce système s'altère avec l'âge, nous en avons parlé dans le chapitre sur le vieillissement « Le processus du vieillissement ». Cependant, comme tous vos autres muscles, votre cœur, mais aussi vos poumons et vos vaisseaux sanguins, peuvent se renforcer quel que soit votre âge, par la pratique régulière et la plus vigoureuse possible d'une gymnastique aérobic associée à un régime pauvre en graisses et en sel. J'en parlerai plus loin.

COMMENT FAIRE SA GYMNASTIQUE POUR MAIGRIR

- Faites votre gymnastique aérobic au moins trois fois par semaine, de préférence quatre à cinq fois, mais jamais plus de six fois.
- Chaque séance doit durer au minimum trente minutes – l'idéal serait trois-quarts d'heure à une heure, si votre emploi du temps vous le permet.

- Chaque séance devrait vous permettre de brûler 300 à 500 calories (voyez le chapitre « Trouver son rythme » pour le choix d'exercices très vigoureux ou moyennement vigoureux).
- Ne diminuez pas votre consommation de calories *de plus de 500 par jour.* (Reportez-vous à la page 220 où vous trouverez les grandes lignes du régime amaigrissant dans « Un mot aux maniaques des régimes ».)
- Si vous faites le compte suivant : 500 calories brûlées en plus et 500 calories absorbées en moins, cela fait un manque total pour votre corps de 1 000 calories par jour, la plupart prises sur les graisses de votre organisme !

En tant que femmes, on nous a toujours dit, malheureusement, que le témoin de notre minceur, c'était le chiffre affiché sur la balance – sans accorder la moindre importance à ce qui détermine notre poids, sans aucun intérêt pour notre véritable corpulence ou notre degré d'énergie et de tonus. Mais nous savons aujourd'hui que notre poids ne reflète qu'un aspect de notre physique. Une personne mince d'allure peut très bien cacher un organisme enrobé de graisses, au métabolisme ralenti et à faible vitalité. Peut-être mène-t-elle une lutte de tous les instants contre l'extension des tissus adipeux. Mais quand nous stimulons les mécanismes de notre métabolisme, ce sont nos muscles qui se chargent en grande partie de ce travail d'élimination. Si vous devez perdre des kilos ou si vous avez un corps aux formes amollies, remplacer les graisses par de la chair et du muscle ne se fera pas du jour au lendemain parce qu'il a fallu des années pour préparer le terrain à cette « installation de la maturité » non désirée. En effet, développer des muscles inexistants exige un effort bien plus considérable que les maintenir simplement en état. Mais ce n'est pas une tâche au-dessus de vos forces et plus vous l'entreprendrez de bonne heure, moins elle se révélera difficile. En outre, sachez que les muscles qui ont déjà travaillé répondront plus vite à vos sollicitations, car ils semblent, en effet, posséder une sorte de mémoire. De toute façon, quelle qu'ait été l'évolution de notre corpulence et indépendamment de l'état actuel de notre ligne, nous nous trouvons *toutes* devant l'obligation de travailler plus énergiquement si nous voulons brûler les graisses et non les stocker, si nous voulons devenir des « chaudières » et non des citernes passives.

CHAPITRE 6

LES MÉCANISMES DU CORPS

LORSQUE NOUS ATTEIGNONS L'ÂGE MÛR, et même dès la trentaine, nous nous apercevons que nous devenons plus sujettes à divers maux et douleurs. Les muscles, les articulations, le dos, et même les os, commencent à se rappeler à nous d'une manière tout à fait nouvelle. Voici que les genoux se font plus lourds lorsque nous montons un escalier. Ou bien, alors que nous sommes en train de faire l'amour, c'est le bras du partenaire qui, coincé sous le dos, provoque un spasme, mais pas le bon. Ou encore, c'est une blessure oubliée depuis longtemps qui, comme un baromètre intime, se réveille à l'approche de la pluie.

Comme toutes les parties de notre corps, notre système musculaire et notre squelette changent avec l'âge. Au fil du temps, les cartilages des articulations et de la colonne vertébrale s'usent ; de la même façon, les autres tissus cellulaires perdent de leur élasticité, tandis que les os eux-mêmes se fragilisent. Mais, comme pour toutes les modifications liées à l'âge, on n'est pas obligé de laisser celles-ci dégénérer en arthrose, en douleurs chroniques au niveau du cou ou du dos, en une « bosse de bison » ou en ostéoporose.

Face aux crampes, aux raideurs et aux douleurs nouvelles, beaucoup ont tendance à réduire leurs efforts – et il y a encore des médecins pour le leur recommander. Or une telle passivité est en fait l'inverse de ce dont nous avons besoin. Si nous réduisons notre activité en réaction à des modifications normales au niveau des articulations, du dos et de l'ossature, leur vulnérabilité ira en empirant. Les articulations se feront plus raides encore, pas tant parce qu'elles s'usent que parce qu'elles se rouillent. Les muscles de sustentation s'atrophieront et s'affaibliront, jusqu'à devenir incapables d'assurer la stabilité de la structure du squelette, de commander le mouvement des os. Mais si nous continuons de faire travailler, raisonnablement, notre corps, la musculature et le squelette *gagneront en force.*

Il nous faut être les mécaniciennes vigilantes de ces rouages moteurs internes, et, pour cela, nous devons étudier les rudiments qui nous permettront de mieux maîtriser cet aspect essentiel pour notre bonne condition physique de femmes ayant atteint la maturité. Dès lors que nous

n et moi au ranch de Laurel Springs.

saurons éviter une dégradation inutile, trouver l'équilibre optimal entre l'activité et le repos, et comprendre les messages de notre corps, nos articulations, notre dos et nos os ne nous lâcheront pas.

LES ARTICULATIONS

Vos articulations se composent d'attaches d'une consistance caoutchouteuse, d'épais « amortisseurs » et de lubrifiants naturels, bien plus efficaces que n'importe quelle huile mécanique. Les dessins suivants illustrent la structure élémentaire de toute articulation dont notre corps est pourvu – que ce soient les genoux, les hanches, les épaules, les coudes, les doigts ou les orteils.

- Des *ligaments* durs et légèrement flexibles assurent l'assemblage de l'articulation ; ce sont eux qui fixent les deux os l'un à l'autre et renferment chaque articulation dans une capsule protectrice en forme de manchon.
- Des *tendons* plus flexibles, mais tout aussi durs, assurent la fixation du muscle sur l'os, des deux côtés de l'articulation. Ce sont en fait les terminaisons amincies du muscle.
- Un *cartilage* très dur et spongieux recouvre l'extrémité des os adjacents ;

La structure d'une articulation

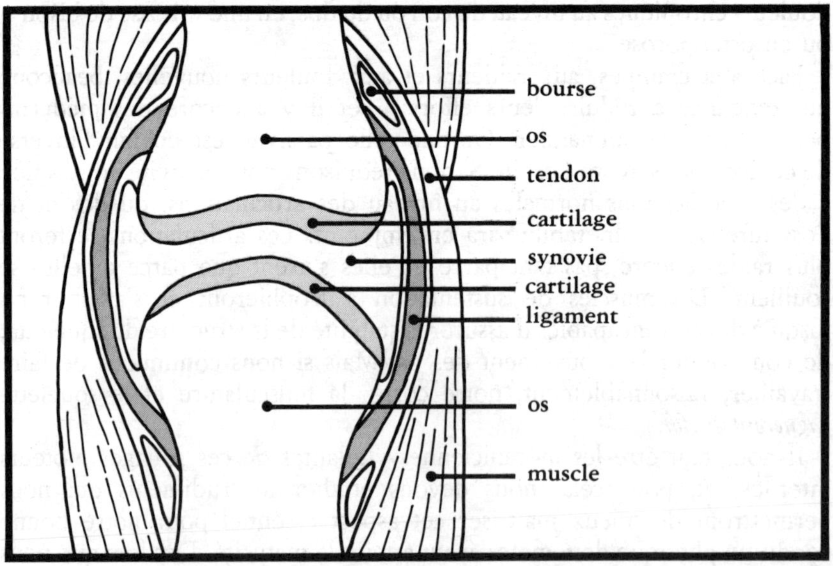

L'entretien du cartilage

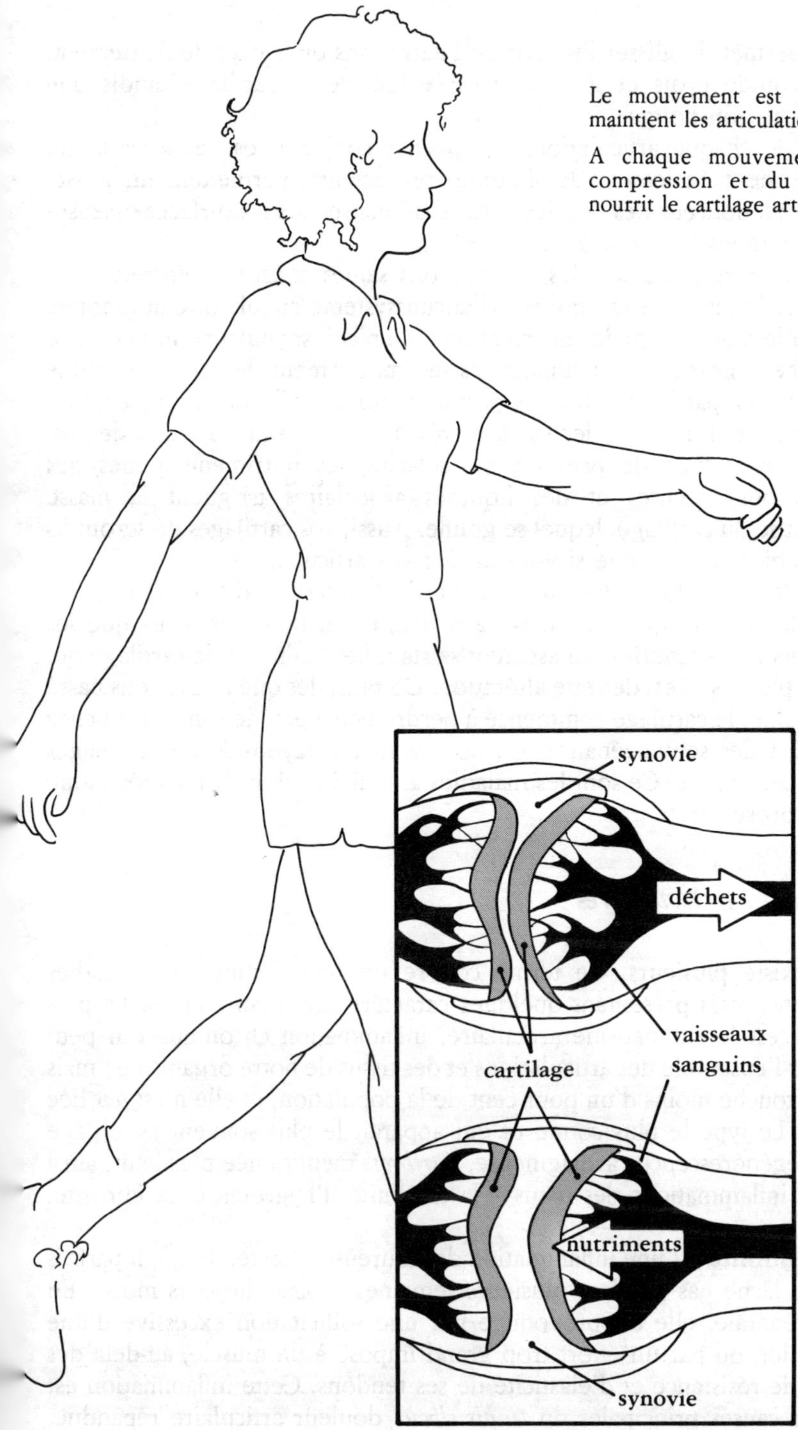

Le mouvement est la pompe naturelle qui maintient les articulations saines.

A chaque mouvement, l'alternance de la compression et du relâchement épure et nourrit le cartilage articulaire.

Lorsque l'articulation *se comprime,* les déchets sont évacués du cartilage via les vaisseaux sanguins de l'os, pour être par la suite éliminés par l'organisme.

Lorsque l'articulation se *relâche,* les nutriments sont amenés par les vaisseaux sanguins de l'os dans le cartilage articulaire.

il leur permet de glisser l'un contre l'autre sans qu'il y ait de frottement.

- Un liquide épais et gras, *la synovie,* lubrifie le cartilage tandis que l'articulation bouge.
- Près de chaque articulation, des poches conjonctives, les *bourses,* qui renferment également des liquides protecteurs, permettent un glissement en douceur des fragiles tissus musculaires sur les surfaces osseuses ainsi que les uns contre les autres.

Le secret pour garder des articulations saines consiste à entretenir le cartilage. Celui-ci n'étant pourvu d'aucun système circulatoire autonome, c'est par le mouvement de l'articulation qu'il reçoit ses nutriments et évacue ses déchets. Lorsque l'articulation est en mouvement, le cartilage souple est comprimé par les os situés de part et d'autre. L'effet de pompe expulse les déchets, qui seront collectés par le réseau de vaisseaux sanguins de l'os. Lorsque cet effort de pression est relâché, les nutriments riches des terminaisons osseuses et des liquides articulaires irriguent la masse spongieuse du cartilage, lequel se gonfle. Aussi, vos cartilages ne seront-ils sains et bien nourris que si vous *utilisez* vos articulations.

Avec le temps, toutes les parties de l'articulation se modifient – y compris l'os et la synovie qui maintient l'articulation en bon état, ainsi que les ligaments et les tendons qui assurent sa stabilité. Mais c'est le cartilage qui subit le plus les effets de cette altération. De plus, dès que nous avons passé la vingtaine, le cartilage commence à perdre peu à peu de son eau. Et chez la plupart des septuagénaires, on peut voir aux rayons X des cartilages rongés par l'usure. Ce sont les maladies articulaires dont la plus répandue est l'arthrose.

Maladies articulaires

Il en existe plusieurs. Ce terme couvre un bon nombre de maladies différentes mais présentant quelques caractéristiques communes. La plus sérieuse est le rhumatisme articulaire, inflammation chronique qui peut attaquer l'ensemble des articulations et des tissus de notre organisme ; mais celle-ci touche moins d'un pour cent de la population, et elle n'est *pas* liée à l'âge. Le type le plus connu et qui apparaît le plus souvent avec l'âge est la dégénérescence cartilagineuse, l'*arthrose* mentionnée plus haut, ainsi que les inflammations des tissus – la tendinite, l'hygroma et la fibrosite.

La tendinite est une inflammation douloureuse d'un tendon, qui parfois ne vous lâche pas pendant plusieurs semaines (voire plusieurs mois). En règle générale, elle est provoquée par une sollicitation excessive d'une articulation ou par un effort trop grand imposé à un muscle, au-delà des limites de résistance et d'élasticité de ses tendons. Cette inflammation est une des causes principales du *tennis elbow,* douleur articulaire répandue.

L'hygroma, autre inflammation locale provoquée dans une large mesure par l'usage excessif d'une articulation, engendre une douleur au niveau de l'une des bourses voisines de l'articulation, le plus souvent à l'épaule, une des articulations les plus sollicitées.

La fibrosite, dont les symptômes sont bien souvent des douleurs partout et qui semble être un phénomène propre à l'âge mûr, est moins bien connue. On admet de plus en plus généralement que la cause en est une contraction chronique des muscles. Une tension permanente de ceux-ci, sans un relâchement compensateur, peut engendrer une fatigue prématurée et un endolorissement chronique de ces muscles et des ligaments et tendons des articulations.

Ces trois anomalies, essentiellement bénignes mais douloureuses, se déclenchent souvent mutuellement, de sorte que bien souvent, elles se produisent simultanément. Si nous nous lésons un tendon, par exemple, les bourses travailleront deux fois plus pour protéger le tendon blessé, si bien que la tendinite risquera de se doubler d'un hygroma.

L'arthrose, qui touche pratiquement tout le monde avec l'âge, est provoquée par l'usure progressive du tissu cartilagineux entre les articulations et dans les disques de la colonne vertébrale. Une arthrose localisée et généralement bénigne est rarement la cause d'un handicap ; en fait, rares sont les personnes souffrant de symptômes perturbant leurs activités.

Les modifications au niveau des cartilages ne se font que très lentement au fil des années. Cependant, le phénomène peut se trouver accéléré par une activité insuffisante, ou excessive, ou encore par un mauvais traitement que subit l'articulation. Dans une articulation inactive, le cartilage est insuffisamment entretenu. Une articulation rendue instable par l'affaiblissement des ligaments, tendons ou muscles qui la soutiennent, sera sujette à une usure mal répartie de son cartilage. De la même façon, une blessure ou un effort répété au niveau d'une articulation, faute d'un repos adéquat, aura également des effets néfastes. Si nous ne pouvons éviter une certaine détérioration de nos cartilages à mesure que ceux-ci perdent leur capacité d'amortissement, nous pouvons en revanche réduire à son minimum cette dégradation.

Lorsqu'un cartilage s'use, l'interligne articulaire se réduit. Au lieu de produire un nouveau cartilage, notre organisme sécrète un tissu cicatriciel non élastique, et à un stade avancé, des tissus osseux se développent autour du cartilage usé. Ces excroissances osseuses peuvent engendrer raideurs et douleurs, tout en réduisant la mobilité. C'est en général le matin que ces symptômes sont le plus pénibles ; par la suite, les douleurs vont et viennent suivant les moments. Il arrive que l'arthrose progresse pendant un temps, avant d'atteindre un palier. Par exemple, en l'absence d'un revêtement adéquat de l'articulation, il peut y avoir un frottement des deux

Dégénérescence du cartilage

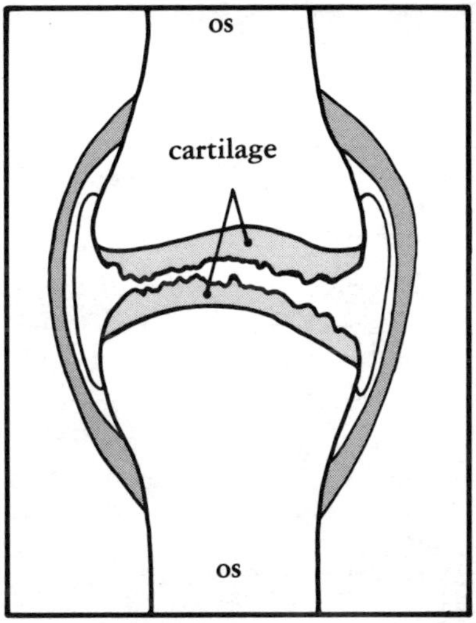

Avec l'âge, le cartilage tend à se dessécher, à s'érailler, à se crevasser et, peu à peu, à s'user. Exercer comme il faut ses articulations est le meilleur moyen de réduire le plus possible ces altérations.

os l'un contre l'autre. Mais à la longue, les extrémités des os se polissent mutuellement, jusqu'à ce que de nouveau, l'articulation puisse travailler sans à-coup *.

L'arthrose se produit en trois principaux endroits. La forme la plus bénigne et la plus précoce présentant des symptômes apparaît au niveau de la dernière articulation des *doigts*. Cette forme d'arthrose est largement héréditaire et elle affecte en premier lieu les femmes d'âge mûr dont la mère, la tante ou la grand-mère y étaient elles-mêmes sujettes. Après une période durant laquelle les régions affectées enflent et deviennent sensibles, l'inflammation s'enraye d'elle-même, laissant une dilatation des os au niveau des articulations atteintes, ainsi qu'éventuellement une légère rigidité ; mais elle est pratiquement indolore.

Les articulations qui *supportent le poids du corps* et sont les plus fortement sollicitées, en particulier les *genoux* et les *articulations fémorales*, viennent en seconde position pour ce qui est de la fréquence de l'arthrose. La prédisposition à l'arthrose se trouve accrue d'autant chez les personnes très grosses. Enfin, les disques cartilagineux séparant les vertèbres de l'*épine dorsale* sont eux aussi sujets à l'arthrose et des excroissances osseuses peuvent apparaître au niveau du bas du dos ou du cou.

Prenez soin de vos articulations

Les formes de maladies articulaires que nous venons de décrire sont plus faciles à *prévenir* qu'à guérir ; aussi est-il important de commencer *dès maintenant* à prendre vos précautions. Les trois grands principes que je vous propose contribueront à prévenir les risques d'arthrite et seront également efficaces pour la guérir.

1. Évitez de prendre du poids

Les kilos supplémentaires imposent une surcharge au niveau des articulations qui supportent le poids du corps, ainsi qu'au bas du dos. De même, un poids excessif aura pour effet de déformer par traction les ligaments et les tendons qui supportent les articulations.

2. Réduisez le plus possible les efforts articulaires.

Voici quelques règles d'or :

- Pour effectuer une tâche, utilisez l'articulation la plus robuste et la plus puissante.

* Récemment encore, on pensait qu'il était impossible de réparer et de régénérer les cartilages. Mais les recherches en cours sont prometteuses. Ainsi, une importante étude à l'université de Toronto a permis de régénérer les cartilages d'articulations endommagées, par un « mouvement passif continu ». Il ressort de cette expérience que des articulations entraînées passivement par un appareil, jour et nuit pendant trois semaines, régénèrent leurs cartilages au lieu de produire des excroissances de tissus osseux.

- Répartissez la charge sur plusieurs articulations.
- Évitez de maintenir trop longtemps une articulation dans la même position.
- Évitez de tenir d'une main crispée un objet : relâchez la prise chaque fois que c'est possible.

3. Maintenez-vous en forme.

Il est indispensable de faire régulièrement des exercices pour faire travailler les articulations dans toute leur gamme de mouvements. C'est ce qui activera la pompe naturelle nourrissant le cartilage. De même, cela permettra de retendre et d'épaissir les ligaments et tendons, tout en augmentant leur résistance et en renforçant les muscles adjacents.

La Gymnastique-Harmonie a été pensée spécialement dans l'optique d'un entretien des articulations. Si vous souffrez déjà d'arthrose, vous verrez que cet entraînement est également adapté à vos problèmes spécifiques. Quelle que soit l'activité physique pour laquelle vous opterez, veillez à respecter ces règles :

- Faites travailler *quotidiennement* vos articulations dans tous les angles de déplacements, par la gymnastique aérobic ou autre.
- N'augmentez jamais de plus de dix pour cent votre rythme d'entraînement par rapport au jour précédent. C'est ce qui permettra aux ligaments et tendons de suivre la cadence du renforcement des muscles.
- N'oubliez jamais de vous échauffer et de vous étirer avant de commencer l'entraînement ; de la même façon, il faut s'étirer et se relaxer après l'exercice : cela vous évitera de vous blesser à la suite de l'entraînement ou de réveiller de vieilles douleurs.
  Des articulations et une musculature échauffées et assouplies ont en effet une bien meilleure résistance.
- Surveillez tout particulièrement vos postures durant les exercices, ainsi que dans les différentes activités quotidiennes – en vous asseyant, en vous levant, en marchant et en vous couchant. Des postures dans lesquelles les articulations sont alignées correctement réduisent les efforts de traction néfastes.
- Utilisez un équipement protecteur, comme par exemple un tapis matelassé si vous faites des exercices au sol, ou des chaussures emboîtantes et qui amortiront les chocs lorsque vous marchez, courez, ou faites de la gymnastique aérobic en intérieur.
- Si vous êtes fatiguée ou si vous éprouvez des douleurs par endroits, soyez à l'écoute des messages de votre corps. Si cet entraînement est nouveau pour vous, vous ne saurez pas toujours jusqu'où continuer les exercices malgré l'inconfort, ni quand vous arrêter pour vous reposer. Mais peu à peu, cela ira en s'améliorant, et les conseils ci-après pourront vous guider. Si l'exercice soulage la douleur, continuez de le pratiquer. Si

la douleur subsiste pendant plus de deux heures après l'exercice, cela indique qu'il vous faudra diminuer la prochaine fois et voir s'il ne vaut pas mieux changer de sport ou renoncer à un exercice donné qui est peut-être la cause du problème ou qui l'aggrave.

- Le seul cas dans lequel il ne faut jamais faire d'exercice, c'est lorsqu'un muscle ou une articulation est enflé ou enflammé.
- Si vous souffrez déjà d'arthrose, choisissez des activités telles que la natation, la marche à une cadence soutenue, ou des exercices progressifs de stretching qui permettront des mouvements sans à-coups. Évitez les exercices qui sollicitent fortement les muscles, comme l'haltérophilie, car ils imposent des contraintes excessives au niveau des articulations.

Un mot sur les blessures

Si vous souffrez d'une blessure telle qu'une tendinite, un ligament foulé, une élongation musculaire, ou une foulure du genou, la première chose à faire est de réduire l'inflammation. Pour cela, la règle d'or est : repos, glace, compression et rehaussement.

Laissez reposer le membre endommagé aussi longtemps qu'il faudra pour que la douleur et le gonflement disparaissent.

Appliquez sans tarder de la glace sur la partie blessée, pendant une vingtaine ou une trentaine de minutes (mais pas plus). Répétez l'opération plusieurs fois par jour. En contractant les vaisseaux sanguins, le froid a pour effet de bloquer l'irrigation, enrayant ainsi le gonflement. Lorsque l'on retire la glace, les vaisseaux sanguins reviennent à leur état normal, permettant ainsi un afflux de sang neuf qui aide à guérir la blessure. Pour ma part, j'ai toujours à cette fin des réserves de glaçons sous emballage dans mon réfrigérateur (on en trouve également en pharmacie). Vous pouvez également envelopper des glaçons dans une serviette ou un sac en plastique que vous fixerez autour de la partie blessée. Au bout de deux ou trois jours, le fait de réchauffer cette partie détendra les muscles, ce qui facilitera la guérison.

Comprimez après refroidissement la partie blessée, en l'enveloppant dans un bandage élastique, mais ne serrez pas au point de rendre le pansement inconfortable et de bloquer la circulation sanguine. Ce bandage servira à freiner le gonflement ; en règle générale, il faut le garder pendant deux ou trois jours.

Rehaussez la partie blessée, de façon que la force de gravité puisse purger de tout son liquide la région affectée, enrayant ainsi le risque de gonflement.

L'aspirine, prise à dose suffisante, est aussi un anti-inflammatoire. Mais dans la mesure où c'est également un anti-douleur, veillez à ce qu'elle ne vienne pas « masquer » la douleur alors que vous continuez à utiliser le membre blessé. C'est le moment de le laisser reposer, et non de le faire travailler. (Ne prenez pas d'aspirine s'il y a saignement.)

Une fois que l'inflammation a disparu, reprenez progressivement les exercices afin de retrouver, ou de garder, une mobilité complète. Enfin, accompagnez cet entraînement d'exercices qui renforceront la partie blessée et éviteront que le même accident ne se reproduise.

Pour toute blessure affectant une articulation, il faut de la patience. Pour guérir, la plupart des blessures touchant au système musculaire ou au squelette nécessitent l'œuvre du temps – en règle générale entre deux et six semaines.

LE DOS

- Après les maux de tête, les maux de dos sont les problèmes de santé les plus répandus dans notre société. Au cours de leur existence, quatre Américains sur cinq souffrent de maux de dos.
- Chez la moitié de ces personnes, le mal de dos est un problème chronique.
- Actuellement, les problèmes de dos coûtent aux États-Unis 14 milliards de dollars par an, soit autant que les maladies cardiaques.
- Le mal de dos se solde par autant d'incapacités de longue durée et de journées de travail perdues que toutes les autres maladies et accidents.

Telle est la situation actuelle pour ce qui est de notre dos – ce précieux porteur de bébés et de paquets lourds, auquel nous ne commençons à penser que le jour où une douleur nous bloque tout net. D'autre part, ceux qui ont déjà souffert de maux de dos peuvent être devenus tellement sensibles, qu'ils se mettent à marcher sur des œufs, redoutant le faux mouvement qui réveillerait leur douleur.

Mais la recrudescence des maux de dos de même que leur déclenchement, peut être *évitée* – et ce, non pas en se dérobant à toute activité énergique, mais en se mettant en condition en toute sécurité. On estime que 80 à 85 pour cent des problèmes de dos sont dus à une musculature faible, trop raide, ou déséquilibrée – conséquence d'un manque d'exercice et d'un mode de vie souvent trop stressant. L'exercice est le meilleur moyen connu de prévention des problèmes de dos, et dans tous les cas ou presque, c'est un choix préférable à la mortelle discipline qu'impose un traitement, ou à l'intervention chirurgicale. Ma propre histoire le confirme.

Pour une femme qui aime bien sentir qu'elle peut porter son propre

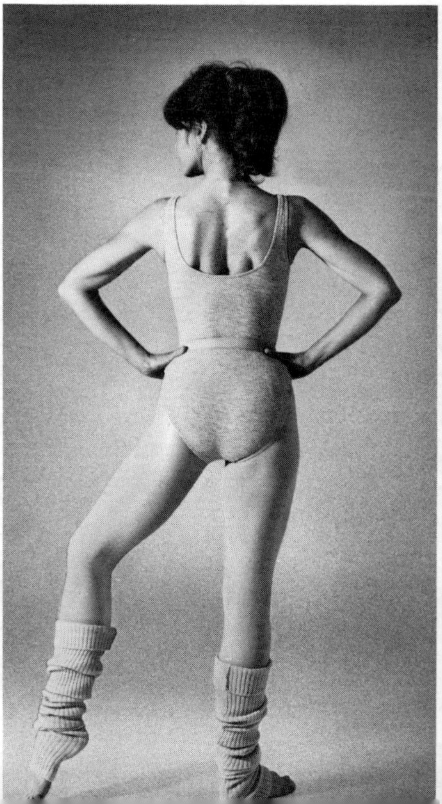

poids et, le cas échéant, des paquets, il est très important d'avoir un dos robuste et sain sur lequel elle puisse compter. Pour parvenir à cela, il faut commencer par savoir comment le dos fonctionne et aussi, les problèmes dont il peut être le siège. Au fil de la lecture, n'hésitez pas à vous reporter au schéma détaillant la structure de la colonne vertébrale, page ci-contre.

La *colonne vertébrale* est la structure principale du dos. Elle est maintenue droite par trois faisceaux stabilisateurs de muscles et de tendons – au niveau de l'abdomen, des hanches, et du dos lui-même. Cette épine dorsale solide mais souple est constituée d'une colonne comprenant vingt-quatre os, les *vertèbres,* lesquelles sont reliées entre elles par des ligaments. Des *disques* cartilagineux, dont le centre est gélatineux, garnissent l'espace entre les vertèbres imbriquées. L'axe des vertèbres est parcouru par un canal creux abritant le long trajet de la *moelle épinière* qui prolonge le cerveau. Des paires de *terminaisons nerveuses* se ramifient à partir des trous de conjugaison des vertèbres et innervent toutes les régions du corps.

LE MAL DE DOS

Étant relativement mobiles, le haut et le bas du dos (nuque et région lombaire) sont le siège de la majeure partie des douleurs dorsales. Or, des problèmes au niveau de l'un impliquent souvent des problèmes au niveau de l'autre. Ainsi, un tiers des personnes souffrant au bas du dos finiront également tôt ou tard par avoir des douleurs au niveau de la nuque. Il existe un bon nombre de types différents de douleurs dorsales affectant ces zones, et ce, avec diverses intensités. Les trois types les plus courants sont la conséquence d'une déformation accidentelle ou chronique du dos, d'un endommagement des disques, et d'arthrose, dans cet ordre et parfois concurremment.

Un *spasme aigu* dû à une douleur dorsale est généralement le fait d'une blessure récente, comme dans mon cas, ou du traumatisme d'un faux mouvement, ou encore d'un effort anormal excédant la force et la souplesse du dos. Cependant, bien souvent les gens ne se souviennent d'aucun petit accident qui ait pu être la cause du spasme. Des *élancements constants* révèlent généralement une déformation dorsale résultant d'une contrainte répétée à long terme, comme par exemple un affaissement permanent des épaules ou une cambrure exagérée du dos, le fait de dormir sur un mauvais matelas, ou une mauvaise posture de travail.

Si c'est une *douleur fulgurante qui parcourt un bras ou une jambe,* ce peut être le symptôme que l'un des disques du cou ou du bas du dos s'est déplacé

Structure de la colonne vertébrale

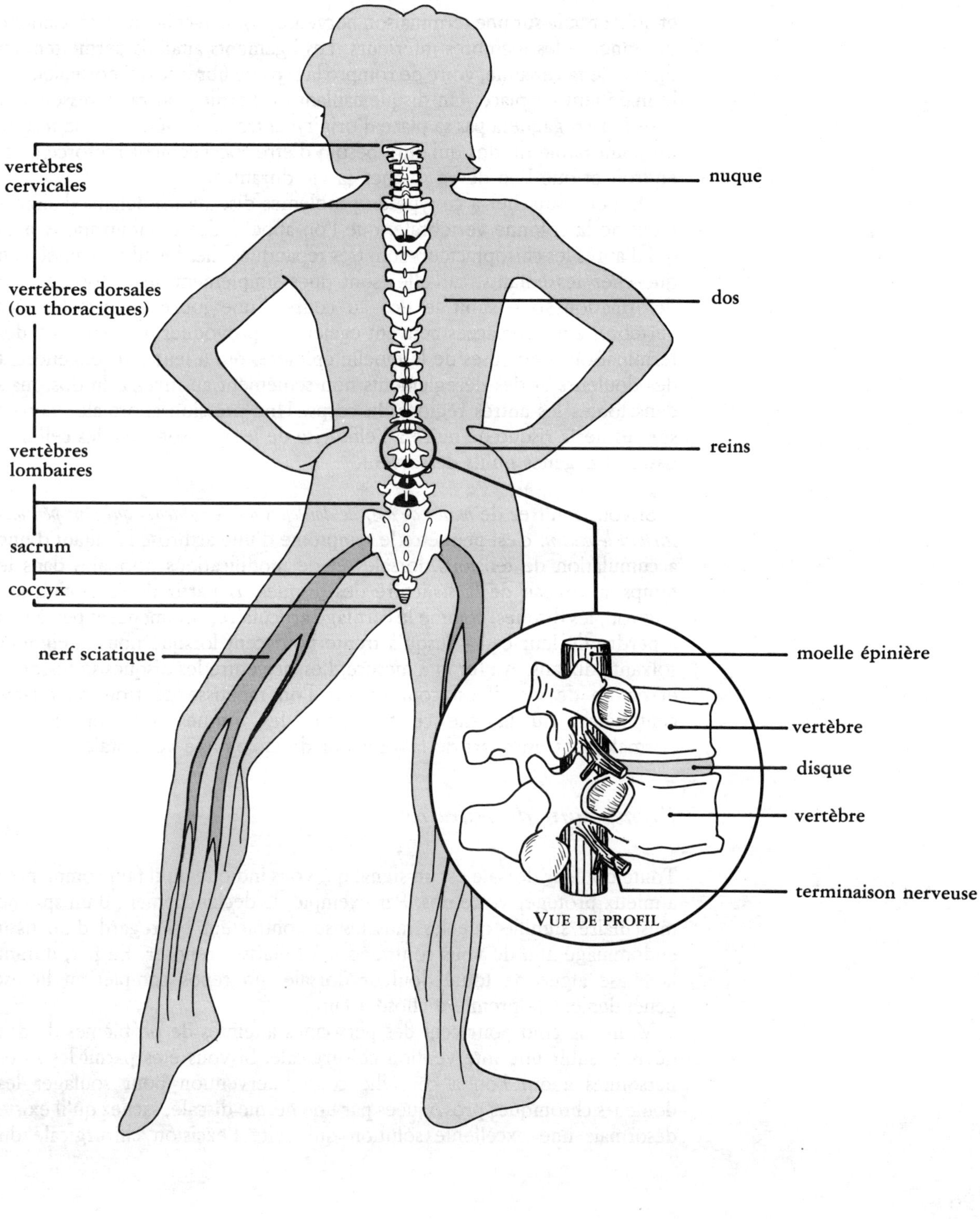

et qu'il appuie sur une terminaison nerveuse, comme celle du nerf sciatique qui innerve les membres inférieurs. Les ligaments affaiblis permettent au disque de faire saillie, voire de rompre la capsule fibreuse qui normalement le maintient en place. Un disque saillant ou hernié pourra se ressouder ; mais il ne regagnera pas sa place d'origine entre les vertèbres. Cela restera un point faible du dos qui aura besoin d'être spécialement renforcé à cet endroit et que l'on devra soigner sa vie durant.

On peut rattacher à ce type de problèmes discaux les défauts d'alignement de la colonne vertébrale, que l'on appelle des « subluxations » et qui d'après les chiropracteurs sont très répandues chez les adultes aussi bien que chez les enfants, car elles sont dues simplement aux efforts et aux déformations que subit le dos au cours d'une journée normale. Des vertèbres ainsi déplacées peuvent également provoquer une irritation des terminaisons nerveuses de la moelle épinière, qui à leur tour engendrent des douleurs et des dérèglements non seulement au niveau du dos, mais dans toutes les autres régions du corps. Une pression anormale exercée sur ces nerfs risque de nuire à l'efficacité de leur liaison avec les cellules, tissus et organes qu'ils desservent.

Si vous souffrez de *maux de dos, de douleurs ou de raideurs qui sont pénibles surtout le matin,* c'est peut-être le symptôme d'une arthrose résultant d'une accumulation de tensions dorsales et de modifications normales dans le temps au niveau de la structure des disques. A partir de vingt-cinq ans environ, les disques, comme le cartilage articulaire, commencent peu à peu à perdre de leur eau – jusqu'à trente pour cent lorsque nous atteignons soixante-dix ans. Au fur et à mesure, l'espace entre les disques se resserre, et en fin de vie, il est courant que l'on rapetisse de trois ou quatre centimètres du fait de ce tassement des disques, qui représentent normalement un quart de la longueur de la colonne vertébrale.

Prenez soin de votre dos

Toute douleur dorsale est un signal qui vous indique qu'il faut commencer à mieux protéger votre dos. Par exemple, le déclenchement d'un spasme musculaire signifie que les muscles se contractent en regard d'un tissu endommagé afin de vous contraindre à le laisser reposer. En fait, durant la phase aiguë de toute douleur dorsale, un repos complet au lit est généralement la première chose à faire.

Moins de cinq pour cent des personnes atteintes de problèmes de dos devront subir une intervention chirurgicale. Si vous êtes parmi les rares personnes à qui l'on a conseillé cette intervention pour soulager les douleurs chroniques provoquées par une hernie discale, sachez qu'il existe désormais une excellente solution qui évite l'excision chirurgicale du disque. Un enzyme, dérivé de la papaye, la chymopapaïne, peut être injecté dans le noyau du disque endommagé afin de dissoudre le centre de celui-ci, ce qui a pour effet de dégager le nerf de la pression qui s'exerçait sur lui et de faire disparaître la douleur de façon pratiquement infaillible. Homologuée il y a plusieurs années, cette nouvelle technique est moins coûteuse que la chirurgie traditionnelle et l'hospitalisation dure moins longtemps, si hospitalisation il y a. Bien souvent, le soulagement intervient au bout de quelques heures à peine. Si vous envisagez cette solution, assurez-vous que le médecin que vous choisirez connaît bien cette méthode nouvelle qui nécessite une très grande précision. De même, un test devra permettre de vérifier que vous n'êtes pas allergique à l'enzyme utilisé, car la réaction d'allergie est le principal facteur de risque dans l'emploi de la chymopapaïne.

Les douleurs dorsales de toutes sortes sont le moyen utilisé par la nature pour vous faire savoir que votre dos s'affaiblit et qu'il est temps de prendre les mesures nécessaires pour corriger cela. Vous pouvez prévenir pratiquement tous les maux de dos en évitant de trop vous déhancher en marchant, de tenir le cou trop en avant et de prendre du ventre, et en sachant relâcher les muscles trop tendus et renforcer les muscles faibles, ainsi qu'en apprenant quelques rudiments concernant les mécanismes du dos.

Voici ma recette pour garder un dos en bon état.

1. Tenez-vous droite, mais décontractée.

Une mauvaise posture est la cause principale des problèmes de dos. La tendance à s'affaler a pour effet de porter la tête et le cou en avant, ce qui exerce des contraintes au niveau du bas du dos. Quand les muscles abdominaux ne font pas leur travail, cela a les mêmes conséquences sur le bas d'un dos qui a déjà tendance à se voûter. Une telle incurvation exagérée exerce une contrainte terrible sur les courbures internes de la nuque et du bas du dos, et elle est la cause de pratiquement toutes les douleurs chroniques dans ces régions. Ce sont les vertèbres et les disques dans ces zones, qui supportent les conséquences de cet effort excessif. Le corps se trouve alors complètement désaxé, et ce sont les muscles qui doivent travailler plus pour corriger les déséquilibres.

Lorsqu'il est bien droit, le corps est en équilibre. Les efforts sont répartis de façon égale de part et d'autre du dos et le long de la colonne vertébrale. Le mouvement est alors plus facile et plus efficace. L'énergie musculaire est économisée, de sorte que l'on se fatigue moins vite. Les très légères courbures physiologiques du dos sont rétablies.

Surveiller sa posture est la première étape – par la suite, cela devient automatique. Le simple fait de se tenir assise ou debout d'une façon qui oblige les muscles à soutenir correctement le dos, permettra de les renforcer, et l'habitude de tenir le cou et le bas du dos droits aura le même effet.

La force de la colonne vertébrale

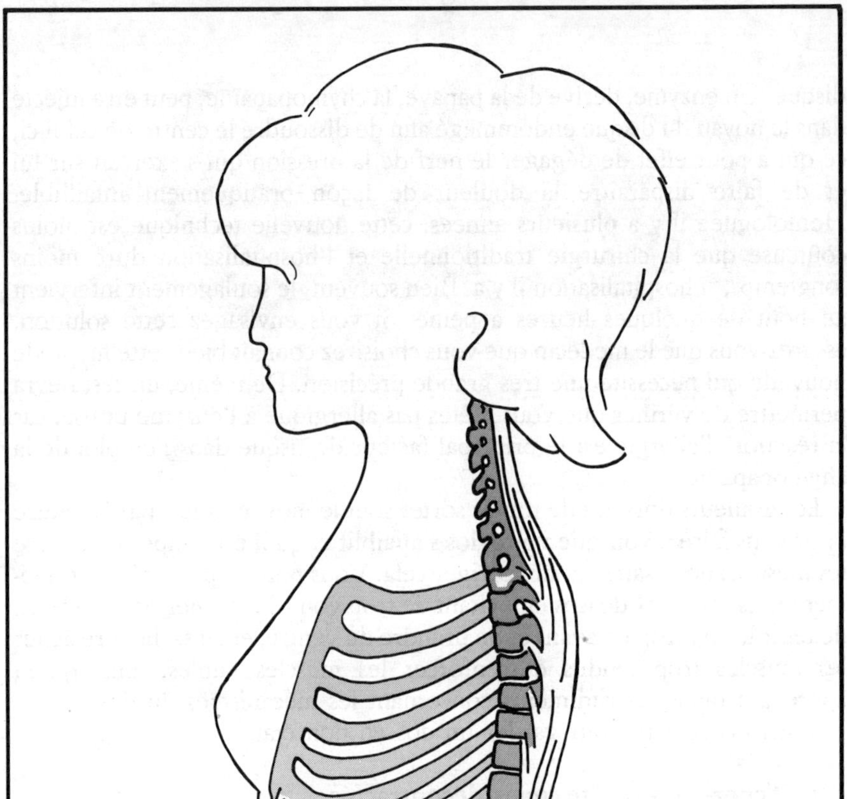

Des muscles forts maintiennent la colonne vertébrale bien droite et parfaitement alignée. Une colonne vertébrale en bonne condition, comme sur cette illustration, comporte une légère courbure naturelle.

Voici les principes d'une bonne posture, la biomécanique de redressement du corps que nous appliquons à chaque séance d'exercice au centre.

- Étirez bien tout le haut du corps, à partir de la taille, en redressant bien la colonne vertébrale. (Imaginez que vous vouliez faire remonter votre os pubien jusqu'au nombril.)
- Tenez la tête haute.
- Gonflez la poitrine.
- Les épaules sont fléchies et ramenées en arrière.
- Le ventre est rentré.
- Le poids repose légèrement vers l'avant, et non pas vers l'arrière sur les talons.

2. Faites régulièrement de la gymnastique.

Le maintien d'une bonne posture implique de développer et d'entretenir les muscles qui vous permettent de vous tenir droite. Pour commencer, il vous faut renforcer vos *muscles du dos, du ventre et des hanches.* Les muscles abdominaux tendent à être les plus faibles de ces trois groupes de muscles. Lorsqu'ils ne remplissent plus leur fonction consistant à tenir en place la colonne vertébrale, les autres muscles travaillent plus. Les muscles du dos se fatigueront plus facilement s'il leur faut résister à l'effort de traction anormal exercé sur le bas du dos par un ventre mou. En revanche, des muscles abdominaux forts maintiendront les intestins bien en place, en les poussant vers l'arrière, fournissant ainsi un support pour la colonne vertébrale. Lorsque les muscles sont équilibrés et qu'ils fonctionnent à plein, le dos supporte beaucoup mieux un effort brusque ou un faux mouvement.

Des exercices réguliers et une bonne posture permettront également de *relâcher les muscles tendus* – en étirant des muscles comprimés et en mettant fin à une contraction chronique, qui peut faire de gros dégâts sur des muscles déjà raides ou affaiblis.

La tension peut désaligner le corps tout autant qu'un déséquilibre dans la force des muscles – en fait, bien souvent, l'un ne va pas sans l'autre. En règle générale, les réactions à une tension excessive sont, notamment des épaules raides et relevées, un cou raide, une colonne vertébrale rigide, la tête portée en avant, et les mâchoires et les poings serrés. En revanche, une posture négligée ou affaissée peut être le moyen par lequel votre corps cherche à soulager la douleur provoquée par une tension excessive. L'objectif est d'acquérir une musculature ferme mais souple. Force et fluidité : la base d'une bonne posture.

La Gymnastique-Harmonie est conçue pour étirer et aussi pour renforcer, tous les muscles du squelette, en particulier ceux du cou et du bas du dos. A la fois préventifs et thérapeutiques, ces exercices vous aideront à relâcher la tension qui a pu être accumulée en profondeur dans les muscles. La natation est elle aussi excellente pour le dos, ainsi que le cyclisme et la marche à allure soutenue – l'idéal étant un terrain vallonné. (Le fait de descendre une côte fait travailler plus les muscles du dos, aussi augmentez très progressivement la cadence de votre entraînement.) Si vous souffrez déjà de problèmes de dos, exercez-vous graduellement à ces activités ; sur la bicyclette, tenez-vous bien droite, à la piscine, évitez la brasse, et si vous courez, ne forcez pas.

Une bonne partie des conseils visant à protéger les articulations pendant les exercices sont également valables pour le dos. Échauffez-vous toujours avant de commencer, et détendez-vous une fois les exercices terminés. Surveillez votre posture. Munissez-vous de tous les équipements de protection nécessaires à chaque activité. Surtout, respectez les messages d'avertissement de votre corps. *N'essayez pas* de faire des exercices si votre dos est douloureux : dans ce cas, prenez plutôt du repos et appliquez de la glace sur la partie souffrante. Ne commencez à faire des exercices que lorsque la douleur a complètement disparu et en procédant très progressivement.

3. Réduisez au minimum la fatigue dorsale dans les activités quotidiennes.

Se tenir debout et marcher : si vous devez rester debout un long moment, posez un pied sur un tabouret bas, ou autre, afin de laisser reposer et de redresser le bas de votre colonne vertébrale. Portez des chaussures plates ou à petits talons qui faciliteront un port droit du dos. Pour marcher, laissez votre poids partir légèrement en avant, en prenant appui sur la base des orteils.

S'asseoir : la position assise exerce sur le dos des contraintes plus importantes que la posture debout. Observez donc cette première règle : ne restez pas assise trop longtemps. Une chaise en dur est infiniment préférable à un fauteuil trop moelleux dans lequel on s'enfonce. Appuyez le creux de vos reins contre le dossier de la chaise en laissant porter vos pieds à plat sur le sol. Le siège idéal est celui qui s'incline, qui pivote, dont la forme incurvée épouse le bas de votre dos, qui possède des accoudoirs, et dont la hauteur est réglable, afin que vous ayez les genoux légèrement surélevés par rapport à vos hanches lorsque vos pieds touchent terre. Au volant de votre voiture, respectez le même principe : tenez-vous suffisamment près du volant pour avoir les genoux à la hauteur des hanches ou plus haut. Pour vous installer commencez par vous asseoir, puis ramenez les jambes à l'intérieur. Vous pouvez vous procurer dans le commerce des coussins pour sièges de voitures ou autres, faits spécialement pour soutenir les reins.

Soulever des poids : utilisez toujours les muscles les plus forts des bras et des jambes pour toutes les activités exigeant de la force, pour soulever ou déplacer des objets lourds. Prenez l'habitude de *réfléchir avant d'agir,* que ce soit pour prendre un bébé dans vos bras, pour soulever une caisse lourde ou pour ouvrir une fenêtre bloquée. Pour soulever un objet du sol, quel que soit son poids, baissez-vous en pliant les genoux – ne vous penchez pas en arrondissant le dos . Tenez l'objet le plus près possible du corps, tout en gardant le dos bien droit. Ne soulevez pas l'objet en vous tenant de travers ou penchée : il doit toujours être bien en face de vous. Plus le poids repose sur vos jambes, mieux c'est, et pour cela, laissez vos robustes muscles des cuisses faire la plus grosse partie du travail. De plus, évitez de soulever des objets très lourds au-delà de la hauteur de vos coudes.

Si un objet est trop lourd à soulever, commencez par le faire glisser ou rouler, poussez-le ou tirez-le. Élargissez votre plan d'appui en écartant bien les pieds et en fléchissant légèrement les genoux. Cela aura pour effet d'abaisser votre centre de gravité, vous donnant plus de stabilité et vous permettant de mettre à contribution la force de vos puissants muscles des jambes. Ainsi, l'effort fourni par vos jambes sera communiqué aux muscles du haut du corps, et de là, à l'objet que vous voulez déplacer.

Pour porter des sacs à provisions ou des paquets, tenez-les à bras le corps, si possible en répartissant de façon égale l'effort des deux côtés. Si vous portez un sac à bandoulière, changez-le d'épaule par intermittence.

Au lit : dormez sur un matelas ferme, avec un oreiller assez plat, ou même pas d'oreiller du tout. Si votre lit est trop mou, disposez une planche de contre-plaqué de deux centimètres d'épaisseur sous le matelas. Une planche plus fine ne serait pas suffisamment solide. Votre colonne vertébrale se reposera mieux si vous dormez à plat sur le dos ou sur le côté, avec un genou, ou les deux, repliés. Dormir sur le ventre est déconseillé car cela a pour effet d'accentuer excessivement la courbure des reins et de cambrer la nuque vers l'arrière et de côté. Si vous avez des problèmes de nuque, sachez qu'il existe des oreillers conçus spécialement à cet effet ; vous pouvez également rouler une serviette sous votre cou. Et si vous avez des problèmes au niveau des reins, vous pouvez dormir sur le dos avec un coussin sous les genoux de façon à maintenir votre dos bien à plat.

Les spécialistes du dos

Il existe cinq grandes catégories de praticiens spécialisés dans les problèmes de dos. Dans la mesure où l'on risque facilement de confondre leurs titres et leurs démarches, en voici une description succincte.

Un *orthopédiste* est un médecin spécialisé dans la chirurgie du squelette, des articulations et de l'appareil locomoteur.

Un *rhumatologue* est spécialiste des affections ostéo-articulaires et rhumatismales, et un *physiothérapeute* est spécialisé dans les traitements médicaux au moyen d'agents naturels, et il pratique la rééducation. Le premier est médecin, le second ne l'est pas. L'un et l'autre s'occupent des problèmes de dos et des articulations en général mais ne pratiquent pas d'interventions chirurgicales.

Un *chiropracteur* soigne principalement les problèmes de dos par la manipulation des vertèbres, en vertu du principe que de nombreuses maladies du dos sont dues à un déplacement des vertèbres. Le traitement par la chiropractie peut également faire intervenir d'autres techniques comme les ultrasons, l'acupuncture, la kinésithérapie et la stimulation électrique. Les chiropracteurs ont en général une formation de kinésithérapeute.

Un *ostéopathe* fait un travail similaire à celui du chiropracteur ; tous deux procèdent à un réalignement de la colonne vertébrale. L'ostéopathe doit avoir une formation médicale ou para-médicale pour avoir accès à cette discipline mais n'est pas forcément kinésithérapeute.

LES OS

La grande romancière anglaise Agatha Christie nous donne une petite leçon d'anatomie osseuse dans une de ses intrigues, où lors d'une garden-party, la super-détective miss Marple fait une chute. Son vieil ami et médecin se porte à son secours :

– Je vous assure que tout va bien, Dr Haydock, dit la vaillante vieille Anglaise aux cheveux poivre et sel.

– Vous avez fait une mauvaise chute, s'inquiète le docteur.

– Allons donc ! Je ne suis même pas secouée.

– En effet, je crains bien que vous n'ayez rien de cassé et que vous vous en sortiez avec une simple entorse. Je n'ai jamais pu découvrir le secret de votre squelette.

– Hum ! conclut-elle pensivement. De grandes promenades d'un pas alerte quand j'étais plus jeune, je suppose.

Et là-dessus, elle s'en va résoudre une nouvelle affaire de meurtre.

Ces deux personnages pittoresques d'Agatha Christie nous présentent les deux aspects, le bon et le mauvais, relatifs à la santé de notre squelette lorsque nous vieillissons. Miss Marple montre qu'il est possible pour une femme âgée d'avoir des os tout à fait solides – à condition de s'être entretenue. En revanche, le docteur incarne l'idée couramment admise mais pas nécessairement exacte, qu'une femme âgée a inévitablement des os fragiles et qui se cassent facilement.

Des os qui s'atrophient jusqu'au point de rupture constituent l'un des risques les plus grands et les plus courants qui menacent notre santé lorsque nous atteignons un âge avancé. Si, naguère, une déperdition osseuse importante chez les femmes était considérée comme inéluctable, on sait en revanche, de nos jours qu'elle peut être évitée, voire traitée.

Bien souvent, nous oublions que nos os sont vivants ; pourtant, ils sont doués d'une dynamique tout aussi grande que n'importe quel autre tissu vivant de notre corps. Leur réseau de vaisseaux sanguins contribue même à nourrir le cartilage articulaire. Le collagène, une substance fibreuse, donne à l'os la flexibilité du bois, et le calcium, le phosphore et d'autres minéraux son étonnante robustesse. Les cellules osseuses se décomposent et se régénèrent en permanence. Dans un organisme moyennement actif, chaque os est entièrement renouvelé en un cycle de sept ans. En fait, excepté la peau, aucun autre tissu de notre corps n'a un tel pouvoir régénérateur. Mais comme pour tous les autres tissus, le rythme de remplacement des cellules ralentit avec l'âge. Si bien que les os commencent à s'atrophier dès lors que la production de tissu osseux ne compensent plus la dégénérescence, et qu'une diminution progressive de la masse osseuse en résulte. Mais comme nous l'avons vu concernant nombre de modifications liées au vieillissement, ce processus normal peut s'accélérer en un processus destructeur.

L'ostéoporose

L'ostéoporose est l'aboutissement d'une déperdition brutale et importante de la masse osseuse. Si c'est la première fois que vous rencontrez ce terme médical, il y a des chances que vous ne le prononciez pas sans trébucher, comme ce fut mon cas il y a quelques mois à peine. Au début, lorsque vous voudrez vous en souvenir, il vous échappera ou bien vous le confondrez avec d'autres. Mais cet « ostéoporose » finira quand même par entrer tout doucement dans votre vocabulaire courant. L'augmentation du nombre de femmes entre deux âges ou déjà plus âgées qui sont particulièrement vulnérables à cette maladie en fait un problème d'une ampleur considérable.

A l'heure actuelle, l'ostéoporose touche une femme sur quatre passé la ménopause, et une sur dix est gravement atteinte. Chez les femmes de plus de cinquante-cinq ans, les cas d'ostéoporose sont plus nombreux que les diabètes. La conséquence n'est pas que les os rapetissent, mais qu'ils deviennent tellement minces et poreux qu'ils sont très sensibles aux fractures, ce qui peut aller jusqu'à entraîner une infirmité. Les fractures du col du fémur, une des causes indirectes de mortalité les plus fréquentes chez les femmes âgées, représentent une dépense d'*un milliard de dollars* par an.

C'est à l'âge de trente-cinq ans que notre masse osseuse atteint son maximum. Ensuite, chez la femme, cette masse régresse à un taux *moyen* d'environ 0,5 pour cent par an. Dans les cinq années qui suivent la ménopause, ce taux

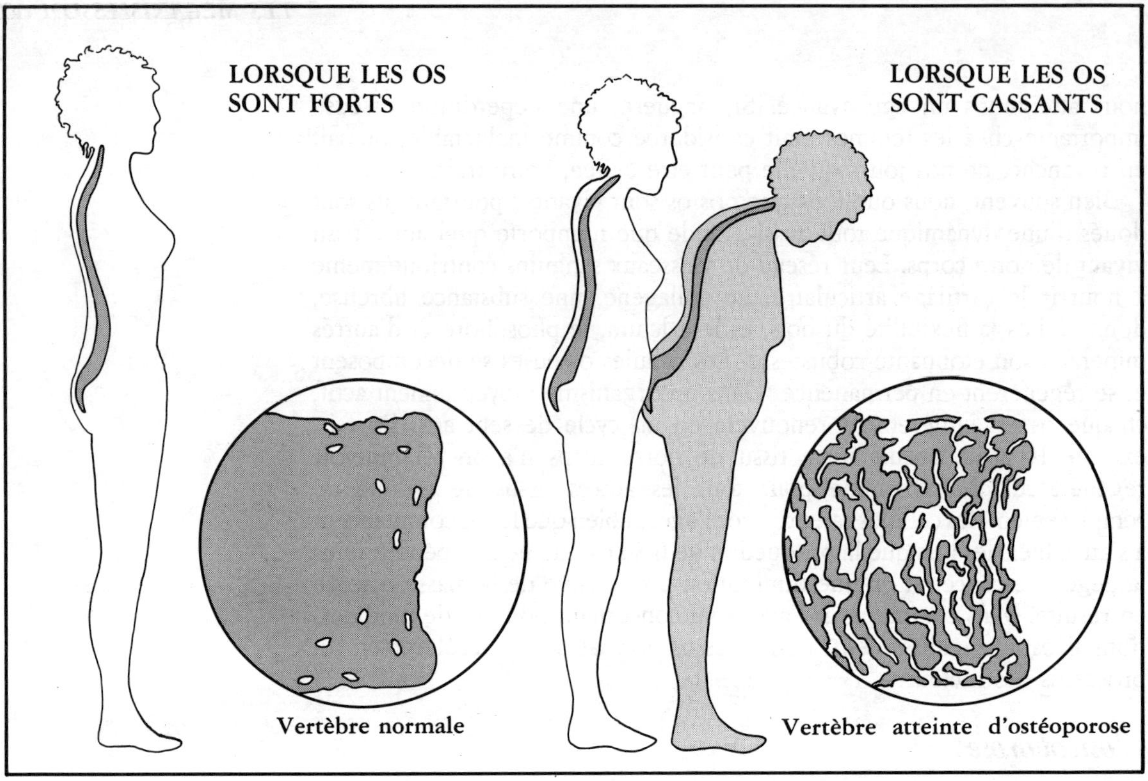

Comme les os des poignets et du col du fémur, les vertèbres ont tendance à s'atrophier plus rapidement que les autres os de notre corps, et elles sont par conséquent plus vulnérables à l'ostéoporose. Lorsqu'une vertèbre devient trop poreuse, elle finit par se casser et s'affaisser. Chez un septuagénaire, ce mal peut présenter des signes extérieurs très marqués – comme le montre l'illustration : tassement du haut du corps, incurvation du bas du dos, bosse au niveau de la nuque et ventre proéminent.

peut doubler. Les femmes sont huit fois plus sujettes à l'ostéoporose que les hommes ; en effet, ceux-ci possédant une musculature et une ossature plus fortes, et absorbant une plus grande quantité de calcium (car ils consomment plus de nourriture), leur masse osseuse commence à régresser dix ans plus tard que chez les femmes, et ce, à un rythme légèrement plus lent. A l'âge de soixante-quinze ans, une femme aura probablement perdu 30 à 40 pour cent de la masse osseuse de sa colonne vertébrale, et 20 à 30 pour cent au niveau des os longs des bras et des jambes.

Il existe trois grandes régions du corps qui sont particulièrement prédisposées à une atrophie osseuse – et par voie de conséquence, aux fractures qui surviennent en règle générale chez les femmes entre cinquante et soixante-dix ans ; ce sont la colonne vertébrale, le col de fémur et les poignets. Dans ces régions, les os peuvent s'affaiblir au point de céder sous le seul poids du corps. Mais plus communément, l'os se casse à la suite d'une chute ou d'un effort inhabituel. Les fractures des vertèbres se soldent généralement par des douleurs dorsales subites et aiguës et une perte de taille ; à un stade avancé, le haut du dos s'arrondit en une familière « bosse de bison ». Les fractures du col du fémur sont celles qui provoquent le plus de cas d'invalidité, et aussi les plus dangereuses – une femme voit son espérance de vie réduite de 12 pour cent à la suite de ce type de fracture. Les fractures dues à l'ostéoporose sont fatales à un plus grand nombre de femmes chaque année que le cancer du sein – d'où la nécessité d'en savoir plus sur ce mal. Ce n'est pas la fracture elle-même qui entraîne la mort, mais des complications qui en découlent, comme une pneumonie, qui peut survenir durant la période de rééducation.

La perte de la masse osseuse est un phénomène commun à tous les vertébrés. Mais notre connaissance de ce phénomène et des raisons pour lesquelles il dégénère en ostéoporose est limitée. Il se pourrait bien qu'il n'y ait pas *une* cause, mais plutôt une association de facteurs variés.

On sait que la production de tissu osseux ralentit avec l'âge. Il s'y ajoute une perte de la masse osseuse qui résulte d'une diminution du stock de calcium contenu dans l'os. En effet, le vieillissement entraîne une modification de la régulation hormonale du calcium ; et avec la perte de la fécondité, l'organisme cesse de profiter du rôle protecteur des œstrogènes sur l'os. Après la ménopause, naturelle ou chirurgicale (ablation des ovaires), le niveau d'œstrogène diminue et le risque d'ostéoporose augmente.

Mais la principale cause de décalcification osseuse est probablement d'origine nutritionnelle. L'essentiel du calcium de notre organisme, soit 98 % est emmagasiné dans les os, 1 % dans les dents ; et le reste circule dans l'organisme où il participe à de nombreuses fonctions vitales, dont la transmission de l'influx nerveux ainsi que la contraction et le relâchement des muscles. Si ce faible pourcentage de calcium chute trop bas, l'organisme prélève automatiquement du calcium dans les réserves des os, même si cela doit leur être préjudiciable. Une alimentation trop pauvre en calcium peut provoquer un tel déséquilibre.

C'est un fait reconnu que *la plupart des femmes absorbent des doses insuffisantes de calcium.* L'ANC (apport nutritionnel conseillé) de calcium est de 800 mg par jour mais les femmes quel que soit leur âge en consomment en moyenne moins de 500 mg par jour – ce qui correspond à une perte de la masse osseuse de 1,5 pour cent par an. Or, il a été démontré que la dose journalière recommandée est bien inférieure au niveau optimum de calcium dont l'organisme de la femme a besoin pour conserver une ossature solide. En outre, les régimes prescrits ordinairement comprennent une réduction de la consommation de calcium, si bien qu'une rapide perte de poids s'accompagne d'une déperdition osseuse. Enfin, la grossesse et l'allaitement épuiseront les réserves de calcium de la mère si elle ne prend pas soin d'en consommer suffisamment pour satisfaire ses propres besoins et ceux de son enfant.

L'efficacité avec laquelle l'organisme assimile et utilise le calcium est un autre facteur clé. Normalement, nous assimilons seulement 10 à 30 pour cent du calcium absorbé. Avec l'âge, cette capacité d'assimilation diminue encore. De plus, une consommation excessive d'alcool et de viandes peuvent perturber cette assimilation de calcium ; cela dit, aux États-Unis, ce n'est pas vraiment un problème, dans la mesure où (mais c'est à regretter), la ration alimentaire américaine moyenne est pauvre en fibres. Un *régime trop riche en protéines* risque d'accroître la perte calcique ; mais cela ne se produira que si vous prenez plus de 95 grammes de protéines par jour, ce qui est vraiment beaucoup. Il a été démontré qu'après la ménopause, les végétariennes ont un squelette plus solide et plus dense que celles qui ont l'habitude de consommer beaucoup de viande rouge, riche en protéines. De plus, la viande rouge est également riche en *phosphore* qui, s'il est consommé en quantité plus importante que le calcium, risque de perturber l'équilibre calcique de l'organisme. *La caféine, le sel, le tabac et le stress* sont également considérés comme étant des « voleurs d'os » en puissance.

Parallèlement à ces facteurs nutritionnels, le *manque d'exercice* est peut-être l'une des principales causes d'une déperdition accélérée de la masse osseuse. Celle-ci régresse en effet au fur et à mesure que l'activité physique diminue. En revanche, des exercices réguliers renforcent à la fois les os et les muscles. Sollicités par les muscles, les os réagissent aux contraintes qui s'exercent sur eux en se consolidant. Conjointement, une meilleure irrigation sanguine apporte aux cellules du tissu osseux un surplus d'oxygène et de nutriments qui contribuera à la régénération de l'ossature, aidée en cela par un bon équilibre hormonal. Mais un manque chronique d'exercice entraînera une perte calcique comparable à celle constatée chez des astronautes qui lors de missions spatiales, même de durée relativement brève, sont restés en état d'apesanteur et sans faire d'exercice.

Il semble que la déperdition osseuse fasse également intervenir certains *facteurs génétiques* sur lesquels nous n'avons aucun contrôle. Ainsi, l'on constate que les femmes de petite stature, très minces, de peau claire et aux cheveux blonds ou roux, en particulier celles descendant de familles du nord-ouest de l'Europe, ainsi que les Asiatiques, sont plus sujettes que les autres à l'ostéoporose (tandis que pour la plupart, les femmes noires sont à l'abri de cette maladie). Le fait que, dans une famille, il y ait déjà eu des cas d'ostéoporose, ainsi que le fait de n'avoir jamais eu d'enfants ou d'avoir eu une ménopause précoce constituent des facteurs de risque supplémentaires. Tous ces facteurs se trouvent aggravés chez une femme qui n'a jamais fait d'exercice et qui a des antécédents de déficit calcique.

Les spécialistes ont mis l'accent sur le fait que l'un des grands problèmes de l'ostéoporose est qu'elle ne présente absolument aucun symptôme jusqu'à ce qu'une fracture se produise. C'est une maladie silencieuse, difficile à détecter de bonne heure. Un mal de dos, une perte de taille, et des gencives douloureuses peuvent en être les signes précurseurs. Mais avant que le mal ne soit détecté aux rayons X, un tiers du tissu osseux peut être déjà perdu – et sa reconstitution risque de se révéler impossible. Or, en cas de fracture d'une vertèbre, il sera trop tard pour faire marche arrière. La clé est donc la *prévention* : renforcer le plus possible votre ossature au moment où le squelette parvient à sa maturité (à trente-cinq ans), ralentir le rythme de la déperdition osseuse à partir de cet âge, et maintenant un équilibre positif de votre taux de calcium. Plus nous vivons longtemps, plus notre squelette doit durer.

Prenez soin de vos os

Il n'existe aucun traitement défini qui puisse reconstituer la masse osseuse perdue une fois l'organisme atteint d'ostéoporose. Mais il existe des dispositions précises à prendre pour renforcer votre ossature, que celle-ci présente ou non les symptômes d'une déperdition accélérée de la masse osseuse. Si vous avez moins de trente-cinq ans, il vous faut optimiser votre masse osseuse ; si vous avez plus de trente-cinq ans, il faut ralentir sa régression.

1. Maintenez un équilibre calcique positif.
Une consommation adéquate de calcium n'entraînera pas une nouvelle production de tissu osseux, mais elle peut ralentir sa dégénérescence et enrayer l'évolution de l'ostéoporose. Le Centre de recherche de nutrition humaine (dépendant du ministère américain de l'Agriculture), de l'université de Tufts, ainsi que beaucoup d'autres, recommandent aux femmes de consommer 1 000 mg de calcium par jour jusqu'à la ménopause et 1500 mg après, à la fois à titre de prévention et de traitement.

Tous les produits laitiers sont riches en calcium – le yoghourt, les fromages (les pâtes dures plus que les molles), et bien sûr, le lait. Le lait écrémé et le lait maigre comportent la même quantité de calcium que le lait entier ; optez donc plutôt pour eux, ainsi que pour les fromages maigres. Les sardines, les choux verts, les navets, les moutardes, les choux frisés, les brocolis et le fromage de soja (tofu) sont également de bonnes sources de calcium. Lorsque vous faites un bouillon ou un ragoût avec des morceaux de viande non désossés, ajoutez un peu de vinaigre dans l'eau : cela aura pour effet de dégager le calcium des os (le vinaigre étant neutralisé, le mets n'aura pas un goût acide). Lorsque vous faites une sauce, ajoutez-y un peu de lait écrémé en poudre.

Des produits riches en calcium et pauvres en matières grasses et en calories

Yoghourt nature, 0 % de matières grasses, 1 quart, 125 calories, 452 mg de calcium
Yoghourt nature, maigre, 1 quart, 146 calories, 415 mg
Sardines entières* en boîte, 100 g, 175 calories, 372 mg
Chou vert cuit, 1 portion, 65 calories, 357 mg
Lait écrémé, 1 quart, 85 calories, 302 mg
Lait demi-écrémé, 1 %, 1 quart, 100 calories, 300 mg
Lait demi-écrémé, 2 %, 1 quart, 120 calories, 297 mg
Babeurre, 1 quart, 100 calories, 285 mg
Feuilles de navet, 1 portion, 30 calories, 252 mg
Lait écrémé en poudre, 1/4 tasse, 61 calories, 209 mg
Mozzarella demi-écrémée, 30 g, 80 calories, 207 mg
Chou frisé, cuit, 1 portion, 45 calories, 206 mg
Feuilles de moutarde cuites, 1 portion, 30 calories, 193 mg
Broccolis cuits, 1 trognon, 45 calories, 158 mg
Fromage blanc maigre, 2 %, 1 quart, 205 calories, 155 mg
Fromage blanc maigre, 1 %, 1 quart, 165 calories, 138 mg
Mélasse brute, 1 cuillerée à café, 50 calories, 137 mg
Tofu, 110 g, 72 calories, 128 mg
Tortillas (crêpes de maïs), 2, 126 calories, 120 mg.

Bien souvent, les repas eux-mêmes n'apportent pas suffisamment de calcium à l'organisme. En prenant de l'âge nous devons surveiller notre consommation de calories. Certaines femmes souffrent d'une carence en lactase qui leur rend difficile la digestion du lait et des produits laitiers ; or de nos jours, le simple fait de connaître la teneur en substances nutritives de notre alimentation peut se montrer problématique. Il peut également être difficile d'obtenir votre ration optimale de calcium en complétant par une dose additionnelle de multivitamines et de minéraux. Une dose d'appoint de calcium est le meilleur moyen d'être sûre d'absorber les 1 000 ou 1 500 mg de calcium dont vous avez besoin par jour.

* Les sardines sont relativement riches en cholestérol, et en règle générale, elles sont conservées dans l'huile : donc à consommer modérément. Le saumon entier et les huîtres sont également excellents ; pauvres en calories, ils sont riches en calcium, mais assez gras.

Il existe toute une variété de produits d'appoint ayant chacun ses avantages et ses inconvénients ; avant d'acheter le produit qui vous conviendra, il vous faudra donc *lire attentivement l'étiquette* pour vérifier d'où est extrait le calcium, et la quantité présente dans chaque comprimé. La Food and Drug Administration* déconseille fortement l'emploi de poudre d'os et de dolomie. Ces substances ont une teneur toxique en plomb, lequel s'accumule dans les os. Le lactate et le gluconate de calcium sont faciles à assimiler, mais ils représentent une faible quantité de calcium par comprimé, de sorte qu'il vous faudra absorber beaucoup de comprimés. On recommande bien souvent le carbonate de calcium, car il se présente sous la forme la plus concentrée, mais il est plus difficile à assimiler que les précédents produits. Pour optimiser l'assimilation, répartissez votre dose journalière en plusieurs prises, de préférence à jeun, ou avec un peu de yaourt ou de lait. Évitez de prendre votre dose de calcium avec des céréales, du son, par exemple, car celles-ci auront pour effet de réduire la quantité de calcium et autres minéraux qui sera assimilée via l'intestin. Une bonne solution consiste à prendre au coucher la moitié ou le tiers de la dose journalière ; nous perdons en effet plus de calcium la nuit, durant l'inactivité du sommeil (et aussi parce que le calcium est un bon tranquillisant naturel).

Si vous avez déjà eu des problèmes de calculs rénaux, consultez votre médecin pour établir la dose d'appoint en calcium qui vous sera nécessaire (celle-ci devra probablement être inférieure à 250 mg par jour). Pour une majorité d'entre nous, la dose journalière de calcium peut aller jusqu'à 2 500 mg en toute sécurité ; cependant, il est inutile de dépasser 1 500 mg. Dans tous les cas, il est plus judicieux, à l'occasion d'une visite médicale de routine, de demander un bilan de calcium dans l'urine ou dans le sang. Un apport calcique insuffisant est plus dangereux qu'un apport excessif.

Il y a deux minéraux dont la consommation doit être équilibrée avec l'absorption de calcium. Selon les diététiciens, la consommation de *magnésium* doit être de la moitié de celle de calcium (les doses d'appoint en calcium comme celle que je prends moi-même sont souvent déjà combinées avec du magnésium dans la proportion requise). Votre consommation de *phosphore* ne doit pas dépasser celle de calcium, et de préférence, lui être inférieure.

La VITAMINE D a pour effet de stimuler l'assimilation du calcium : en fait, elle est même essentielle. Ordinairement, nous recevons par l'exposition au soleil durant la journée toute la vitamine D dont nous avons besoin. Mais si vous ne passez pas régulièrement entre un quart d'heure et une

* La Food and Drug Administration (F.D.A.) n'a pas d'équivalent en France. Son rôle tient à la fois de celui du Conseil supérieur d'hygiène publique, du Comité de pharmaco-vigilance, de la Direction de la Qualité et de divers services des ministères de la Consommation et de l'Environnement. Les positions de la F.D.A. servent souvent de critères dans les autres pays occidentaux.

heure au soleil chaque jour, faites en sorte d'avoir vos 400 U.I. de vitamine D par jour soit par votre alimentation ou par un appoint. L'huile de foie de morue, le beurre et le poisson en sont riches et plus particulièrement le lait additionné de vitamine D. Si vous prenez un appoint, veillez à ne pas dépasser 1 000 U.I. par jour, car un excès de vitamine D peut avoir l'effet inverse sur l'assimilation du calcium. De plus, étant soluble dans les graisses, la vitamine D est emmagasinée dans l'organisme, de sorte qu'elle devient toxique si vous absorbez journellement des doses de 25 000 U.I. ou plus pendant une période prolongée.

LA VITAMINE K est une autre substance soluble dans les graisses (liposoluble), et considérée comme essentielle à l'assimilation du calcium par les os. L'organisme n'en a besoin qu'en très faibles quantités et une dose d'appoint est rarement nécessaire. On trouve la vitamine K dans le yoghourt, les légumes verts, le chou, le chou-fleur et les pommes de terre.

Évitez les aliments trop riches en protéines, les boissons non alcoolisées riches en phosphore et la viande rouge, ainsi que les excès d'alcool, de café, de sel, et de tabac. (Nous reviendrons plus loin sur le calcium, dans le chapitre sur l'alimentation, pages 211 à 217.)

Si les médecins prescrivaient du calcium aux femmes de plus de trente ans, nous pourrions réduire le nombre de cas d'ostéoporose d'au moins 60 pour cent...

Les femmes qui font régulièrement de la course à pied augmentent leur masse osseuse de 30 pour cent par rapport à celles qui mènent une vie totalement sédentaire.

Dr. Joseph Lane,
Chef du service des maladies du métabolisme osseux,
Hôpital de chirurgie spéciale, New York.

---

2. Faites régulièrement de la gymnastique

L'exercice est le seul moyen connu et couramment recommandé pour *améliorer* réellement la *régénération osseuse*. Joint à une alimentation suffisamment riche en calcium, l'exercice peut se révéler déterminant ; c'est lui qui fera la différence, en produisant du tissu osseux ou en entretenant une ossature forte. Le calcium est emmagasiné dans les os proportionnellement aux efforts auxquels ceux-ci sont soumis. On en voit la preuve chez les peuples dotés d'une grande longévité. Ainsi, on n'a trouvé aucune trace d'ostéoporose chez certaines communautés vivant dans les régions retirées de l'Union soviétique, du Pakistan et de l'Équateur, où les gens atteignent couramment quatre-vingts, quatre-vingt-dix, voire cent ans. Leur secret ? Jusqu'à un âge avancé, ils ont une activité physique et vivent au grand air.

Dans les centres d'ostéologie, comme l'Hôpital de chirurgie spéciale de New York, l'exercice physique est d'ores et déjà considéré comme fondamental, et chez un certain nombre de patients, la masse osseuse a pu ainsi être *augmentée* de trois pour cent par an. Un programme de recherches à la faculté de médecine du Wisconsin a permis de produire une augmentation analogue de la masse osseuse. On a pu constater que chez des femmes octogénaires, celle-ci avait augmenté de presque *deux pour cent* après trois séances hebdomadaires d'exercices d'une demi-heure d'affilée pendant trois ans. Une autre étude auprès des femmes de cinquante ans a révélé un gain de près de *trois pour cent* après seulement un an d'exercices réguliers au rythme de trois séances hebdomadaires d'une heure chacune ; durant la même année, le groupe de contrôle de femmes qui elles, ne pratiquaient aucun exercice, *perdaient* une quantité équivalente de masse osseuse. « L'âge n'apparaît pas comme un facteur limitatif important dans la réponse de l'ossature à l'effort », indique le Dr. Everett Smith, directeur du laboratoire de biogérontologie de la faculté de médecine du Wisconsin.

Le mouvement se révèle être le moyen par lequel la nature nous permet de garder un corps bien droit, fort et souple pendant toute notre vie. Miss Marple l'avait compris, l'activité est salutaire pour les os. Mais on en est encore à découvrir quels sont *les meilleurs* exercices et avec quelle intensité ils doivent être pratiqués, notamment pour *produire* une nouvelle masse osseuse. Des exercices soigneusement dosés d'aérobic, de marche, de course à pied et de cyclisme, ainsi que l'entraînement aux poids et haltères, sont considérés comme étant particulièrement bénéfiques. Si vous êtes déjà atteinte d'ostéoporose, il vous faudra prendre des précautions spéciales pour vous entraîner en trouvant un juste milieu entre une activité imposant un effort constructif à la structure du squelette, et un effort excessif qui risquerait de provoquer une fracture. Dans votre cas, la natation est recommandée, ainsi que de grandes promenades deux fois par jour.

3. Renseignez-vous sur les autres possibilités.

LA THÉRAPIE AUX ŒSTROGÈNES est souvent recommandée aux femmes considérées très vulnérables à l'ostéoporose, soit du fait de leur héritage génétique, soit parce qu'ayant eu une ménopause précoce provoquée par intervention chirurgicale, elles sont appelées à vivre beaucoup plus longtemps sans la protection qu'assure à l'ossature un fort taux d'œstrogènes. Si vous envisagez de prendre des œstrogènes, lisez attentivement les pages 169-179, sous le titre « Y a-t-il une vie après la ménopause ? » Le choix du type de traitement ne doit pas se faire à la légère. La thérapie par œstrogènes pour soigner l'ostéoporose est toujours un traitement de longue durée : il durera environ jusqu'à l'âge de soixante-cinq ans pour une femme ménopausée naturellement (passé cet âge, la régression osseuse tend à ralentir spontanément), et il en sera très probablement de même pour la femme ménopausée sur intervention chirurgicale.

La thérapie par œstrogènes ne stimulera pas la formation d'une nouvelle masse osseuse, mais elle en ralentira la régression – à condition d'être combinée avec les dosages recommandés de calcium et de vitamine D. On ignore pendant combien de temps la thérapie par œstrogènes peut protéger contre l'atrophie osseuse. Certains disent six ans, d'autres huit. Mais on admet généralement que son efficacité dans la protection de l'ossature cesse au bout de dix ans.

Dans la mesure où il s'agit d'un traitement de longue durée, il vous faudra peser avec le plus grand soin les avantages de la thérapie par œstrogènes et ses risques, dont le plus sérieux est un danger accru de cancer de l'utérus. Certaines femmes sont beaucoup plus vulnérables à l'ostéoporose qu'au cancer de l'utérus ; dans leur cas, sachant que l'ostéoporose peut mettre leur vie en danger, la thérapie par œstrogènes sera la meilleure solution.

UN DÉPISTAGE PRÉCOCE de l'ostéoporose pourrait constituer un progrès précieux. Mais à l'heure actuelle, la technologie est soit trop

coûteuse, soit réservée à une minorité de gens qui habitent à proximité d'un centre de recherche équipé du matériel de radioscopie hautement spécialisé et ultrasensible nécessaire pour mesurer l'épaisseur des os. Un équipement moins coûteux et plus accessible devrait être disponible dans les cinq prochaines années – avant, peut-on espérer, si l'on parvient à créer une demande pour cela. Si vous avez déjà accès à de tels moyens technologiques, vous gagnerez à demander un bilan de votre système osseux. L'idéal est d'en faire un premier entre trente et quarante ans, un deuxième à la ménopause, puis un par an pendant plusieurs années après la ménopause, afin de déterminer le rythme de régression de votre masse osseuse. (Dans certains cas, les radiographies dentaires permettent de détecter une régression osseuse au niveau des mâchoires, ce qui peut constituer un signe précurseur de l'ostéoporose.)

4. Faites passer la consigne.

Parlez à vos amies et à votre famille de cette maladie silencieuse et des moyens de la prévenir, en particulier à vos filles et amies de moins de trente-cinq ans, qui peuvent encore optimiser leur masse osseuse lorsqu'elle est à son apogée.

TROISIÈME PARTIE

Y a-t-il une vie après la ménopause ?

Cette génération de femmes qui, de but en blanc, au moment où elles atteignent la force de l'âge, savent passer de l'état de symbole sexuel à celui de symbole de sagesse et assumer leur ménopause – ou, ce que j'appellerais « une pause sans hommes »... mais qui, redoutant ces limbes, pensent que si nous devenons sages, nous ne sommes plus des êtres sexuels, et que si nous sommes des êtres sexuels, nous n'avons pas à être sages – comme si l'un ne pouvait être qu'aux dépens de l'autre... Inepties ! Fadaises !

Randi GUNTHER, docteur,
thérapeute

Scott (à droite) et Taxi (à gauche) m'accompagnent dans les bois de Laurel Springs.

CHAPITRE 7

RITE DU PASSAGE NATUREL

TANDIS QUE J'ÉCRIVAIS CE LIVRE, il y a eu des moments où, vraiment, j'aurais souhaité avoir une bouffée de chaleur. Je sais qu'en son for intérieur mon éditeur aurait bien aimé que je fasse une ménopause précoce, afin que ce chapitre ait un ton plus « personnel ». Mais je ne lui ai pas fait ce plaisir. Dans tous les autres domaines, j'ai commencé tard, et je suis bien certaine que celui-ci ne sera pas une exception. Que l'on me pardonne. Je suis sûre que, encore féconde ou déjà stérile, vous trouverez ce chapitre aussi passionnant à lire que cela l'a été pour moi de faire des recherches pour l'écrire.

Plus j'en apprends sur la ménopause, plus je ressens à quel point le corps de la femme est en communion avec la nature et avec quelle fidélité nous reflétons la symétrie du monde naturel qui nous entoure. Durant nos années de fécondité, notre cycle menstruel suit le calendrier lunaire : les douze cycles mensuels de la lune se reflètent dans nos propres cycles. Lorsque cette période de notre vie parvient à son terme, aux alentours de la cinquantaine, un dernier tour est accompli, et la nature cesse de faire tourner la roue de la reproduction humaine. La boucle complète, depuis le ménarche jusqu'à la ménopause, de la première à la dernière menstruation, se termine avec la précision d'une horloge bien réglée. L'achèvement de notre vie féconde est aussi naturel et aussi inévitable que son avènement, selon un processus réglé d'avance. Le fait de parvenir à la ménopause est à coup sûr un signe de bonne santé, car cela indique que l'horloge interne de votre organisme ronronne sans heurts.

Mais la façon dont cet événement est vécu par une femme dépend de beaucoup de choses et, dans une large mesure, de la manière dont la ménopause est perçue d'un point de vue culturel. De tous temps, la ménopause fut enveloppée de superstition. Les mythes auxquels elle a donné naissance, mêlés d'une façon plus générale aux stéréotypes concernant le vieillissement, projettent une aura vaguement inquiétante sur cet aspect de notre propre vieillissement ; pourtant, chez la plupart des femmes, ce passage de la fécondité à la stérilité se fait progressivement et en douceur, sans qu'il y ait rien à craindre. Jusqu'à notre époque, l'ombre projetée par l'héritage culturel sur ce phénomène de la ménopause a toujours assombri la façon dont celle-ci était vécue et découragé les femmes d'assumer avec fierté ce rite de passage naturel.

Dans d'autres cultures, de telles étapes durant lesquelles on reprend son souffle avant de se remettre en route sont célébrées par des rituels. La bath mitzwāh et la bar mitzwāh, par exemple, marquent, à l'âge de la puberté, la fin de l'enfance et l'entrée à l'âge adulte d'une fille et d'un garçon de

religion juive. Le rabbin Laura Geller, une des premières Américaines à avoir été élevée à cette dignité, m'a dit à propos de la nécessité d'un rituel à la ménopause : « Un tel rituel ne sera pas imposé par en haut – position tenue ordinairement par les hommes. Il viendra des femmes elles-mêmes. La ménopause franchit tous les clivages raciaux et socio-économiques, de sorte qu'elle unit toutes les femmes. Il y a en cela une notion de pouvoir collectif. » La valeur toute particulière du rituel, m'a-t-elle ensuite expliqué, est que celui-ci nous offre une période de préparation avant de passer une phase de transition quelle qu'elle soit, en nous permettant d'en parler, et en fin de compte, en nous aidant activement à accepter et à célébrer en toute conscience ce changement.

Si peut-être il n'y aura jamais de « bath mitzwāh » à proprement parler pour la ménopause (en fait, il semblerait qu'il n'existe nulle part au monde de cérémonie se rapportant à la ménopause), on pourrait très bien envisager que notre génération de femmes parvenues à l'âge mûr créent des équivalents non régis par un rituel, mais néanmoins d'une tout aussi grande signification. Faire notre propre éducation sur les différents aspects de la ménopause nous aidera à mieux nous y préparer. De même, le fait de parler de ce sujet permettra de rompre les tabous, et de faire de la ménopause un élément reconnu de notre culture, cela contribuera à transformer cette loi de la nature qui nous concerne en une étape potentiellement constructive de notre vie.

Changer « le changement »

Encore à notre époque, la plupart des femmes et des hommes n'ont de la ménopause qu'une connaissance nébuleuse, acquise par le truchement de contes de bonnes femmes. Tout comme moi peut-être ne vous souvenez-vous pas d'avoir reçu une éducation aussi contestable, ni que votre mère ou personne d'autre vous ait jamais parlé ouvertement de la ménopause. Au lieu de cela, il se pourrait bien que vous ayez été nourrie de toutes sortes d'impressions vagues qui vous apparaissent maintenant difficiles à assembler, des contours flous qui présentaient la ménopause comme un événement catastrophique, physiquement, psychologiquement, ou les deux. La plupart de mes amies m'ont dit que dans leurs familles, la ménopause était un sujet dont il ne fallait pas parler, un territoire tellement secret, que leurs mères et leurs grands-mères répugnaient à avouer à leurs médecins, et aussi à s'avouer à elles-mêmes, qu'elle étaient en train d'en passer par là.

Il n'y a pas si longtemps encore, pour trouver dans les livres des renseignements sur la ménopause, il fallait se frayer un chemin dans une jungle d'informations aussi effayantes qu'erronées à propos de ce qu'une femme était censée être à cette époque de sa vie. Au début des années 70, on pouvait lire dans *Everything You Always Wanted to Know About Sex** : « Leurs ovaires ayant fait leur temps, il se pourrait bien qu'elles ne servent plus à rien en tant qu'êtres humains. Les années qui leur resteraient à vivre ne seraient qu'une attente jusqu'à ce que vienne le moment de suivre leurs glandes dans l'oubli. » Ce livre était la progéniture littéraire d'un autre best-seller *Feminine Forever***, qui, vers 1965, inculqua à des millions et des millions de femmes l'idée que la ménopause signifiait une perte de la féminité, une dégradation de la santé, et « la métamorphose d'une femme naguère dynamique et charmante en une caricature d'elle-même, pauvre d'esprit mais dotée d'une langue acérée... un des plus affligeants spectacles de l'humanité ». En outre, de concert avec nombre de magazines féminins de l'époque, ces livres répandirent l'idée que, sans un traitement aux œstrogènes après la ménopause, nous serions condamnés à devenir les victimes livrées aux hormones en furie et à une extrême confusion mentale.

Supposez que nous ayons eu pour président une femme en pleine ménopause et qu'il lui eût fallu prendre la décision dans l'affaire de la baie des Cochons.....

Dr. Edgar Berman,
Médecin personnel de Hubert Humphrey (Washington, D.C., 1970)
Délégué à la Commission
« Priorités nationales » du Parti Démocrate.

Aujourd'hui, ces exagérations tragiques apparaissent carrément grotesques. Les femmes s'éloignent à grands pas des caricatures désuètes de la « ménopausée », dont elles ne laissent derrière elles que les coquilles vides. Ce sont bien ces vestiges culturels, et non pas nous-mêmes, qui tombent en ruine : si la ménopause a jamais été une crise, ç'aura été plus une crise au niveau de la perception que de la biologie.

Or, nous ne pouvons modifier la façon dont nous percevons la ménopause que si nous comprenons bien son processus biologique. Notre intérêt est d'en savoir le plus possible sur ce qui nous attend et pourquoi il en est ainsi. Poser ces questions, c'est également lever le tabou qui interdit de parler en public de la ménopause. Les effets de cette libéralisation apparaissent dans le fait que d'ores et déjà, dans de nombreux domaines, les recherches sur la ménopause se multiplient et apportent des résultats concrets. En la matière, les femmes universitaires et scientifiques jouent un rôle clef pour nous aider à mieux comprendre la ménopause. Grâce à tous ces changements, notre génération a la possibilité d'en savoir

* *Tout ce que votre mère ne vous a pas dit*, Richard Sand, Elsevier, 1974.
** *Femme pour toujours*, Robert A. Wilson, Trévise, 1967.

beaucoup plus que n'en savaient nos propres mères à cette époque cruciale de leur vie, lorsque la ménopause était encore dans une large mesure quelque chose que l'on cachait, et qu'elle était considérée, à tort, comme une maladie.

Je crois que je n'aime pas être définie d'après l'activité de mes fonctions ovariennes [par l'expression « femme ménopausée »] ; quand j'étais jeune, je n'aurais pas aimé que l'on m'appelle une « femme reproductrice », bien qu'étant très attirée par tout ce qui a trait à la reproduction.

Grace PALEY
Écrivain

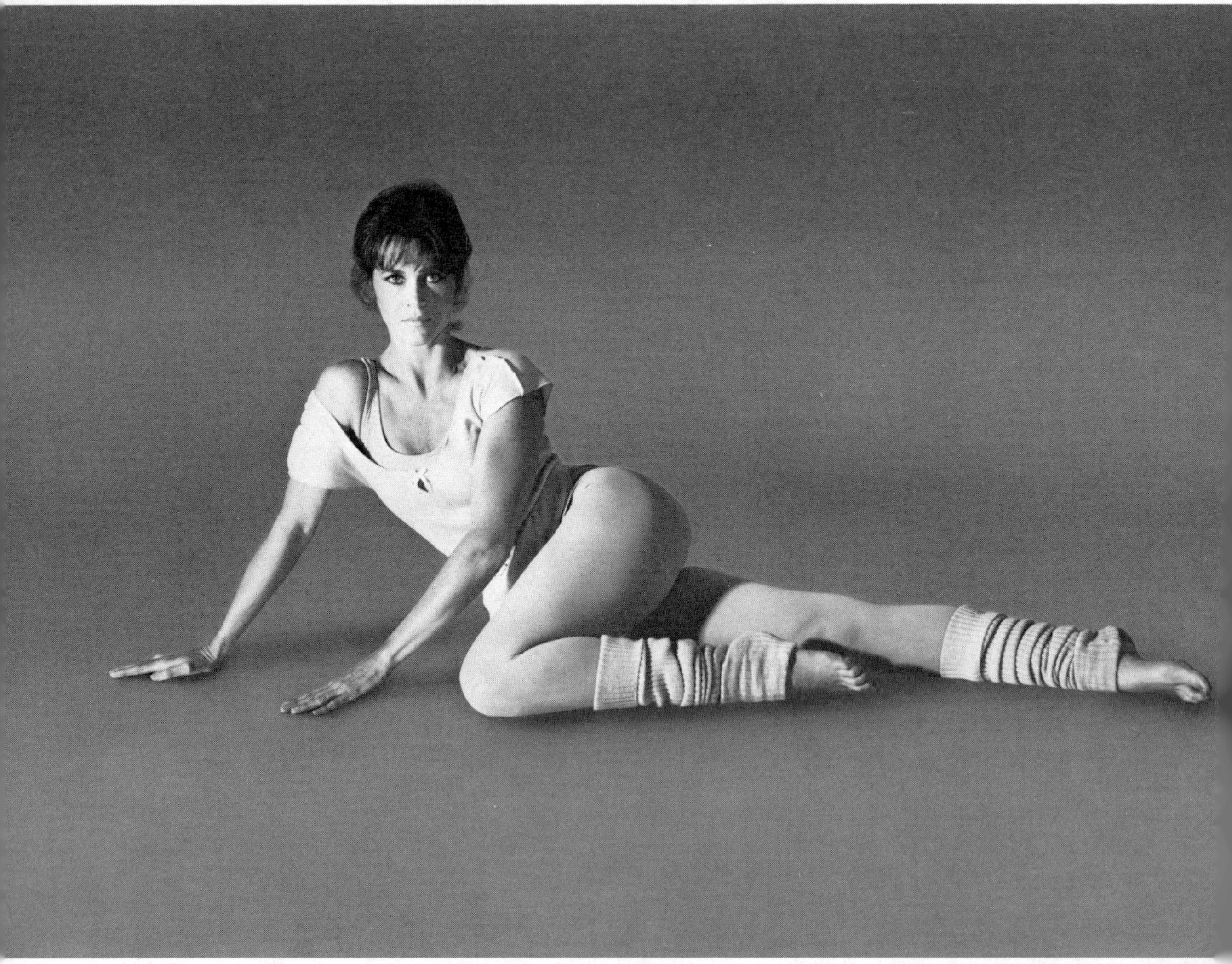

CHAPITRE 8

QU'EST-CE QUE LA MÉNOPAUSE ?

COMMENÇONS PAR FAIRE EN PROFANE le tour de l'appareil reproducteur – cette partie de notre anatomie qui nous a déjà apporté tant de plaisir et tant de souffrance. Il est essentiel de connaître son fonctionnement interne, ainsi que le système d'hormones qui régissent celui-ci, afin de pouvoir comprendre ce qui se produit avant, pendant et après la ménopause.

A la naissance, la femme est déjà porteuse des semences d'une nouvelle vie. Dès ce moment, les follicules en forme de sacs dont se composent nos ovaires contiennent près d'*un million et demi d'ovules* – un don généreux, dans la mesure où seulement cinq cents d'entre eux seront nécessaires durant les trois ou quatre décennies de notre vie féconde. Chaque mois, au cours du cycle menstruel, un œuf mûrit et est libéré par l'ovaire. Contrairement aux cellules du sperme de l'homme et aux autres cellules du corps humain, les ovules d'origine ne sont jamais remplacés par de nouvelles cellules, et le nombre d'ovules diminue progressivement jusqu'à la ménopause. Vers la fin de la trentaine ou au début de la quarantaine, non seulement la femme possède moins d'ovules, mais il arrive également de temps à autre qu'elle saute une ovulation, de sorte que durant ces années, il lui est plus difficile d'avoir une grossesse. Enfin, vers la cinquantaine en moyenne, il ne reste plus d'ovules, ou bien le peu qui restent ne sont plus réceptifs aux messages chimiques qui, auparavant, auraient provoqué la libération d'un ovule. Alors, l'ovulation et les menstruations cessent, et le cycle de fécondité prend fin de lui-même.

Strictement parlant, la ménopause intervient à la *dernière menstruation.* Mais on admet d'une manière générale qu'il faut laisser passer une année pleine sans avoir de règles avant d'être sûre qu'il n'y a plus d'ovulation et que l'on n'est donc plus féconde.

Chez certaines femmes, mais c'est assez rare, l'ovulation s'arrête brusquement. La plupart passent par une période de transition progressive durant laquelle le cycle se relâche ; c'est ce que l'on appelle la *préménopause.* Cette période prend fin avec la *périménopause,* qui est la phase précédant immédiatement la dernière menstruation. Et enfin, l'ultime ajustement de l'organisme est la *post-ménopause.* En termes médicaux, ces trois étapes sont appelées les *climatériques ;* elles s'étalent sur plusieurs années et englobent l'ensemble de la transition entre les phases reproductrice et non reproductrice dans la vie de la femme. Pendant cette période de transition, des changements subtils commencent à se produire dans notre complexe appareil reproducteur, et ce, cinq et même dix ans avant la ménopause.

Écologie endocrinienne

En considérant que c'est l'ovule qui joue le premier rôle dans la grande scène de la reproduction, le système endocrinien apparaît comme celui qui fournit la troupe d'acteurs qui le secondent, ainsi que les bons techniciens qui assureront chaque mois une production régulière et sans incident.

L'appareil endocrinien est un groupe de petits organes, les glandes, qui sécrètent des substances chimiques en quantités infimes mais très puissantes, les *hormones.* Une fois émises par les glandes, celles-ci sont transportées par le sang pour agir ensuite sur différents organes de notre corps. Les hormones stimulent pour ainsi dire chaque cellule de notre organisme pour qu'elle remplisse sa fonction – de sorte que leur influence est omniprésente. Dans les disciplines orientales, comme le yoga, les glandes endocrines sont considérées comme étant les *chakras,* les centres d'énergie du corps. Chacune de ces glandes productrices d'hormones spécifiques et remplissant des fonctions bien précises agit en coordination avec les autres. Toute perturbation des équilibres chimiques, toute modification au niveau d'une composante, peut provoquer un dérèglement de l'ensemble du système.

Quatre sources d'hormones sont particulièrement importantes pour nous au moment de la ménopause : l'hypothalamus, l'hypophyse, les ovaires et les surrénales. L'hypothalamus et l'hypophyse, qui régissent l'ensemble du système endocrinien, se trouvent à la base du cerveau. A peu près de la taille d'une noix, l'*hypothalamus* sert de jonction entre le système endocrinien, le cerveau, et le système nerveux : il maintient l'un et l'autre système réceptif à l'environnement de l'autre. Ainsi, c'est par l'hypothalamus que nos pensées et nos émotions peuvent affecter le fonctionnement des glandes et de leurs hormones ; de la même façon, les glandes peuvent influer sur notre humeur : une relation de réciprocité que la science commence à peine à découvrir et dont la connaissance pourra se révéler d'une importance cruciale pour permettre de comprendre l'expérience de la ménopause. L'hypothalamus contrôle toute la production hormonale de l'organisme et il intervient directement dans la régulation du cycle de reproduction ainsi que de la température de notre corps. Il régule l'ensemble du système endocrinien en sécrétant des hormones spéciales qui permettent à l'hypophyse, la « glande maîtresse », de remplir ses fonctions.

Les glandes principales

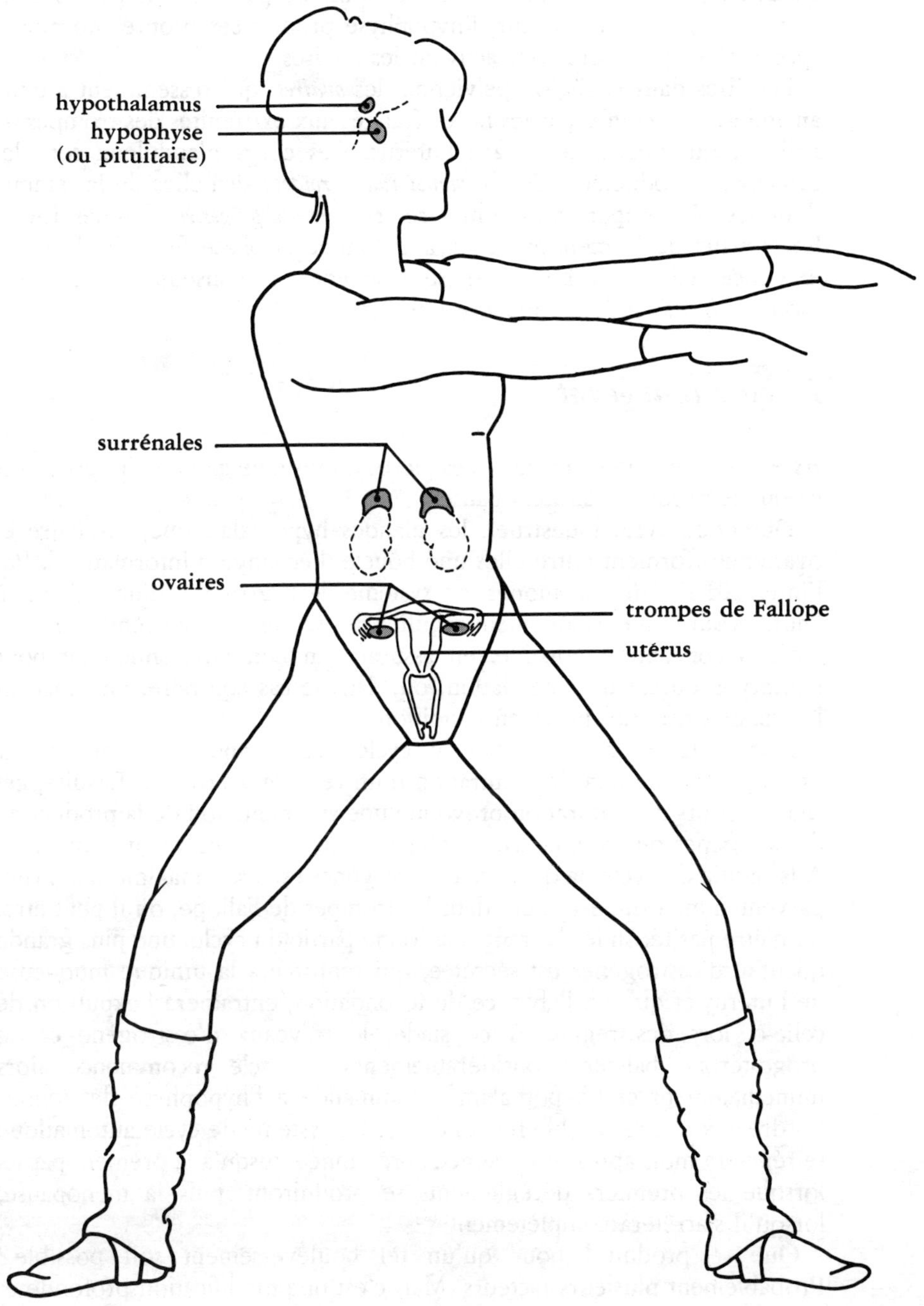

L'*hypophyse* (ou « glande pituitaire »), située sous l'encéphale, contrôle séparément chacune des glandes du système endocrinien, et par elles, toutes les activités de l'organisme. Une fois stimulée par l'hypothalamus pour lancer le cycle reproducteur, l'hypophyse produit ses propres hormones spécialisées, qui à leur tour activent les ovaires.

Localisés dans la région pelvienne, les *ovaires,* qui ressemblent à deux amandes, sont coiffés par les bords frangés aux extrémités des trompes de Fallope, qui débouchent dans l'utérus. Ces corps glanduleux sont les principaux producteurs des *hormones (ou stéroïdes*) sexuelles de la femme, dont les plus importantes sont l'*œstrogène* et la *progestérone* – les foyers hormonaux de la ménopause. Ayant dominé la phase féconde de notre existence, ces deux hormones se trouvent par conséquent fortement modifiées lorsque la ménopause intervient.

Le cycle changeant

Assemblons maintenant toutes ces pièces du système glandulaire pour voir ce qui se produit à la ménopause.

Durant le cycle menstruel, les glandes hypothalamique, pituitaire et ovariennes forment entre elles une boucle d'échange d'informations. Par l'intermédiaire des hormones, un système de rétroaction d'une glande à l'autre assure un enchaînement régulier des séquences, qui rendra chaque mois la conception possible, en assurant un bon environnement pour l'embryon en cas de fécondation, ou, dans le cas contraire, en évacuant les cellules utérines mises en condition.

Durant la première partie du cycle, les hormones produites par l'hypophyse stimulent la maturation d'un œuf dans l'ovaire. Ensuite, cet œuf en cours de maturation provoque une augmentation de la production d'œstrogènes qui commence à préparer l'utérus à recevoir un embryon. A la moitié du cycle, la quantité d'œstrogènes est à son maximum et l'œuf parvenu à maturité est libéré dans les trompes de Fallope, où il peut être, ou n'être pas fécondé. Durant la seconde partie du cycle, une plus grande quantité d'œstrogènes est sécrétée, qui renforcera la tunique muqueuse de l'utérus et qui, en l'absence de fécondation, entraînera l'expulsion de celle-ci lors des règles. A ce stade, les niveaux d'œstrogène et de progestérone baissent considérablement. Le cycle recommence alors immédiatement et l'hypothalamus commande à l'hypophyse de donner l'ordre aux ovaires de libérer un ovule. Ce système de cycle automatique se répétera mois après mois, année après année, jusqu'à la préménopause, lorsque les premiers dérèglements se produiront, puis la ménopause, lorsqu'il s'arrêtera complètement.

Que se produit-il pour qu'un tel bouleversement soit possible ? Probablement plusieurs facteurs. Mais c'est une modification profonde et programmée dans une partie du système qui, pour finir, sonnera la chute du rideau pour tout le cycle reproducteur. Les ovaires ne possèdent alors plus d'ovules ; les quelques ovules qui subsistent éventuellement ne peuvent plus répondre à la stimulation des « messagers » de l'hypothalamus et de l'hypophyse. L'ovaire cesse alors sa production cyclique d'œstrogènes, d'ovules mûrs et de progestérone.

Le réseau endocrinien reproducteur entre dans une phase de déséquilibre et de réajustement qui se manifeste de façon très variable d'une femme à une autre. Une baisse du niveau d'œstrogènes peut intervenir même avant la dernière menstruation. Par ailleurs, les hormones pituitaires augmentent en principe considérablement leur production d'hormones pour stimuler les ovaires, lesquels ne réagissent plus ; le niveau hormonal reste élevé pendant deux ou trois ans après la ménopause. Ces hauts et ces bas ne signifient cependant pas que le système hormonal se soit « emballé » et qu'il soit devenu incontrôlable. Il est simplement en train de se rajuster, en entraînant avec lui un rééquilibrage.

Un nouvel équilibre

Contrairement à l'idée communément répandue, notre organisme *ne cesse pas* de produire des hormones sexuelles après la ménopause. Celles-ci sont seulement sécrétées en quantités moindres. Au cours de notre vie, se succèdent une augmentation et une diminution de la production d'œstrogènes, comme c'est le cas chaque mois durant nos années fécondes. Jusqu'à la première menstruation, notre organisme produit des œstrogènes à un niveau stable et relativement bas. A la puberté, le niveau d'œstrogènes commence à augmenter, car une des fonctions clefs de ces derniers est de développer et d'entretenir les tissus de nos organes sexuels – les seins, l'utérus, le vagin et la région urétrale. Chez la plupart des femmes, la production d'œstrogènes atteint son apogée vers vingt ou trente ans. Par la suite, lorsque la tâche de reproduction a été accomplie, la sécrétion hormonale revient à son niveau d'origine, plus bas et plus stable.

Mais durant la dernière phase, nous commençons à produire des œstrogènes de diverses façons nouvelles. En premier lieu, la moitié de ces hormones est désormais le produit de la *conversion des hormones mâles,* testostérone et androstérone, en œstrogènes. En second lieu, la charge principale de la production d'œstrogènes se déplace des ovaires aux *surrénales,* petites glandes en forme de demi-lune qui coiffent les reins. Les ovaires continuent de sécréter de petites quantités d'œstrogènes et de testostérone ; mais ce sont les surrénales qui assument une plus grande partie du contrôle de toutes les hormones sexuelles – fonction bien moins connue que celle consistant à produire de l'adrénaline dans les moments de danger ou de stress.

Des surrénales saines et des ovaires en bon état permettront une production relativement stable d'œstrogènes pendant de longues années après la ménopause – encore que nous ayons besoin de moins d'œstrogènes que naguère pour la reproduction. L'état des surrénales et des ovaires influe considérablement sur la façon dont nous vivrons la période de la ménopause et les années suivantes. Notre aptitude à produire des hormones sexuelles est en partie fonction de notre hérédité. Mais elle est également fortement influencée par notre condition physique, un sujet sur lequel nous reviendrons.

La production d'œstrogènes fait également intervenir un autre facteur, qui est l'emmagasinage dans l'organisme d'une quantité minimum et *essentielle* de graisse ; mais rares sont celles parmi nous qui en manquent. Les cellules graisseuses jouent un rôle crucial après la ménopause, car ce sont elles qui fournissent le site de la conversion des hormones mâles en œstrogènes. C'est pourquoi notre corps ne doit pas comporter moins de 15 pour cent de graisse – et cette règle vaut pour tous les âges. Cela dit, il ne faut pas non plus dépasser les 22 à 25 pour cent. On a rarement à sa disposition le genre d'appareil qui permet de mesurer le taux de graisse dans l'organisme ; mais un tel contrôle n'est pas essentiel. Ces chiffres vous donnent juste un ordre de grandeur du taux optimum, pour votre santé et pour votre ligne. Il est en fait *très* difficile de descendre sous le seuil minimum ; si l'on y parvient, ce sera au prix d'exercices extrêmement astreignants et d'un régime draconien. Pour l'immense majorité d'entre nous, les ennuis se situent plutôt de l'autre côté de la balance.

CE À QUOI VOUS POUVEZ VOUS ATTENDRE

Pour finir, lorsque le cycle s'arrête, nos menstruations cessent elles aussi. Chez pratiquement une femme sur trois, les dernières règles ont lieu à l'âge de quarante-huit ans, chez une femme sur deux, elles interviennent à cinquante ans, et chez trois femmes sur quatre, à l'âge de cinquante-deux ans. A notre connaissance, la femme qui a eu ses règles le plus tard avait cinquante-huit ans. Il n'existe aucun moyen de prévoir de façon certaine à quel âge la ménopause interviendra. On a dit que l'âge auquel une femme a ses premières règles constitue une indication pour savoir à quel âge elle aura sa dernière menstruation ; mais jusqu'à présent, rien ne permet de prouver qu'une telle relation existe. L'âge auquel notre mère a eu sa ménopause peut être une indication, mais rien de sûr là non plus. Il apparaît, d'après plusieurs études, que le tabac a pour effet de provoquer une ménopause précoce, de même, semble-t-il, qu'une mauvaise alimentation. A part ces éléments d'information, tout ce que l'on sait de façon certaine, c'est qu'un état de santé optimum est le meilleur moyen pour avoir une durée de vie reproductrice aussi longue que possible et pour rester solide, dynamique et heureuse pendant et après la ménopause.

Des changements, petits et grands

Après avoir pendant si longtemps fait partie de la routine, le cycle menstruel devient moins régulier, chez la plupart des femmes, durant les années qui précèdent la ménopause. A ce stade, il devient difficile de distinguer ce qui est « normal » de ce qui ne l'est pas ; il existe cependant un certain nombre de schémas prévisibles et qui précéderont la dernière menstruation. Dans le premier et le moins répandu, le cycle menstruel continue sans rien perdre de sa régularité et sans qu'il y ait le moindre changement perceptible, jusqu'au moment où il s'arrête simplement. Dans le second schéma, plus fréquent, les règles vont décroître progressivement : elles se font de plus en plus brèves, jusqu'à ce que, pour finir, la menstruation s'arrête totalement. Enfin, et c'est le schéma le plus courant, il y a d'abord quelques dérèglements au niveau des cycles, voire des sautes, très sporadiques, et celles-ci deviennent de plus en plus fréquentes, jusqu'à ce que le cycle cesse tout à fait. En outre, les pertes peuvent être plus ou moins denses, séparées par des périodes plus ou moins longues, et elles peuvent être plus douloureuses, les seins devenant également plus sensibles *.

Durant cette période, les variations au niveau du cycle et des pertes affectent autant l'ovulation que la menstruation. L'ovulation peut devenir sporadique et intervenir à des dates inaccoutumées en cours de cycle. Il peut également y avoir des périodes sans ovulation. Il se peut aussi, mais c'est beaucoup plus rare, que l'ovulation intervienne en l'absence de cycle : cela peut se produire durant quelque temps même après la dernière menstruation. De ces différentes possibilités, il ressort que si dans certains cas, comme je l'ai indiqué précédemment, la fécondation est plus difficile, dans d'autres, en revanche, une grossesse peut intervenir au moment où vous vous y attendez le moins.

Si à cette époque de votre vie, vous ne voulez pas tomber enceinte, il vous faudra utiliser une méthode de contraception sûre et efficace pendant encore *au moins un an après vos dernières règles. Ne prenez pas* de pilule

* Un saignement prolongé et abondant, accompagné de caillots *peut* être anormal, de même que des pertes entre les règles ou bien lorsque vos menstruations ont cessé depuis un an. En cas de saignement anormal, ne manquez jamais de consulter votre médecin ; le cas échéant, il vous prescrira une biopsie de l'endomètre ou, plus probablement, un curetage de l'utérus, car c'est la technique de diagnostic la plus sûre. Le curetage consiste à prélever avec une curette des échantillons de la muqueuse interne de l'utérus (l'endomètre), dont l'analyse permettra de déceler la moindre anomalie. Il s'agit d'une intervention chirurgicale mineure qui, dans 80 à 90 pour cent des cas, permet de résoudre le problème. (Le curetage doit toujours être précédé d'un frottis cervico-utérin qui permettra d'éliminer le risque d'un cancer du col de l'utérus.)

anticonceptionnelle, car elle est incontestablement dangereuse pour les femmes d'âge mûr.

En effet, passé quarante ans, la pilule augmente fortement les risques de décès par embolie, crise cardiaque ou accident vasculaire cérébral ou « attaque » particulièrement, mais pas exclusivement, chez les fumeuses. En fait, dès l'âge de trente-cinq ans, la pilule devient moins sûre.

Les préservatifs et les diaphragmes sont des méthodes de contraception efficaces si on les utilise comme il faut ; ce sont également les méthodes les plus saines pour l'organisme. La solution *la plus efficace* est la stérilisation volontaire par la chirurgie ; c'est le moyen de contrôle des naissances le plus répandu aux États-Unis, et c'est aussi la solution que préfèrent les femmes de plus de trente-cinq ans. La plupart optent pour la ligature des trompes. D'autres, en revanche, préfèrent que ce soit leur partenaire qui se fasse stériliser, par vasectomie. Dans l'une et l'autre méthodes, le sperme ne peut plus entrer en contact avec l'ovule mûr. La ligature des trompes est une intervention chirurgicale relativement mineure ; cependant, elle nécessite une anesthésie, avec les risques de complications inhérents *.

Le stérilet est moins hygiénique que le préservatif ou le diaphragme et moins sûr que la stérilisation ; c'est néanmoins une solution efficace, si vous acceptez le risque d'infection, lequel est plus élevé chez les femmes qui utilisent cette méthode – moins on a de partenaires différents, plus le risque est faible. Si vous portez un stérilet, changez-le tous les trois ans afin de réduire les chances d'infection.

Bien que ce ne soit pas un moyen fiable de contrôle des naissances, en raison de l'incertitude au niveau des périodes fécondes, je tiens pour ma part un suivi de mon cycle menstruel, en préparation à la ménopause. Nombreuses sont les femmes qui en font autant, et ce même avant d'atteindre la quarantaine. Sur un tableau très simple, comme celui figurant ci-contre, vous pouvez noter le premier jour de vos règles, leur durée en jours, la consistance du saignement, et tout autre information dont vous souhaitez garder une trace. Vous connaîtrez ainsi votre cycle et pourrez prévoir le début de vos prochaines règles. Cela peut être rassurant de savoir où vous en êtes lorsque le cas échéant, des dérèglements commencent à se produire, et de plus, ce suivi vous donnera tous les éléments que votre médecin pourra avoir besoin de connaître lors d'une prochaine visite. Vous pouvez également utiliser ce système de grille pour consigner les autres symptômes de la ménopause – en particulier les bouffées de chaleur, que connaissent un si grand nombre de femmes.

* Pour de plus amples informations à propos de la stérilisation, prenez contact avec votre centre de planning familial (voir le Guide pratique). En cas de grossesse à partir de l'âge de trente-cinq ans, le risque que votre enfant soit atteint de *mongolisme* est relativement faible (seulement 4 pour cent), mais plus vous avancez en âge, plus ce risque augmente. Il serait donc préférable de vous soumettre à une amniocentèse, prélèvement, aux fins d'examens, du liquide amniotique dans lequel baigne le fœtus. L'analyse permettra, dès le début de la grossesse, un dépistage du *mongolisme* ou d'autres éventuels défauts héréditaires.

× = jour des règles
/ = jour de pertes légères
● = autopalpation des seins

CALENDRIER MENSTRUEL

	1	2	3	4	5	6	7	8	9	10	11	12	13	14	15	16	17	18	19	20	21	22	23	24	25	26	27	28	29	30	31
JAN																															
FEV																															
MARS																															
AVR																															
MAI																															
JUIN																															
JUIL																															
AOÛT																															
SEPT																															
OCT																															
NOV																															
DÉC																															

× = jour des règles
/ = jour de pertes légères
● = autopalpation des seins

CALENDRIER MENSTRUEL

	1	2	3	4	5	6	7	8	9	10	11	12	13	14	15	16	17	18	19	20	21	22	23	24	25	26	27	28	29	30	31
JAN			×	×	×	×	/							●																	
FÉV				×	×	×	×	/							●																
MARS								×	×	×	×							●													
AVR								×	×	×	×	/							●												
MAI										×	×	×	×							●											
JUIN										×	×	×	/							●											
JUIL											×	×	×	×							●										
AOÛT											×	×	×	/							●										
SEPT											×	×	×	×							●										
OCT												×	×	×	×	/							●								
NOV													×	×	×	×							●								
DÉC													×	×	×	×							●								

CHAPITRE 9

SUEURS ET CHALEURS

CE QUE L'ON APPELLE les *bouffées de chaleur* sont des sensations brusques et intenses de chaleur physique qui se produisent sans raison apparente. Il s'agit en fait du banal « coup de froid » de la ménopause, une sorte de montée de fièvre qui s'accompagne généralement de sueurs et parfois de frissons. Cet état s'assortit souvent, mais pas toujours, d'un rougissement de la peau. Il arrive également qu'une bouffée de chaleur se produise d'une façon plus progressive, un peu comme pendant un effort, quand on commence à transpirer.

D'après ce que l'on sait, 75 pour cent des femmes en cours de ménopause éprouvent de telles bouffées de chaleur sous une forme ou une autre. Par bonheur, chez la plupart des femmes, ces sensations sont assez bénignes. En règle générale, cela commence par une impression de chaleur dans le haut du corps, qui gagne la nuque, puis la tête, pour se propager éventuellement jusqu'au cuir chevelu, aux oreilles, aux joues, et se répandre finalement sur tout le visage. Mais en fait, une bouffée de chaleur peut naître dans n'importe quelle partie du corps, et elle peut tout aussi bien se propager en descendant plutôt qu'en montant, ou les deux, ou encore, ne pas se propager du tout.

Ce qui provoque ces bouffées de chaleur n'a pas encore été vraiment élucidé, de même que l'on ignore pourquoi certaines femmes semblent être à l'abri de ce phénomène. Il n'y a pas si longtemps encore, on faisait pour ainsi dire comme si les bouffées de chaleur n'existaient pas, le corps médical ne voyant pas l'intérêt d'y consacrer des recherches approfondies – même si l'on traitait depuis longtemps le problème à coup d'œstrogènes absorbés par voie orale. Mais à l'heure actuelle, heureusement, un bon nombre de chercheurs se penchent sur ce phénomène et l'on peut espérer qu'ils seront bientôt en mesure d'apporter des réponses aux questions qui se posent encore. Quel est le mécanisme qui déclenche une bouffée de chaleur ? Quand les bouffées de chaleur cessent-elles chez la plupart des femmes en l'absence d'un traitement par des médicaments ?

Dans l'état actuel des connaissances, on pense que c'est l'hypothalamus qui fait fonction de commande interne de ce mécanisme des bouffées de chaleur. Souvenez-vous que, comme je l'ai dit plus haut, une des nombreuses fonctions du cerveau est de réguler la température interne de notre corps. Lorsque cette température est trop élevée, l'hypothalamus adresse des signaux chimiques au cœur pour lui commander de pomper une plus grande quantité de sang, ce qui provoquera la dilatation des vaisseaux sanguins, notamment les minuscules vaisseaux capillaires de notre épiderme. Cela aura pour effet d'évacuer l'excédent de chaleur et de provoquer la transpiration, laquelle, à son tour, abaissera encore plus notre température interne.

A l'époque de la ménopause, pour des raisons qui restent à découvrir, il se peut que l'hypothalamus réajuste notre système de thermorégulation interne en *abaissant son seuil,* par réaction aux modifications hormonales importantes qui se produisent alors. Aussi, ce seuil étant abaissé, une température qui auparavant nous convenait, devient-elle inconfortable, car trop élevée. Et notre organisme, lui, continue de réagir comme avant, afin de se refroidir : les vaisseaux se dilatent, et l'excédent de chaleur est évacué par la transpiration. Ainsi, une femme qui est en passe d'avoir une bouffée de chaleur peut avoir l'impression qu'une température ambiante de 21 °C s'élève brusquement à 38 °C.

Les sensations provoquées par les bouffées de chaleur, ainsi que la façon dont elles se produisent, sont différentes chez chaque femme. En règle générale, une bouffée de chaleur dure dans les deux ou trois minutes – mais parfois, moins d'une minute. Chez certaines d'entre nous, cela se produit plutôt la nuit, durant le sommeil, si bien qu'elles se réveillent en sueur ; chez d'autres, les bouffées de chaleur se déclenchent le plus souvent durant la journée. Mais le phénomène peut aussi être totalement imprévisible. On peut très bien en avoir seulement une par semaine, ou plusieurs en une heure. Quelles que soient la fréquence et la façon dont ces bouffées de chaleur se déclenchent, dix pour cent seulement des femmes se plaignent que celles-ci leur sont particulièrement pénibles, car excessivement fréquentes, longues à n'en pas finir, ou épuisantes parce qu'elles interrompent sans cesse le sommeil. Mais pour la majorité, les bouffées de chaleur ne sont qu'à peine perceptibles ou en tout cas légères, et elles ne constituent pas un gros problème. Il y a même des femmes qui trouvent la chose agréable, voire voluptueuse. Le fait est que dans certaines cultures, les bouffées de chaleur sont considérées comme un signe de bonne santé ; par exemple, je me suis laissé dire qu'en Galles du Sud, plus une femme a de bouffées de chaleur, mieux c'est.

La plupart des femmes ont leurs premières bouffées de chaleur un an environ avant l'arrêt des menstruations ; mais cela peut aussi être un peu plus tôt ou un peu plus tard. En principe, on a des bouffées de chaleur pendant au moins un an, et dans la majorité des cas, cela dure cinq ans ou plus, passé la cinquantaine. Il y a même des femmes qui, à soixante ans passés, continuent d'avoir des bouffées de chaleur.

QUE PEUT-ON Y FAIRE ?

Lorsque vous avez vos premières bouffées de chaleur, il peut être particulièrement utile d'en tenir un suivi, ce qui vous permettra de connaître le schéma qui vous est propre, s'il en existe un. L'idéal est de tenir un calendrier journalier dans lequel il y aura suffisamment de place pour noter l'*heure*, la *durée* de chaque bouffée de chaleur, la façon dont elle se *propage* (si c'est le cas), et ce qui éventuellement, a pu la *précipiter*. Très vite, cela vous aidera non seulement à comprendre ce qui se passe, mais également à mieux vous maîtriser lorsque les bouffées de chaleur se produisent et, par une meilleure connaissance de votre corps, à mieux assumer l'expérience de la ménopause dans son ensemble. Certaines femmes parviennent à déceler ce qui déclenche leurs bouffées de chaleur, ce qui met à leur disposition d'autant plus d'informations. Mais pour d'autres, trop penser à leurs bouffées de chaleur ne fait que rendre celles-ci encore plus pénibles. Si tel est votre cas, je vous conseille de chercher une autre méthode pour contrôler votre propre sensibilité à ce phénomène.

D'après ce que l'on sait jusqu'à présent, il ne semble pas que les bouffées de chaleur aient une même origine chez toutes les femmes. Mais nous avons cependant quelques indices. Il semble en effet que le stress émotionnel et l'effort physique excessif interviennent dans leur déclenchement. Les efforts normaux imposés dans la vie quotidienne à notre corps risquent de lui coûter d'autant plus au moment où l'organisme a besoin de se ressaisir en se cherchant un nouvel équilibre hormonal. Donc, évitez particulièrement les quelques facteurs suivants, qui sont des « déclencheurs » en puissance (vous retrouverez tout au long de ce livre ces générateurs de stress – aussi, retenez-les bien).

L'alcool, qui dilate les vaisseaux sanguins.

Le tabac et la caféine, dans le thé, le café, les produits à base de kola et le chocolat, qui influent à la fois sur le système nerveux central et contractent les vaisseaux sanguins.

Les excès de sucre dans le sang, dus à une consommation excessive d'hydrates de carbone et de sucres simples, y compris l'alcool.

Les aliments relevés et les assaisonnements, y compris le *sel* ; non seulement celui-ci fait monter la tension artérielle, mais il augmente également la *rétention d'eau* qui peut elle-même être un problème durant cette période de réajustement hormonal et qui risque de stimuler les bouffées de chaleur.

La perte de potassium, qui peut se produire lorsque l'on transpire beaucoup à la suite de bouffées de chaleur fréquentes, bien que ce ne soit probablement pas elle qui les déclenche, doit être compensée par une consommation importante d'aliments riches en potassium, un minéral important, tels que les bananes, les oranges, les abricots et les raisins secs.

On sait que les bouffées de chaleur peuvent se produire chez n'importe quelle femme, qu'elle soit active ou sédentaire. Mais nous savons également que nous avons, dans une certaine mesure, un contrôle sur ce qui déclenche les bouffées de chaleur, et que les moyens ne manquent pas pour en réduire les effets. Pour ma part, j'ai la conviction qu'une alimentation et des exercices convenablement dosés et adaptés à chaque personne sont déterminants : ce sont eux qui feront la différence et qui soulageront, voire qui feront cesser les bouffées de chaleur. Il ne fait pas de doute que l'on est plus à la hauteur de la situation si l'on est en forme.

Plus loin, dans la quatrième partie : « Pour que cela dure : Mon programme de bien-être après 40 ans », vous trouverez les éléments essentiels de mon programme complet concernant l'alimentation et l'exercice physique pour les femmes d'âge mûr. Mais j'aimerais dès maintenant donner quelques conseils qui s'appliquent spécifiquement aux bouffées de chaleur.

Le rôle de l'alimentation

Diététique avant tout. Maintenant que vous savez qu'il faut éliminer le tabac, l'alcool, le sel, le sucre et la caféine, voici en revanche quelques substances à ajouter à votre alimentation.

LA VITAMINE E : bien qu'aucune recherche scientifique n'ait été effectuée pour prouver ou réfuter son efficacité à soulager les bouffées de chaleur, on a cependant suffisamment de témoignages de médecins et de femmes qui l'ont essayée pour inclure ici la vitamine E comme un remède possible aux bouffées de chaleur. Selon le bulletin médical *Women's Health 1982,* la vitamine E réduit l'intensité des bouffées de chaleur, chez 50 pour cent des femmes qui y sont sujettes. On sait de façon certaine que chez les personnes d'âge mûr, cette vitamine est essentielle à la production de toutes les hormones sexuelles, ainsi que pour maintenir saines, solides et souples les parois des vaisseaux capillaires.

On trouve peu de vitamine E dans la nourriture, car elle est en grande partie éliminée par les processus de moulure et de raffinage des aliments traités. C'est dans les céréales complètes et dans les noix que l'on en trouve le plus, ainsi que dans les huiles végétales *non traitées,* comme l'huile de maïs, de carthame et de soja. Les meilleures sources naturelles de vitamine E sont le germe de blé cru et l'huile de germe de blé. A la page 214 du chapitre sur l'alimentation, vous trouverez des renseignements sur les doses que peut vous prescrire votre médecin pour soulager les bouffées de chaleur. Si vous décidez de prendre une dose d'appoint, veillez à n'augmenter que très progressivement. Que vous augmentiez votre consommation de vitamine E par l'alimentation ou par un appoint, les premiers résutlats ne se feront sentir qu'après un mois au bas mot, aussi faites durer l'essai pendant au moins plusieurs mois.

SÉLÉNIUM ET VITAMINE C : certaines femmes prennent une dose d'appoint combinée qui comprend à la fois de la vitamine E et du *sélénium,* oligo-élément qui améliore l'action de la vitamine E. On trouve également du sélénium associé à l'état naturel avec la vitamine E dans le germe de blé et l'huile de germe de blé. Vous pouvez aussi prendre de la vitamine E avec une dose d'appoint de *vitamine C*, car celle-ci empêche la destruction de la vitamine E et augmente son efficacité.

REMÈDES À BASE D'HERBES : les herbes et les infusions sont des remèdes vieux comme le monde, et certaines sont utilisées pour soulager les bouffées de chaleur. Cependant, comme pour n'importe quel médicament, il y a des précautions à prendre. La règle d'or est de toujours faire preuve de modération.

Utilisés depuis des milliers d'années par les Orientaux pour leurs propriétés tonifiantes, la racine femelle de *Dong Quai* et son équivalent mâle le *Ginseng* peuvent également soulager les bouffées de chaleur. Il semblerait que ces herbes contiennent des substances comparables aux œstrogènes et qu'elles soient particulièrement efficaces si on les prend en plus de la vitamine E.

D'autres herbes peuvent avoir des effets salutaires, comme la framboise, la racine de vie, la vigne sauvage, la salsepareille, la verveine bleue et le fo-ti-tieng. Vous pouvez choisir de les absorber sous forme d'infusions, seules ou combinées.

L'apport de l'exercice physique

En tant qu'« œstrogène maison » et que « réducteur de stress », l'exercice physique régulier peut modifier considérablement les effets des bouffées de chaleur ainsi que des autres symptômes de la ménopause. L'exercice physique harmonise l'ensemble du système endocrinien en apportant des modifications hormonales positives.

A l'époque de la ménopause et durant les années suivantes, deux facteurs relatifs aux hormones sont particulièrement importants. Le premier est la quantité d'hormones que l'organisme continue de produire ; et le second est l'efficacité avec laquelle ces œstrogènes sont captées et exploitées par les tissus. On considère que les exercices peuvent améliorer *l'un et l'autre* de ces processus – avant, pendant et après la ménopause.

Des exercices physiques vigoureux et suivis permettent d'augmenter le taux d'œstrogènes circulant dans le sang, ainsi que celui d'adrénaline, de testostérone, et autres hormones. Pourquoi il en est ainsi, on ne le sait pas exactement. Il est possible que les exercices entraînent une augmentation

de la production hormonale. Il se peut également qu'ils modifient la façon dont les hormones sont assimilées par les tissus de notre organisme. Autrement dit, l'élévation du taux d'hormones peut être le résultat d'une production accrue, d'une réduction de l'assimilation par les tissus, ou encore, d'une excrétion réduite des hormones par les urines. Il n'empêche que quelle qu'en soit la raison, nous avons plus d'œstrogènes dans le sang après avoir fait des exercices. On commence à peine à découvrir les effets des exercices actifs sur le système endocrinien. Mais d'ores et déjà, tout indique qu'un entraînement régulier maintient les glandes génitales et endocrines – les ovaires et les surrénales –, au mieux de leurs capacités.

Les mécanismes internes de notre organisme doivent également pouvoir exploiter les hormones qui ont été sécrétées. « Pour qu'elles deviennent efficaces, les hormones que vous produisez doivent trouver les serrures qui leur conviennent », nous a expliqué le Dr. Estelle Ramey, endocrinologue à la faculté de médecine de l'université de Georgetown. Les hormones doivent en effet pouvoir « déverrouiller » des récepteurs donnés (comparables à des portes), dont sont pourvues les parois des cellules, afin de pénétrer dans les tissus sur lesquels doivent influer ces substances chimiques produites par l'organisme. Des tissus maintenus sains par l'exercice physique seront mieux à même de recevoir et d'exploiter les œstrogènes et autres hormones produites par notre organisme. Les exercices peuvent donc avoir pour effet de soulager, et parfois même de prévenir, les bouffées de chaleur et autres maux de la ménopause.

Des exercices vigoureux peuvent avoir un apport bénéfique *supplémentaire* dans le cas particulier des femmes sujettes aux bouffées de chaleur. Il est reconnu que les femmes ayant une activité physique supportent mieux la chaleur. Le Dr Barbara Drinkwater, physiologistes à l'université de Washington, est à l'avant-garde dans les recherches en matière d'exercices s'adressant aux femmes d'âge mûr et plus âgées. Il ressort notamment de ses études assorties de nombreux comptes rendus, que : « Les femmes actives transpirent plus et plus [tôt que les femmes inactives]. Leur corps est à même de se refroidir plus vite et plus efficacement. L'activité physique affine la sensibilité de notre mécanisme de sudation, et il se révèle également que cette capacité ne diminue *pas* avec l'âge. »

Lors de notre visite à la Clinique de la ménopause, à San Diego – une des premières parmi les cliniques spécialisées dans ce domaine et qui sont de plus en plus nombreuses aux États-Unis –, nous avons pu constater que l'on y attribuait également une grande importance à la sudation. Les médecins avaient pu observer que les patientes qui transpiraient peu étaient plus vulnérables au froid, avaient une mauvaise circulation et étaient apparemment celles qui étaient les plus perturbées par les bouffées de chaleur. Celles d'entre nous qui font régulièrement des exercices savent bien qu'une meilleure circulation nous rend moins sensibles au froid, en particulier au niveau des mains et des pieds. On supporte mieux les fortes

înement avec Femmy DeLyser, directrice du programme
ssesse, accouchement et rétablissement » auprès du centre.

variations de température, et surtout la chaleur, car l'exercice améliore notre capacité de transpiration. Il est possible également que plus nous sommes habituées à bien transpirer en faisant des exercices – ce qui, en purifiant l'organisme peut amener de voluptueuses sensations de bien-être –, moins les bouffées de chaleur nous mettent mal à l'aise.

Quelques bons conseils pour moins souffrir des bouffées de chaleur

1. **N'essayez pas de les retenir.** On ne combat pas la sueur. Les bouffées de chaleur sont un phénomène naturel et sans danger ; c'est un signe que votre organisme remplit son rôle : il s'adapte à de nouvelles conditions internes. Pas de panique – attendez que ça passe. Le simple fait d'accepter ce phénomène comme tel contribue pour beaucoup à faire en sorte qu'il ne soit plus un problème.

2. **Repensez votre garde-robe.** Durant cette période, les modifications au niveau de votre corps peuvent exiger que vous adaptiez votre garde-robe. Portez de préférence des vêtements de coton, qui laisseront votre peau respirer, et évitez les tissus synthétiques qui l'en empêcheront, ainsi que les douillets lainages qui la tiennent trop au chaud. De même, renoncez aux manches longues et aux cols montants. Garde-robe modèle pour les bouffées de chaleur : des vêtements plus légers et plus amples, en plusieurs épaisseurs s'il le faut.

3. **Une stratégie pour la nuit.** Si vous avez des bouffées de chaleur durant le sommeil, il vous faudra plusieurs épaisseurs de couvertures ; celles-ci vous tiendront bien chaud, mais si besoin est, vous pourrez les rabattre l'une après l'autre pour avoir moins chaud et être parfaitement à votre aise. Vous pouvez également étaler une grande serviette sur le drap de dessous. Si vous ne dormez pas seule, ce peut être une bonne solution, durant la saison froide, d'utiliser une couverture électrique pourvue de deux commandes séparées. Avec de bonnes couvertures, des draps fins et une chemise de nuit légère suffiront. Cependant, pour ne pas attraper froid après un accès de transpiration nocturne, ayez toujours à portée de main une chemise de nuit chaude et propre.

4. **Buvez de l'eau.** Un verre d'eau fraîche ne peut que vous faire du bien. Une solution peut être d'avoir toujours sur vous une bouteille thermos remplie d'eau avec des glaçons. Une douche tiède ou un petit plongeon dans la piscine rafraîchiront vos bouffées de chaleur.

5. **Parlez de votre problème.** Vous cacher lorsqu'une bouffée de chaleur

survient ne peut que vous faire du mal. En parler spontanément ou bien lorsque vous jugez que le moment s'y prête sera déjà un progrès.

6. **Détendez-vous et pensez à du froid.** Trouvez un endroit où vous pourrez vous asseoir ou vous allonger sans être dérangée. Concentrez-vous en respirant profondément ; inspirez et expirez lentement, en laissant votre corps se relaxer et évacuer toutes les tensions. Une fois que vous vous sentez détendue, imaginez un paysage hivernal sous la neige, ou des collines boisées où il doit faire bon se promener à la fraîche, ou tout autre tableau qui vous rappellera des sensations de fraîcheur.

7. **Surveillez la température.** A moins que cela ne vous cause des ennuis avec les autres membres de votre petite famille, essayez de maintenir à la maison une température ambiante assez basse, de l'ordre de 18 degrès. Renouvelez l'air aussi souvent que possible, en ouvrant les fenêtres, ou en faisant fonctionner ventilateurs ou climatiseurs. Dans la mesure du possible, évitez les lieux où il fait trop chaud – mais veillez également à ne pas être carrément gelée.

8. **Faites comme si vos bouffées de chaleur n'existaient pas.**

9. **... et souvenez-vous** que lors d'une bouffée de chaleur, alors que vous avez l'impression de devenir cramoisie, en fait pratiquement personne ne remarquera ce qui vous arrive.

CHAPITRE 10

LES RELATIONS SEXUELLES

À LA SUITE DE LA MÉNOPAUSE, un certain nombre de modifications physiques interviennent au niveau de nos organes génitaux, du fait des nouvelles conditions hormonales à l'intérieur de l'organisme ainsi que, d'une façon générale, du processus de vieillissement. Cependant, aucune de ces modifications n'affecte notre condition d'êtres sexuels. Nous ne franchissons pas, à l'âge mûr, une sorte de Rubicon qui séparerait les femmes ou les hommes de leur propre sexualité, ou les diviserait en deux camps. Bien souvent, les problèmes sexuels de quelque importance, qui se font jour durant ces années, sont moins d'origine physique que la conséquence des contraintes sociales, de l'absence de partenaire et d'une connaissance insuffisante des changements qui se produisent dans notre propre corps.

Au cours des années qui font suite à la ménopause, la diminution de la production d'œstrogènes entraîne des modifications subtiles au niveau des tissus des organes reproducteurs, dont l'amplitude est largement tributaire de l'hérédité, de l'état de santé et, d'une manière générale, de la bonne condition physique et sexuelle. Ces modifications interviennent progressivement et elles se présentent sous des formes différentes chez chaque femme. Dans les grandes lignes, disons qu'il se produit une légère réduction de la taille des organes génitaux internes et externes – le vagin, l'utérus et les ovaires, ainsi que les petites lèvres et les grandes lèvres, et le capuchon du clitoris (bien que celui-ci ne perde rien de sa sensibilité). La couleur des tissus vaginaux s'éclaircit peu à peu, du rouge foncé au rose et au rose pâle quelques années plus tard, et les poils du pubis se raréfient. La lubrification peut devenir plus lente durant les rapports sexuels. Quant aux parois membraneuses du vagin, elles deviennent plus lisses, plus fines, moins humides, et moins élastiques.

Ces modifications au niveau du vagin se produisent parfois à notre insu, et l'on en prend conscience seulement lorsque l'on éprouve des démangeaisons ou des brûlures, ou lorsque le coït devient inconfortable voire douloureux, en particulier si vous et votre partenaire n'avez pas pris le temps nécessaire à une lubrification complète. Un léger saignement peut également se produire si les parois vaginales sont devenus trop fines. Cependant, avant que de tels symptômes se manifestent, il est possible de déceler par la vue et au toucher les modifications internes du vagin ; vous pouvez le faire vous-même ou bien attendre une prochaine visite de routine chez votre gynécologue.

Passé la ménopause, on a tendance à contracter plus facilement des infections vaginales et urétrales. Les modifications au niveau des lèvres externes du vagin affaiblissent la protection de celui-ci, ainsi que de l'urètre, qui conduit à la vessie. De plus, l'équilibre des acides du vagin peut se trouver perturbé. Un milieu comportant un certain taux d'acidité empêche les bactéries et autres micro-organismes nuisibles de proliférer. En revanche, un environnement alcalin, riche en sucre, est un terrain de prédilection pour les infections. Les cellules de la paroi vaginale emmagasinent normalement du sucre sous la forme de glycogène, mais notre régime alimentaire ordinaire étant riche en sucre et en hydrates de carbone raffinés, il crée un déséquilibre et un excédent alcalin.

En dernier lieu, il est possible que les muscles pelviens qui contiennent et soutiennent le vagin et ses organes périphériques se relâchent. Ces muscles sont aussi sensibles aux hormones qu'ils le sont au manque d'activité. Ce relâchement musculaire est également consécutif aux accouchements. Une des conséquences les plus fréquentes de ce manque de tonus des muscles pelviens est une perte occasionnelle et incontrôlée de petites quantités d'urine. Cette « incontinence nerveuse » (ou « urinaire ») est due à un relâchement des muscles du col de la vessie. C'est un phénomène assez fréquent pendant ou après une grossesse. Ayant atteint l'âge mûr, une femme sur deux est sujette à l'incontinence urinaire, qui se produit le plus souvent lorsqu'elle tousse, qu'elle éternue, qu'elle fait un effort ou qu'elle rit, et ce phénomène est deux fois plus répandu chez les femmes que chez les hommes. Mais cet écoulement d'urine n'est pas inéluctable, même si, de la même manière que le vagin, l'appareil urinaire masculin devient plus fragile avec l'âge. Des exercices appropriés, qui seront décrits plus avant dans ce chapitre, constitueront un solide moyen de prévention. Un autre problème, moins répandu mais beaucoup plus difficile à corriger, est un affaiblissement des muscles pelviens qui retienne l'urètre, la vessie ou le rectum ; ces organes s'affaissent dans la région du vagin. Il peut arriver que l'utérus lui aussi descende. Ici aussi, des muscles entretenus et forts peuvent empêcher que ce problème surgisse.

Toutes ces modifications ne sont cependant que des éventualités. Pour ce qui est de savoir dans quelle mesure et quand elles risquent de se produire, les informations à ce sujet sont plus rares que celles concernant les bouffées de chaleur. Il est probable que les femmes éprouvent quelque répugnance à parler de ces modifications physiques, et qu'elles n'aient pas conscience que celles-ci ont un rapport avec la ménopause – ce qui est en partie dû à notre relatif manque d'informations. Ce que l'on sait, c'est que ces modifications au niveau de la cavité pelvienne peuvent intervenir à un moment quelconque durant les dix années suivant la dernière menstruation, et ce, dès la première année. Il apparaît qu'environ 25 à 30 pour cent des femmes éprouvent une gêne due à l'amincissement des parois vaginales. On n'en sait cependant pas suffisamment sur l'importance de la différence séparant les femmes sexuellement actives et celles qui sont inactives. Les spécialistes s'accordent de plus en plus à penser que l'activité sexuelle, définie dans son sens le plus large, peut faire une différence en ralentissant fortement, voire en retardant, le processus de vieillissement sexuel, qui est un processus normal mais variable selon les individus.

Une ménopause chez l'homme ?

Qu'en est-il des hommes ? Des modifications analogues se produisent-elles dans leur corps ? Existe-t-il une « ménopause chez l'homme » ?

Le mot « ménopause » est un terme mal approprié concernant les hommes, car il n'y a pas, chez eux, d'équivalent à notre cycle menstruel, et parvenus à l'âge mûr, ils ne connaissent pas, contrairement à nous, ce signe de ponctuation qui modifie de façon abrupte notre vie hormonale. Mais dans les faits si ce n'est dans la forme, l'idée y est. Comme les femmes mûres, les hommes mûrs éprouvent une nouvelle sensation à la fois de force et de vulnérabilité dans maints domaines de leur vie, y compris au plan physique. Ils connaissent un processus de vieillissement sexuel similaire au nôtre et que l'on appelle l'« andropause ».

Chez les hommes entre deux âges, il y a des chances que les muscles pelviens perdent de leur tonus. Comme les ovaires, les testicules diminuent en taille ; ils s'amollissent et les voies spermatiques, qui collectent le sperme au niveau des testicules, rétrécissent. Récemment encore, on pensait que chez un homme ayant passé la vingtaine, la production de testostérone par les testicules commençait à diminuer lentement et très progressivement. Cela semblait corroboré par le fait que certains hommes ont des problèmes de dérèglements urinaires, de rétention de liquide, et même, de bouffées de chaleur (encore que très rarement) – autant de symptômes qui pouvaient être la conséquence d'une telle modification hormonale. Mais le plus vaste programme de recherches jamais effectué aux États-Unis dans le domaine du vieillissement et patronné par le N.I.A. a permis de constater que chez des patients qui avaient été suivis pendant près de trente ans, il ne s'était produit aucune variation du taux d'hormones sexuelles, pas même vers la fin de leur vie. Cela pourrait signifier qu'un déclin de la production de testostérone chez les hommes n'est pas inéluctable ; aussi, d'autres recherches seront-elles nécessaires pour répondre à cette nouvelle question. La production d'hormones pituitaires augmente chez les hommes comme chez nous ; mais chez eux le niveau de celle-ci atteint son maximum dix ans plus tard, vers la soixantaine.

Pour ce qui est de l'activité sexuelle chez l'homme, le processus d'érection ralentit progressivement. Il leur faut plus longtemps pour parvenir à l'orgasme, lesquels orgasmes deviennent plus espacés, contrairement à ce qui se passe chez nous, qui voyons apparemment nos chances d'avoir des orgasmes multiples augmenter avec l'âge (!). Un homme qui ne comprend pas ou qui ne s'attendait pas à cette baisse de rythme risque de devenir terriblement préoccupé par ses « performances » et d'avoir peur de devenir impuissant. Mais, en fait, ce ralentissement apporte avec lui la merveilleuse perspective d'une relation sexuelle plus accomplie au sein du couple. D'une manière générale, durant chaque phase des rapports sexuels, l'homme et la femme ont besoin de plus de temps, ce qui signifie également plus de temps pour des rapports sexuels plus tendres et plus créatifs. De la même façon que la femme peut avoir besoin de plus de temps pour lubrifier, il se peut que l'homme mette plus longtemps à entrer en érection, et des préliminaires plus intenses ainsi que des caresses différentes peuvent être nécessaires pour provoquer l'excitation. L'érection peut être maintenue plus longtemps et l'on n'est pas obligé d'atteindre l'orgasme à chaque rapport sexuel. Les actes associés aux rapports sexuels peuvent devenir plus importants que leur issue, et une plus large place est laissée pour permettre à l'intimité de s'épanouir. Lorsque l'orgasme intervient, la détumescence est plus rapide, le pénis est moins gonflé et l'éjaculation est moins vigoureuse, et au fur et à mesure que l'homme avance en âge, son sperme contient moins de spermatozoïdes, et encore moins qui sont susceptibles de féconder un ovule – bien que la plupart des hommes restent féconds durant toute leur vie. Mais aucune de ces modifications ne signifie nécessairement que le plaisir sexuel ou la satisfaction sexuelle s'en trouvent amoindris.

A ce stade de la vie d'un homme, deux problèmes spécifiques peuvent se présenter et il est important de les connaître. Le premier et le plus répandu est une hypertrophie de la glande prostatique qui entoure l'urètre et qui sécrète environ un tiers de la partie liquide du produit de l'éjaculation. Ce problème peut gêner et affaiblir à la fois l'éjaculation et la fonction urinaire ; il affecte 80 à 85 pour cent des hommes de *plus de cinquante ans* et est désormais considéré comme une composante normale du vieillissement. Dans 10 pour cent des cas, chez les hommes déjà âgés, l'intervention chirurgicale pourra se révéler nécessaire. (Le cancer de la prostate est moins répandu, mais ce risque augmente passé la cinquantaine ; c'est la troisième cause de cancer mortel chez l'homme.)

Le deuxième problème qui peut se produire est l'impuissance, l'incapacité à entrer en érection, et c'est beaucoup plus l'objet de craintes qu'une réalité. L'impuissance concerne un homme sur deux à une époque ou une autre de sa vie, mais les médecins et les sexologues s'entendent généralement pour considérer que c'est un des problèmes sexuels qui se prêtent le mieux à un traitement. L'impuissance d'origine organique est

MADO

relativement rare, et elle peut être le symptôme d'une maladie, le diabète, par exemple. La majorité des cas d'impuissance chez les hommes d'âge mûr est d'origine psychologique, elle peut être la conséquence d'un désarroi ou d'un manque de préparation face aux modifications physiologiques, ou d'angoisses anciennes concernant leurs capacités sexuelles.

UNE FEMME POUR TOUTES LES SAISONS

J'ai soixante ans et je me suis laissé dire que l'on n'est jamais trop vieille pour jouir des plaisirs du sexe. J'en sais quelque chose, car un jour, j'ai demandé à ma grand-mère à partir de quand on arrête d'aimer ça. Elle avait quatre-vingts ans. Elle m'a répondu : « Ma petite, va demander ça à quelqu'un de plus vieux que moi. »

Hilda D.

Qu'advient-il de la libido féminine, au milieu de toutes ces modifications physiologiques ? La diminution de la production de nos principales hormones sexuelles implique-t-elle également une diminution du désir ?

D'un point de vue purement physique, le désir sexuel chez la femme devrait *augmenter* à la ménopause. L'hormone qui est le plus directement associée au désir sexuel n'est pas l'œstrogène, mais plutôt la *testostérone*. La production de testostérone par nos surrénales n'est pour ainsi dire pas affectée par la ménopause. Chez la femme ménopausée, cette hormone se trouve dans une nouvelle position prédominante, au côté des œstrogènes, dont le niveau de production est désormais abaissé. D'ailleurs, il semble de plus en plus certain que chez la plupart des femmes, l'intérêt sexuel, le plaisir et la capacité d'orgasme *sont effectivement* plus forts. De fait, chez beaucoup d'entre nous, le désir et le plaisir du sexe vont sans cesse en augmentant jusqu'à l'âge mûr, puis ils se stabilisent. Cela, à coup sûr, rend caduc l'ancien concept selon lequel, chez la femme mûre, toute vie sexuelle s'éteindrait inexorablement. Mais des gens de tous âges s'éveillent à la réalité qui veut que le sexe ne soit pas seulement la chasse gardée des jeunes – « un mythe perpétué par nos enfants parvenus à l'âge adulte, qui ont une vision virginale de leur propre création », remarque Maggie Kuhn, fondatrice des Gray Panthers.

Toute une constellation de facteurs contribue à créer chez une femme mûre une capacité de réponse sexuelle accrue. Il se peut que les conflits sexuels aient été plus ou moins résolus par une libération de l'emprise que les anciennes inhibitions ont pu faire peser sur notre sensualité. L'énergie naguère consacrée à l'éducation des enfants est désormais rendue plus disponible pour permettre à l'intimité avec un partenaire de s'épanouir, se renouveler ou s'enrichir. Une femme mûre pourra accorder une plus grande priorité aux rapports sexuels dans toute leur dimension.

Mais le désir n'est pas quelque chose de statique, et il change suivant les jours. Il peut se faire plus ou moins fort à différentes époques de la vie. De même, beaucoup de femmes optent pour le célibat à telle ou telle période de leur vie. Mais le plus souvent, si nous devenons sexuellement inactives, c'est parce que nous sommes confrontés à d'autres problèmes qui nous accaparent ; il se peut que nous soyons lasses de notre routine sexuelle et que nous n'en attendions plus grand-chose, ou encore, que notre propre image nous inquiète, en particulier à cause du vieillissement. Les difficultés financières, les exigences d'un emploi du temps chargé, des problèmes psychologiques chroniques, la crainte de ne pas être à la hauteur dans les nouvelles « Olympiades du sexe », et un excès de boisson ou de nourriture sont autant de facteurs qui peuvent également altérer le désir sexuel. L'alcool et certains psychotropes ont un effet équivoque sur les réactions sexuelles ; ils peuvent exciter ou calmer, mais avec le temps, leurs répercussions sont plutôt négatives. De même, certains médicaments courants ont pour effet de réduire le désir et les capacités sexuelles ; c'est le cas des tranquillisants, des détenteurs destinés à freiner l'hypertension, et des antihistaminiques servant à traiter les allergies.

Le facteur le plus important pour entretenir le désir sexuel est une activité sexuelle régulière ; plus une femme a de rapports sexuels, plus elle sera en forme sexuellement. Bien entendu, le fait d'avoir autour d'elle des partenaires potentiels est un point important pour les femmes d'âge mûr, et cela devient d'autant plus crucial lorsque la femme vieillit, sachant qu'il y a alors moins d'hommes que de femmes. A l'âge mûr, les hommes peuvent devenir moins disponibles pour un certain nombre de raisons complexes. Par exemple, selon les chercheurs Masters et Johnson, les problèmes que les hommes tendent à éprouver durant cette période, en particulier leur crainte de vieillir et de perdre leur vitalité sexuelle, risquent souvent d'être projetés sur leurs partenaires. Comme palliatif, ils peuvent se mettre à rechercher les femmes plus jeunes, car les modèles culturels qui nous entourent encouragent cette solution. Une femme qui cherche un partenaire sexuel doit prendre cette décision d'une façon consciente ; elle le fera savoir à ses amis et, le plus souvent, elle essaiera de faire de nouvelles connaissances.

Le plaisir que nous procure l'activité sexuelle contribue à apporter une sentation de total bien-être. La stimulation physique nous maintiendra dans une forme optimale pour avoir une vie sexuelle aussi bien remplie que nous le souhaitons. Des exercices adéquats et réguliers auront les mêmes effets.

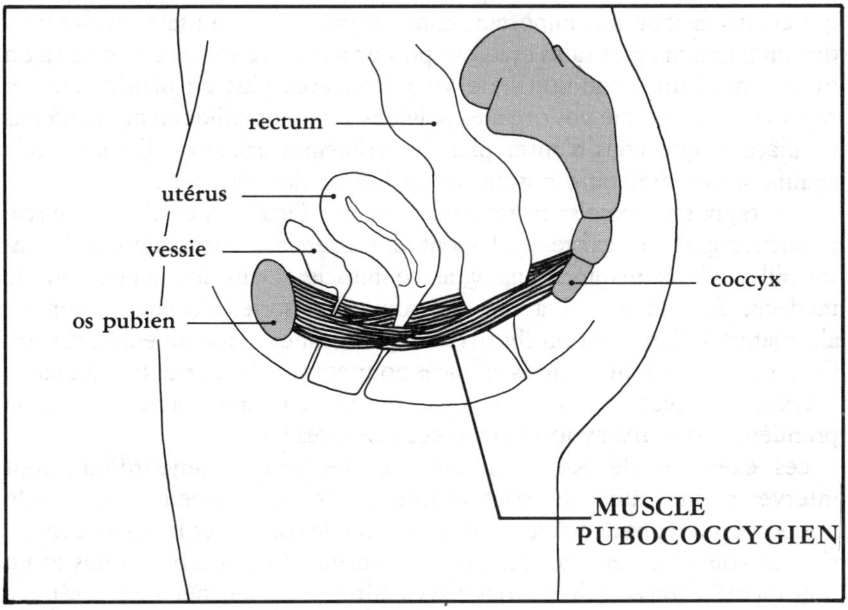

Être en bonne forme sexuelle

La plupart d'entre nous ignorent l'existence du muscle qui se trouve au fond de la cavité pelvienne et encore moins nombreuses sont celles qui ont conscience de la nécessité de l'entretenir.

Le muscle pubococcygien est une large bande de tissu tendue comme un hamac entre l'os pubien sur le devant, et le coccyx à l'arrière. Parfois appelé le « muscle d'amour », il supporte la totalité des organes pelviens internes et englobe les muscles du vagin. Et comme tout groupe de muscles, celui-ci a besoin d'être entretenu pour rester fort.

Chez l'homme comme chez la femme, faute d'exercice, le pubococcygien, comme n'importe quel autre muscle, s'affaiblira et finira par s'atrophier. Un manque de tonus au niveau du pubococcygien peut engendrer une incontinence urinaire ; cela pourra également provoquer une perte de sensibilité du vagin et donc, une diminution du plaisir sexuel. Un affaiblissement des sensations peut en outre avoir pour origine un état de tension chronique du muscle pubococcygien. Des muscles *faibles* ou *congestionnés* risquent à la fois d'empêcher un mouvement énergique du bassin et de paralyser l'afflux de sensations physiques et même émotionnelles qui sont inhérentes à une sexualité épanouie.

Des exercices réguliers du muscle pubococcygien constituent un moyen de changer radicalement cet état de fait. Par une mise en condition, toute la région pelvienne deviendra plus forte, plus souple, et moins raide. Une quantité plus abondante de sang pourra irriguer les organes génitaux – ce qui est un facteur très important dans l'orgasme. Les muscles eux-mêmes deviennent alors plus sains et ils ont plus de tonus, de sorte que votre vagin est en meilleure condition, que vous trouverez plus de plaisir dans les rapports sexuels, que vos organes pelviens sont plus solidement maintenus en place et que vous n'aurez plus de problèmes urinaires. De plus, cela signifiera une meilleure posture et un bas du dos plus fort.

Les rapports sexuels entretiennent d'une façon naturelle le muscle pubococcygien. Il existe également des exercices particuliers qui font travailler d'une manière analogue ce muscle. Dans les années 40, le médecin Arnold Kegel a mis au point une série d'exercices comme alternative à l'intervention chirurgicale pour traiter l'incontinence urinaire. Ces exercices se sont montrés efficaces pour enrayer les pertes involontaires d'urine ; qui plus est, des femmes disent avoir connu l'orgasme pour la première fois après avoir effectué ces exercices !

Les exercices de Kegel, comme on les appelle aujourd'hui, font intervenir une suite de contractions et de relâchements du muscle pubococcygien ; pour activer celui-ci, il suffit de contracter le vagin, comme si vous vouliez arrêter un écoulement d'urine. Avec un bon tonus et un bon contrôle musculaires, vous parviendrez à déclencher et à arrêter à volonté l'écoulement d'urine. En introduisant un doigt dans votre vagin, vous pourrez sentir le serrage des muscles.

Les exercices du pubococcygien

Pour *augmenter* son tonus, contractez et relâchez votre muscle pubococcygien 200 fois par jour tantôt dans un mouvement lent, tantôt dans un mouvement rapide.

1. **La contraction lente**
   Serrez pendant dix secondes et relâchez pendant dix secondes. Faites-le dix fois de suite. (Commencez, si vous y arrivez, par des phases de trois secondes, et augmentez progressivement jusqu'à dix secondes. Assurez-vous toujours que la durée du relâchement est égale à la durée de la contraction.)
2. **La contraction rapide**
   Serrez et relâchez le muscle pubococcygien aussi vite que vous le pouvez. Faites cela pendant deux minutes (commencez en essayant de tenir aussi longtemps que possible, et augmentez progressivement pour atteindre les deux minutes).
3. **Faites votre propre plan de travail**
   Établissez le programme qui vous conviendra le mieux et qui vous permettra d'être certaine d'avoir fait un total de 200 contractions à la fin de la journée.
4. **Respirez normalement** pendant les exercices.

Vous pouvez exercer votre pubococcygien de façon spontanée et quand bon vous semble – au volant de votre voiture, en regardant la télévision, assise à votre bureau, ou tranquillement au lit. Il y a également des femmes qui font leurs exercices de Kegel cinq fois par jour, en urinant (sauf le matin au lever, lorsque la vessie est trop pleine). Le besoin d'uriner régulièrement est un bon moyen pour ne pas oublier de faire ses exercices, et de plus cela permet de bien vérifier le travail du muscle tandis que l'on déclenche et que l'on arrête la miction ; que vous optiez ou non pour cette méthode, le fait de voir le travail effectué par le muscle est une bonne chose lorsque l'on commence à essayer de localiser ce muscle et de l'exercer. De même, en le serrant, imaginez que vous voulez replier ce muscle plat en ramenant l'anus vers l'urètre, ou encore, que vous aspirez de l'air par le vagin. (Peut-être devrez-vous demander conseil à votre médecin.)

Il est important de commencer progressivement, mais aussi de faire les exercices régulièrement. Sous peu, vous verrez que vous avez fait de gros progrès pour ce qui est de bien situer et de contrôler le muscle pendant les exercices. L'un dans l'autre, ces derniers demandent peu de temps et vous parviendrez à faire plus vite les mouvements rapides.

La Gymnastique-Harmonie comprend les exercices de Kegel. C'est également une *mise en condition de tout le corps*, ce qui est tout ausssi important pour jouir d'une sexualité épanouie. Plus votre musculature générale est forte, plus vos articulations sont souples et plus vous avez de résistance aérobic, plus vos expériences sexuelles seront accomplies.

Autres solutions

Les contractions isométriques de Kegel augmentent l'irrigation sanguine des tissus du vagin, ce qui contribue à épaissir les parois et à les humidifier, tout en améliorant la lubrification. Pendant les rapports sexuels, si la capacité de lubrification de votre organisme ne suffit pas, il existe toutes sortes de bons succédanés. *Les huiles végétales* sont parmi les meilleurs. Essayez l'huile de coprah, de noyau d'abricot, de carthame, et même l'huile pour bébés. Toute une gamme d'*huiles de massage*, parfumées ou non, et agréables au contact, pourront de la même façon compléter la lubrification vaginale. Évitez les huiles contenant de l'alcool, qui risquent d'irriter les muqueuses vaginales, ainsi que les lotions ou crèmes qui sont trop facilement absorbées par la peau, et la vaseline non soluble dans l'eau ou la graisse minérale, qui sont irritantes et risquent de provoquer des infections. Certaines femmes préfèrent tel lubrifiant, d'autres du beurre de cacao, d'autres telle pommade, d'autres enfin, la vaseline – bien que celle-ci ait tendance à sécher trop rapidement. L'huile à base de *vitamine E*, que vous pourrez extraite d'une gélule de vitamine E, sera un bon cicatrisant à utiliser entre les périodes d'activité sexuelle pour réparer les fragiles tissus vaginaux qui auront pu être déchirés et elle permettra également d'humidifier les parois trop sèches. Assurez-vous également que votre régime alimentaire comporte suffisamment de vitamine A, de vitamine E, et de zinc – tous trois étant importants pour maintenir les tissus vaginaux en bonne condition.

Le fait de prendre des œstrogènes à usage local peut également améliorer considérablement l'hygiène du vagin. Nous reviendrons plus loin sur le pour et le contre de la thérapie aux œstrogènes ; mais d'abord, j'aimerais mentionner plusieurs points concernant la pommade d'œstrogènes, la forme la plus couramment utilisée pour les problèmes vaginaux. En premier lieu, la pommade d'œstrogènes *n'est pas* un lubrifiant destiné à être employé durant les rapports sexuels : dans la mesure où elle pénètre par la peau puis dans le sang, elle risque d'être assimilée par votre organisme, ainsi que par celui de votre partenaire. C'est une crème thérapeutique à utiliser sur prescription médicale. Pour qu'elle soit efficace, il faut d'abord la laisser agir pendant quelques heures après application. En outre, une quantité minime suffit généralement pour produire une meilleure lubrification. « Il y a lieu de penser que la dose préconisée par le fabricant est trop élevée, écrit le Dr. Barbara Edelstein dans *The Woman Doctor's Medical Guide for Women.* Les médecins peuvent prescrire 1/5 à 1/10 de la dose conseillée et obtenir d'excellents résultats. » C'est pourquoi les femmes qui utilisent une pommade d'œstrogènes doivent déterminer avec leur médecin la dose la plus faible possible qui suffira pour donner de bons résultats.

Dans le cas d'infections urinaires ou vaginales, il existe plusieurs solutions naturelles. S'il s'agit d'une infection urinaire, le fait de boire de l'*eau* en quantité abondante permettra d'évacuer les bactéries par les voies urinaires. Boire beaucoup de *jus de canneberge* peut également contribuer à rétablir l'acidité au niveau du vagin. Nombre de femmes rapportent qu'elles ont réussi à soigner une infection vaginale en traitant le vagin avec du *yoghourt*. L'idéal est le yoghourt entier à *lactobacillus acidophilus.* Vous pouvez en appliquer une ou deux cuillerées à soupe par un lavage au jet d'eau chaude, ou l'équivalent de plusieurs cuillerées à café au moyen d'un applicateur vaginal, d'un pulvérisateur ou d'un porte-tampon, puis laisser agir pendant quelques minutes. Par la suite, il se peut que vous ayez à garder durant quelques heures une mini-protection, car vous aurez probablement quelques pertes.

Ces solutions suffisent bien souvent pour enrayer une infection. Sinon, il vous faut consulter votre médecin. Celui-ci vous prescrira éventuellement des *antibiotiques*, qui malheureusement, auront à la fois des effets positifs et négatifs. En même temps qu'ils éliminent les éléments nuisibles, les antibiotiques tuent les bactéries utiles du vagin – les lactobacilles, qui maintiennent l'acidité de la paroi vaginale. Cela se solde fréquemment par des mycoses. Si vous êtes particulièrement sujette aux mycoses lorsque vous prenez des antibiotiques, procédez à une application vaginale de yoghourt tandis que vous êtes sous traitement. Manger des yoghourts sera également un bon remède.

A titre de prévention contre les infections urinaires, il est judicieux de vider votre vessie immédiatement avant et après les rapports sexuels de façon à empêcher les bactéries de pénétrer dans l'urètre. Pour assurer une bonne protection contre les infections urinaires et vaginales, il est également important de porter des vêtements adéquats. Un environnement chaud et humide favorise les infections ; vous gagnerez donc à vous maintenir le plus possible au sec et au frais. Portez toujours des sous-vêtements et des culottes de coton propres avec un entrecuisses également en coton. L'entrecuisses de vos collants-slips doit lui aussi être en coton. Vos petites culottes, et pantalons doivent être aussi suffisamment amples pour permettre aux tissus du vagin et de l'urètre de respirer.

A la lecture de tout ce que je viens de dire concernant les bienfaits de l'activité sexuelle et de l'exercice physique, ainsi que de mes diverses suggestions, je pense que vous aurez compris que nous pouvons faire beaucoup pour jouir d'une santé et d'une vitalité sexuelle durables.

CHAPITRE 11

LA DÉPRESSION

Aux alentours de la quarantaine, j'ai commencé à me sentir soudain différente – j'avais des sautes d'humeur, et si à un moment j'étais aux anges, l'instant d'après j'étais au plus bas. Je devenais irritable, je dormais mal et j'avais l'impression de n'avoir plus tous mes esprits (un jour, je ne savais même plus comment m'y prendre pour mesurer mes fenêtres pour installer de nouveaux rideaux). Une telle dépression, qui allait sans cesse en empirant, cela ne m'était jamais arrivé ; et pendant presque un an, j'ai essayé de faire comme si de rien n'était, car je me disais que je m'en sortirais, comme cela avait toujours été le cas dans toutes mes périodes de crise précédentes. En me donnant une petite tape amicale sur la joue, comme à une petite fille, mon gynécologue me dit un jour : « Ça aussi, ça passera. Ce n'est que la ménopause », et il me prescrivit 1,25 milligramme d'œstrogènes par jour. Un matin, je ne voulais même plus me lever. Je ne voyais pas la raison de rester en vie. J'avais l'impression que ma vie n'avait aucun sens et je me disais que je n'avais que faire de ma famille et du reste du monde. Il y avait un certain nombre de motifs d'ordre social à cette dépression. J'avais sept enfants (dont trois avaient déjà quitté le foyer), et sous quelques années à peine, ils seraient tous partis, me laissant sans aucun rôle défini. Mon mari et moi venions juste de cesser d'être pratiquants, ce qui avait été le fondement même de notre existence pendant quelque quarante-cinq ans. Mais au-delà de tous ces aléas de la vie, je crois que j'étais parmi ces vingt pour cent de femmes qui sont atteintes d'une forte baisse subite du taux d'œstrogènes. A cette époque, j'avais peine à comprendre ce qui m'arrivait. J'étais une femme moderne, libérée, active, et je n'avais jamais pensé que la ménopause pût être une période difficile. Le peu de littérature sur ce sujet, et aussi, ce qu'en disait mon médecin, me laissaient entendre que les problèmes de ménopause ne touchaient que les femmes névrosées, frustrées, et que mes symptômes étaient purement psychosomatiques. Mais maintenant, je sais que la plus grande partie du stress de cette période, qui a été le pire moment de ma vie, aurait pu être évitée si j'avais été mieux informée concernant la ménopause et si j'avais été plus entourée par d'autres femmes. Je croyais être la seule à éprouver ces symptômes traumatiques.

Claudia, 56 ans
Growing Older, Getting Better

L'ASPECT LE MOINS BIEN COMPRIS de la ménopause est probablement sa dimension psychologique. On sait que les hormones, œstrogènes et progestérone, influent sur nos humeurs, dans la mesure où elles sont indirectement liées à notre système nerveux. Le cerveau, par exemple, comporte des cellules réceptives aux œstrogènes. Sachant que l'activité chimique de cette substance régresse considérablement au moment de la ménopause, il n'y a rien d'étonnant à ce que cela se solde chez certaines femmes par diverses répercussions psychologiques conjointement au phénomène des bouffées de chaleur et aux modifications des tissus sexuels. Souvenez-vous que depuis la puberté, notre corps est habitué à un cycle régulier comportant un niveau *élevé* d'œstrogènes et de progestérone.

Mais cela ne signifie pas pour autant que la ménopause soit le « martyre de la femme » – à ce sujet, il vaut d'ailleurs mieux mettre les choses au point avant de continuer. Nombreuses sont les femmes de notre génération à qui l'on a inculqué la perspective terrifiante selon laquelle la ménopause s'accompagnerait d'une crise grave ou d'une sérieuse instabilité mentale. Récemment encore, c'était une idée communément répandue, même parmi les membres du corps médical. *Toute* crise psychologique, quelle que fût son origine, chez une femme ayant atteint la fin de la quarantaine ou le début de la cinquantaine suscitait inévitablement ce commentaire : « Ah, ah ! C'est sûrement le retour d'âge ! » La souffrance était ravalée au rang d'une simple névrose. Mais aujourd'hui, l'idée que la ménopause et la maladie psychique s'entendraient comme larrons en foire, est considérée comme étant une ineptie. Aucune preuve ne vient corroborer le point de vue selon lequel une mystérieuse débâcle psychique surviendrait durant cette période. Il faut débarrasser de ce mythe à donner des frissons le *véritable* aspect psychologique de la ménopause, infiniment moins désastreux.

La *majorité* d'entre nous n'éprouve que peu, ou pas du tout, de réactions psychologiques à la ménopause. En fait, nombre de femmes aux alentours de la cinquantaine et de la soixantaine disent connaître un mieux-être émotionnel – ce que l'anthropologue feue Margaret Mead appela le « zeste de la post-ménopause ». En revanche, certaines femmes – comme Claudia, que j'ai citée plus haut –, disent éprouver tout un registre de symptômes neurologiques inexpliqués mais apparemment liés – dépression, insomnie, fatigue, irritabilité, nervosité, tendance à pleurer pour un rien et difficulté de concentration, ainsi qu'une rétention d'eau, des battements cardiaques rapides et forts, et un engourdissement des mains et des pieds. Nombre d'entre nous, qui se sentent parfaitement bien dans leur peau en tant que femmes, qui ont tout pour être heureuses en famille comme à l'extérieur, peuvent brusquement avoir l'impression que tout va à vau-l'eau. Voici que subitement, nous nous laissons dépasser par ce dont auparavant nous venions facilement à bout.

Rien de tout cela n'est particulièrement nouveau pour les femmes. Nous

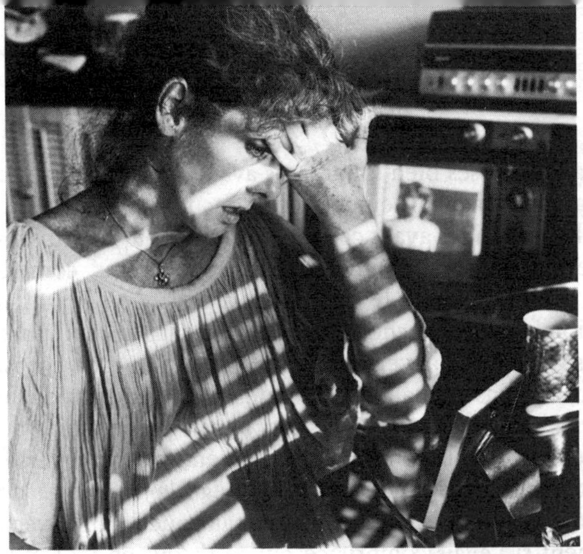

avons connu les montagnes russes bien longtemps avant la ménopause, en d'autres périodes de grands chambardements hormonaux. L'angoisse, les effusions de larmes et les migraines avant chaque menstruation, conduisent plus d'une femme devant un psychologue. Qui n'a pas connu, comme moi-même après mon premier enfant, le cafard de l'accouchée ? Pour ma part, j'avais l'impression d'avoir touché le fond, mais sans comprendre pourquoi. Pendant des semaines, j'ai versé toutes les larmes de mon corps. Les problèmes les plus anodins prenaient des dimensions démesurées. Je m'imaginais que ma vie était brisée, et je ne soupçonnais pas le moins du monde que cette dépression était la conséquence d'un énorme bouleversement chimique dont mon organisme était le siège à la suite de l'accouchement. Comme Claudia, je me dis maintenant que j'aurais vécu cela tout à fait autrement si j'avais compris ce qui se passait en moi et si j'avais su ce qu'il fallait faire.

Des expériences comme celles-ci font que lorsqu'elles parviennent à la ménopause, la plupart d'entre nous ne sont pas totalement désemparées devant ces sautes d'humeur provoquées par les hormones. En revanche, on peut l'être pour ce qui est de savoir ce qu'il faut faire pour franchir plus facilement de telles périodes de déséquilibre. D'autant que viennent s'ajouter aux modifications internes à notre organisme celles qui font de cette période un moment particulièrement chargé au plan émotionnel. Nous nous trouvons confrontées à une foule de nouvelles questions pour lesquelles il n'y a pas de réponses toutes faites. Que me réserve l'avenir ? Les choses iront-elles mieux dans ma vie ? Y aura-t-il quelqu'un pour m'aimer ? Toute période de transition apporte avec elle son lot de moments d'angoisse et de tristesse devant ce qui nous arrive, même si nous espérons des lendemains qui chantent. Je retrouve cela chez ma fille, qui a maintenant seize ans, tout comme chez moi-même : nous sommes comme le début et la fin d'un livre, chacun d'un côté de la boucle menstruelle. Elle fait son entrée dans la phase féconde de sa condition de femme, tandis que je prépare ma sortie. Et nous nous retrouvons toutes les deux, chacune se cherchant et s'efforçant de maîtriser tous ces changements tumultueux qui accompagnent l'entrée dans une phase nouvelle. J'espère que ma fille parviendra à s'adapter à ses modifications hormonales avant que je n'atteigne la ménopause. Autrement, je me demande bien comment notre famille pourra supporter une telle fièvre.

Il est important d'être aussi bien informée que possible sur la façon dont notre condition physique affecte notre psychisme, et tout aussi important de savoir comment notre état émotionnel influe sur notre organisme. C'est là un des domaines les moins bien compris en matière de santé – et la ménopause n'y fait pas exception. Nous disposons cependant de précieux éléments d'information. Évidemment, nous ne contrôlons pas tous les facteurs qui nous font basculer dans la dépression ou dans un état d'agitation intense à la ménopause, mais il y a au moins des dispositions que nous pouvons prendre pour réduire ces effets lorsque nous commençons à nous sentir déprimées.

La rétention d'eau

L'excès d'eau dans l'organisme, même en quantité réduite, peut avoir sur vous un impact non seulement physique, mais également psychologique. Beaucoup de femmes font de la rétention d'eau, d'une façon plus ou moins importante, au moment de la ménopause, en particulier durant la pré et la périménopause. En fait, chez certaines, la rétention d'eau peut être un symptôme de modifications hormonales au même titre que les bouffées de chaleur. Heureusement, on peut contrôler la rétention de liquide relativement facilement.

Une des fonctions peu connues des œstrogènes consiste à réguler l'équilibre des liquides dans l'organisme. Des variations anormales du taux d'œstrogènes peuvent entraîner une augmentation du niveau de sodium (sel) – ce qui à son tour provoque une rétention d'eau dans les cellules de l'organisme. Durant la période de la ménopause, même une petite quantité d'eau en trop suffit pour rendre les seins sensibles et congestionnés, exactement comme durant les années fécondes, dans les deux semaines qui précèdent le début du cycle menstruel, lorsque le niveau d'œstrogènes varie le plus. (En fait, la rétention d'eau est un des principaux symptômes du syndrome prémenstruel – un ensemble de symptômes physiques et émotionnels dont nous n'avons qu'une connaissance imparfaite, qui se présentent le plus généralement chez les femmes de 35-40 ans, et que l'on appelle quelquefois la « miniménopause ».)

La rétention d'eau en période de ménopause a également d'autres répercussions. Un excédent d'eau dans l'organisme peut déclencher, accompagner ou amplifier les bouffées de chaleur ; cela peut aussi entraîner un surplus d'eau dans les tissus du cerveau, avec pour conséquence des sensations de dépression, d'angoisse et de nervosité.

Lorsque nous avons plus de sodium dans le corps, une autre réaction intervient. Dès lors que le niveau de sel contenu dans notre organisme augmente, celui-ci sécrète automatiquement du potassium. Cela a pour seul effet de limiter les répercussions de la rétention d'eau, car le potassium (un minéral), comme l'œstrogène (une hormone), contribue à réguler l'équilibre aqueux de l'organisme. De plus, le potassium et le sodium, par leur action conjuguée, influent fortement sur le système nerveux. Ces deux minéraux sont essentiels pour assurer une bonne transmission des signaux nerveux. Si un excès de sodium entraîne une carence en potassium, non seulement l'influence modératrice du potassium sur la rétention d'eau fera défaut, mais il s'ensuivra éventuellement une certaine irritabilité ainsi que divers symptômes psychiques.

Les diurétiques naturels

1. **Moins de sel.** Réduisez, ou de préférence éliminez, la ration de sel de table et les produits sodiques de votre régime alimentaire. (Vous trouverez plus d'informations sur ce sujet dans le chapitre 13 « Comment se nourrir pour vivre longtemps ».)
2. **Plus d'eau.** Augmentez votre consommation d'eau (souvenez-vous que c'est également un bon remède en cas de bouffée de chaleur). Voici un domaine où le plus peut signifier le moins, car réduire votre consommation de liquide peut en fait aggraver la rétention d'eau, tandis que le fait de boire plus vous fait évacuer une plus grande quantité de liquide. L'eau est un diurétique naturel car elle vous aide à évacuer l'excédent de sodium. Dès lors que le niveau de sodium dans votre organisme baisse, ce dernier retient de moins en moins le surplus d'eau dont il n'a pas besoin pour fonctionner de façon optimale. (Cependant, évitez de boire de l'eau en mangeant car la présence de sodium dans la majeure partie des aliments favorise la rétention de liquide.)
3. **Vitamine B_6** (pyridoxine). La vitamine B_6 est un diurétique naturel qui contribue directement à maintenir l'équilibre de sodium et de potassium dans l'organisme, et de la sorte influe indirectement sur son équilibre en liquides. (Les doses recommandées par les médecins sont données à la page 215 – veillez à ne pas dépasser ces doses.)
4. **L'exercice physique.** Tout exercice contribue à réguler l'équilibre en eau dans l'organisme. Des exercices vigoureux peuvent également entraîner la sudation, qui provoquera l'élimination du sodium, responsable de la rétention d'eau.
5. **Aliments et herbes.** Certains aliments et herbes sont également des diurétiques naturels qui vous aideront à éliminer l'excédent d'eau.

   FRUITS : fraises, pastèque, raisins, ananas, cantaloup.

   LÉGUMES : persil, concombre, cresson, artichaut, asperge. Le jus de persil est également efficace.

   INFUSIONS : feuille de luzerne, feuille de framboisier, hibiscus, ou un mélange de persil, thym et camomille. (Utilisez toujours les herbes avec modération.)
6. **Préservez votre potassium.** Les diurétiques naturels ont pour effet de vous faire éliminer non seulement l'excédent d'eau et de sodium retenu par votre organisme, mais également le potassium. Des diurétiques moins salutaires comme la caféine et l'alcool ont le même effet, de même qu'un excédent de sucre dans votre ration alimentaire. Veillez à ce que celle-ci comporte toujours suffisamment de potassium, que vous apporteront les fruits et les légumes. (Car une forte absorption de potassium contribuera à l'élimination d'une partie du sodium.)

L'insomnie

Le chaos interne de la dépression, les bouffées de chaleur qui vous réveillent et une diminution du besoin de sommeil chez certaines d'entre nous peuvent faire que l'insomnie devient un problème vers l'époque de la ménopause. En retour, l'insuffisance de sommeil réparateur risque à coup sûr d'aggraver la crise. C'est pourquoi il est essentiel de prendre du repos, pour notre santé physique et psychique.

La quantité de sommeil dont nous avons besoin est essentiellement une affaire personnelle. Les spécialistes du sommeil nous apprennent qu'*en moyenne*, une fois atteint la soixantaine, nous avons généralement besoin d'une heure de sommeil en moins comparé à quarante ans plus tôt, à l'époque de nos vingt ans. Si pour certaines, cette légère réduction du temps de sommeil constitue un gain de temps appréciable, pour d'autres cela se solde par des insomnies qui les perturbent. On peut très bien continuer d'avoir envie de « dormir comme un bébé », bien qu'avec l'âge beaucoup de femmes mettent un peu plus longtemps à s'endormir et que le sommeil puisse être plus léger. Quand on est habituée à trouver rapidement le sommeil et à dormir à poings fermés jusqu'au matin, attendre un quart d'heure pour pouvoir s'endormir peut paraître une heure, et le fait de se réveiller deux ou trois fois donnera l'impression que l'on a passé la moitié de la nuit à se tourner et se retourner.

Remèdes à l'insomnie

- Un verre de lait avant de vous coucher, chaud si vous préférez. (Le lait contient du calcium, qui est un relaxant, du magnésium et du tryptophane.)
- Un bain chaud détendant – suivi d'un massage au lait hydratant.
- Une tasse de camomille bien calmante – avec un peu de miel.
- Pas de caféine après midi.
- Un bon matelas.
- Ne vous couchez pas trop tôt. Si vous faites partie de ces nombreuses personnes qui ont moins besoin de sommeil l'âge venant, profitez de ce temps qui vous est offert.
- Faites de l'exercice, vigoureusement et régulièrement, mais pas trop près de l'heure du coucher.
- Ne vous mettez pas au lit en colère.
- Apprenez à vous endormir sans que la radio ou la télévision soit allumée. Une étude a démontré que si la radio ou la télévision fonctionnent pendant notre sommeil, nous dormons beaucoup moins bien.

Dans la majorité des cas, il s'agit d'insomnies bénignes qui céderont à quelques remèdes simples faits maison comme ceux donnés p. 161. Vous remarquerez que le premier remède proposé est aussi le plus ancien de tous, le lait, et que je mentionne entre parenthèses l'ingrédient trop *peu connu* qu'est le tryptophane. Ce dernier est un acide aminé que l'on trouve à l'état naturel dans le lait et les autres aliments riches en protéines ; c'est un précurseur de la sérotonine, une substance chimique du cerveau, connue pour ses effets antalgiques (calmants) et soporifiques. Pour remédier aux insomnies, les spécialistes du sommeil recommandent généralement de prendre 1 ou 2 grammes de tryptophane en comprimés ou en gélules avant de se coucher.

Pour ma part, quand je n'arrive pas à m'endormir, je prends seulement deux comprimés de 100 mg chaque. (Mais le plus souvent, le tryptophane est vendu par doses de 500 mg.) Si je ne trouve pas le sommeil dans la demi-heure qui suit, je prends un comprimé supplémentaire. Bien que le tryptophane soit relativement cher, aucun effet secondaire n'a été décelé jusqu'à présent, si bien qu'il constitue un succédané naturel et sain aux somnifères créant accoutumance, qui sont désormais le remède le plus couru dans le monde.

Les sources quotidiennes de stress

En des temps de détresse, nous risquons inconsciemment d'*aggraver* la crise que nous traversons en nous reportant de façon automatique sur certains aliments et drogues qui nous procurent, au premier abord, une sensation de mieux-être – laquelle ne tarde cependant pas à être suivie d'un effet de fatigue, d'angoisse, et autres sensations inconfortables. Rien d'étonnant à ce que ce soient les mêmes voleurs d'énergie qui puissent amplifier les bouffées de chaleur.

Une *ration alimentaire à forte teneur en sucre* fait entrer l'organisme en action. Le pancréas se met à surproduire de l'insuline, laquelle entraîne à son tour une chute trop rapide du taux de glucose sanguin, ce qui pour vous se soldera par la sensation dépressive du *sugar blues,* « cafard du sucre ». L'*alcool* peut amener les surrénales à produire un excédent d'adrénaline, ce dont, tout autant que vos surrénales, vous ferez les frais. L'alcool, en quelque quantité que ce soit, risque d'aggraver l'état dépressif et les insomnies, et de perturber même le sommeil le plus profond. La *caféine* stimule l'ensemble du système nerveux central et elle peut provoquer insomnie, nervosité, irritabilité, palpitations cardiaques, anxiété, et même faire monter la température de l'organisme. Enfin, le fait de *manger avec excès* surcharge l'ensemble de l'organisme tout en ralentissant son fonctionnement et en provoquant la rétention d'eau. Outre les kilos supplémentaires, cela fait peser sur un esprit déjà perturbé le poids du remords.

Le stress chronique de la dépression et celui provoqué par un excédent de sucre, d'alcool, de caféine et de nourriture, ou par toute combinaison de ces éléments, risquent d'entraîner le gaspillage de nutriments essentiels : de sorte que nous pouvons nous retrouver à court de certains nutriments juste quand nous en avons le plus besoin. Par exemple, la vitamine C, dont la plus forte concentration se trouve au niveau des surrénales, serait semble-t-il tout particulièrement sollicitée dans les moments de stress, de même que les vitamines B complexes – ce qui a toutes les chances d'entraîner une carence de ces nutriments. Le stress émotionnel se trouve également associé à une déficience en protéines et à une légère perte au niveau de certains minéraux : calcium, magnésium, potassium, zinc et cuivre.

Nous devons éviter tout ce qui aggrave nos maux, et en même temps veiller à avoir un régime alimentaire sain et équilibré. Lorsque le stress est particulèrement fort, c'est une raison de plus pour manger bien. Nous avons besoin quotidiennement de tous les nutriments essentiels, non seulement parce que, sinon, le stress épuise nos réserves, mais également parce que l'alimentation influe à d'autres niveaux sur notre psychisme. Par ailleurs, certains nutriments sont connus pour avoir sur la chimie du cerveau des effets à la fois directs et indirects qui affectent le comportement. Les aliments que nous absorbons fournissent les matériaux de base pour la production de ces « humeurs », des substances comparables aux hormones, qui, au niveau du cerveau, distribuent les messages aux nerfs. Les vitamines B_6 et C, ainsi que la niacine et le tryptophane, un acide aminé, par exemple, sont essentiels à la production de la sérotonine, le médiateur chimique du système nerveux central, que je viens de mentionner dans l'étude des insomnies. La sérotonine, qui n'est qu'une des substances chimiques associées à la santé mentale, est importante car elle nous aide à nous détendre et à dormir. On estime qu'une déficience au niveau de cette substance clef, ou d'une autre, est à l'origine de l'irritabilité, des insomnies et de la dépression elle-même. Si, dans le processus de vieillissement, notre organisme produit en quantités moindres ces substances chimiques cérébrales essentielles, il apparaît cependant que l'alimentation et les exercices physiques jouent un rôle important pour ce qui est de maintenir un apport adéquat de ces substances.

Le tranquillisant naturel

L'exercice physique est probablement le plus puissant antidépresseur dont nous disposons – que les symptômes psychologiques aient leurs origines dans une modification du schème hormonal, du mode de vie, ou des deux. Quiconque a déjà fait des exercices réguliers ne peut nier leurs effets tonifiants. Les médecins exerçant en clientèle privée et les chercheurs en laboratoire spécialisés dans les problèmes nerveux sont sans cesse plus nombreux à insister sur le fait que les exercices constituent un des meilleurs

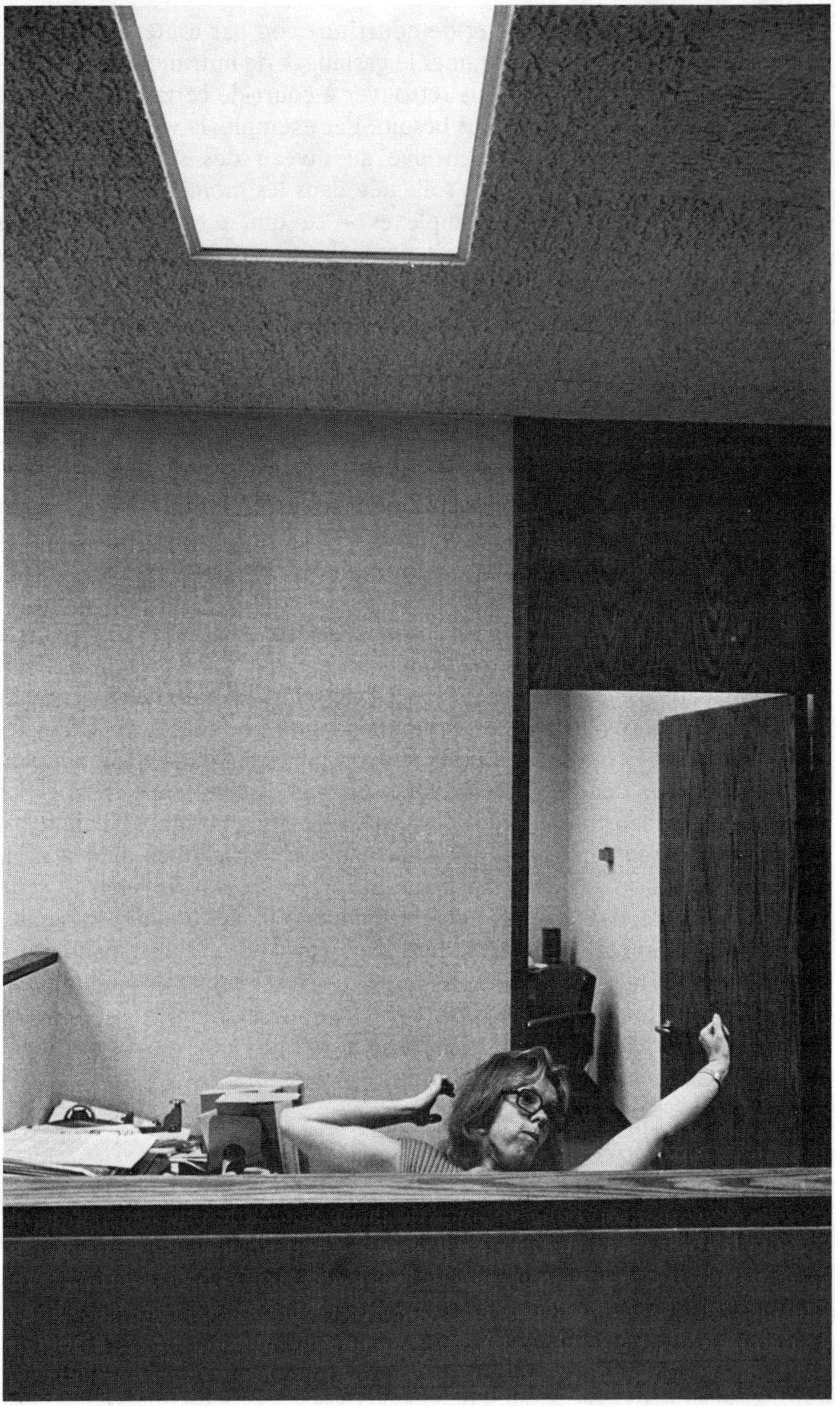

Ça...

ou ça...

antidotes aux périodes psychologiques difficiles de quelque nature que ce soit. Les psychiatres sont nombreux à prescrire couramment à leurs patients dépressifs des exercices qui feront office de puissante thérapie, et ce, sans produits pharmaceutiques.

Lorsque votre cerveau détecte une situation stressante, des réactions en cascade se déclenchent au niveau des glandes surrénales, qui sont tellement importantes par leur rôle indirect dans la production d'œstrogènes après la ménopause. Les surrénales peuvent être activées de façon chronique par un état dépressif, auquel elles réagissent en sécrétant des quantités anormalement importantes d'hormones – adrénaline, noradrénaline et cortisol. Celles-ci font accélérer le rythme cardiaque et augmenter la pression sanguine, et, si cet état persiste, elles provoquent un état permanent d'excitation. Le taux de cortisol passe par son apogée vers quatre heures du matin, provoquant le réveil précoce dont beaucoup de personnes dépressives se plaignent. Il reste ensuite élevé durant toute la journée. L'organisme est alors en pleine effervescence ; une plus grande quantité de glucose circule dans le sang, et l'équilibre sodium/eau est perturbé, de même que notre fonctionnement biologique dans son ensemble. Le système nerveux est placé dans un état de surexcitation, mais les circuits étant surchargés, le système fonctionne avec moins d'efficacité. La pensée s'empâte et s'embrouille. Tout semble se mettre au ralenti, et le désir sexuel peut être étouffé. Par ailleurs, les surrénales produisent une quantité importante d'aldostérone, une autre hormone, qui provoque la rétention d'eau et de sodium dans l'organisme – et j'ai déjà parlé des effets psychologiques de la rétention d'eau.

Lorsque les surrénales travaillent aussi activement (ce qu'elles font également en période de stress positif), la tension interne qui est engendrée doit être évacuée. Sinon, un taux excessif d'adrénaline persistant trop longtemps exerce un effet désastreux d'usure sur le système nerveux central et son associé, le système endocrinien. « Chaque exposition au stress laisse une cicatrice chimique indélébile », dit le Dr Hans Selye, qui fut le premier à faire des recherches sur le stress, voici plus de quarante ans.

L'exercice physique fournit un débouché aux énergies accumulées, interrompant ainsi un régime de stress chronique. C'est un moyen inoffensif à la fois pour produire et pour canaliser un excédent d'adrénaline. En tant que grand facteur équilibrant, l'exercice calme en même temps qu'il stimule. L'énergie latente est évacuée dans l'action, tandis que l'organisme, ayant acquis une meilleure efficacité, économise son énergie. Nous dormons mieux et nous sommes moins fatiguées. Nous nous constituons une réserve physique mais aussi psychologique qui nous aide à mieux supporter d'une manière générale le stress. L'accroissement de l'irrigation sanguine apporte plus d'oxygène et plus de nutriments hautement énergétiques à chaque cellule, depuis les cellules musculaires jusqu'à celles du cerveau.

Il se peut qu'il y ait une relation directe entre l'exercice et la production de certaines substances cérébrales et pituitaires, qui nous apporte une sorte de « bien-être » naturel. Ces calmants naturels, que l'on appelle l'*endorphine* et l'*enképhaline*, semblent augmenter grâce aux exercices aérobics rythmés, comme la marche, la course à pied, la natation et le cyclisme. Bien que les chercheurs insistent sur le fait que ces découvertes n'en sont qu'à un stade préliminaire, il apparaît pourtant que les deux substances chimiques mentionnées sont libérées en même temps que les hormones surrénales en réponse à ce type d'exercice. Ces substances ont un effet calmant, et tendent également à exercer une influence modératrice sur les hormones pituitaires, dont le taux est exceptionnellement élevé à la ménopause et qui pourraient bien ne pas être étrangères aux bouffées de chaleur.

L'exercice apporte des bienfaits émotionnels qui vont bien au-delà de ces explications physiques. Un état dépressif grave, une personnalité vacillante, une image de soi meurtrie ou minée – et même un manque d'humour –, sont autant de handicaps que l'on peut effacer simplement en faisant régulièrement de l'exercice. Tandis que l'exercice vous remet en selle, d'autres aspects de votre vie se mettent à bouger eux aussi. L'exercice peut vous aider à acquérir une sensation de confiance en soi, de force et de maîtrise, qui peut être étendue à d'autres domaines de votre existence. Vous apprendrez beaucoup sur vous-même, mais aussi sur ce qu'il faut faire pour progresser et quand savoir se reposer. Vous découvrirez le bonheur de fixer vous-même votre but, de trouver les moyens d'y parvenir, puis de le réaliser. Mais l'attitude que l'on adopte à l'égard des exercices est une expérience très personnelle, différente chez chacune. En définitive, chaque femme découvrira par elle-même et à sa façon l'accomplissement de l'expression physique et les récompenses psychologiques reconnues qu'apporte une activité physique appropriée.

CHAPITRE 12

DÉCIDER UNE THÉRAPIE HORMONALE

Nous reconnaissons que l'on ne peut tirer aucune équation simple pour présenter un bilan positif ou négatif concernant la thérapie par œstrogènes. Il en est ainsi en raison de nos lacunes dans la connaissance des effets des œstrogènes exogènes [externes] dans leur intégralité, de l'imprécision des mesures que nous utilisons pour évaluer les risques et les bienfaits, et de normes de pratique amplement variables qui pourraient influer sur ces risques et bienfaits.

Docteurs P.A. Van Keep, W. H. Utian et A. Vermeulen.
The Controversial Climacteric

IL EST POSSIBLE de compléter la quantité d'œstrogènes produite par l'organisme à la ménopause, par l'absorption d'œstrogènes de synthèse. Cependant, la décision de recourir à ce moyen est un choix difficile, sachant que, même au sein du corps médical, les opinions divergent quant à l'opportunité de la thérapie de substitution par œstrogènes, comme on l'appelle. Par suite d'une campagne de slogans abusifs, vers le milieu des années 1960, qui prétendaient que les œstrogènes pouvaient vous rendre « féminine pour l'éternité », leur consommation quadrupla. Mais, dix ans plus tard, les recherches révélèrent une augmentation importante des cas de cancer de l'utérus chez les femmes qui prenaient des œstrogènes. En conséquence, la vogue d'enthousiasme des dix premières années céda le pas à une nouvelle décennie chargée d'inquiétude, celle-ci, au sujet du rapport entre le risque de cancer et la thérapie par œstrogènes, et qui vit une nette régression de l'emploi de celle-ci. Un débat animé se poursuit encore aujourd'hui concernant les bienfaits, les risques et les inconnues.

Tandis que les résultats discordants des recherches continuent d'alimenter la controverse, il existe cependant plusieurs points qui font l'unanimité concernant les produits pharmaceutiques à base d'œstrogènes.

- La promesse d'une jeunesse prolongée est *fallacieuse.*
- Les œstrogènes *ne doivent pas* être prescrits à une femme comme traitement de routine à la ménopause.
- L'administration d'œstrogènes *doit* parallèlement s'accompagner, à une date donnée au cours de chaque mois, de l'absorption de progestine (progestérone de synthèse), qui atténuera considérablement les effets potentiellement néfastes des œstrogènes.

Cependant, aucune recommandation *concluante* n'a été fournie par quelque source que ce soit qui permettrait d'assurer que l'administration d'œstrogènes ne présente aucun risque. A défaut d'un tel feu vert, une femme qui envisage de recourir aux médicaments à base d'œstrogènes doit, avant de prendre sa décision, se renseigner sur ces produits pour savoir quels en sont d'une part les véritables avantages, d'autre part les véritables risques, et entre les deux, quelles sont les zones d'incertitude.

Les produits

Les œstrogènes existent à l'heure actuelle sous forme de comprimés, de produits injectables, de pommades et de suppositoires. Les formes employées le plus fréquemment sont le comprimé absorbé par voie orale et la pommade à application vaginale. Ces produits sont soit des œstrogènes de synthèse, à base de produits chimiques, soit ce que l'on appelle des œstrogènes naturels suffo-conjugués, extraits, généralement de l'urine de jument gravide. Les marques les plus répandues sont Estrace ®, Premarin®, Ovestin ® ou Equigyne ®. Certains produits aux œstrogènes, dont différentes formes du Premarin ®, contiennent des tranquillisants ; une femme qui prend des œstrogènes doit s'assurer que le produit qu'elle utilise ne contient pas de tranquillisants. (Le Bellergal ® peut éventuellement être prescrit comme succédané ou comme dose additionnelle. Ce produit contient également du phénobarbital, qui a des effets sédatifs et accoutumants, ainsi que des dérivés de la belladone, qui entraînent d'autres effets secondaires.) Lorsque l'administration de progestérone est associée à la thérapie par oestrogènes, le produit le plus couramment utilisé est Provera®, un dérivé de la progestérone sous forme de comprimés.

Les recherches se poursuivent afin de mettre au point les méthodes d'administration les plus sûres, ainsi que les nouvelles orientations à prendre et de nouvelles formes de produits. Des implants greffés sous la peau et agissant de façon temporisée ainsi que des pommades à application cutanée sont actuellement à l'essai, et ces méthodes ont déjà été utilisées avec succès en France. Les œstrogènes sont ici absorbés par la peau et collectés par le sang. De même, une autre méthode consiste à administrer par le vagin une demi-dose d'Estrace ® en comprimés ; le produit sera assimilé par le sang et répandu dans tout l'organisme jusqu'aux tissus-cibles. Tout en n'altérant pour ainsi dire pas l'efficacité du produit, ces méthodes d'assimilation non orales réduisent l'exposition de l'organisme en évitant que les œstrogènes ne passent par l'appareil gastro-intestinal.

Les avantages

Il est prouvé que le traitement par œstrogènes soulage, voire prévient effectivement, les *bouffées de chaleur* et les *modifications vaginales et urétrales* dues à la ménopause. En outre, il est de plus en plus couramment admis que la thérapie par œstrogènes peut également contribuer à retarder la *déperdition osseuse* qui tend normalement à s'accélérer chez les femmes passé la ménopause (ou à la suite de l'ablation des ovaires), laquelle déperdition osseuse peut dégénérer en une fragilisation des os – ce que l'on appelle l'ostéoporose. (Reportez-vous au chapitre « Les mécanismes du corps » pour une étude complète de l'ostéoporose et du rôle de l'alimentation et des exercices pour garder, et même pour retrouver, une ossature solide.)

Quant à savoir si la thérapie aux œstrogènes apporte d'autres bienfaits, c'est moins sûr. Par exemple, rien ne prouve que les œstrogènes soient efficaces pour atténuer les *symptômes psychologiques* de la ménopause. « Les problèmes émotionnels qui peuvent survenir à l'époque de la vie qui est associée à la ménopause ne devraient pas être traités par les œstrogènes », conclut une communication de la Faculté de médecine de Harvard. Les fabricants d'œstrogènes font figurer dans les indications de leurs produits une mise en garde dans ce sens ; cependant, des études ont permis de mettre en évidence des effets positifs chez certaines femmes : c'est pourquoi les recherches se poursuivent.

De même, il n'existe aucune preuve indiquant que les œstrogènes puissent ralentir certains aspects du *processus de vieillissement* – même si la peau, notamment, est un des tissus-cibles des œstrogènes. « Il ne semble pas que les œstrogènes empêchent les modifications liées à l'âge au niveau de la peau, des cheveux et des seins », concluait en 1979 le congrès sur l'emploi des œstrogènes parrainé par le N.I.A. Imputer à une baisse du taux d'œstrogènes ces modifications dues au vieillissement n'est qu'une « pure sottise », d'après le Dr. Johanna F. Perlmutter de Harvard. La peau est l'organe le plus exposé de notre organisme, et elle vieillit tout autant chez l'homme, qui ne connaît pas ces modifications hormonales propres à la femme. Mais, ici aussi, les recherches se poursuivent, car on a pu vérifier que les œstrogènes ont quelque influence sur ces tissus.

De même, les recherches se poursuivent sur le rôle joué par les œstrogènes dans le bon fonctionnement cardio-vasculaire. Le risque d'accident cardiaque chez une femme semble augmenter passé la ménopause. Sachant que ce risque augmente également après une ménopause chirurgicale, lorsque la patiente a subi une ablation des ovaires et de l'utérus, les scientifiques ont émis l'hypothèse qu'en temps normal, les œstrogènes naturels protègent la femme contre les maladies cardio-vasculaires. On évoque d'ailleurs souvent cette raison pour expliquer le fait que nous vivons plus longtemps que les hommes. Les œstrogènes présents dans notre organisme peuvent faire augmenter le taux sanguin de lipoprotéines à haute densité (ce que l'on appelle le « bon cholestérol »), que l'on associe à une diminution du risque de maladie cardiaque. Quant à savoir si les œstrogènes artificiels peuvent jouer de façon analogue un rôle protecteur, cela n'a pas été démontré de manière concluante. Les résultats des recherches s'avèrent contradictoires, et ils montrent même que les œstrogènes externes peuvent être néfastes. Le congrès du N.I.A. sur les œstrogènes estima notamment : « Bien que l'on ait naguère espéré que les œstrogènes avaient un effet de protection contre les maladies cardiaques chez les femmes vieillissantes, cet effet n'a pas encore été démontré. » Il devient essentiel de procéder à un tri des informations contradictoires, sachant que les maladies cardio-vasculaires restent la première cause de mortalité passé un certain âge.

Les risques

Le risque majeur de la thérapie par œstrogènes est le cancer de la muqueuse de l'endomètre. Comme vous le savez, les œstrogènes contribuent à renforcer cette muqueuse. A défaut d'une quantité suffisante de progestérone pour assurer une évacuation régulière de la muqueuse utérine comme c'était le cas lors des menstruations, une femme qui prend des œstrogènes aura une surabondance de cellules endométriques, ce qui la rendra très vulnérable au cancer. Le nombre de cancers de l'endomètre chez les ménopausées qui ne sont pas sous traitement par œstrogènes est normalement de 1 pour 1 000.

Ce nombre se trouve multiplié par quatre à huit fois chez les femmes qui ont été sous œstrogènes pendant un ou deux ans si ce traitement n'était *pas assorti* de l'absorption d'une progestine, et par quatorze fois si le traitement dure plus de sept ans.

Si ces statistiques sont alarmantes, il nous faut cependant prendre quelque distance. Chez la plupart des femmes, le traitement aux œstrogènes n'*entraîne pas* un cancer de l'utérus. De plus, le « taux de guérison » chez les femmes qui ont pris des œstrogènes est plus élevé (90 pour cent) que dans le cas des cancers de l'utérus non imputables à ce traitement (60 pour cent). Toutefois, l'accroissement du risque est important, et il augmente de pair avec la dose et la durée de la cure d'œstrogènes. Les recherches effectuées à ce jour portent en premier lieu sur les femmes traitées par ingestion de comprimés par voie orale, mais nous devons considérer *a priori* que des risques identiques valent dans le cas des pommades d'œstrogènes, car elles sont elles aussi absorbées par l'organisme, même si elles ne passent pas par certains organes de notre corps. (Par bonheur, aucun cas de cancer de l'utérus n'a été relevé chez les femmes qui utilisent uniquement les pommades d'œstrogènes.)

Telle est la situation pour ce qui est de l'emploi des œstrogènes non associés à un autre traitement. Les statistiques montrent que le fait de combiner la cure d'œstrogènes à l'absorption de progestérone fait diminuer le risque de cancer de l'endomètre et le ramène à un niveau inférieur comparé à la fréquence des cancers chez les femmes qui ne sont pas sous œstrogènes. Le fait est que la cure combiné de progestérone et d'œstrogènes est désormais la solution la plus répandue. Le rôle de la progestérone consiste à compenser les effets des œstrogènes dans l'ensemble de l'organisme. Par exemple, le renouvellement mensuel de la muqueuse utérine par les œstrogènes est toujours compensé, durant les années fécondes, par la destruction de cette muqueuse par la progestérone : c'est ce qui provoque le cycle menstruel. La progestérone de synthèse, en imitant ce processus naturel, peut stimuler de façon analogue une évacuation des cellules de l'endomètre qui sont produites avec une telle profusion durant la cure d'œstrogènes. Et en effet, ordinairement, les femmes qui prennent des œstrogènes et de la progestine recommencent à avoir de légères menstrues.

Malheureusement, si l'on connaît les effets protecteurs de l'addition de progestérone à la cure d'œstrogènes, on ne connaît pas encore les risques à long terme de la progestérone. « Actuellement, on ne dispose pas d'informations suffisantes sur le risque associé à la prescription simultanée d'œstrogènes et de progestérone », indique le Dr. Howard L. Judd, de la faculté de médecine de l'U.C.L.A. Une forte augmentation des cas de cancers dus à la progestérone a été démontrée chez les animaux. Mais, pour que nous connaissions les véritables risques pour les humains, des études à long terme seront nécessaires, car l'utilisation de la progestérone avec les œstrogènes à la ménopause est encore très récente. Le cancer, on le sait, peut ne se révéler qu'après de longues années ; c'est une bombe à retardement qui peut ne se déclencher qu'au bout de vingt ans. Si les premières données connues concernant la progestérone sont positives, il se pourrait cependant qu'elles ne soient qu'une face de la médaille.

Une cure d'œstrogènes non associée à un autre traitement peut présenter d'autres risques, encore que ceux-ci soient inhérents surtout à des doses d'œstrogènes plus fortes que celles normalement prescrites à une femme après la ménopause :

- Le risque d'avoir des troubles de la vésicule biliaire peut se trouver doublé.
- La fréquence des cas d'embolie, d'hypertension, d'accident vasculaire cérébral ou « attaque » et de crise cardiaque augmente. L'emploi de

la progestine peut également entraîner des complications cardio-vasculaires.

- Une altération du métabolisme glucidique, entraînant un excès de glucose dans le sang, affecte quelque 40 pour cent des femmes sous œstrogènes. Ce problème, ainsi qu'une perturbation de l'anabolisme lipidique, touche également les femmes qui font une cure de progestine.
- Les tumeurs bénignes du foie risquent de se trouver aggravées et de provoquer des hémorragies internes.

D'autres risques sont possibles, qui ne sauraient être négligés :

- Tout concourt à prouver qu'il existe un lien entre l'absorption d'œstrogènes et le cancer mammaire chez les animaux, bien que jusqu'à présent il n'y ait aucune preuve d'une relation analogue chez les humains.
- On ignore les répercussions exactes que peut avoir l'accumulation de l'exposition aux hormones sexuelles externes chez les femmes qui suivent une cure d'œstrogènes et de progestine après la ménopause et qui auparavant utilisaient la pilule contraceptive, laquelle comporte une forte dose de ces deux hormones.

Autres considérations

Les femmes sous thérapie de substitution par œstrogènes peuvent connaître encore d'autres troubles. Bien que ceux-ci ne soient pas dangereux, ils peuvent cependant être gênants : éruption cutanée, gain de poids, rétention d'eau qui à son tour peut entraîner un endolorissement des seins et un état dépressif, développement des tumeurs de l'utérus jusque-là latentes, et l'effet secondaire le plus courant, les hémorragies. Les saignements pouvant être le symptôme d'un cancer de l'endomètre, dans ce cas il vous faut *impérativement* consulter votre gynécologue, qui en principe procédera à un curetage et/ou à une biopsie de l'endomètre afin d'analyser les cellules de la muqueuse utérine. L'apport de progestérone peut parfois aider à enrayer ce saignement, mais en règle générale, comme je l'ai dit précédemment, en stimulant l'évacuation de l'endomètre, cela se soldera par la reprise de légères menstrues. La progestérone risque en outre de provoquer une rétention d'eau. D'après le Centre de recherche nutritionnelle pour le vieillissement (université de Tufts), les femmes sous œstrogènes risquent de se trouver exposées à des carences nutritives analogues à celles que connaissent les utilisatrices de pilule contraceptive : cela peut aller jusqu'à l'épuisement des réserves de vitamines C et B, notamment la B_6 et l'acide folique.

Les risques et les effets secondaires de la cure d'œstrogènes touchent également à d'autres domaines plus généraux. Le fait de prendre des œstrogènes peut occulter une ménopause naturelle et avoir simplement pour effet de retarder l'ajustement progressif de l'organisme aux modifications de ses conditions hormonales internes. Par exemple, il semble que les bouffées de chaleur reprennent aussitôt que l'on arrête la cure d'œstrogènes. En outre, celle-ci peut aussi altérer votre propre capacité d'adaptation. On ignore dans quelle mesure exactement les œstrogènes de synthèse affectent la production d'œstrogènes par notre organisme lui-même. Cependant, il est prouvé que les ovaires et les surrénales ne produisent plus d'hormones lorsqu'il existe un apport externe d'œstrogènes. Il se peut également que la cure d'œstrogènes ait d'autres effets plus vastes sur le système endocrinien, lesquels effets restent à découvrir. Enfin, d'un point de vue pratique, la cure d'œstrogènes exige de prendre très régulièrement ses médicaments, de consulter souvent et régulièrement son médecin, et de se soumettre à un bon nombre de tests afin de prévenir les effets secondaires – et il faut aussi prévoir les frais que tout cela entraînera.

Qui ne doit PAS prendre d'œstrogènes ou de progestérone ?

Si vous avez ou avez eu l'un quelconque des problèmes suivants, vous ne devez prendre ni progestérone, ni œstrogènes :

- Antécédents personnels ou familiaux de cancer du sein ou de l'utérus.
- Embolie, crise cardiaque ou attaque.
- Maladie du foie.
- Tumeurs bénignes du sein ou de l'utérus.
- Hémorragie vaginale non diagnostiquée.

La prudence est particulièrement recommandée aux femmes qui fument beaucoup ou qui souffrent de diabète, de troubles de la vésicule biliaire, de migraines, d'hypertension et de varices.

Dois-je ou ne dois-je pas...

Certains médecins à qui nous avons fait lire ce chapitre nous ont reproché de ne pas défendre outre mesure la thérapie hormonale. D'autres en revanche se sont dits totalement solidaires de l'approche que nous avions choisie. Pour ma part, je suis par nature encline à me montrer extrêmement prudente dès lors qu'il est question de prescrire médicaments ou hormones.

Tout produit pharmaceutique comporte une part de risque, et dans le cas des œstrogènes cette part est importante. Si, jusqu'à présent, l'addition de progestine à la cure d'œstrogènes a permis de réduire considérablement le risque de cancer de l'utérus, on attend cependant de connaître les effets à long terme de cette substance. Par conséquent, il faut procéder avec la plus grande prudence avant de décider de prendre ou ne pas prendre des hormones. En dernier ressort, c'est à nous-mêmes qu'incombe cette décision. Chacune d'entre nous doit pouvoir compter sur un médecin bien informé qui l'aidera à évaluer les avantages et risques connus de la cure d'hormones, ce en fonction de notre propre corps et des divers aspects de notre mode de vie.

Souvenons-nous que la ménopause est un événement *naturel.* Notre phase reproductrice étant terminée, nous n'avons plus *besoin* d'une quantité d'œstrogènes aussi importante qu'auparavant. Nous ne souffrons pas d'une *carence* en œstrogènes : nous en produisons seulement moins. (De fait, d'aucuns estiment que le terme « substitution » dans l'expression « thérapie de substitution par œstrogènes » est mal approprié, dans la mesure où il sous-entend que l'on introduise quelque chose qui, en réalité, est normalement déjà présent.)

Il en est ainsi dans la ménopause chirurgicale, lorsque l'ablation de l'utérus et des ovaires entraîne une ménopause prématurée, une « ménostase » de la production d'œstrogènes. La conversion des androgènes en œstrogènes, qui intervient suivant un processus naturel chez une femme plus âgée, n'est pas aussi assurée chez une femme jeune à qui l'on retire les ovaires. Celle-ci éprouvera vraisemblablement tous les symptômes de la ménopause, et pour elle, la thérapie de substitution aux œstrogènes peut effectivement être une bonne chose, tout au moins jusqu'à l'âge de quarante-cinq ou cinquante ans, lorsque la ménopause devrait normalement intervenir.

Mais il n'en va pas de même dans le cas de la ménopause naturelle. L'idée selon laquelle une addition d'œstrogènes était nécessaire, s'est naguère soldée par un abus des cures d'œstrogènes, notamment chez les femmes en période de ménopause. Pour la *plupart* des femmes, sachant que la ménopause est en réalité un signe que l'organisme poursuit son évolution normale et que l'on ne connaît pas encore tous les effets de l'ingestion d'hormones sexuelles, la thérapie hormonale peut être superflue, et même risquée. Pour *certaines* femmes cependant, lorsque les répercussions physiques ou psychologiques de la ménopause sont particulièrement sensibles, la balance peut pencher en faveur d'un traitement hormonal. Pour diverses raisons essentiellement individuelles, les bienfaits de la cure peuvent faire une telle différence dans la vie d'une femme qu'ils l'emportent sur les risques.

Il se peut très bien qu'ayant modifié votre régime alimentaire, fait des exercices vigoureux et appliqué les divers remèdes que je vous ai proposés, vous ayez toujours des bouffées de chaleur intenses et prolongées qui vous perturbent dans vos activités quotidiennes, ou qu'un manque de lubrification et un amincissement des parois du vagin continuent de rendre vos rapports sexuels douloureux. Il se peut aussi que vous traversiez une période particulièrement difficile – le décès d'un proche, divorcer, se retrouver sans travail –, ce qui vous rend d'autant plus pénible d'avoir à supporter également les effets de la ménopause. Peut-être aussi avez-vous eu une ménopause chirurgicale ou un dysfonctionnement des ovaires avant la quarantaine. Peut-être avez-vous de sérieuses raisons de penser que vous êtes particulièrement vulnérable à l'ostéoporose. Pour tous ces problèmes, vous gagnerez à discuter du pour et du contre de la cure d'hormones sexuelles avec un médecin qui soit parfaitement familiarisé avec l'hormonothérapie et qui connaisse bien vos antécédents médicaux. Si vous décidez de suivre une thérapie hormonale, qu'elle soit de courte ou de longue durée, les conseils suivants vous aideront à le faire avec un maximum de sécurité.

Conseils pour la thérapie hormonale

1. **Consultez un médecin en qui vous avez toute confiance.** C'est la première chose à faire et probablement la plus importante. Évaluez les avantages et les risques de l'hormonothérapie dans votre cas spécifique et à la lumière de votre passé médical et de votre état de santé actuel.
2. **Soumettez-vous aux tests recommandés.** Deux séries de tests peuvent vous être prescrits avant d'entreprendre une cure d'hormones sexuelles, afin de vérifier qu'il n'y a, dans votre cas, pas de contre-indications que vous ignoriez : une biopsie de l'endomètre pour dépister un cancer de l'utérus, et une mammographie pour déceler un cancer du sein.
3. **Prenez la dose la plus faible possible qui se révélera efficace, et ce, dans un laps de temps aussi bref que possible.** Les risques augmentent sensiblement avec des doses d'œstrogènes plus fortes et dans le cadre d'un traitement prolongé. Évaluez soigneusement le dosage et la durée avec votre médecin. A moins que vous n'ayez eu une ménopause chirurgicale ou que vous soyez atteinte d'ostéoporose, votre médecin vous recommandera probablement de ne pas prolonger votre cure d'œstrogènes au-delà de six mois.
4. **Faites votre cure régulièrement.** La règle est de toujours espacer d'une semaine deux phases de la cure. Ce qui signifie qu'en principe votre médecin vous prescrira de prendre des œstrogènes pendant trois semaines (soit 21 jours), suivies d'une semaine sans.

   Si vous êtes en période de préménopause, il vous conseillera sans doute de commencer la cure d'œstrogènes le 5e jour après le début de vos règles (le 5e jour du cycle menstruel). Si vous êtes ménopausée, commencer le premier jour de chaque mois simplifiera les choses.
5. **Prenez les œstrogènes avec de la progestine.** L'absorption de progestine doit couvrir les dix derniers jours de la cure mensuelle d'œstrogènes. Arrêtez de prendre de la progestine en même temps que vous interrompez votre cure d'œstrogènes pour une semaine.

Vous devez prendre de la progestine même si vous avez subi l'ablation de l'utérus (hystérectomie), ce qui élimine le risque d'un cancer de l'endomètre. La progestine agit en tampon pour *tous* les tissus-cibles des œstrogènes et elle peut avoir une fonction protectrice dans la prévention d'autres cancers de l'appareil reproducteur ou du sein.

Votre médecin peut éventuellement vous prescrire une absorption de progestine par intermittence, par exemple quatre fois par an plutôt que mensuellement, afin de réduire au minimum la reprise du cycle menstruel – cela risque cependant d'altérer la défense apportée par la progestine.

6. **Restez sous étroite surveillance médicale.** Une visite médicale complète devra être effectuée après six à douze mois, qui comprendra si possible une biopsie de l'endomètre. Si votre cure d'œstrogènes doit se prolonger plus longtemps, il faudra fixer un programme de visites régulières chez votre médecin, et les tests, dont la biopsie de l'endomètre, devront être effectués tous les un ou deux ans. Ces tests pourront comprendre un contrôle de la tension artérielle et une analyse de sang qui permettra de mesurer le taux de lipides et de glucose.
7. **Restez vigilante.** Surveillez les effets secondaires qui peuvent éventuellement apparaître et signalez immédiatement tout saignement à votre médecin. N'attendez pas la prochaine visite prévue.
8. **Informez-vous.** Choisissez un médecin qui fait en sorte de se tenir au courant des toutes dernières recherches en matière d'hormonothérapie. Ce sera également une bonne chose de vous informer vous aussi, par exemple par les sources données dans mon Guide pratique.
9. **Changez vos habitudes en matière de santé.** Si ce n'est déjà fait, essayez un nouveau régime alimentaire et de nouveaux exercices, notamment en préparation du moment où vous arrêterez votre cure d'hormones. Veillez à consommer suffisamment de vitamines C et B complexes, en particulier la B_6 et l'acide folique.

Des réponses attendues

Pour nous permettre de prendre les meilleures décisions possibles et vivre au mieux la période de la ménopause, avec ou sans thérapie hormonale, nous avons besoin d'en savoir plus. Des recherches doivent être effectuées pour répondre aux questions qui jusqu'à présent n'ont été que partiellement éclaircies. Ceux qui sont à la pointe de la recherche dans le domaine de la ménopause et de l'endocrinologie sont d'ailleurs les premiers à reconnaître qu'il reste un long chemin à parcourir avant que l'on parvienne à comprendre totalement les effets des modifications de nos systèmes hormonal et reproducteur à la ménopause. « Moins de deux pour cent du budget national de la santé sont consacrés aux recherches sur le système

Les coordonnatrices Sonia Hamburger et Evelyn Anderson, à gauche, dirigent un entretien avec des femmes à la Clinique de la ménopause, que nous avons visitée, à l'université de Californie, à San Diego.

reproducteur de la femme, et il faudra que cela change », nous a dit le Dr. Ramey, de l'université de Georgetown. La demande d'une meilleure information se fait plus forte que jamais car un nombre de femmes sans cesse plus important approchent de la ménopause – et toutes, nous espérons bien avoir encore trois belles décennies devant nous.

Heureusement, l'intérêt des chercheurs pour la ménopause s'est considérablement accru, de même que pour l'âge mûr en général. En outre, de nouveaux moyens d'échange des informations s'ouvrent également, qui apportent aux femmes une aide précieuse : des bulletins d'information et des journaux, mais aussi des cliniques spécialisées, où les médecins accueillent les personnes sérieuses désireuses de s'informer. Ces nouvelles possibilités sont en bonne voie de devenir partie intégrante des moyens médicaux destinés à aider la femme à la période de la ménopause, et elles ont déjà beaucoup fait pour transformer les histoires de bonnes femmes à propos de la fin de la vie reproductive, en une véritable compréhension de ce qu'est la ménopause. (Dans le Guide pratique, vous trouverez une liste des sources de renseignements que je vous recommande tout particulièrement pour vous tenir informée.) Notre savoir s'est considérablement enrichi par le fait que nous sommes plus nombreuses à vouloir nous informer à l'approche de la ménopause, et à en parler ouvertement et sans honte, ayant pris conscience du caractère exceptionnel de ce rite naturel de passage dans notre existence de femmes mûres. Le corps médical réagit en conséquence. La préface à un manuel récent et de diffusion internationale qui traite de la ménopause appelle l'attention des étudiants en médecine et des praticiens sur ce point : « Les femmes qui s'apprêtent à passer la plus grande partie de leur vie dans l'après-ménopause sont de plus en plus nombreuses. Elles auront des questions, et elles chercheront des réponses. » Nous avons des questions à poser, et nous cherchons.

QUATRIÈME PARTIE

Pour que cela dure : mon programme de bien-être après quarante ans

narché aux légumes de Santa Monica.

CHAPITRE 13

COMMENT SE NOURRIR POUR VIVRE LONGTEMPS

DEPUIS QUINZE ANS, j'ai beaucoup appris sur la bonne nutrition. L'alimentation – si longtemps mon ennemie en mes jeunes années de jeûne ou de gloutonnerie – est enfin devenue mon alliée. Il y a parfois des escarmouches, mais la paix s'est instaurée. Et, pour mon bien-être physique et mental comme pour celui de ma famille, je suis de plus en plus convaincue de l'importance cruciale d'un régime sain. Il peut aussi nous aider à freiner le vieillissement, à bien traverser la ménopause, à repousser les maladies chroniques, et à nous donner la vitalité souhaitée, et nécessaire, à maturité.

Ce que nous mangeons affecte chaque cellule de notre corps : des hormones aux os, des nerfs à la peau, des enzymes aux muscles. Et de la régularité de notre activité physique dépend la bonne utilisation de nos aliments par nos cellules, comme combustible ou matériau de construction ou de réparation. Après quarante ans, la qualité et la quantité de ce que nous absorbons prend une importance croissante.

Au chapitre 3, « Le processus du vieillissement », j'ai décrit comment nos cellules ralentissent graduellement leur activité et sont de plus en plus sujettes aux erreurs en matière de régénération et de réparation. C'est pourquoi ces usines miniatures exigent *les meilleures matières premières*, afin de reproduire des cellules aussi robustes et saines que possible ; sinon elles manquent des éléments nécessaires à leur entretien, et les dégâts s'accentuent. En outre, comme notre métabolisme ralentit également un peu, nous avons besoin de moins de calories : raison de plus pour adopter une alimentation efficace, et éviter les calories vides. Il nous faut maîtriser l'art diététique de *tirer davantage d'une quantité moindre.*

En vieillissant, nous digérons et assimilons moins bien. Les enzymes convertissant la nourriture en matériaux utilisables par l'organisme cessent de fonctionner au maximum. Certains aliments provoquent des allergies ou des irritations inattendues dans le tube digestif. Il n'est pas rare de présenter une intolérance au lait à cause d'une diminution de la lactose du lait. Avec le temps, les cellules absorbent et utilisent moins efficacement les éléments nutritifs. Il semble, par exemple, y avoir une diminution dans la capacité à traiter le sucre, ou glucose, sur laquelle je reviendrai plus loin. Les fonctions d'élimination sont également touchées. Nos reins, qui filtrent les déchets du sang, agissent plus lentement. Et nous sommes plus sujets à la constipation si nous réduisons notre consommation de fibres, ou si nous buvons moins d'eau. Une bonne activité physique peut minimiser tous ces effets, mais les résultats ne seront significatifs que si nous combinons nos exercices à de saines habitudes alimentaires.

LES BASES

Un régime sain reste sain, indépendamment de l'âge. Un régime bon à vingt ans est bon à quarante, à soixante, et à quatre-vingts ans. Voyons d'abord les trois grands éléments de base.

- LES HYDRATES DE CARBONE fournissent au corps l'énergie la plus considérable et la plus directement utilisable, et ceux qui ont des résidus fibreux entretiennent la propreté et la santé du tube digestif.

- LES PROTÉINES sont les matériaux de construction de chacune des cellules du corps.

- LES GRAISSES lubrifient chaque cellule, et fournissent la forme d'énergie la plus concentrée.

La plupart des aliments combinent les trois, avec prédominance de l'un d'eux. Ainsi, les pommes de terre contiennent un peu de graisse, quelques grammes de protéines, mais dix fois autant d'hydrates de carbone. Une tasse de fromage blanc maigre contient 4 grammes de graisses, 8 d'hydrates de carbone, mais 31 de protéines. Ces trois éléments sont parfois mieux équilibrés : les épinards sont moitié protéines et moitié hydrates de carbone, avec un soupçon de graisse. Seuls quelques aliments n'apportent qu'un seul élément : les huiles végétales des graisses, la morue des protéines ; et la pastèque est presque un « hydrate de carbone pur ».

Rien ne prouve que nos besoins nutritionnels diminuent avec l'âge. Chacun de ces éléments de base est essentiel à un régime sain – les hydrates de carbone complexes en étant le centre. Mais avec les changements dus à l'âge, certaines données de nos besoins quotidiens vont aussi se modifier. Et nous avons plus besoin de certains éléments, et moins de certains autres. En outre, comme nous n'assimilons plus aussi bien les vitamines et les minéraux, nous devons en consommer davantage.

Le régime vieillissant moyen

Chacun de ces trois éléments de base présente des inconvénients : les protéines peuvent nous apporter un excès de protéines animales ; les graisses un excès de graisses saturées ; et les hydrates de carbone simples un excès de sucre accompagné d'un manque de fibres. Trop de calories fournies par ces éléments vous donneront des kilos superflus.

Le régime américain moyen (SAD, Standard American Diet), riche en calories, en graisses et en sucres, pauvres en fibres, et dépourvu de minéraux et de vitamines réunit malheureusement tous ces inconvénients et pourrait bien s'appeler le régime vieillissant moyen !

La situation est désastreuse. 62 % des calories que nous consommons proviennent du sucre, de l'alcool et des graisses animales. Cela signifie que *plus de la moitié* de nos aliments n'a aucune valeur nutritive, ni aucune fibre ; 38 % seulement de notre ration alimentaire peut servir à couvrir la totalité de nos besoins nutritionnels. En tant que société, nous ne pourrions pas creuser plus vite notre tombe avec des pelles que nous le faisons avec nos fourchettes. La situation est dangereuse, pour nous et nos enfants. Nous devons réformer nos habitudes alimentaires. Dans les pages qui suivent, vous apprendrez, ainsi que je l'ai fait, à adopter un régime sain, pauvre en graisses, en sucres et en calories, riche en fibres et en éléments nutritifs. Voyons les principaux éléments qu'il faut commencer par *bannir* de votre régime à mi-vie. Je les appelle « les huit agents de vieillissement ».

LES ÉLÉMENTS DE BASE : BONS À TOUT ÂGE

LES PROTÉINES

Les protéines édifient, réparent, et entretiennent les cellules de tous les tissus du corps. Elles se composent de 22 acides aminés qui remplacent les vieilles cellules par de nouvelles dans la peau, les muscles, les os, les cartilages, les vaisseaux sanguins, et nos organes internes. Les acides aminés servent aussi à la formation des hormones et des enzymes indispensables pour tous les processus chimiques de l'organisme.

Les protéines servent aussi d'énergie d'appoint en cas d'épuisement des réserves de graisses et d'hydrates de carbone. Un tel épuisement n'est cependant pas souhaitable, car nous ne pouvons pas stocker les protéines, et devons chaque jour reconstituer notre réserve. Un régime équilibré en graisses et en hydrates de carbone nous évite de puiser dans les protéines à notre disposition.

Besoins quotidiens : *35-55 g suffisent.* Les protéines devraient constituer 15-20 % du total de nos calories journalières. Cette proportion est importante à partir de la quarantaine. Un régime *trop riche* en protéines, comme le régime américain moyen, risque de fatiguer les reins. Il accélère aussi la déperdition de calcium des os, ce qui peut conduire à l'ostéoporose.

Sources nutritionnelles : le corps est capable de fabriquer la plupart des acides aminés nécessaires. Neuf d'entre eux, cependant, doivent être tirés de la nourriture, et sont assimilés au mieux lorsqu'ils sont ingérés en même temps. On appelle *protéines complètes* les aliments riches en protéines qui contiennent ces neuf acides aminés « essentiels » : poisson, volaille, bœuf, œufs, lait, yoghourts et fromages. *Les protéines végétales ne sont pas complètes, mais certaines combinaisons d'entre elles contiennent une source de protéines aussi riche* et les acides aminés essentiels. Une combinai de base associe des légumes (tels haricots secs, pois, lentilles) à graines ou des céréales comple (telles que riz, blé, maïs, avoine)

LES HYDRATES DE CARBONE

Les hydrates de carbone, simples complexes, sont la principale source d'éne pour toutes les fonctions du corps. Ils facilement digérés, convertis en gluc et absorbés directement dans le sang p alimenter le cerveau, le système nerv et les muscles. Le glucose aide le cor brûler les combustibles plus denses sont les graisses. Une certaine quantité glucose, transformée en glycogène, stockée dans les muscles et le foie.

Les hydrates de carbone simples son sucres les plus vite transformés en gluc ce qui nous donne un coup de fo immédiat, puis une réaction en retour fatigue. Les hydrates de carbo complexes, constitués d'amidon et de bres, se transforment plus lentement glucose, produisant de l'énergie sur plus longue période de temps. A condi de ne pas être trop raffinés, ils sont trésor de minéraux, de vitamines et

LES GRAISSES

Les graisses fournissent au corps la forme d'énergie la plus concentrée, qu'elles proviennent directement de notre alimentation, ou des dépôts graisseux stockés par notre organisme. C'est le combustible que vous entraînez votre corps à brûler dans vos exercices d'aérobic. Les graisses lubrifient, isolent et protègent tous nos tissus. Elles aident le corps à absorber les vitamines solubles dans la graisse.

Elles sont constituées d'acides gras de deux sortes : saturés (c'est-à-dire solides à température ambiante, et d'origine animale ; le lard et le beurre en font partie) ; et insaturés (liquides à température ambiante, et d'origine végétale). Les graisses saturées contiennent du cholestérol, substance cireuse nécessaire à notre santé et composant-clef de nos hormones sexuelles, mais qui, en excès, est associé aux maladies chroniques, parfois fatales, du cœur et des artères. Les graisses insaturées sont dépourvues de cholestérol et peuvent dans une certaine mesure réduire le cholestérol drainé par le sang. Elles seules contiennent de l'acide linoléique, cet acide gras « essentiel » que nous devons tirer de nos aliments et qui est indispensable à une croissance et un métabolisme normaux, ainsi qu'à un sang, des artères et des nerfs sains.

Besoins quotidiens : une cuillerée à soupe d'huile végétale liquide polyinsaturée suffit à fournir la dose voulue d'acide linoléique. *Votre consommation globale de graisses doit être inférieure à celle de chacun des autres éléments de base.* Les graisses nous apportant deux fois plus de calories au gramme que les protéines et les hydrates de carbone, notre dose journalière ne doit pas dépasser 25 % du total de nos calories. Le régime américain moyen comporte plus de 40 % de graisses, dont la plupart sont saturées (celles du bœuf, de la volaille, et des produits laitiers entiers).

Sources nutritionnelles : avec modération, les huiles végétales, en particulier les huiles polyinsaturées maïs, de tournesol, de soja et carthame (la plus riche en ac linoléique). Les huiles d'arachi d'olive et de sésame sont mo liquides et doivent être utilisées a parcimonie. Évitez les huiles de pal et de coco, presque solides, qu ajoute aux aliments transforn industriellement.

ES VITAMINES

ndispensables à une bonne santé, ces ainuscules substances chimiques de nos liments aident les protéines, les graisses, et hydrates de carbone à bien remplir leur onction dans notre corps. Elles ne nous pportent ni calories ni énergie, mais n tant qu'éléments de nos enzymes, lles jouent un rôle dans notre métabolsme, c'est-à-dire dans la conversion des hydrates de carbone et des graisses en énergie, et celle des protéines en cellules et tissus. Elles contribuent aussi à la formation de nos hormones et des substances chimiques de notre système nerveux, dont certaines sont connues pour influencer notre humeur.

Les vitamines nous sont souvent fournies par les aliments mêmes qui ont besoin d'elles pour leur bonne utilisation dans notre corps. Par exemple, les hydrates de carbone complexes sont riches en vitamines B, qui facilitent la tansformation des hydrates de carbone en glucose. Les huiles végétales polyinsaturées contiennent de la vitamine E, qui protège les huiles contre l'oxydation ; et les huiles facilitent l'assimilation de la vitamine E par l'organisme.

Il y a deux types principaux de vitamines : hydrosolubles et liposolubles. Les vitamines solubles dans l'eau, c'est-à-dire la vitamine C et le complexe des vitamines B, ne sont pas stockées par le corps, qui doit sans cesse en consommer. Les vitamines solubles dans la graisse, c'est-à-dire les vitamines A, D, E, et K, sont stockées par le corps. Prises en excès, ces vitamines peuvent se révéler toxiques, mais c'est très rare.

Besoins quotidiens : Le Food and Nutrition Board de l'Académie nationale des sciences publie une dose quotidienne recommandée (ou ANC*) pour tous les minéraux et vitamines. Il propose maintenant une catégorie spéciale pour les personnes au-dessus de cinquante ans. Les nutritionnistes voient dans ces doses quotidiennes recommandées un guide utile, mais avec réserve : il s'agit là de recommandations pour des besoins *moyens*, non *individuels*, et la catégorie des plus de cinquante ans est basée sur une extrapolation des besoins d'adultes *plus jeunes*, non *plus âgés*.

Il est peu probable que nos besoins quotidiens de vitamines diminuent avec l'âge. Sans doute restent-ils les mêmes ou augmentent-ils, étant donné la moindre capacité d'assimilation de notre corps, et le fait que l'alcool, le sucre, le tabac, le stress, la pollution et les produits chimiques toxiques de l'eau et des aliments continuent, avec l'âge, à nous priver d'éléments nutritifs. En raison des aliments traités industriellement, dénaturés et dévitalisés, qui constituent une grande partie du régime américain, je crois qu'il est important que nous prenions *chaque jour, aux repas, un supplément multivitaminique nous assurant au moins 100 % de l'ANC.* À mi-vie, nous pouvons avoir besoin de quantités supérieures de certaines vitamines clés. (Voir pages 208-217.)

* Voir les recommandations de la Commission « Apports nutritionnels conseillés » du CNERNA.

---

bres qui ralentissent l'absorption du glu-ose et assurent un bon transit intestinal.

Besoins quotidiens : *l'essentiel de notre égime doit consister en hydrates de carbone mplexes.* – au moins 60 % du total de vos lories journalières. Le régime américain oyen est typiquement faible en hydrates e carbone complexes, alors que nous nsommons de plus en plus d'hydrates de rbone simples.

Sources nutritionnelles : les hydrates e carbone abondent dans tous les lé-umes, fruits, graines, et noix ; dans les éréales complètes telles que le riz brun les flocons d'avoine, et les pains et les âtes fabriqués à partir de céréales omplètes. Les hydrates de carbone sim-es se trouvent dans le sucre ordinaire, sucre roux, et le sirop de maïs. La élasse brute, le miel et le sirop d'érable dient certains éléments nutritifs aux su-es simples. Attention : *70 % des sucres du gime américain moyen d'aujourd'hui sont chés dans les aliments transformés indus-iellement* comme les fruits en conserve, les ucisses et presque toutes les céréales.

ES MINÉRAUX

s minéraux sont aussi vitaux pour notre en-être physique et mental que les amines. Nous avons des minéraux ns tous les tissus et les liquides de otre corps : os, dents, muscles, sang, au, et cellules nerveuses. Ils font fice de catalyseurs dans la transmis-on des messages nerveux, la contrac-on et la détente des muscles, la oduction des hormones, et la régu-tion de l'équilibre en liquides de otre corps. Ils collaborent aussi avec vitamines au métabolisme des ments.

Les principaux minéraux présents en quantités relativement grandes dans le corps sont le calcium, le magnésium, le potassium, le sodium, le chlore et le soufre. Les minéraux tout aussi essentiels mais présents en quantité infinitésimale dans notre organisme sont le fer, le zinc, le sélénium, l'iode, le manganèse, le cuivre, le chrome, le fluor, et quelques autres.

Besoins quotidiens : l'ANC nous fournit des indications recommandées sur la plupart des minéraux. De même que pour les vitamines, rien n'indique que nos besoins de minéraux diminuent avec l'âge. Les minéraux sont heureusement moins fragiles que les vitamines, et manquent rarement dans nos régimes, à l'exception du calcium, du fer, et du zinc. C'est ainsi que les femmes absorbent généralement trop peu de calcium, ce qui risque avec l'âge d'entraîner l'ostéoporose. Les minéraux ont entre eux un équilibre assez complexe et nous ne devons jamais prendre une quantité excessive d'un minéral particulier. Il nous faut, par exemple, autant de phosphore que de calcium. Trop de phosphore (en abondance dans la viande rouge, beaucoup d'aliments transformés industriellement, et les sodas) appauvrit l'organisme en calcium. D'autre part, nous avons besoin d'environ moitié plus de magnésium que de calcium. Un excès de sodium, qui est l'additif le plus fréquemment utilisé après le sucre, affaiblit certains organismes en potassium ; cet appauvrissement entraîne une modification de l'équilibre des liquides, causant une rétention d'eau et augmentant le risque d'hypertension artérielle.

De même que pour les vitamines, le meilleur moyen de couvrir nos besoins quotidiens en minéraux consiste à prendre *un supplément multiminéral aux repas, qui apporte au moins 100 % de l'ANC.* Les suppléments minéraux sont couramment associés aux suppléments multivitaminiques.

LES HUIT AGENTS DE VIEILLISSEMENT

1. LA VIANDE

Elle n'est pas sans vertu. C'est une bonne source de protéines complètes. Elle est riche en fer. De loin en loin, je n'hésite pas à me régaler de notre hamburger national. Mais une consommation régulière de viande et autres protéines animales présente plus d'inconvénients que d'avantages.

- Les viandes rouges sont riches en phosphates qui, absorbés en grandes quantités, drainent le calcium des os.
- Pratiquement tout le bœuf et la volaille d'aujourd'hui proviennent d'animaux élevés en batterie. Ces viandes contiennent des hormones synthétiques, des résidus toxiques de pesticides et d'antibiotiques, et autres produits chimiques nocifs.
- La plupart des viandes et la totalité des produits laitiers entiers sont très riches en graisses – particulièrement en graisses saturées et en cholestérol, qui contribuent à la formation de dépôts graisseux sur les parois des artères. D'où les risques d'artériosclérose et autres affections cardiaques chroniques. (On trouve le cholestérol diététique uniquement dans les aliments d'origine animale. Tous en contiennent un peu ; mais il est en grande quantité dans les œufs, le beurre et les abats. J'en reparlerai plus loin.)

La plupart d'entre nous consomment deux fois trop de protéines, essentiellement sous forme de viande. Notre société est depuis longtemps axée sur les protéines, persuadée que seule la viande rouge peut fournir celles dont nous avons besoin, et que plus nous en mangeons, mieux cela vaut. A l'heure actuelle, nous savons pourtant qu'un excès de protéines est nocif, surtout s'il provient de la viande ou d'autres protéines animales grasses. Une ration adéquate est *un impératif*. En fait, les quelques études à long terme menées sur la nutrition et le vieillissement nous révèlent que ce sont les femmes aux régimes ni trop pauvres ni trop riches en protéines qui vivent le plus longtemps. Et inutile d'ingérer de grosses quantités de viande marbrée de graisse – et dépourvue de fibres – pour avoir notre ration !

Je vous conseille de manger *moins de viande, notamment de viande rouge pré-emballée, fumée, salée, ou trop grillée, et aussi moins de foie.* J'ai banni le foie de mon régime, malgré son extraordinaire teneur en vitamines A, C et B. Il est non seulement riche en cholestérol, mais plein de ces produits chimiques auxquels le bétail et la volaille sont de plus en plus exposés, car il joue le rôle de poubelle du corps avec sa fonction de désintoxication. On a découvert que les viandes trop grillées prédisposaient à la conversion des graisses en substances cancérigènes potentielles. C'est le problème de tout aliment brûlé, qui contient à la fois des graisses et des protéines. Les viandes salées et fumées sont également riches en conservateurs de nitrites et de nitrates. Le corps humain les convertit en nitrosamines, connues pour provoquer des tumeurs chez les animaux. Des produits tels que le bacon, le jambon et les viandes des fast-food présentent des teneurs élevées de ces substances chimiques, ainsi que de graisses et de sel.

Pour remplacer ces aliments, vous pouvez vous tourner avec confiance *vers les produits laitiers pauvres en matières grasses, le poisson, et les combinaisons de protéines végétales qui se complètent les unes les autres.* Frances Moore Lappé explique parfaitement tout cela dans son livre *Diet for a Small Planet**. Dans la dernière édition, elle écrit qu'absorber suffisamment de protéines sans viande est même plus facile qu'elle le croyait : il suffit de manger principalement des aliments naturels – excellente nouvelle pour celles d'entre nous qui observent un régime avec peu ou pas de viande et ne veulent pas s'enliser dans un compte compliqué d'acides aminés.

A l'instar des vitamines et des minéraux, les protéines que nous consommons ne sont pas toutes des protéines *utilisables* par l'organisme. Les neuf acides aminés essentiels se trouvent dans beaucoup d'aliments, y compris certains fruits et légumes verts, mais ce sont les quantités et les proportions de l'ensemble des neuf qui déterminent la *qualité* des protéines de nos régimes.

* *L'industrie de la faim*, Étincelle, 1978.

Les sardines à l'huile sont riches en protéines, en calcium, en fer et en vitamine A (mais égouttez-les bien !).

Les produits laitiers (œufs, laits, yoghourts et fromage blanc), le poisson, la volaille et la viande rouge ont des protéines abondantes et très assimilables par l'organisme. Voilà pourquoi on les appelle souvent des protéines complètes. Les céréales complètes (riz, blé, maïs, avoine, orge), les légumes secs (haricots, lentilles, pois), les graines, les noix, certains fruits et légumes verts présentent tous de moindres quantités de protéines. La plupart des végétaux sont pauvres en certains acides aminés et riches en d'autres. La plupart des végétaux ont une teneur faible en certains acides aminés et forte en d'autres. En en combinant deux ou plus, on obtient un excellent taux de protéines.

L'art de tirer des protéines abondantes et bien utilisables de sources non animales consiste à combiner les faiblesses de certaines protéines avec les forces des autres. Vous augmenterez de 40 à 50 % les possibilités d'assimilation de vos protéines ! Et ce n'est pas si compliqué qu'on peut le croire. En adoptant un régime foncièrement sain et varié, vous trouverez toutes les protéines qu'il vous faut. Les combinaisons diffèrent suivant les aliments, mais une des meilleures associations qui existe *allie des légumineuses à des céréales.* Par exemple, des haricots et des tortillas, ou du beurre de cacahuète sur du pain complet, donnent un excellent équilibre de protéines. Naturellement, chaque fois que vous ajoutez à vos légumes verts vos céréales, vos légumineuses ou vos fruits des produits laitiers, du poisson ou de la viande, vous maximisez l'assimilation de vos protéines végétales. Mieux vaut absorber les protéines complémentaires au même repas, mais vous tirerez aussi toute la valeur possible de vos protéines en mangeant, par exemple, les haricots à midi et les tortillas quelques heures plus tard. Rappelez-vous que la *plupart* des menus ont une ration de protéines supérieure à l'idéal quotidien. Si vous craignez une carence en protéines, vous pourrez en guetter les signes bien connus, tels le mauvais état des ongles et des cheveux ou la lenteur de la cicatrisation.

Voici quelques-unes de mes associations préférées, qui m'assurent que Vanessa, Troy, Tom et moi avons bien les protéines qu'il nous faut.

- *Yoghourt et fromage blanc.* Sous leurs formes à teneur faible ou nulle en graisses, ce sont mes principales protéines de base – avec parfois un verre de lait écrémé et un œuf. Une tasse de yoghourt nature me donne 20 % de ma dose quotidienne de protéines, et une tasse de fromage blanc 60 %. J'ajoute pratiquement du yoghourt maigre à tout : fruits, légumes crus et cuits, salades. Il remplace la crème fraîche dans mes sauces. C'est un régal – par exemple sur une pomme de terre cuite au four – et je sais qu'il maximisera les protéines des autres aliments. Le yoghourt, le fromage blanc et le lait sont riches en calcium et en potassium. Ils peuvent aussi abaisser le taux de cholestérol chez certaines personnes.

- *Mes nouveaux compléments condiments.* Le yoghourt n'est pas mon seul condiment protéiné ; j'ajoute aussi du lait, écrémé ou demi-écrémé, aux céréales complètes, de petits morceaux de poisson ou de poulet (sans la peau) au riz complet et aux légumes verts, et parfois les deux à la fois. Des fromages maigres comme la mozzarella sont excellents avec les tortillas, les légumes et la salade.

- *Tofu et riz.* Le tofu, variété de soja, nous fournit les protéines les plus proches de celles de la viande. Associé au riz complet, le tofu, comme les haricots rouges ou rouges foncés et les pois chiches, fournissent d'excellentes protéines, à bas prix. Des légumes verts poêlés ou cuits à la vapeur rendent cette combinaison encore plus délicieuse et riche en protéines. Moins riche en matières grasses que la mozarella, le tofu est aussi une excellente source de fer et de calcium, et il abaisse parfois le taux de cholestérol.

- *Les germes de blé : mon « additif » favori* pour les salades et les légumes tels que brocolis, champignons, choux verts et épinards, à raison d'une à deux cuillerées à soupe (combinés à ce type de légumes verts, les champignons sont un excellent apport en protéines). A la différence de nombreux végétaux, ils sont riches en protéines ainsi qu'en vitamines et minéraux. Ils complètent bien les pommes de terre, le tofu, le riz, les flocons d'avoine et les céréales. J'en ajoute aussi aux œufs, aux yoghourts... et aux hamburgers que nous consommons de loin en loin, quoique leurs protéines n'aient pas besoin d'être renforcées. J'en utilise aussi en pâtisserie.

- *Noix et graines.* Elles sont aussi riches en protéines que les graines de tournesol et les noix de cajou. A petites doses (car elles sont riches en calories et en graisses), elles complètent les pommes de terre, le tofu et les légumes verts et les haricots. Combinées aux germes de blé et au son, elles sont très énergétiques.

- *Mon cocktail aux protéines.* Lorsque ma journée s'annonce particulièrement chargée, ou si je me sens très tendue, ou si je vais donner plusieurs cours, je prends une boisson protéinée à mon petit déjeuner, avant de quitter la maison – même si je risque ainsi de dépasser ma dose habituelle de protéines. En commençant ma journée avec plus de la moitié des protéines normalement nécessaires, j'aurai jusqu'au soir l'énergie soutenue qu'il me faut.

Le cocktail aux protéines de Jane Fonda

Passez au mixer les ingrédients suivants :

1 tasse de lait écrémé* ou de jus de pomme (dans le cas du lait, ajoutez 1/4 tasse de jus de pomme comme édulcorant), 3 ou 4 fraises fraîches ou surgelées, ou 1/3 tasse de myrtilles ou de pêches (sans leur sirop !)
1/2 banane fraîche
1 cuillerée à café de germes de blé ou de son
1 à 3 cuillerées à soupe de protéines en poudre, de préférence à base de protéines de lait et d'œufs, sans sucre ni arôme ou colorant artificiels.

Quelques glaçons si les fruits ne sont pas surgelés.
Facultatif : 1/4 papaye (plus vous ajoutez de fruits, plus vous êtes amenée à ajouter de lait ou de jus de fruit)

Mixez le tout jusqu'à l'obtention d'un liquide épais et lisse.

* Je conseille le lait certifié cru, car la pasteurisation détruit beaucoup d'enzymes et de vitamines essentiels du lait.

2. LES GRAISSES

On estime que les Américains consomment 65 kilos de graisses par an. Cela équivaut à dix plaquettes de 125 g de beurre par personne... *chaque semaine !* En tête, la viande, puis le lait entier, les crèmes glacées, les fromages au lait entier, le beurre, la margarine, et les huiles.

On a mis en cause les régimes riches en graisses dans les cas de cancer du sein et des maladies cardiaques chez les femmes d'un certain âge ; et aussi dans les cas d'hypertension, de diabète, et de cancer du côlon (deuxième type de cancer touchant ces femmes). Une alimentation riche en calories issues de matières grasses contribue à un excès de poids et de graisse.

Une grande consommation de graisses limite l'oxygène qui parvient aux cellules et les étouffe littéralement. Elle entrave aussi le métabolisme des hydrates de carbone, notre principale source d'énergie. Les graisses saturées, vous le savez, sont associées à un taux élevé de cholestérol sanguin. Celui-ci nous est nécessaire, notamment dans les hormones sexuelles et la membrane des cellules. Mais notre corps peut fabriquer lui-même son cholestérol. Et tout excès en provenance de protéines animales nous est nocif.

Les graisses insaturées des huiles végétales sont préférables aux graisses solides saturées. Elles contiennent l'acide linoléïque essentiel, et nous aident à absorber les vitamines solubles dans la graisse. Pourtant elles sont nocives en trop grande quantité. Les graisses polyinsaturées rancissent vite, ce qui peut être mauvais pour l'organisme, l'oxydation contribuant, selon certains, au processus de vieillissement, comme je l'ai expliqué plus haut.

Je vous conseille de consommer *moins de graisses de toutes natures, et surtout moins de graisses saturées,* en suivant mes principes de base :

- *Recherchez le maigre.* Dans la viande rouge, ce n'est pas chose facile. Mieux vaut donc la supprimer. Sinon, ôtez la graisse visible et voyez dans votre viande un à-côté plutôt qu'un plat principal. Évitez aussi la graisse de porc. Dans la volaille, le blanc (sans peau) est préférable. Côté poisson – parmi les sources de protéines animales les plus maigres – le cabillaud, le homard, les crevettes, le haddock, le carrelet, la perche et la sole sont les meilleures ; viennent ensuite le bar, le flétan, le crabe, la truite, le saumon rose et le thon (au naturel dans les conserves). Ôtez toujours la peau, comme pour la volaille.

- *Utilisez des produits laitiers à teneur faible ou nulle en graisses* – lait, yoghourts, et fromages. Les fromages les plus maigres sont le fromage blanc, la feta (d'origine grecque) et la mozzarella (d'origine italienne).

Si la mozzarella est également peu salée, la feta l'est nettement plus. Viennent ensuite la ricotta et le neufchâtel. J'ai banni le beurre, la margarine (bien que dépourvue de cholestérol, elle est grasse à 100 % et pleine d'additifs et de conservateurs !), et la crème fraîche de mes listes d'épicerie.

- *Prudence avec les huiles végétales, les noix et les graines.* Une cuillerée à soupe d'huile végétale par jour, sous forme d'assaisonnement pour les salades, m'assure la dose nécessaire d'acide linoléïque. L'huile de carthame est la plus riche, mais les huiles de maïs, de soja et de tournesol conviennent aussi. Un quart de tasse de graines de tournesol est également riche en cet acide gras essentiel, mais fournit beaucoup plus de calories. Je conserve mes huiles végétales au réfrigérateur pour qu'elles ne rancissent pas. Les huiles d'arachide, d'olive, et de sésame, moins liquides, doivent être utilisées encore plus parcimonieusement, juste pour conférer leur saveur. Les huiles sont 100 % grasses, les noix 85 %, les graines 75 %... et toutes trois sont très riches en calories (une cuillerée à soupe d'huile = 120 cal.).

- *Attention à l'avocat !* Ce fruit exotique que j'adore contient 75 % de graisses insaturées ; il est riche en acide linoléïque, en vitamine C... mais aussi en calories.

- *Limitez les œufs.* En raison de leur teneur en cholestérol, j'essaie de m'en tenir à trois par semaine, bien qu'ils soient un de mes aliments préférés. En pâtisserie, vous pouvez utiliser simplement le blanc, dépourvu de cholestérol. Si vous faites des œufs brouillés avec plus d'un œuf, vous pouvez éliminer la moitié des jaunes.

- *Mangez moins d'aliments de fabrication industrielle.* Les produits « instantanés » vous font vieillir vite ! Les repas pris au snack, les chips, les amuse-gueule, les conserves et les surgelés sont riches en sucres et en graisses cachées. Si vous lisez huile de coco ou huile de palme (graisses saturées) sur une étiquette, laissez l'article sur le rayon.

Les noix augmentent la teneur de nos salades en protéines, vitamines et minéraux.

3. LE SUCRE

C'est le jumeau des graisses. Tous deux sont liés à l'obésité et à la longue liste des maladies chroniques de l'âge mûr. Avec un peu d'attention, vous remarquerez qu'ils vont de pair dans la plupart des aliments industriels. *Le sucre est l'additif numéro 1.* D'après la dernière enquête, l'Américain moyen consomme 70 kilos de sucre par an ! Nous sommes terriblement attachés aux saveurs sucrées. La preuve en est cette histoire rapportée par une chaîne de télévision. Le Congrès américain a reçu un courrier de protestation plus abondant à propos du projet d'interdiction de la saccharine que pendant toute la guerre du Vietnam !

A tout âge, un excès de sucre cause en nous des ravages, entraînant dans le sang des niveaux de sucre à la fois trop élevés *et* trop faibles. Brûler les hydrates de carbone simples du sucre comme combustible équivaut à brûler du papier journal pour se chauffer. L'afflux de glucose dans le sang pousse le pancréas à sécréter beaucoup d'insuline, hormone clef disposant nos cellules à recevoir le glucose dont l'énergie leur est nécessaire. Cette sécrétion d'insuline cause une baisse rapide du niveau de sucre du sang. En outre, l'insuline s'attarde ensuite dans le sang, maintenant un bas niveau de sucre, ce qui nous donne une sensation de fatigue, et nous incite à manger plus de sucre. C'est un cercle vicieux. L'on sait moins que l'insuline encourage aussi nos corps à stocker des graisses ! Plus nous sécrétons d'insuline, plus nous emmagasinons de la graisse dans nos cellules.

Avec l'âge, notre tolérance au glucose semble diminuer. Nos cellules l'accueillent moins bien. Ce peut être dû à un déclin du nombre des récepteurs d'insuline dans nos cellules – déclin que l'activité physique combat efficacement. Il se peut aussi que l'insuline que nous sécrétons soit moins active. Chez les enfants et les jeunes, les niveaux de sucre dans le sang reviennent à la normale quelques heures après les repas. Chez les adultes, le glucose peut rester élevé dans le sang pendant quatre à six heures. Si nous mangeons trop de sucre (ainsi que trop de graisses), nous nous exposons à ce qu'on appelle le diabète instantané des adultes. Un surplus va dans les reins. Les plus petits vaisseaux sangins sont endommagés, entraînant une moins bonne circulation, ce qui affecte les tissus nécessitant l'oxygène et les nutiments de nos cellules. Nous commençons à emmagasiner trop de graisse et sommes donc plus réceptifs à l'insuline.

Outre les diabètes et l'obésité, l'excès de sucre peut favoriser les maladies de cœur, les infections urinaires – auxquelles nous sommes plus sensibles après 40 ans – et les caries dentaires. Il prédispose aussi aux bouffées de chaleur de la ménopause et bien sûr à la dépression – et nous prive des vitamines B.

Je vous conseille de manger *beaucoup moins de sucre, surtout raffiné.*

- *Bannissez de vos étagères tous les sucres blancs et roux, de canne et de betterave.* Tous sont du sucrose, le sucre le plus ordinaire.

- *Comme édulcorant, utilisez la mélasse brute, le miel (non chauffé) ou le sirop d'érable,* ***à petites doses.*** Ce sont aussi des sucres. Mais je ne les utilise pas aussi facilement que le sucre blanc. Les calories sont comparables, mais ils sucrent deux fois plus. La mélasse, résidu de la fabrication du sucre, est riche en minéraux. Une cuillerée à soupe contient plus de potassium, de fer, de calcium et de magnésium qu'un quart de litre de lait pour un morceau de poulet ! Elle renferme aussi de petites quantités de toutes les vitamines B, si importantes à l'âge mûr, et dont je parlerai plus loin, et un peu moins de calories que les autres sucres. Le miel, considéré comme le mets par excellence dans certaines cultures, quand il est non cuit et non filtré, contient moins de sucre que la mélasse et plus de fructose que le sucre des fruits, qui se digère moins facilement. Il contient du calcium, du magnésium, du potassium, du fer, les vitamines B et C, et quelques protéines. C'est un laxatif léger et un sédatif, qui offre une grande variété de saveurs, et se conserve des années sans être réfrigéré. Le sirop d'érable se situe entre la mélasse et le miel pour ses calories et sa valeur nutritive. Utilisez-les tous trois à petites doses.

- *Des solutions de remplacement.* Pour satisfaire une envie d'aliment sucré, je me tourne vers les hydrates de carbone complexes, riches en énergie et en éléments nutritifs mais qui pénètrent moins vite dans le sang. Ils m'empêchent d'avaler des sucres raffinés riches en calories et, en plus, sont pleins d'éléments nutritifs et énergétiques. Voici quelques-uns de mes favoris : un yoghourt maigre avec un fruit ou un peu de cannelle ; des tranches de melon glacé en été, des bananes toute l'année ; des bananes au four, ou une compote de pommes à la cannelle ; si je sors, j'emporte toujours une pomme, par exemple une Granny Smith. Quand je prépare des muffins aux carottes ou au son (tous deux sont riches en fibres), j'utilise de la mélasse ou du miel avec un minimum d'huile végétale. Des jus de fruits concentrés, tel le jus de pomme, peuvent aussi servir d'édulcorant en pâtisserie.

Les pommes : un régal, riche en fibres pour qui aime le sucre ; excellentes aussi dans les salades.

- *Oubliez les édulcorants artificiels.* Ils *n'aident pas* la plupart d'entre nous à maigrir et ils nous empêchent de nous détacher du sucre. La saccharine est peut-être cancérigène, et l'aspartam, le nouvel édulcorant artificiel, contient un acide aminé dont les effets, en doses massives, restent inconnus. Ces édulcorants vont généralement de pair avec d'autres produits chimiques potentiellement dangereux. De plus, ces édulcorants vous aident à réduire vos calories mais pas à surmonter votre fringale de sucre.

- *Réduisez votre consommation d'aliments préparés industriellement.* Ils contiennent de grandes quantités de sucre caché sous des appellations diverses : sucrose, dextrose, maltose, fructose, sirop de maïs, sucre de betterave, ou sucre inverti (50 % fructose et 50 % dextrose). Vous verrez sur l'étiquette que plus l'additif en sucre est haut dans la liste plus il y a de sucre. On trouve aussi beaucoup de sucre dans les conserves de fruits et de certains légumes, les yoghourts aux fruits, les assaisonnements de salade, et beaucoup de pickles, cornichons et autres condiments.

4. LE SEL

C'est notre additif numéro 2. L'excès de sodium, élément nocif du sel, est la principale cause d'hypertension, qui a tendance à s'accuser avec l'âge, et de rétention d'eau, qui est impliquée dans les dépressions et les bouffées de chaleur de la ménopause. Les cellules graisseuses se remplissent aussi avec de l'eau, augmentant encore le poids. Trop de sodium conduit aussi le corps à éliminer le potassium, ce qui accroît le travail des reins.

Je vous conseille de manger *moins de sel et d'aliments salés.* Notre nourriture contient du sodium à l'état naturel. Nous sommes beaucoup plus exposés aux dangers d'un excès que d'une carence.

- *Plus de salières.* Je n'ajoute jamais de sel, ni dans mes préparations ni au moment de manger. Je trouve que le sel masque souvent la vraie saveur des aliments.

- *Remplacez le sel par le « Veg-It* », le poivre, les épices, les herbes aromatiques et,* ***en doses modérées****, par la sauce de soja.* Le « Veg-It » que j'ajoute à presque tous les légumes est à base d'herbes et de légumes en poudre. J'ai toujours du poivre noir à moudre, et le piment de Cayenne est un élément de base pour moi. La sauce de soja contient du sodium en moindre quantité que le sel de table, et son goût plus prononcé vous permet d'en utiliser moins. Un quart de cuillère à café de sauce de soja a le même pouvoir d'assaisonnement qu'une cuillère entière de sel. Il en existe plusieurs variétés : (Shoya, Tamari), avec des teneurs « moyenne » ou « faible » en sodium.

- *Recherchez les étiquettes à teneur faible ou nulle en sodium.* Évitez le glutamate monosodique (MSG) et les nitrates et nitrites de sodium (utilisés comme conservateurs pour les viandes). Les levures artificielles contiennent du sodium. La plupart des fromages sont salés. Le gruyère, le gouda, la mozzarella et le neufchâtel ont relativement peu de sel, et les deux derniers ont également peu de graisses. Certaines eaux minérales contiennent du sodium, consommez donc celles réputées « sans sel ». Vous pouvez être amenés à faire appel au Service des eaux de votre localité pour connaître la teneur en sodium de votre eau du robinet.

* En France vous trouverez également du « sel diététique ». A noter également les assaisonnements de Ducros® ; deux sont sans sel : « Grilladin » et « Porcinou » et tous les autres très modérément salés. Il existe aussi le « Végésel » de chez Gaylord Hauser®.

Si elle est élevée (plus de 150 mg/litre), je vous recommande de boire de l'eau minérale, de l'eau de source ou de l'eau distillée.

- *« Sans sel, s'il vous plaît » :* les restaurants s'habituent à entendre cette requête. N'hésitez pas à préciser que vous ne voulez pas non plus de glutamate dans vos plats.
- *Supprimez les aliments fabriqués industriellement :* ça a l'air banal ; mais ça inclut plats surgelés ou instantanés ; potages en boîte ; saucisses, bacon et hot-dogs ; amuse-gueule (chips, bretzels, etc.) ; condiments (ketchup, etc.).

5. LES ALIMENTS FABRIQUÉS INDUSTRIELLEMENT

Si vous avez lu ce qui précède, vous savez pourquoi ils font partie des 8 agents de vieillissement. Les bannir de votre régime quotidien serait un grand pas vers l'élimination du trio graisses-sucre-sel. Si, de plus, vous remplacez la viande rouge par les combinaisons d'aliments que je préconise, vous couvrirez vos besoins en évitant les principales toxines alimentaires. Nous devons consommer nos céréales, nos légumes et nos fruits avec *tout* (ou presque) ce que la nature leur a donné.

6. L'ALCOOL

De même que l'excès de sucre, l'excès d'alcool est générateur de stress. Il provoque une déperdition de vitamine C, de beaucoup de vitamines B, et, en raison de son effet diurétique, de nombreux minéraux essentiels, tels le calcium, le magnésium, le potassium, et le zinc. L'alcool a 7 calories au gramme (plus que les hydrates de carbone ou les protéines) sans aucune valeur nutritive, à l'exception de la bière et du vin qui contiennent un peu de protéines et d'hydrates de carbone, et quelques minéraux.

Il est important de comprendre l'ensemble des effets connexes qu'un excès d'alcool peut avoir sur nos corps. Il provoque des bouffées de chaleur, des dépressions et des insomnies ; c'est un oxydant puissant qui peut notamment occasionner des rides précoces (voir le chapitre 4, « La peau ») ; il augmente les graisses et le sucre du sang ; il surcharge le tube digestif, les reins et surtout le foie, qu'il expose à la cirrhose, maladie parfois fatale ; c'est un facteur de risque bien connu dans les affections cardiaques, les cancers, et les diabètes ; il cause des accidents ; et il entraîne une accoutumance. Malheureusement, les femmes d'âge moyen qui boivent de l'alcool prennent souvent aussi des tranquillisants – combinant les effets négatifs des deux. Si c'est le stress qui vous porte à boire, je vous assure qu'une bonne activité physique vous offre une solution beaucoup plus *efficace* à court et à long terme.

Consommé avec modération, il a cependant des effets bénéfiques : il tonifie le cœur, détend, améliore notre humeur, est vaso-dilatateur, et est censé augmenter le niveau des graisses « saines » du sang (appelées HDL : lipoprotéines de haute densité), notamment chez les personnes qui ont une activité physique. Un ou deux verres de vin ou de bière par jour, ou bien une dose ou deux (40 ou 80 cl) d'alcool fort constituent des rations modérées. Rappelez-vous pourtant que l'alcool est une drogue, et que même des quantités modérées vous apportent 100 ou 200 calories vides.

7. LA CAFÉINE

Trouvée dans le café, le thé, beaucoup de boissons au cola, le chocolat, et quelques analgésiques du type aspirine, la caféine est une drogue et un diurétique qui nous appauvrissent en vitamine C, en beaucoup de vitamines B, ainsi qu'en calcium, en potassium, et en zinc. Le tanin du thé, qui contient entre un quart et moitié moins de caféine que le café selon les variétés, nuit aussi à notre assimilation du fer.

Bien qu'elle contracte les vaisseaux sanguins, la caféine occasionne des bouffées de chaleur, peut-être du fait qu'elle est aussi un si puissant stimulant. Elle incite les capsules surrénales à sécréter plus d'adrénaline, et le pancréas plus d'insuline – augmentant et diminuant le sucre du sang, et encourageant le stockage des graisses. Elle excite l'appétit, éveille un besoin de sucreries, et stimule le système nerveux, ce qui peut causer des insomnies, une irritabilité et un état de fatigue générale.

La caféine appartient à la famille des méthylxanthines, qu'on associe chez les femmes au développement des maladies fibro-kystiques des seins, bénignes mais douloureuses. La suppression du café (notamment accompagnée d'une prise de vitamine E) entraîne un soulagement spectaculaire de ces maladies, mais cela peut demander plus d'un an chez les femmes de plus de quarante-cinq ans (surtout si elles fument). Il est bon aussi de réduire les graisses.

Pendant que j'écrivais ce livre, j'ai renoncé au café. Cela m'a été dur, car j'adore son arôme le matin. Je m'étais limitée à une ou deux tasses le matin mais j'avais quand même remarqué que je commençais à me sentir fatiguée vers 10-11 heures du matin. J'ai constaté que plus je buvais de café et plus j'éprouvais le besoin de renforcer mon énergie en prenant une autre tasse. Comme j'avais déjà arrêté le café par le passé, je savais que je m'exposais à une dizaine de jours de migraines et de lassitude profonde. Cette fois, j'ai engagé la bataille avec l'intention de l'emporter définitivement. A présent, je suis surprise de voir combien je me sens mieux. Mon énergie provient de moi-même, et j'en ai davantage. Mon humeur est plus égale.

Je suis revenue à une des meilleures boissons énergétiques que je connaisse : trois cuillerées à soupe de levure de bière avec un peu de poivre de Cayenne dans une tasse d'eau bouillante. Le poivre atténue bien le goût de la levure si horrible de notre enfance. On dirait du bouillon de poulet. Je bois aussi des tisanes en quantité modérée, notamment du ginseng et de la camomille. En outre, il existe aujourd'hui des cafés décaféinés, à la fois délicieux et sains. Si vous achetez votre café en grain ou moulu, choisissez les variétés à torréfaction humide. Si vous l'achetez en poudre, assurez-vous que la caféine a été supprimée par le même procédé ou par torréfaction à l'acétate d'éthyle, seul produit chimique actuel qui élimine la caféine sans avoir d'effet nocif.

8. LE TABAC

La fumée inhalée ne traverse pas le tube digestif à l'instar de l'alcool et de la caféine, mais ses résidus pénètrent dans le sang et les tissus par les poumons ; et ce n'est pas moins une drogue. L'habitude de fumer est très dangereuse pour l'organisme. Malheureusement, elle est de plus en plus répandue chez les femmes, qui l'adoptent de plus en plus jeunes. Je reviendrai sur ce point au chapitre 15 « Votre plan de santé », mais voyons d'ores et déjà à quoi vous vous exposez.

Le tabac – même la fumée en provenance des cigarettes, cigares et pipes de nos voisins – nous appauvrit en éléments nutritifs importants : beaucoup de vitamines B, A, et surtout C. De même que l'alcool et la caféine, il peut nuire à notre équilibre en calcium car il augmente les risques d'ostéoporose. C'est aussi un oxydant puissant, qui accélère le processus du vieillissement, causant la sclérose des tissus, source de rides précoces, le durcissement des vaisseaux sanguins et des tissus conjonctifs. Le tabac contracte les vaisseaux sanguins et augmente les graisses du sang, affectant ainsi tout le système circulatoire. Une de ses toxines majeures, l'oxyde de carbone, réduit la capacité d'oxygénation des cellules. Le tabac occasionne aussi des bouffées de chaleur et une ménopause précoces. Les personnes qui fument un paquet ou plus par jour courent *deux fois plus* de risques de mourir d'une maladie de cœur, d'emphysème, ou du cancer du poumon. Ce dernier est en voie de dépasser le cancer du sein en tant que cause de décès numéro 1 chez les femmes d'âge moyen ! Par bonheur, la santé s'améliore dès qu'on cesse de fumer.

Avant de poursuivre, voici un rappel des principes à respecter après quarante ans :

moins de viande, notamment de viande rouge ;
moins de graisses, notamment de graisses saturées ;
moins de sucre ;
moins de sel ;
moins d'aliments fabriqués industriellement ;
moins d'alcool ;
moins de caféine ;
et PAS de tabac.

Venons-en aux bonnes nouvelles : ce que vous pouvez *ajouter* à votre régime.

LES ALIMENTS DE SANTÉ

Lorsque vous avez réduit votre consommation de produits qui détruisent plus qu'ils ne construisent, qui vous fatiguent plus qu'ils ne vous régénèrent, vous avez déblayé votre table pour les *aliments de santé,* moins caloriques et plus riches en substances de qualité.

1. LES HYDRATES DE CARBONE COMPLEXES

Je vous ai déjà parlé de mes propres aliments de base, essentiellement composés d'hydrates de carbone complexes. Voici les plus importants à ajouter à votre régime. Il s'agit des légumes verts et des fruits, des pois et des haricots secs, des graines et des noix, du riz complet, des pâtes, des céréales et du pain qui remplacent avantageusement les viandes rouges, les pâtés, le beurre, les fromages, les aliments fabriqués industriellement et les gâteaux. Les hydrates de carbone complexes ont nourri des civilisations entières pendant des siècles. Ils constituent, vous le savez, l'essentiel de mon régime. Les athlètes s'en nourrissent, ainsi que certaines populations réputées pour leur longévité.

Certains de ces aliments sont de bonnes sources d'acides aminés, sans les inconvénients ni les calories qui accompagnent les graisses des protéines animales. Les hydrates de carbone complexes se digèrent plus facilement que les protéines animales, et plus lentement que les sucres simples. C'est notre base énergétique, riche en vitamines et en minéraux, et notre *unique* source de fibres, qui constituent le deuxième élément essentiel d'un menu de santé.

2. LES FIBRES

Résidus des parois des cellules végétales que notre corps n'assimile pas, les fibres nous assurent un tube digestif sain et un poids stable. La gelée qu'elles forment dans les intestins ralentit l'assimilation du sucre, et régularise nos niveaux d'énergie et d'insuline. Les fibres entravent aussi l'assimilation des graisses, réduisant ainsi nos calories et nos toxines. Pour toutes ces raisons, un régime riche en fibres a un effet préventif sur les cancers des intestins et du sein, les diabètes et les affections cardiaques.

Il existe essentiellement deux types de fibres. Chacun a sa fonction spécifique. Les pectines, qu'on trouve essentiellement dans les fruits et les légumes, sont associées à la réduction de certaines substances grasses comme le cholestérol dans la circulation du sang. Il est prouvé qu'elles favorisent une pression sanguine régulière, et certains estiment qu'elles soulagent les maladies circulatoires comme les varices. La cellulose, qu'on trouve dans les céréales complètes telles que les germes de blé et le son, tonifie les intestins, et nous assure une élimination régulière et rapide qui nous met à l'abri de la constipation, des hémorrhoïdes, et des risques plus graves de cancer du côlon (troisième cause de décès par cancer chez les femmes d'âge moyen).

Quelques carottes crues chaque jour vous donnent beaucoup des *deux* types de fibres. J'ajoute souvent une ou deux cuillerées de son aux céréales, aux œufs, aux salades, ou aux potages, et j'en emporte une petite réserve lorsque je voyage en des lieux où les aliments frais sont rares. Mais je veille à ne pas en prendre trop. Un *excès* de son peut nuire à l'assimilation des minéraux clés : le calcium, le fer, et le zinc. Une dernière chose : cette fibre volumineuse absorbe jusqu'à cinq fois son poids d'eau ; c'est pourquoi elle est si efficace. Si vous ajoutez du son à votre régime, il vous faut également boire davantage. Et nous voici à l'autre élément indispensable à la maturité : beaucoup d'eau.

3. L'EAU

Elément nutritif *primordial,* l'eau arrive en deuxième position, derrière l'oxygène, comme condition préalable à la vie. Notre corps peut résister beaucoup plus longtemps à la privation de nourriture qu'à la privation d'eau.

L'eau est présente dans chacune de nos cellules. Elle constitue les deux tiers de notre poids. Elle est indispensable à toutes les fonctions du corps. En tant qu'élément majeur du sang, l'eau assure l'acheminement des éléments nutritifs et des hormones vers les cellules, et elle aide les reins et les intestins à éliminer les déchets. Elle règle aussi la température de notre corps par le mécanisme de rafraîchissement de la sueur, et elle hydrate notre peau et nos muqueuses, ainsi que nos tissus conjonctifs tels que les cartilages de conjugaison. Nos muscles ont 75 % d'eau. Si une athlète se déshydrate, son énergie s'évanouit, et il s'effondre.

Je crois que nous sommes nombreuses à manquer d'énergie certains jours, sans savoir qu'un verre d'eau suffirait à nous dynamiser. Nous attendons généralement pour boire d'avoir perdu trop d'eau par la sueur due aux exercices physiques, aux bouffées de chaleur, ou simplement aux températures estivales.

Avec l'âge, nous perdons aussi l'eau de nos cellules (environ 10 à 15 % quand nous atteignons soixante-cinq ans). En outre, nous sommes entourées de pompeurs d'eau : la caféine, l'alcool, et les grandes quantités de graisses ou de sucre assèchent nos tissus cellulaires. Et vos réserves d'eau restent faibles si pour étancher votre soif vous buvez des sodas, qui sont riches en sodium et en caféine. Le secret consiste à rester sainement hydratée en permanence.

Buvez de l'eau sans crainte, même si la rétention d'eau vous préoccupe : c'est une des solutions diurétiques naturelles que je recommande pour faciliter l'élimination du sodium, rétenteur d'eau. Réduisez les diurétiques nocifs, et redécouvrez l'eau. Elle m'a rendu mon sentiment de bien-être plus d'une fois, et elle m'aide à ne pas prendre de poids. Si vous avez, comme moi, des problèmes de rétention d'eau, résistez à la tentation de boire moins. J'essaie de boire 6 à 8 verres d'eau par jour.

Certains matins, j'emplis une gourde plastique de deux litres d'eau de source ou d'eau distillée (utilisez-les de préférence à l'eau du robinet, à moins que vous soyez assurée que la vôtre est dépourvue de produits chimiques douteux, de polluants, et de sodium en excès) : c'est l'équivalent de huit grands verres. Je la loge dans le vaste sac que je porte ordinairement, de sorte que je l'ai près de moi, au bureau et partout. C'est ma ration de la journée. J'emplis parfois une bouteille moitié moins grande, que je complète par des tisanes ou d'autres eaux. L'essentiel, c'est d'être à même de boire de l'eau quand on veut – entre les repas de préférence, afin de ne pas diluer les enzymes intestinaux pendant la digestion. Ayez toujours de l'eau froide au réfrigérateur avec un peu de citron ou de citron vert pour la parfumer. C'est souvent d'eau, et non de nourriture, que notre corps a besoin.

Une grande découverte sur beaucoup d'aliments dont j'ai vanté les vertus, c'est leur haute teneur en eau (les basses calories et les hautes teneurs en eau semblent aller de pair). Pratiquement tous les fruits ont 90 % d'eau ; la pastèque en a même davantage. Les légumes verts en contiennent aussi beaucoup, surtout ceux aux feuilles vert foncé, qui dépassent les 90 %. Les produits laitiers et de nombreux poissons sont également riches en eau. En revanche, les huiles sont par définition sans eau, et les sucres n'en ont presque pas.

4. LES ALIMENTS « SUPERSTAR »

J'aborde ici un domaine qui m'a fascinée, celui des « micro-aliments » – vitamines et minéraux – qui donnent une efficacité maximale à ce que nous mangeons. Ils sont essentiels à la formation de nos hormones, de nos enzymes, et des substances chimiques de notre système nerveux. Ils jouent aussi un rôle dans l'aptitude du corps à se réparer, et peuvent ainsi avoir un impact décisif sur le processus de vieillissement.

A mesure que nous vieillissons, notre besoin en calories décroît, alors que nos besoins de protéines, d'hydrates de carbone, de graisses, de fibres, et d'eau demeurent *constants.* En ce qui concerne nos besoins de vitamines et de minéraux, les nutritionnistes viennent tout juste de se pencher sur la question. Leurs recherches pourraient bel et bien révéler qu'ils *augmentent* avec l'âge. Surtout du fait que notre corps assimile moins facilement les éléments nutritifs. Nous avons déjà appris dans le cas du calcium, par exemple, que les femmes doivent en prendre davantage après la ménopause. On suppose actuellement que notre besoin de vitamine B_6 augmente avec l'âge.

Jusqu'à ce que nous ayons des preuves sur nos besoins de chaque « micro-aliment » après quarante ans, nous devrions au moins respecter l'ANC (Apport nutritionnel conseillé) par la Food and Nutrition Board de l'Académie nationale des sciences, tout en étant conscientes des limitations de ces directives. Ces doses sont fondées sur les besoins d'une personne moyenne pour éviter les symptômes de carence, plutôt que sur les quantités optimales souhaitables. En outre, les doses indiquées pour les groupes d'âge des plus de cinquante ans sont essentiellement fondées sur l'étude d'adultes plus jeunes.

Devons-nous prendre des suppléments de vitamines et de minéraux afin d'atteindre cet ANC ? C'est une des questions les plus controversées de la nutrition d'aujourd'hui. Un régime bien équilibré devrait – idéalement – suffire à couvrir les besoins de la plupart d'entre nous. De fait, notre régime quotidien est bien la base de départ. Aucun supplément ne peut compenser de mauvais choix alimentaires.

Les habitudes alimentaires sont souvent loin de l'idéal, même avec les meilleurs intentions. Si vous vous reconnaissez dans un des cas suivants, vous manquez probablement de vitamines et de minéraux :

- Vous vivez seule, cuisinez peu pour vous-même, et vos menus ne sont pas variés.

- Seule ou non, vous vous déplacez beaucoup et mangez irrégulièrement, de préférence dans des fast-foods.

- Vous êtes une végétarienne qui accordez peu de temps à l'élaboration de vos menus et vous trouvez l'essentiel de vos protéines dans les œufs et le fromage, plutôt que dans les haricots secs, le riz complet, ou le poisson.

- Vous êtes toujours au régime.

- Vous buvez et/ou fumez beaucoup.

Même en dehors de ces cas répandus, nous ne pouvons jamais être sûres de la teneur en éléments nutritifs des aliments de santé que nous sélectionnons. On sait que vitamines et minéraux disparaissent en grande partie au cours de la fabrication, de l'entreposage, et de la préparation de la nourriture. Pour toutes ces raisons, je conseille depuis longtemps de *prendre un supplément quotidien de vitamines et de minéraux, qui apporte au moins 100 % de l'ANC,* quel que soit votre âge. Cela devient encore plus important à la maturité, quand on absorbe moins de calories, donc moins de nutriments.

Je le fais personnellement chaque jour. J'insiste aussi sur un nombre choisi de vitamines et de minéraux que j'en suis venue à considérer comme « superstar » : les vitamines E, C, A, certaines vitamines B, et, bien sûr, le calcium. Ces éléments jouent un rôle particulier dans la santé à partir de quarante ans, en ralentissant le processus du vieillissement.

Il a été prouvé que certains d'entre eux augmentent la capacité de régénération de nos cellules (voir chapitre 3, « Le processus de vieillissement ».) Les vitamines A, C, E, B_1 (thiamine), B_6 (pyridoxine) et B_5 (acide pantothénique) ainsi que les minéraux tels le zinc et le sélénium, sont des anti-oxydants diététiques qui renforcent les mécanismes de réparation internes du corps. Chacun ayant son action spécifique, nous avons besoin de tous.

Au cours de mes recherches pour ce livre, j'ai été surprise par la fréquence des prescriptions de ces vitamines et minéraux « superstar » dans les cas de bouffées de chaleur, de rétention d'eau, de dépression, de fragilité des os et de dessèchement de la peau. Certaines circonstances augmentent aussi notre besoin de ces éléments. La prise d'œstrogènes, par exemple, exige un complément de vitamines B. Les grandes fumeuses ont un besoin accru de vitamines C. Le stress, l'excès d'alcool, les graisses, le sel, la pollution de l'eau, des aliments et de l'air nous causent une déperdition d'éléments nutritifs qu'il nous faut compenser.

Pour ma part, je prends des doses de nombreuses vitamines « superstar » supérieures à l'ANC. En tant que quadragénaire vivant à Los Angeles, une des villes les plus sujettes au smog * d'Amérique, j'ai besoin de la protection supplémentaire qu'elles peuvent, je pense, m'apporter. La *vitamine A* est bénéfique pour la peau. La *vitamine E* est nécessaire à l'assimilation de la vitamine A, ainsi qu'à la santé des cellules et des hormones, à la circulation sanguine, et même à la capacité aérobic. La vitamine E favorise la cicatrisation des tissus vaginaux et peut soulager les bouffées de chaleur. (voir « Y a-t-il une vie après la ménopause ? »). La *vitamine C* renforce l'action des vitamines A et E. Elle est bonne pour le collagène qui assure l'élasticité de notre peau. Elle est aussi essentielle en période de stress. Le *complexe vitaminique B,* également important en période de stress, assure l'équilibre du système nerveux. Les vitamines B et C stimulent toutes deux les capsules surrénales, dont le fonctionnement est capital après la ménopause pour la production des hormones.

Les tableaux qui suivent (pages 210 à 218) nous présentent ces minéraux et vitamines. Que vous deviez, ou non, prendre des suppléments comme moi, en plus des doses quotidiennes recommandées, est un problème à étudier en fonction de votre cas personnel. Et de préférence avec un médecin informé sur les questions de nutrition. Si l'unanimité n'est pas faite sur la question des suppléments, elle l'est encore moins sur les doses. Là encore, c'est un problème individuel. On peut mettre en cause la quantité exacte mais pas la nécessité d'une abondance de ces aliments « superstar » dans notre alimentation.

* Smog : smoke (fumée) + fog (brouillard).

LES VITAMINES ET LES MINÉRAUX

	Vitamine A	Vitamine E
IMPORTANCE A L'ÂGE MÛR	• Nécessaire à la *santé de la peau, des cheveux, et des yeux.* • Contribue à assurer une peau *élastique et lisse.* • Protège contre le dessèchement et favorise la régénération des *tissus intérieurs* de l'organisme (tels que ceux des glandes ou des parois du tube digestif), et des *muqueuses* du corps (telles que celles du vagin). • Possède des propriétés *anti-oxydantes* clés.	• *Anti-oxydant* capital, surtout dans la p tection des graisses et des vitami liposolubles du corps contre les dég d'une oxydation anormale. • Fournit une protection indispensabl toutes les cellules et aux membranes cellules du corps, importante pour *vieillissement normal*, notamment à ménopause. • Nécessaire à la production et à la sa des *hormones sexuelles et de l'adrénaline* importantes à la ménopause et ap • Assure la solidité et la souplesse parois capillaires, *améliorant la circula* et *réduisant la formation anormale de cai* dans le sang qui, sinon, pourraient ca des crises cardiaques ou des attaq • Essentielle à l'*acheminement de l'oxygè des éléments nutritifs vers les cellules du c* y compris celles du cœur et des mus du squelette, et au renforcement d résistance et de la capacité aérobic. • Contribue à maintenir la *peau* lisse, ré sant les démangeaisons qui vien parfois avec l'âge ; accélère la cicat tion de la peau. • La vitamine E est connue pour soul les *bouffées de chaleur* de la ménop chez certaines femmes. Elle peut être efficace dans le traitement de tains désordres circulatoires des jan tels que les *varices* et les crampes, et j un rôle préventif dans les affec cardiaques. La vitamine E s'est é ment révélée utile dans le traitemen *maladies fibro-kystiques des seins* chez taines femmes, affection doulour qui peut indiquer une prédispositio cancer du sein.

UPERSTAR

Vitamine C

nti-oxydant capital, surtout dans la pro-
:ection des autres vitamines du corps et
les nombreux tissus conjonctifs contre
es dégâts de l'oxydation.
ssentielle à la formation et à l'entretien
l'un *collagène* sain, principale protéine de
ios tissus conjonctifs, qui assure la cohé-
ion des *cellules* et constitue les parois des
aisseaux sanguins, ainsi que les tissus de
ios *muscles, tendons, ligaments, cartilages,*
s et de notre peau. Avec les minéraux zinc
t sélénium, la vitamine C est aussi
ssentielle à la santé de l'*élastine,* autre
lément clef des tissus conjonctifs.
écessaire à la santé des *surrénales,*
landes clefs aux périodes de stress et
ans la production d'œstrogènes après
 ménopause. C'est là que se concentre
n majeure partie la vitamine C du corps.
imule notre *système immunitaire,* princi-
al mécanisme de défense de notre
orps, dont la vulnérabilité augmente
vec l'âge, et qui est sollicité pour
ombattre toutes les agressions à notre
inté, du banal rhume au cancer.

Vitamines B

Les 11 vitamines qui constituent le *complexe vitaminique B* sont toutes essentielles pour l'*équilibre mental,* un *métabolisme actif,* et une *peau saine,* notamment autour du nez, de la bouche et des yeux.

La thiamine, la riboflavine, la pyridoxine et l'acide folique sont les vitamines B les plus importantes à mi-vie, indispensables pour :

- Des *surrénales puissantes,* qui ont particulièrement besoin de niacine et d'acide pantothénique.
- Un *système nerveux sain,* qui exige notamment de la thiamine, de la niacine, de l'acide pantothénique et de la pyridoxine.
- Une bonne *conversion des hydrates de carbone* en glucose nécessaire à notre énergie, qui demande surtout de la thiamine, de la riboflavine, de la niacine, de l'acide pantothénique et de la pyridoxine.

La *thiamine (B_1)* a des propriétés *anti-oxydantes,* notamment associées à la vitamine C.

La *riboflavine (B_2)* est essentielle à la bonne *acuité visuelle,* et à *une peau, des ongles et des cheveux sains.*

La *niacine (B_3),* outre son action citée plus haut, joue un rôle dans la formation et l'utilisation des *hormones sexuelles,* améliore la *circulation* et réduit les niveaux de cholestérol sanguin. Elle est également bonne en cas d'ongles cassants.

L'acide pantothénique (B_5) est *anti-oxydant,* très efficace contre le *stress,* et il contribue à ralentir le vieillissement de la peau.

La *pyridoxine (B_6)* est *anti-oxydante,* et particulièrement importante à la ménopause pour son efficacité contre la *rétention d'eau* et la *dépression.* Diurétique naturel, la B_6 associée à la vitamine C contribue à former la sérotonine du cerveau, hormone calmante et nécessaire au sommeil. Elle favorise aussi la conservation par le sang du magnésium, parfois appelé le « tranquillisant de la nature ». Enfin, il existe une interaction encore mal connue entre la B_6 et les hormones oestrogènes. Les nutritionnistes pensent aujourd'hui que nos besoins en B_6 augmentent avec l'âge.

L'acide folique est important pour la formation et l'utilisation des *oestrogènes,* ainsi que pour la division des cellules du corps, l'utilisation du sucre, et le développement des globules rouges.

(suite page 213)

Calcium

- Essentiel à la *santé des os et des dents,* et à la *prévention de l'ostéoporose.*
- Nécessaire à *la contraction et à la détente des muscles.*
- Contribue à l'entretien des *membranes cellulaires et des tissus conjonctifs,* notamment de la peau.
- Avec le magnésium, favorise *le fonctionnement du système nerveux,* et contribue par son effet de tranquillisant naturel à soulager la nervosité, l'irritabilité, et l'insomnie parfois associée à la ménopause
- Contribue à la détente des *vaisseaux sanguins,* soulageant l'hypertension. Peut aussi contribuer à bloquer l'assimilation du cholestérol.
- Le calcium est le minéral le plus abondant du corps, mais, d'une façon générale et chronique, les femmes n'en consomment pas assez. Son ANC est actuellement en cours de révision. Les nutritionnistes pensent que notre besoin de calcium augment avec l'âge.

	Vitamine A	*Vitamine E*
IMPORTANCE A L'ÂGE MÛR		
PROTECTION CONTRE LA POLLUTION	• Protège contre les dégâts susceptibles d'être causés aux tissus internes par le *smog,* et par le *tabac,* notamment aux muqueuses de la bouche, du nez, de la gorge, et des poumons.	• Protège contre les dégâts causés cellules par le *smog, le tabac, et les ra tions.* Prise avec la vitamine A, contribue à protéger les tissus pul naires des fumeurs. • Supprime la tendance des nitrates nitrites de sodium des conservat alimentaires à former des nitrosam cancérigènes.
ENNEMIS	• Le tabac • L'excès d'alcool	• Les traitements industriels détruisent grande partie de la vitamine E natur ment apportée par les céréales et d'a aliments. • Les graisses polyinsaturées exigent tion de la vitamine E pour évite processus d'oxydation anormale qu graisses ont tendance à accélérer. nous consommons de graisses de t sortes, plus nous avons besoin de mine E. • Le smog • Le fer empêche l'assimilation de la mine E s'il est ingéré en même te
AMIS	• La *vitamine E* empêche la destruction de la vitamine A. • Le *zinc* contribue à mobiliser la réserve de l'organisme en vitamine A. • La Bêta-carotène est une source, ou un précurseur naturel, soluble dans l'eau, de la vitamine A.	• La *vitamine C* protège la vitamine E destruction et renforce son action tout dans le soulagement des bouffé chaleur et le bon entretien des vais sanguins. • Un peu de *sélénium*, lui-même oxydant, renforce aussi l'action vitamine E, et se trouve fréquem associé à cette vitamine dans aliments. • La vitamine E protège les vita liposolubles A, D, et K cont destruction.
A.N.C.	• 4 000 unités pour les femmes (5 000 pour les hommes).	• 12 unités pour les femmes (15 pc hommes)

Vitamine C	*Vitamines B*	*Calcium*
	Une carence en acide folique, assez fréquente chez les femmes plus âgées, est associée à l'anémie. L'acide folique entre en combinaison avec le PABA (acide para-amino-benzoïque), antioxydant qui peut être une vitamine B.	
Grâce à son grand pouvoir de désintoxi- ion, la vitamine C nous protège contre n des produits chimiques à risque et tre les effets du smog, du tabac, des ticides et des radiations ; elle évite que nitrates et nitrites de sodium des servateurs alimentaires forment des rosamines cancérigènes ; elle contribue c le zinc à nous empêcher d'absorber plomb.		Avec le magnésium, protège contre les métaux toxiques que sont le plomb et le cadmium.
De toutes les vitamines, c'est la moins stable à la chaleur, à la lumière, à l'air et à l'eau. Trop laver les fruits et légumes peut les priver de leur vitamine C. e tabac : une cigarette détruit 25 mg de vitamine C ! Inhaler la fumée de la cigarette d'autrui a le même effet sur vous. 'excès d'alcool. e smog. a caféine. e stress. 'aspirine. es médicaments aux œstrogènes.	• Le stress • La consommation excessive de sucres et d'hydrates de carbone raffinés • L'excès d'alcool • Le tabac • Les médicaments aux oestrogènes • La thiamine est la plus vulnérable du complexe B à la chaleur, à l'air, et à l'eau, notamment au cours de la cuisson. Les acides pantothéniques et foliques disparaissent également pendant l'entreposage et la cuisson. • La thiamine et l'acide pantothénique sont aussi détruits par la caféine du café et du thé.	• Le tabac • Le stress • Un régime riche en protéines • De fortes doses de phosphore – provenant par exemple de la viande rouge et de boissons sucrées • La caféine et l'alcool augmentent le risque d'ostéoporose.
es bioflavonoïdes accompagnent sou- ent la vitamine C dans les fruits. Ils la rotègent de la destruction et facilitent on assimilation et son utilisation par organisme. Également *anti-oxydants,* les ioflavonoïdes aident la vitamine C à ssurer un collagène sain et des capil- ires solides. *vitamine E* renforce l'action de la itamine C, alors que la vitamine C rotège la vitamine E de la destruction, insi que les vitamines A et B. vitamine C renforce grandement l'assi- ilation du fer.	• Toutes les vitamines B agissent de concert et se trouvent d'ordinaire ensemble dans nos aliments. • La *vitamine C* protège les vitamines B de la destruction.	• La *vitamine D* est essentiellement à la bonne assimilation et à l'utilisation du calcium. • La *vitamine C* renforce aussi son assimilation. • Le *magnésium* équilibre les effet du calcium.
mg.	• Thiamine : 1 mg • Riboflavine : 1,2 mg • Niacine : 13 mg • Acide pantothénique : aucune indication ; 4-7 mg est la dose jugée adéquate et sûre. • B_6 : 2 mg • Acide folique : 4 mg (ou 400 mcg).	• 800 mg NOTA : la plupart des nutritionnistes et des médecins jugent actuellement cette dose trop faible pour les femmes; ils préconisent: • 1 000 mg *avant* la ménopause. • 1 500 mg *après* la ménopause.

	Vitamine A	Vitamine E
PROBLÈMES PARTICULIERS	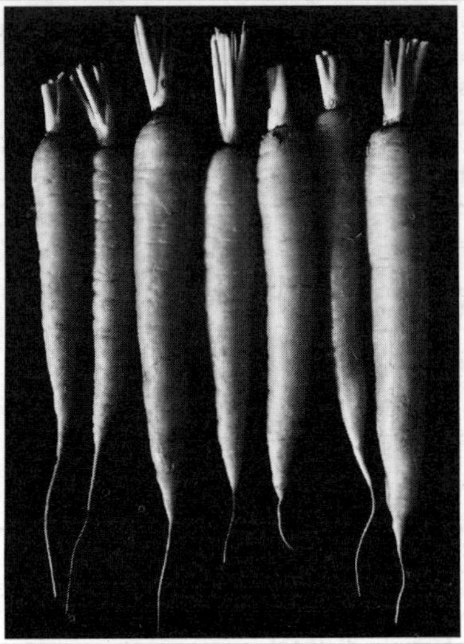	• *Ménopause :* Pour soulager les bouffées chaleur, certains médecins prescrive des suppléments de vitamine E alla jusqu'à 800 (parfois 1 200) unités p jour. Ils conseillent d'augmenter pr gressivement les doses, car l'efficac peut être obtenue à d'assez faibles do chez certaines femmes. (Des suppléments vitaminiques C et complexes sont souvent prescrits avec vitamine E, afin de renforcer son actio • *Maladie fibro-kystique des seins :* pour sou ger ces cas, certains médecins commandent la prise de suppléments vitamine E allant jusqu'à 600 unités jour (toujours avec une progress graduelle).
SUPPLÉMENTS : ASSIMILATION MAXIMALE	• Les suppléments de vitamine A doivent être pris aux repas, de préférence une fois par jour. • N. B. : Il s'agit d'une vitamine liposoluble, qui est stockée par l'organisme. Sa toxicité ne se manifeste qu'à partir de très fortes doses, mais il est conseillé de ne pas dépasser 25 000 unités par jour.	• Les suppléments de vitamine E doiv être pris aux repas, de préférence a un peu de graisses qui favorisent l'assi lation des vitamines liposolubles et fois par jour. • Le supplément doit associer l'alpha-to phérol, la plus étudiée et la plus p sante des sept formes de la vitamin à une combinaison des autres tocop rols. Une base d'huile naturelle germe de blé ou d'huile végétale e meilleure. • Ne prenez pas simultanément de la mine E et du fer, car le fer nuira l'assimilation de la vitamine. • N. B. : Il s'agit d'une vitamine liposol qui est stockée par l'organisme. Au niveau de toxicité n'a encore été ét mais les femmes souffrant d'hype sion ou d'affections cardiaques rhum males doivent consulter leur méd qui peut limiter la prise quotidi à 30 – 100 unités. • Une prise de sélénium peut renfo l'action de la vitamine E. Une b règle est de 50 mcg de sélén pour 200 unités E, mais sans d ser 200 mcg par jour, car le nium peut être toxique au-del

(suite page

Vitamine C

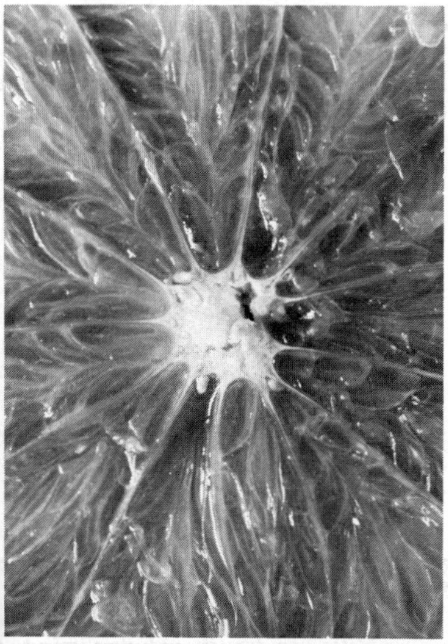

ɹes *suppléments de vitamine C* doivent être pris aux repas.

'ractionnez votre dose quotidienne en plusieurs prises.* Il s'agit d'une vitamine hydrosoluble, qui n'est pas stockée par le corps et qui est éliminée du sang toutes les trois ou quatre heures.

)uand vous achetez votre supplément, veillez à obtenir de petits dosages. Et recherchez un supplément de vitamine C ou un complexe multivitaminique contenant déjà des flavines, qui peuvent figurer sous le nom de rutoside, hespéridine ou citrine.

. B. Si après avoir pris longtemps de ortes doses de vitamine C vous décidez le réduire vos doses, faites-le progressivement. Sinon, votre corps pourrait essentir ce changement comme une arence.

acide palmitoyl ascorbique est une forme posoluble de la vitamine C, qui est galement un anti-oxydant puissant, capable de pénétrer dans des zones de la ellule que la forme hydrosoluble de ette vitamine ne peut atteindre. (On le rouve également sous forme de ommade.)

Vitamines B

- *Ménopause :* Pour soulager les bouffées de chaleur, certains médecins prescrivent des suppléments du complexe B avec la vitamine E. En ce cas, veillez à prendre la niacine sous forme de *niacinamide* afin que vos vaisseaux sanguins ne se dilatent pas. Une dilatation accentuerait en effet les bouffées de chaleur.
- *Rétention d'eau :* Pour soulager la rétention d'eau et l'état dépressif qui l'accompagne parfois, certains médecins prescrivent des suppléments de B_6 à raison de 200 à 800 g par jour (veillez à augmenter progressivement la dose, sans *jamais* dépasser le maximum).
- *Thérapie aux oestrogènes :* elle exige un supplément de vitamine B_6 et d'acide folique.

- *Les suppléments de vitamines B doivent être pris aux repas.*
- *Fractionnez votre dose quotidienne en plusieurs prises.* Il s'agit de vitamines hydrosolubles qui ne sont pas stockées par le corps.
- Si vous prenez l'une quelconque des vitamines B, veillez à ingérer au moins 100 % de l'ANC pour tout le complexe afin d'assurer l'équilibre.

Calcium

- *Ostéoporose :* Les médecins prescrivent un supplément de calcium de 1 500 mg par jour aux femmes atteintes d'ostéoporose.
- *Ménopause chirurgicale :* Les médecins prescrivent un supplément de calcium de 1 500 mg par jour aux femmes qui ont subi des ovarectomies.
- *Les suppléments de calcium doivent être pris entre les repas,* soit seuls, soit avec un peu de yoghourt, de lait ou de jus d'orange (le lactose, la vitamine D des produits laitiers, et la vitamine C de l'orange en facilitent l'assimilation).

- *Fractionnez votre dose quotidienne en plusieurs prises,* la dernière à l'heure du coucher, du fait que nous avons tendance à perdre plus de calcium pendant le sommeil, et que le calcium est un tranquillisant naturel.
- Lisez bien la dose de calcium par cachet sur l'étiquette et de quelle sorte il s'agit. Préférez les suppléments de calcium sous forme de carbonate de calcium aux produits à base de farine d'os et de dolomite, en raison de leur teneur en plomb qui peut se révéler toxique.
- Veillez à avoir la dose quotidienne recommandée de vitamine D de 400 unités, surtout si vous ne prenez pas l'air régulièrement *.
- Veillez à ce que votre dose de calcium soit toujours le double de votre de dose de magnésium. Certains suppléments assurent cet équilibre et contiennent du zinc, qui peut être moins bien assimilé en cas de dose élevée de calcium.
- Si vous avez eu des calculs rénaux, avisez-en votre médecin, qui peut vous prescrire un supplément de calcium inférieure à 250 mg par jour. Mais la

(suite page 217)

ɹtains suppléments contiennent de la vitamine D ; veillez cependant à ne pas dépasser 1 000 unités D par jour. A haute dose la vitamine D peut un effet *négatif* sur le calcium, favorisant son élimination. En outre, comme la vitamine D est liposoluble et stockée dans le corps, elle risque de se ɹr toxique à très fortes doses sur une longue période de temps.

	Vitamine A	*Vitamine E*
SUPPLÉMENTS : ASSIMILATION MAXIMALE		existe des suppléments vitamine + sélénium. Lisez donc attentiveme les notices de vos produits pharmace tiques pour bien noter le dosage.
SOURCES ALIMENTAIRES	• Les *meilleures* sources sont les *légumes à feuille vert foncé* tels que les épinards, les brocolis, les choux verts et le persil ; les *légumes jaune/orangé*, tels que les carottes et les patates douces ; les *fruits orange,* tels que les cantaloups, les papayes, les mangues, et les abricots (notamment secs) ; et les *huiles de poisson,* telle l'huile de foie de morue. • D'autres sources excellentes sont le lait écrémé et demi-écrémé ; la ricotta, la mozzarella et le parmesan ; les œufs (avec modération en raison de leur forte teneur en cholestérol) ; et le foie (avec prudence en raison des toxines qui s'accumulent dans le foie des animaux). • Essayez de bonnes sources : les poivrons rouges, la courgette, le paprika, le piment de Cayenne, et la poudre de chili.	• Les plus fortes concentrations de vi mine E se trouvent dans les *céré complètes non traitées industriellement ; huiles végétales non traitées,* en particul les huiles de carthame, de maïs et soja ; les légumes *à feuille vert foncé,* que les brocolis, les épinards et le pe • *Le germe de blé cru* et *l'huile de germe de* sont parmi les meilleures sources vitamine E. 

Vitamine C

Tous *les agrumes et leurs jus* sont riches en vitamine C, ainsi que d'autres fruits tels que les cantaloups, les papayes, les mangues, les abricots, les pêches et les fraises.

Les légumes à *feuilles vert foncé,* tels que les brocolis, les épinards, les choux verts et le persil, sont aussi riches en vitamine C (et parfois plus). Les germes, les tomates, les pommes de terre et les poivrons verts et rouges (surtout les rouges) sont également d'excellentes sources de vitamine C.

La peau et les filaments blancs de tous les fruits ci-dessus, notamment des citrons, sont riches en flavines. (Je ne vous conseille pas de manger la peau car on la traite souvent avec des produits chimiques toxiques.)

Vitamine B

- Les *hydrates de carbone complexes,* que les vitamines B aident à décomposer en glucose, sont naturellement riches en nombreuses vitamines B. *Le blé et le riz complets, le son et les germes de blé, la farine d'avoine, et les haricots secs* sont d'excellentes sources de toutes les vitamines B.
- En revanche, les sucres et les hydrates de carbone raffinés sont dépourvus de vitamines B et augmentent notre besoin de ces vitamines.
- *La levure de bière* est la meilleure source naturelle de toutes les vitamines B, à l'exception de la B_{12}.
- *Le foie, les œufs, les noix, et les graines,* notamment celles de tournesol, sont également riches en B, mais consommez-les avec modération, surtout le foie (voir plus haut).
- La *niacine* se trouve aussi dans la volaille et le poisson (surtout le poulet et le thon) ; *les légumes à feuilles vert foncé,* tels que les brocolis, les choux verts, les épinards, et le persil crus ; le maïs, les champignons, les pommes de terre, et les germes, ainsi que les cantaloups et les oranges.
- Les aliments riches en B sont également riches en *tryptophane,* acide aminé que notre corps convertit en niacine (60 mg de tryptophane = 1 mg de niacine).
- *L'acide pantothénique* se trouve aussi dans beaucoup d'autres aliments tels que les brocolis, les champignons, et les yoghourts.
- *La B_6* se trouve également dans la volaille, le thon, et les bananes.
- *L'acide folique* se trouve aussi dans la volaille, le thon, les épinards, les choux verts, et le persil.

Calcium

plupart d'entre nous peuvent prendre sans danger jusqu'à 2 500 mg par jour.

- Votre dose de phosphore ne doit pas dépasser celle du calcium. Une carence est très rare.

- Tous les produits laitiers sont riches en calcium. A conseiller : le lait écrémé et demi-écrémé, la poudre de lait écrémé, le babeurre, le yoghourt et le fromage blanc maigres. A consommer avec modération, en raison de leur teneur en graisse et en cholestérol : le lait entier et les fromages au lait entier, également excellents.
- Les légumes à feuilles vert foncé sont aussi riches en calcium : choux, choux verts, moutarde, navets, et brocolis.
- Le poisson : saumon et sardines en conserve (avec les arêtes).
- Le tofu, les tortillas, et la mélasse (avec modération).
- La vitamine D se trouve aussi dans le lait et le yoghourt, ainsi que dans les légumes et les poissons riches en calcium.
- Un bon équilibre calcium/magnésium est fourni par tous les légumes à feuilles vert foncé (dans leur chlorophylle), le tofu, la mélasse et les tortillas.
- Voir aussi le tableau « Des produits riches en calcium », p. 108.

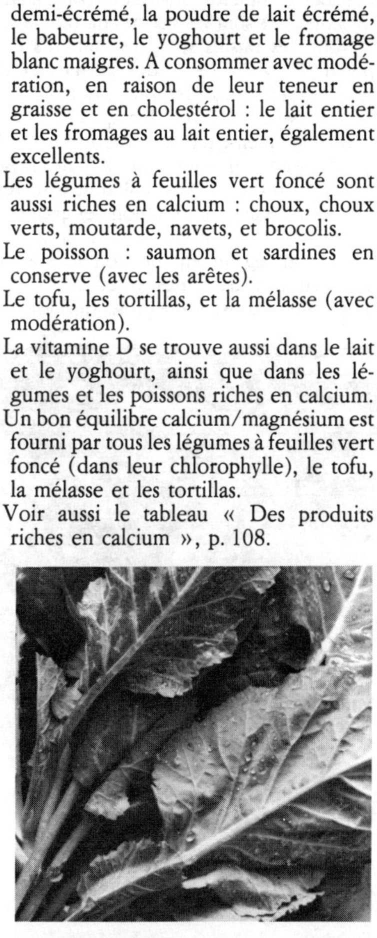

FER

Premier des minéraux infinitésimaux de notre corps, le fer se trouve dans toutes nos cellules. On l'associe à une santé robuste, car il *maintient une haute teneur d'oxygène dans le sang.* Le régime américain moyen étant pauvre en fer, les carences sont fréquentes, surtout chez les femmes. Si vous manquez de fer, vos tissus sont mal oxygénés, et vous devenez anémique – lasse, plus vulnérable au stress et à la maladie.

Les nutritionnistes situent la carence en fer dans le sillage de la carence en calcium chez les femmes de plus de 40 ans, surtout après la ménopause, quand cessent les menstruations. Je veille cependant à prendre mon minimum de *18 mg* par jour (un peu dans mon supplément multiminéral, mais l'essentiel dans ma nourriture). Les aliments riches en protéines sont fréquemment riches en fer : la volaille, les œufs, les céréales complètes (surtout l'avoine). Mais mes préférés sont les germes de blé, le son, le tofu, les raisins secs, les épinards et le persil. La vitamine C des germes et des légumes à feuilles vert foncé, riches en fer, *triple* l'assimilation du fer quand ils sont ingérés en même temps. (Attention au café, au thé, et au vin rouge qui, à fortes doses, peuvent nuire à l'assimilation du fer.) Consommés avec modération, les graines de tournesol, les pois chiches et la mélasse brute sont également de bonnes sources. Une cuisson dans des ustensiles de fer augmentera aussi votre dose quotidienne.

ZINC

Deuxième de nos minéraux infinitésimaux, le zinc a également de fortes propriétés *anti-oxydantes* (le seul autre minéral anti-oxydant étant le sélénium). Le zinc est aussi nécessaire – et aussi rare – dans le régime de l'Américain moyen que le fer. Les taches blanches de vos ongles peuvent être l'indice d'une carence.

Le zinc accélère la cicatrisation de la *peau*, notamment *du visage et des tissus vaginaux.* En fait, 20 % de notre zinc est stocké dans la peau. Il contribue à l'acheminement de la vitamine A, « vitamine de la peau », jusqu'aux cellules de notre peau. Il renforce aussi l'action et l'assimilation des autres vitamines, notamment du complexe B. Le zinc est un élément des enzymes de la digestion et du métabolisme, ainsi que des enzymes protégeant notre corps contre l'oxydation interne. Il entre également dans la composition de l'insuline, et joue un rôle dans la formation de nos protéines.

Pendant que j'étudie la teneur en zinc des aliments, c'est mon supplément multiminéral qui assure mon minimum de *15 mg* de zinc par jour (veillez toutefois à ne pas dépasser 40 mg). Les protéines de nos aliments sont riches en zinc comme en fer : volaille, poisson, œufs, yoghourt, lait (surtout non écrémé en poudre) ; la mozzarella est un fromage recommandé. Les céréales complètes, les haricots, les lentilles, les graines de tournesol, et les champignons sont aussi de bonnes sources.

POTASSIUM

Un des principaux minéraux nécessair à nos corps avec le calcium et le magnésiu le potassium est capital pour le bon fonctio nement *des nerfs et des muscles.* La fatig musculaire et les crampes sont parfois l'i dice d'une réserve trop faible. Le potassiu règle aussi *l'équilibre en eau* des cellul contribuant à assurer une *tension artéri* stable. Un excès de sodium entraî automatiquement une déperdition de pot sium, ce qui peut causer une rupture d'éq libre : vous ferez de la rétention et l'hypertension. Vous perdez aussi du pot sium quand vous transpirez, par suite d' exercice physique ou d'une bouffée chaleur ; quand vous suivez un régime st du type riche en protéines / faible hydrates de carbone qui vous déshydra et si vous prenez des diurétiques sous for d'alcool, de caféine, ou de médicamen

Par chance, le potassium abonde dans légumes, notamment ceux à feuilles v foncé ; dans les fruits, les haricots secs, graines, les céréales complètes et les p duits laitiers. Ma base de potassium es banane, qui m'apporte aussi beaucoup magnésium et de vitamine B_6. Les grai de tournesol, les pois chiches, et les abric secs sont parmi les meilleures sources (n à petites doses). Une pomme de terre c au four dans sa peau avec un peu yoghourt est riche en potassium. T aliment contenant de la mélasse br malgré sa teneur en sucre, vous en app tera également.

5. LES SUPERALIMENTS

Tout en appréciant la valeur de mes suppléments de vitamines et de minéraux, j'accorde *la première place aux aliments.* Si votre budget est limité, inscrivez vos suppléments au bas de votre liste d'achats. Légumes, céréales et produits laitiers sont vos pilules de vitamines naturelles ; les fruits et légumes frais vos anti-oxydants naturels.

J'ai remarqué qu'à l'âge de maturité les aliments *modestes* deviennent des aliments *champions :*

Brocolis, son et bananes...
Papaye, persil, pommes de terre et poivrons...
Carottes, cantaloups et choux verts...
Tofu, tomates et tortillas...
Citrons et légumineuses
Épinards, choux de bruxelles...
Yoghourts et levure de bière.
Germe de blé et pastèque...

Tous ont peu de calories mais *beaucoup* de ces éléments nutritifs que j'appelle les micro-éléments « superstar » pour notre âge. Ils sont en général pauvres en graisses et en sucres, et riches en fibres.

Faisons une petite analyse de la *salade*, plat de base de mes menus. La romaine, aux feuilles bien vertes, est plus intéressante que l'endive en valeur nutritive, et elle contient beaucoup plus de vitamines A, mais les épinards * sont un vrai trésor de richesse : 25 fois plus de vitamine A, 9 fois plus de vitamine C, 6 fois plus de fer, 5 fois plus de calcium, 3 fois plus de potassium que la laitue, avec, en outre, de la vitamine E, certaines vitamines B, et quelques protéines.

En ajoutant du tofu à nos épinards, nous augmentons nos protéines, en favorisant l'assimilation des protéines des épinards. Le tofu nous fournit aussi du calcium et du fer. Un peu de germe de blé nous apportera d'autres vitamines B, de la vitamine E et du sélénium. Nous pouvons ainsi varier à l'infini. Les champignons nous donnent du potassium ; la luzerne, du fer, des vitamines B et C, et des protéines. Quelques graines ou pois chiches – peut-être à la place du tofu – ajouteront des protéines, du potassium, du fer, et même un peu de calcium, de zinc et de vitamines B. Des tranches

* Volontiers mangés crus, en salade, aux U.S.A. (NdT).

d'orange, délicieuses dans la salade d'épinards, apporteront de la vitamine C, ce qui pourra tripler notre assimilation du fer des épinards. Remplacez le vinaigre de votre assaisonnement par du citron. Et, pour finir, un peu d'huile de carthame mettra tous vos ingrédients en valeur et vous donnera une bonne dose de vitamine E, l'acide gras essentiel : l'acide linoléïque.

Ne dénigrons pas pour autant les autres salades vertes. Qu'elles ne subissent pas le sort de la pomme de terre, tant décriée (qui, soit dit en passant, n'a jamais quitté mes menus). Nous avons besoin de *tous* ces légumes, ce qui nous amène à l'importance de la variété *.

6. LA VARIÉTÉ

Une alimentation variée est indispensable, sinon votre palais et votre corps se lasseront. Et vous vous exposerez à manquer des vitamines et des minéraux nécessaires. Explorez donc les possibilités qui s'offrent à vous, et associez les aliments ainsi que je l'ai fait dans ma salade d'épinards.

A présent, revoyons les éléments nutritifs qui méritent une place de choix après quarante ans :

Davantage d'hydrates de carbone complexes
Davantage de fibres
Davantage d'eau
Davantage de superaliments
Davantage de variétés
Et, TOUJOURS équilibre et modération.

Ce dernier principe est peut-être le plus important de tous. Il est au cœur de mon sujet suivant.

UN MOT AUX MANIAQUES DES RÉGIMES

Ce que j'ai écrit sur l'alimentation est ma façon de fournir à mon corps les meilleurs matériaux de travail, surtout maintenant que j'ai dépassé quarante ans. C'est aussi ma façon de garder mon poids. Manger plus de

* Il faut savoir que deux des superaliments, les épinards et le son, risquent de nuire à l'installation du calcium. Ne les supprimez pas. Veillez simplement à prendre votre principale dose d'aliments riches en calcium, ou votre supplément de calcium, à un autre moment de la journée.

certains aliments, et moins de quelques autres m'aide à en rester où je veux être... sans suivre un régime en permanence.

Une maniaque des régimes est généralement sujette à des accès de gloutonnerie. L'un ne va pas sans l'autre, hélas ! D'éprouvantes années de désordres alimentaires me l'ont pertinemment prouvé. Beaucoup d'entre nous se fixent des buts irréalistes, inaccessibles, en matière de silhouette ! Nous nous lançons dans des régimes malsains et impossibles à suivre. Impossibles à suivre, du fait que l'organisme humain n'est pas conçu pour supporter des privations prolongées.

Entre vingt et trente ans, je consommais souvent 500 calories par jour, et m'étonnais qu'une pomme déclenche une rétention d'eau et me fasse grossir. Ma faim, jamais assouvie, me rendait tendue, anxieuse et, on le conçoit, obsédée par la nourriture. A présent, je comprends à quel point mon régime excessif était *stérile* – physiquement et psychologiquement.

Au chapitre 5 « La maturité s'installe », j'ai déjà expliqué comment un régime draconien nous fait perdre autant de tissus musculaires que de graisses, et le métabolisme ralenti qui en résulte. J'ai indiqué, en outre, que notre corps se défendra contre la malnutrition en stockant toutes les graisses qu'il pourra. C'est pourquoi, tout au long de mes années de régime, plus je devenais mince et plus vite je regagnais du poids.

L'expérience m'a enseigné que nous ne pouvons pas espérer perdre cinq kilos à volonté, au plus vite, et sans conséquence pour l'organisme. La minceur à tout prix peut être pour vous un but aussi irréaliste qu'indésirable. Faute de réussir à l'atteindre, vous vous détesterez, et vous vous sentirez coupable et déprimée. Or, vous le savez toutes, ce sont ces émotions mêmes qui nous poussent à ces fringales qui diminuent encore l'estime que nous nous portons.

Je vous invite vivement à remplacer votre objectif « minceur » par celui-ci : « Équilibre et modération », objectif qui revêt une importance capitale à mie-vie.

Adoptons cette perspective pour veiller à maintenir notre poids, comme à en perdre, à ce stade de notre vie. Les changements dans nos muscles et notre métabolisme qui s'opèrent avec l'âge, également décrits au chapitre 5 « La maturité s'installe », exigent que nous réduisions nos calories. La femme *moyenne* de quarante ans doit supprimer 100 calories de son régime quotidien, 100 de plus à cinquante ans, et encore cent autres à soixante, soixante-dix et quatre-vingts ans. Cela équivaut à un petit pain, ou à une cuillerée à soupe d'huile de salade en moins. Rien de draconien. C'est un simple aménagement, un réajustement. Si vous convertissez ces 100 calories en exercice physique, vous n'aurez pas à les ôter de votre régime : un ou deux kilomètres de marche rapide en plus vous maintiendront à votre poids normal ! Vous *brûlerez* le surplus.

Un conseil de prudence à ce propos, car l'adepte d'un régime strict s'astreindra pareillement à l'exercice physique : rappelez-vous votre objectif : « équilibre et modération ».

MAIGRIR

Si vous voulez, ou si vous devez maigrir, voici mes conseils :

1. *Utilisez la méthode graduelle ;* en ne supprimant pas plus de 500 calories de votre régime idéal. C'est la meilleure, car la moins stressante pour votre corps, la plus favorable à vos muscles, la moins propice aux fringales, et par conséquent la plus facile à suivre.

2. *Supprimez surtout les graisses et le sucre,* puis certains hydrates de carbone complexes et riches en calories tels que les fruits, le pain, les haricots secs, les graines et les noix. L'essentiel de votre menu doit être constitué par les hydrates de carbone complexes tels que les légumes. Inutile d'augmenter ou de diminuer votre ration de protéines, mais choisissez des produits laitiers maigres. Évitez les régimes du type riche en protéines, pauvre en hydrates de carbone, qui vous font maigrir vite, car vous perdez à la fois vos graisses, votre eau... et vos muscles. Vous retrouveriez rapidement vos kilos... moins vos muscles ! En outre, vous *avez besoin* des vitamines, des minéraux et de l'énergie qu'apportent les hydrates de carbone complexes.

3. *Ayez une activité physique régulière.* Perdre 500 calories en les brûlant dans l'exercice est l'idéal pour perdre du poids de façon saine et plus rapide. (Voir page 82 de « La maturité s'installe » : « Comment faire sa gymnastique pour maigrir » et le chapitre suivant, « Les mécanismes du corps», entièrement consacré à l'activité physique.)

Les avantages de l'exercice vont bien au-delà de la minceur. Vous serez à l'aise dans votre peau. Quelle que soit votre morphologie, vous deviendrez plus musclée et mieux proportionnée. Votre teint embellira.

Et vous aurez plus d'énergie que vous ne l'imaginiez ! Vous ferez plus facilement face au stress, et aurez moins tendance à vous précipiter sur la nourriture en cas de tension.

4. *Essayez de prendre votre dernier repas de la journée avant 18 h, ou le plus tôt possible.* Une étude bien connue a suivi un groupe de personnes se nourrissant d'un seul repas de 2 000 calories par jour, soit un petit-déjeuner, soit un déjeuner, soit un dîner. Celles qui prirent toutes leurs calories au petit-déjeuner maigrirent, celles qui les prirent au déjeuner conservèrent leur poids, et celles qui les prirent au dîner *grossirent.* Les écarts relevés dépassèrent un kilo !

5. *Ne sautez pas le petit déjeuner,* qui vous apporte votre énergie de la journée. (Sautez plutôt le dîner !) Des études ont même révélé qu'un petit déjeuner pris régulièrement peut être un facteur de longévité.

6. J'estime qu'il faut *manger quand on a faim.* Mais cette formule est vide de sens pour les adeptes de régimes, et celles d'entre nous qui subissent des tensions excessives, ou dont les habitudes alimentaires ont été déréglées. Ce qui importe, c'est d'adopter un *rythme régulier* : 3 repas par jour, à intervalles fixes, composés d'une nourriture saine et variée, comprenant des aliments solides, fibreux, que vous devez mastiquer.

- Mangez lentement pour que les enzymes de la digestion entrent en action *avant* que votre repas ne parvienne à eux.
- Ne mangez pas en pensant à autre chose (en téléphonant, en regardant la télévision, ou sur un coin de votre bureau de travail).
- Sachez savourer et apprécier ce que vous mangez.
- Quand vous sentez venir une fringale, faites une promenade d'une heure si vous le pouvez.

MA CUISINE

J'aime cuisiner, et le fais aussi souvent que je peux. Au fils des ans, j'ai cherché à mieux acheter, conserver, et cuire les aliments pour que ma famille, mes invités fréquents, et moi-même, profitions au maximum de mes repas – qu'il s'agisse d'une salade, d'un sandwich au pain complet grec *, ou d'un vrai repas avec fruits et yoghourts pour dessert. Voici certaines pratiques que j'ai adoptées.

L'équipement de base

- **Un bon « wok » bien lourd :** cette marmite chinoise ancienne est un des ustensiles les plus souples d'emploi, qui me sert à cuire à la vapeur, et à frire très vite ou plus longuement. La plupart sont vendus avec une notice facile à suivre.
- **Des récipients en rotin, empilables,** à placer au-dessus d'une marmite où l'eau bout : les aliments cuisent à la vapeur, et ceux qui cuisent plus vite peuvent ainsi être ajoutés plus tard et ôtés individuellement. A recommander aussi, les récipients en acier inoxydable à une couche.
- **Les marmites et les casseroles en acier inoxydable épais, ou émaillées** auxquelles les aliments ne collent pas, sont les meilleures et peuvent durer des dizaines d'années. Le téflon est également bon, tant qu'il n'est pas abîmé. (Évitez d'aluminium qui peut dégager de l'oxyde d'alumine dans les aliments.)
- **Un mixer,** qui sert pratiquement chaque jour.
- **De bons couteaux d'acier au carbone** pour la viande et les légumes.
- **Une essoreuse à salade** peut vous aider à mettre beaucoup moins d'huile dans vos salades. Brassée une trentaine de fois, une cuillerée à soupe d'huile de carthame suffit pour un grand saladier.
- **Des brosses à légumes :** elles vous éviteront d'ôter des pelures riches en éléments nutritifs.
- **Un mini-hachoir** pour l'ail et l'oignon frais.
- **Un moulin à poivre** pour le poivre en grains.
- **Beaucoup de pots en verre et de boîtes étanches** pour vos aliments. Conservez de grandes bouteilles plastiques pour congeler vos eaux de cuisson de légumes : elles vous serviront plus tard de base de potage.

Les courses

- Dressez une **liste** pour éviter d'acheter sous le coup d'une impulsion.
- Sachez pourtant **improviser** aux rayons des fruits et légumes frais, des

* Sorte de pain plat et creux, également consommé dans certains pays du pourtour méditerranéen (NdT).

produits laitiers, du poisson et de la volaille. Voyez ce qui est de saison, et recherchez la fraîcheur des verts, des rouges, et des jaunes vifs. Prenez toujours quelques citrons et citrons verts, et des herbes aromatiques fraîches. Les surgelés seront votre deuxième choix, et les produits en boîte le dernier.

- **Tenez-vous-en à votre liste en traversant les rayons** des sodas et des aliments transformés industriellement. Repérez l'emplacement de vos aliments de santé : herbes et épices, pois et haricots secs, riz, céréales et pain complet, germes de son et de blé.
- **Ne perdez pas de vue la valeur nutritive des produits :** une pomme de terre cuite au four, par exemple, est beaucoup plus riche en éléments nutritifs qu'un paquet de chips ; elle coûte moins cher, contient beaucoup moins de calories, et presque pas de graisses.
- **N'achetez pas d'aliments aux calories « vides »**, c'est-à-dire de produits riches en calories mais dépourvus d'éléments nutritifs.
- **Lisez les étiquettes :** les ingrédients sont toujours présentés par ordre d'importance décroissante. Évitez les conservateurs, les colorants artificiels, les sucres, les graisses et le sodium.
- Si vous avez un problème de poids, ne faites pas vos courses l'estomac vide.
- **Préférez les produits cultivés dans votre région** (mais n'achetez pas de fruits et légumes ayant séjourné au soleil : ils sont appauvris en éléments nutritifs).
- N'achetez pas trop de fruits et légumes frais à la fois. Ils commencent à perdre leurs vitamines C après deux ou trois jours de réfrigérateur (plus vite si vous les gardez à température ambiante). Même les pommes de terre perdent leurs vitamines C si on les garde trop longtemps.

La conservation

- Dans l'art de conserver les aliments, **c'est ce que notre corps conserve qui importe, pas ce qu'il élimine :** les vitamines et les minéraux porteurs de vie. Il faut acheter et garder des produits aussi *frais* que possible. (Les vitamines sont plus vulnérables à l'air, à la lumière et à la chaleur que les minéraux, surtout la vitamine C et le complexe B.)
- **Rangez vite les légumes et les fruits frais au réfrigérateur,** sans les laver ni les couper avant de les mettre dans vos récipients hermétiques. Ne les trempez pas et ne les gardez pas dans de l'eau. Les asperges, les

haricots verts et les flageolets peuvent être congelés sans perdre leur saveur ni leur valeur nutritive. Conservez vos champignons dans un sac de papier brun à l'intérieur d'un sac ou récipient plastique.

- Les céréales, les graines et les haricots crus séchés se conservent de huit à dix mois dans des bocaux étanches. Et indéfiniment si vous les placez au froid. Tout aliment frais entier se conserve mieux dans un endroit obscur, sec et frais.
- Une fois entamés, les huiles végétales, les germes de blé et la sauce de soja (sans conservateur) peuvent s'abîmer et doivent être gardés au réfrigérateur. Mieux vaut donc les acheter en petites quantités, même si cela vous coûte un peu plus cher.
- La farine de froment complète se conservera aussi plus longtemps au réfrigérateur, ou même au congélateur. Elle contient de la vitamine E

et de l'huile extraites de la farine blanche, et elle a, de ce fait, une durée d'utilisation plus courte.

- Ne laissez pas vos jus de fruit ni vos restes s'éventer au réfrigérateur faute de couvercle... et surtout, retirez-les de leur boîte d'origine !

La cuisson

- **Frire en remuant** est la meilleure méthode de cuisson pour préserver les éléments nutritifs. Exposer les légumes à de hautes températures pendant un temps très court ne causera pas autant de perte d'éléments nutritifs que l'exposition prolongée à la cuisson au four, à l'eau bouillante, et à la friture. Si vous utilisez un wok, de petites quantités

d'huile végétale vous suffiront. Les huiles de maïs et d'arachide supportent mieux les températures élevées.

Ma méthode : Je chauffe d'abord mon wok avant d'ajouter 1-3 cuillerées à soupe d'huile (1 cuillerée pour un accompagnement, et 3 pour un plat principal). Le wok est très chaud quand une feuille de légume vert brûle instantanément. Je fais frire séparément les ingrédients en remuant constamment, et je les rassemble ensuite. La cuisson ne dure pratiquement pas plus de 2-3 minutes.

Vous pouvez aussi faire revenir vos aliments à l'eau dans votre wok, mais je trouve dommage de ne pas utiliser ces huiles qui rehaussent si agréablement les saveurs. Quelques gouttes d'huile de sésame ou d'olive ajoutent un goût à vos plats.

- **Cuire à la vapeur** au-dessus d'une eau bouillonnante est la deuxième méthode préférable. Les aliments cuits *al dente* conservent leur croquant et leur couleur brillante. Chauffer cause des dégâts ; agissez donc le plus vite possible. Gardez votre eau, qui vous servira de base de potage.
- **La cuisson à micro-ondes** est saine et préserve les éléments nutritifs. Les fours à micro-ondes cuisent à des températures très élevées, mais ils le font très rapidement.
- Bouillir est sans doute la méthode de cuisson **la pire,** mais si vous devez l'utiliser, conservez l'eau dans votre congélateur pour un usage ultérieur dans vos potages. Si vous faites bouillir des pommes de terre, ne les pelez pas afin de préserver au mieux leurs éléments nutritifs.
- **Ne laissez pas tremper et ne lavez pas trop vos légumes et vos fruits.** Brossez vos carottes et vos pommes de terre au lieu de les peler. La peau contient des éléments nutritifs, et protège aussi les vitamines et les minéraux pendant la cuisson.
- Essayez de ne pas cuire plus d'aliments qu'il ne vous en faut : vos restes seront de piètres substituts.
- Quand vous faites cuire du poisson ou du poulet, **ôtez préalablement la peau.** Enlevez la graisse visible de toutes vos viandes. Mieux vaut les frire en remuant, les cuire au grill ou au four – dans cet ordre de préférence – plutôt que les poêler, ou les frire dans une bassine à friture.
- **Évitez les fritures,** beaucoup trop grasses et trop lentes. Au lieu de frites, faites des pommes de terre au four. La viande grillée est préférable à la viande poêlée.
- Ne faites que très légèrement griller vos toasts afin de préserver leurs éléments nutritifs.
- Sans sel, il faut un réel tour de main pour préparer des potages sains et délicieux qui ne font pas grossir. Prenez les légumes les plus frais possible, des poudres de bouillon végétal concentré (à teneur faible ou

nulle en sodium), l'eau de cuisson que vous avez pu congeler, et quelques-uns des assaisonnements proposés ci-après.

- Je fais rarement cuire au four et, en ce cas, je cherche des recettes exigeant peu de graisses ou de sucre. Je réduis toujours de moitié la proportion de sucre et je remplace le sucre par du miel sur ma table. Je supprime le sel et je prends au besoin de l'huile végétale mais jamais de margarine ou de beurre. J'utilise toujours de la farine de froment complète ; parfois un mélange de farine complète et de farine blanche. Ajoutez de la poudre de lait écrémé, de la farine de soja ou des germes de blé qui augmentent la richesse en protéines.
- *Je remplace régulièrement :*
  - le lait entier par du lait écrémé ou demi-écrémé, ou du babeurre ;
  - la mayonnaise et la crème fraîche par du yoghourt maigre ;
  - les œufs entiers par du blanc d'œuf (vous pouvez donner les jaunes à vos animaux domestiques) ;
  - la chapelure par des germes de blé.

L'art de l'assaisonnement

Voici mes substituts qui sont supplanté le sel, le sucre, et les condiments malsains :

- **Le « Veg-It * »** – à base d'herbes et de légumes en poudre.
- **Le poivre** – noir, frais moulu (c'est là qu'entre en jeu le moulin à poivre), poivre citron et poivre de Cayenne. Ce dernier est à ajouter en fin de cuisson car la chaleur affaiblit son pouvoir d'assaisonnement. Je poivre souvent le poulet avant la cuisson (et je mets aussi parfois du romarin et de l'ail).
- **La sauce de soja naturelle** – en quantité modérée, généralement sans conservateur. Je choisis celles à faible teneur en sodium bien qu'elles soient plus rares à trouver.
- **L'ail, l'oignon, l'échalote, la ciboulette et le poireau** de préférence frais (d'où mon mini-hachoir), mais ils conviennent également en poudre ou séchés. L'ail a des vertus médicinales connues pour la digestion et contre l'hypertension (en réduisant les graisses du sang). Évitez les sels d'ail ou d'oignon qui contiennent du sodium.
- **La cannelle** – mon grand succédané de sucre. Délicieuse dans le yoghourt, elle fait merveille avec la compote de pommes, les bananes au four, la pâtisserie en général, et certains plats exotiques à base de

* Voir note p. 199.

Le substitut de sel de Henry Fonda

3 cuillerées à soupe de poudre de bouillon de légume
1/4 cuillerée à café de poudre d'ail
1/8 cuillerée à café d'origan
1/4 cuillerée à café d'aneth
1/4 cuillerée à café de paprika
1/4 cuillerée à café de fructose de miel
1/4 cuillerée à café de marjolaine
1/2 cuillerée de poudre de varech
1/8 cuillerée à café de poudre de céleri
1/4 cuillerée à café du mélange des Cinq poivres
1/2 cuillerée à café de moutarde sèche
Zeste de citron râpé pour ajouter de la saveur.

Mélangez tous les ingrédients et conservez le tout en lieu sec, dans un récipient fermé. Cet assaisonnement est pauvre en sodium, mais il n'en est pas dépourvu, aussi saupoudrez-en légèrement les aliments.

---

poulet. La cannelle a des vitamines A et C, du calcium, du fer, et même un peu de fibres. (La noix muscade et la muscade sont aussi de bons épices doux.)

- **Les piments (chile, paprika et piment de Cayenne)** – trois sources extraordinaires de vitamine A (une cuillerée à café de paprika en contient 1 273 unités ; de chile : 908 unités ; de piment de Cayenne : 749 unités). Ils ont aussi des quantités notables de vitamine C et de potassium. Tous très bons avec les tomates, surtout dans la cuisine mexicaine. On ajoute couramment du cumin et du coriandre dans la poudre de chile pour en corser la saveur.
- **L'origan, le basilic et le laurier :** très appréciés dans la cuisine italienne. les clous de girofle, le romarin, la sauge, la vanille sont tous des *anti-oxydants.* De fait, beaucoup d'épices et d'herbes aromatiques furent nos premiers conservateurs alimentaires naturels.
- **Le gingembre** – très courant dans les cuisines chinoise et japonaise : excellent avec les légumes frits en quelques minutes, et les plats de poulet.
- **Le curry** – épice indien dont on peut accommoder les légumes et le poulet.
- **Le persil** – très riche en éléments nutritifs, surtout quand il est frais, et bon diurétique naturel.

- **Les graines de pavot** – remplacent avantageusement les graines de sésame à haute teneur en calories.
- **Mes condiments nouveaux :** yoghourt, salsa, germes de blé, son, citrons et citrons verts. Essayez le yoghourts ou la salsa sur des pommes de terre ou des tortillas cuites au four. Parfumez les eaux gazeuses ou le jus de tomate sans sel avec une rondelle de citron ou de citron vert.
- **Les vinaigres aromatiques** – pour mieux parfumer vos salades du fait que vous mettez moins d'huile. Mais vous pouvez aussi utiliser du jus de citron.
- **Les herbes fraîches** sont toujours préférables, car elles contiennent des minéraux *et* des vitamines. Les herbes séchées ont généralement perdu leurs vitamines mais ce sont souvent les seules qu'on puisse se procurer. Une cuillerée à soupe d'herbes fraîches équivaut en gros à une cuillerée à café d'herbes sèches.

WORKOUT

CHAPITRE 14

TROUVER SON RYTHME

Il n'y a aucun médicament, en usage ou en préparation, qui renferme autant de promesses de santé qu'un programme d'activité physique soutenue.

Walter M. Bortz, M.D.
Disuse and Aging

CE MATIN, comme je gravissais ma dernière pente en courant, j'ai éprouvé l'agréable fatigue qui naît de l'effort. Anticipant sur ma joie d'atteindre le sommet, je songeai à l'expression « descendre la pente », qui qualifie traditionnellement la femme aux abords de la cinquantaine. Quelle ironie ! Et je suis loin d'être la seule de mon âge à avoir choisi cette voie.

J'ai discuté avec bien des femmes qui ont adopté une activité physique à la trentaine, à la quarantaine, à la cinquantaine et à la soixantaine, ces années où il importe tant de se sentir en forme, et d'avoir une opinion positive de soi-même. Loin de regretter ce qu'elles pouvaient faire étant plus jeunes, elles se découvrent des possibilités physiques ignorées. L'adoption d'un sport au milieu de la vie vous fait prendre conscience de vos muscles ; et peut-être aurez-vous la surprise de constater que vous avez meilleure mine, et plus de dynamisme qu'à vingt ans. Si vous revenez à une activité physique, même après dix ans, vous constaterez que vos muscles, antérieurement exercés, semble avoir mémorisé vos efforts du passé. Nous ne repartons pas à zéro quand nous décidons de reprendre un programme d'entraînement, contrairement à ce qui se passe dans les cas des régimes alimentaires abandonnés. Et il n'est *jamais* trop tard.

BRISER LA BARRIÈRE DE L'ÂGE

• L'Expédition himalayenne des femmes américaines planta le premier drapeau U.S. sur l'Annapurna, 10e sommet du monde. *Plus de la moitié* de l'équipe avait dépassé quarante ans ! Loin de présenter la baisse de forme couramment associée à leur âge, elles se situaient toutes à 40 % *au-dessus* de la norme établie pour les quadragénaires. Alors que la plus jeune avait vingt ans, celles qui avaient la plus grande capacité aérobic et le moins de cellulite étaient des quadragénaires !

• Les changements associés à l'âge furent étudiés chez un autre groupe de quadragénaires en activité. Sur une période de six ans, elles présentèrent un niveau d'endurance cardio-vasculaire *comparable* ou même *supérieur* au niveau moyen des jeunes de vingt ans.

• On a trouvé que plusieurs femmes membres de l'équipe 1980 *All American Masters Swim* avaient le même pourcentage de cellulite que des jeunes de vingt à vingt-cinq ans. Elles avaient aussi une capacité aérobic double de celle de leur propre groupe d'âge, et comparable à celle de jeunes athlètes. Il s'agissait de *septuagénaires !*

Irene Miller, membre de la première cordée américaine qui conquit l'Annapurna.

Pat Walters (sixième à partir de la gauche), avec vingt-cinq kilos en moins. Dans le groupe, ses neuf enfants, dont les jumelles au premier plan.

Jusqu'à ces derniers temps, on pensait que le besoin d'exercice diminuait au cours de la vie. On exagérait les risques d'une activité intense, et on sous-estimait les aptitudes physiques que nous possédons encore après quarante ans.

Aujourd'hui, nous savons que *l'âge n'interdit pas l'exercice* (notamment l'aérobic) pratiqué avec mesure et régularité. Pour chaque décennie de plus après trente ans, nous sommes, certes, plus lentes à nous adapter et à progresser, mais les bénéfices sont les mêmes que chez les personnes plus jeunes. Oui, quel que soit votre niveau, vous pouvez *progresser* avec le temps et vous sentir plus en forme. Surtout si vous manquiez d'exercice *à vingt ans !* Des expériences en laboratoire viennent d'être entreprises à ce sujet par des médecins spécialistes.

Je connais des douzaines de femmes qui, après quarante ans, se découvrent une forme qu'elles n'avaient jamais eue. Voici le cas de Pat Walters, cinquante-deux ans, qui nous déclare :

A quarante ans, j'étais en passe de devenir une vraie mamma italienne. J'avais mis neuf enfants au monde. Mais j'avais vingt-sept kilos de trop, je me portais mal, et j'étais inactive.

Avec d'autres femmes dans mon cas, je passais des heures à parler de ma famille en buvant du café et en fumant quelques cigarettes. Cela nous remontait le moral.

A quarante ans, Pat avait déjà été opérée de calculs rénaux. Elle souffrait aussi d'hypertension, d'un excès de cholestérol, de migraines, de dépression, et elle prenait des tranquillisants. Elle avait des problèmes de rétention d'eau, et pesait 85 kilos. Ses enfants partis, elle voulut reprendre des études et travailler afin de se sentir mieux dans sa peau. Puis, vers quarante-cinq ans, elle s'intéressa au programme Pritikin, qui proposait alors ce qui était une toute nouvelle approche de la forme : des exercices d'aérobic, et un régime pauvre en graisses. Pas de viandes rouges, de cigarettes, de pilules, ni de café ; et une demi-heure de sauts par jour sur un mini-trampoline. « Au début, j'avais un mal fou, se rappelle Pat en riant, surtout à renoncer au café. Mais un mois plus tard, j'allais mieux. Plus de migraines. Peu à peu mes poches sous les yeux ont disparu. En un an, j'ai perdu 25 kilos. Maintenant je ne suis jamais malade. Je me lève chaque matin à 5 heures, heureuse et en pleine forme. J'aime marcher, et j'ai appris que la sueur est une bonne chose. J'ai grandi à une époque où les femmes étaient des " dames" qui ne suaient jamais... Elles transpiraient parfois, les jours de canicule... » Pat est actuellement consultante en forme et santé dans un établissement privé très prospère de Californie.

Si ses « secrets » de bonne forme gagnent en audience aux U.S.A., son programme d'exercices et de régime existe en fait depuis des siècles.

Dans le monde entier, les individus sobres et actifs conservent une bonne santé jusqu'à un âge avancé. Alexander Leaf, gérontologue de Harvard, a étudié trois sociétés où règne ce mode de vie. Le village de Vilcabamba dans les Andes de l'Équateur, la province de Hunza dans la Karakorum pakistanais, et la région de l'Abkhazian dans le Caucase soviétique comptent beaucoup d'octogénaires et de nonagénaires solides. « Je suis revenu de mes trois voyages d'études persuadé qu'une vie active (y compris sur le plan sexuel) est possible pendant cent ans au moins, et, en certains cas, plus longtemps », a déclaré le Dr Leaf.

Bien que des milliers de kilomètres séparent ces communautés de vallées de montagne, leurs modes de vie présentent des analogies frappantes : le travail de la terre sur des pentes parfois escarpées, une ration alimentaire entre 1 200 et 1 900 calories par jour (alors que la nôtre est en moyenne de 3 300 calories), et pas de retraite pour les personnes âgées, dont le statut social progresse au fil du temps. Sauf dans le groupe russe, les graisses et les protéines animales représentent *moins* de 5 % de la nourriture (alors qu'elles constituent 40 % de la nôtre). Ces trois groupes possèdent leur propre boisson alcoolisée, mais il n'y a pas d'alcoolisme en leur sein. Et comme ils ne connaissent pas la retraite, hommes et femmes restent actifs au sein de la famille et de la communauté jusqu'à leur mort. En fait, leur statut s'améliore avec l'âge.

En gros, nous sommes en Amérique aussi sédentaires que ces peuples lointains sont actifs. Notre culture urbaine a considéré l'activité physique comme une *option*, bien qu'elle soit aussi nécessaire à notre santé et à notre bien-être qu'une bonne nourriture. Nombre d'Américains sont fatigués en permanence, sans savoir que ce dont ils souffrent, c'est du *manque d'exercice.*

Anne Adams, cinquante-cinq ans, a contribué à l'élaboration du programme de natation des Masters, en Californie.

Faute d'une activité physique soutenue, des changements s'opèrent, analogues aux effets du vieillissement... mais beaucoup plus rapides ! Le corps d'une jeune athlète contrainte à l'inaction ne serait-ce que quelques semaines se met à mimer le processus du vieillissement. Sa pression sanguine augmente, son métabolisme ralentit, le cœur et les poumons fonctionnent moins bien, les systèmes nerveux et immunitaire sont au ralenti. Ses muscles et même ses os s'atrophient, à l'instar d'un membre cassé immobilisé dans un plâtre. Comparée au déclin causé par l'inactivité, la baisse de forme due à l'âge seul est en réalité tout à fait minime.

Les athlètes qui persévèrent dans leur discipline nous donnent un aperçu de ce que serait le vieillissement pur si nous ne précipitions pas ce processus en devenant moins actifs. Après trente ans, par exemple, une marathonienne ne perdra ainsi que deux minutes par an sur sa meilleure performance. Cette perte relativement faible est due à ces changements graduels dans les muscles, le cœur, les poumons et les vaisseaux sanguins dont j'ai parlé au chapitre 3 « Le processus de vieillissement ». Sans avoir à égaler les résultats de l'athlète pour réduire ces changements, nous *devons* adopter une activité soutenue. L'exercice est un facteur beaucoup plus déterminant pour notre santé et notre vitalité que notre âge réel. Un programme adéquat peut même combattre une certaine dégénérescence du corps due à l'inaction. Depuis les plus infimes cellules jusqu'aux plus gros muscles, depuis les capillaires jusqu'au cœur et aux poumons, l'exercice modèle notre corps, au dedans comme au dehors.

Mais n'attendons pas l'impossible, et soyons réalistes : le programme le plus rigoureusement suivi n'effacera pas radicalement les stigmates de la maternité, de l'allaitement, ni du temps qui passe. Il n'en reste pas moins qu'une activité physique régulière est le meilleur traitement hormonal que vous puissiez suivre, le meilleur masque de beauté, le meilleur somnifère, le meilleur tranquillisant, le meilleur aphrodisiaque, le meilleur laxatif que vous puissiez trouver ; le meilleur régime, lubrifiant d'articulations, masseur fabriquant de muscles, protecteur du dos ; le meilleur antidote à la fatigue chronique, qui demeure irréductible chez bien des femmes.

QUELLE ACTIVITÉ PHYSIQUE ?

Pour bénéficier de tous les avantages que l'exercice physique peut nous apporter après quarante ans, il nous faut une activité :

- qui fasse travailler *le corps tout entier,*

- qui entretienne, ou améliore, notre *résistance,* notre *souplesse,* et notre *capacité aérobic,* ces trois éléments fondamentaux de la bonne forme physique dont j'ai parlé dans mon premier livre et qui constituent la base de ma Méthode et de ma Gymnastique-Harmonie, le nouveau programme pour les femmes d'âge moyen, présenté dans ce livre.

L'Harmonie

Le corps, même après quarante ans, tire profit d'un exercice vigoureux, pratiqué avec mesure. C'est la notion d'équilibre qui doit ici vous guider. Ne négligez pas la partie supérieure de votre corps si vous faites travailler la partie inférieure ; ni la face interne de vos cuisses si vous faites travaillez la face externe. Si vous développez la force de vos muscles, vous devez aussi en développer la souplesse. Un manque d'harmonie, c'est la porte ouverte aux accidents.

Sans le vouloir, nous développons parfois certains muscles alors que les autres demeurent faibles. Bien des gens ont, par exemple, des mollets très puissants par rapport aux muscles de l'avant de la jambe. Ces derniers ont tendance à compenser leur faiblesse en se surmenant, d'où les risques de douleurs chroniques sur la crête tibiale. Si vous concentrez votre activité sur un seul point, vous risquez de faire tavailler un groupe de muscles jusqu'à l'excès... et l'accident. Si vous nagez souvent, comme unique exercice physique, vous pouvez trop forcer les muscles de vos épaules ; si vous ne faites que de la course, ce sont vos genoux qui risquent de souffrir.

La pratique de plus d'un sport ou un programme d'activité physique tel que ma Gymnastique-Harmonie vous mettront à l'abri de ces déséquilibres et de la monotonie. Votre corps, lui aussi, aime la variété ! Si vous êtes débutante, vous pouvez avoir le désir de maîtriser un domaine avant de passer à un autre, mais vous finirez par vouloir ajouter d'autres dimensions

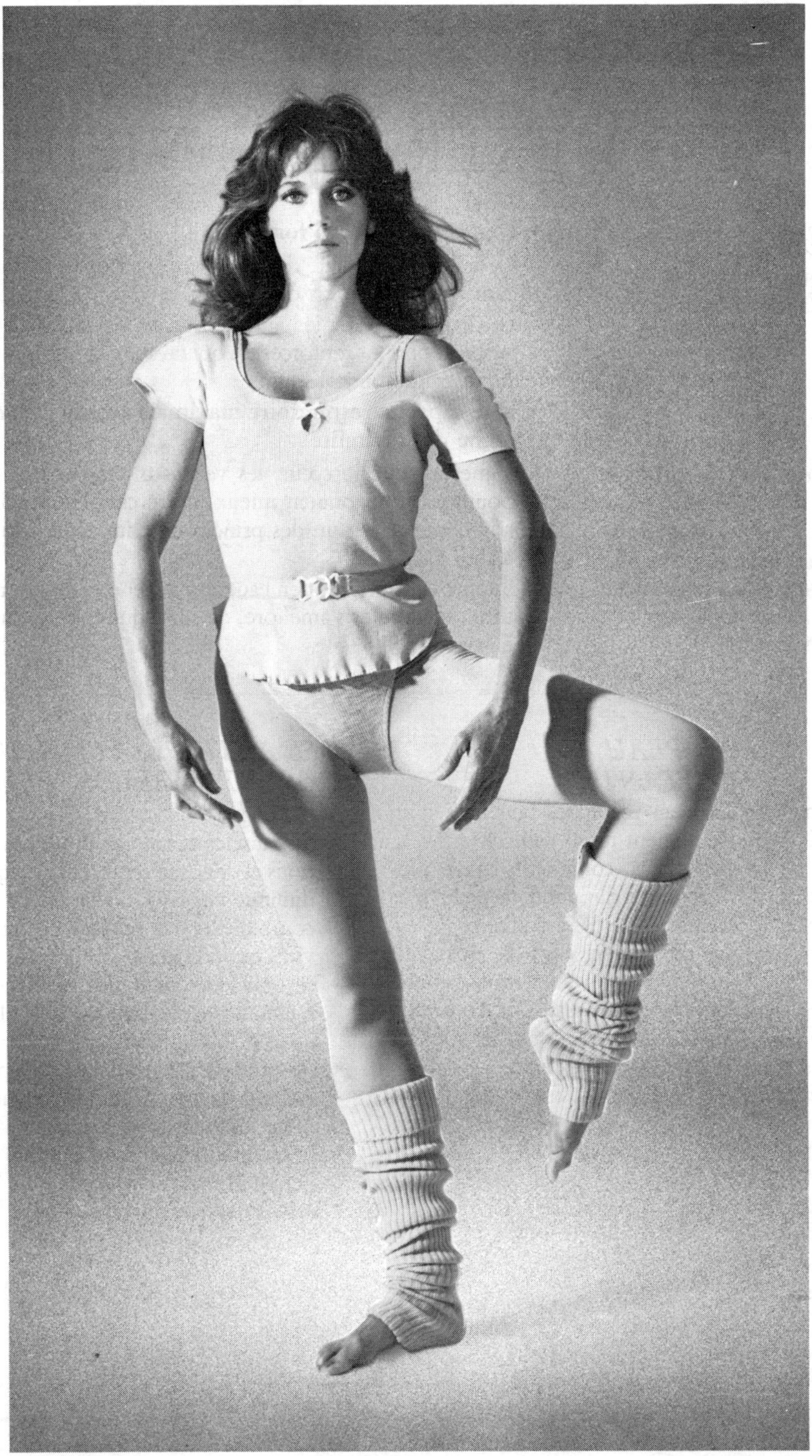

L'EFFET DE L'EXERCICE : VIEILLIR

Un aérobic efficace durable

- **Un cœur et des vaisseaux sanguins plus solides**
- Le muscle du cœur devenant plus fort, il pompe plus de sang avec moins d'effort, que votre corps soit au repos ou en mouvement.
- Des kilomètres de capillaires s'ajoutent au système vasculaire, apportant plus d'oxygène et d'aliments aux cellules.
- Les artères s'élargissent, de sorte que la pression sanguine diminue.
- Le sang dissout plus facilement les caillots dangereux.
- Les graisses nuisibles diminuent dans le sang, tandis que les lipoprotéines de haute densité (HDL) plus saines augmentent. Ces substances accélèrent le passage des graisses et du cholestérol dans le sang.
- **Des poumons plus forts**
- La taille et l'élasticité des poumons augmente, permettant d'absorber plus d'oxygène.
- Le diaphragme et les autres muscles en jeu dans la respiration sont renforcés, ce qui favorise la respiration lente et profonde.
- **Une capacité respiratoire maximale accrue : le vrai signe de la vitalité**
- A mesure que le cœur, les vaisseaux sanguins et les poumons fonctionnent mieux, notre capacité aérobic augmente : c'est un des principaux critères de forme à tout âge.
- L'approvisionnement en eau, en oxygène et en nourriture des cellules s'améliore, de sorte que tout le corps en profite.

LE RECUL DE LA MATURITÉ

- Les muscles se développent en taille, en force, et en tonus, même après quarante ans.
- Le développement de muscles brûleurs de calories signifie la réduction des dépôts graisseux, et un meilleur métabolisme pendant l'exercice comme au repos.
- Associé à un régime modéré, l'exercice est le moyen le plus efficace de brûler des calories, et de perdre du poids.
- Suppression de l'appétit durant plusieurs heures après l'exercice.
- Réduction du besoin de consommer trop de café, thé, tabac, alcool, sucre, et autres générateurs de stress et de kilos.
- Le corps trouve ses vrais contours, et les muscles s'affermissent, ce qui crée une image positive du corps.

UNE PEAU ÉCLATANTE

- La peau reçoit les bénéfices d'un traitement facial naturel.
- Les tissus conjonctifs sont renforcés, ce qui rend la peau plus épaisse et plus élastique.
- La circulation vers la peau est améliorée, ce qui nettoie, donne un teint plus lisse, et contribue même à effacer les poches sous les yeux dues à l'œdème.

DES ARTICULATIONS, UN DOS ET DES OS PLUS SOLIDES

- Les muscles de soutien des articulations et des os se renforcent, ce qui diminue vos risques d'accident en cours d'exercice et dans vos activités quotidiennes.
- Le tissu conjonctif des cartilages, ligaments et tendons devient plus épais et plus souple.
- Les cartilages sont aussi nourris par l'action de pompage des articulations stimulées par l'exercice.
- Le maintien, la station verticale et l'équilibre sont améliorés.
- Les os deviennent plus denses.

LENTEMENT

Une ménopause plus facile

- **Un système hormonal renforcé**
- On estime que la production et l'utilisation des œstrogènes et autres hormones sexuelles sont maximisées.
- Les hormones produites sont plus équilibrées.
- Les glandes surrénales et les ovaires sont plus sains.
- Les tissus sont plus réceptifs aux messages des hormones.
- Un système endocrinien fonctionnant bien peut alléger l'épreuve physique et psychologique de la ménopause.
- **Le soulagement des bouffées de chaleur**
- La diminution du stress et une meilleure régulation de la température du corps par la sudation peuvent diminuer l'apparition, l'intensité et la fréquence des bouffées de chaleur.
- **La forme sexuelle**
- La circulation accrue des hormones, de l'oxygène, et des éléments nutritifs favorise la lubrification et l'élasticité des tissus sexuels.
- La musculature générale est plus solide, les articulations plus souples, et la capacité aérobic plus grande – d'où une possibilité de meilleures relations sexuelles. Un muscle pubococcygien renforcé par la méthode Kegel et des muscles abdominaux, des hanches et des cuisses bien exercés sont particulièrement importants.
- Les sens sont ravivés, et vous pouvez réveiller votre corps si vous étiez engourdie. Vous vous affirmerez en tant que personne sexuée.
- L'exercice augmente les niveaux de testostérone, l'hormone associée au désir sexuel.
- **Une meilleure santé mentale**
- L'énergie contenue en vous se libère, ce qui apaise vos sentiments.
- A mesure que le corps supporte mieux le stress, nous conservons plus d'énergie, sentons moins la fatigue, et avons plus de vitalité.
- Un meilleur drainage du sang apporte plus d'oxygène et d'éléments riches en énergie à chaque cellule, y compris celles du cerveau, où résident beaucoup de nos anti-dépresseurs naturels. L'exercice physique augmente la production de plusieurs de ces substances chimiques du cerveau telles que les endorphines.
- Le sodium et l'eau en excès sont éliminés, réduisant la rétention de liquide qui peut vous rendre dépressive.
- Des surrénales plus saines sont importantes non seulement pour leur production d'œstrogène mais aussi pour leur rôle crucial en période de stress.
- Un meilleur endormissement et un sommeil plus reposant.

En progrès...

- **Le système digestif**
- Le tube digestif tout entier, qui décompose les aliments et les renvoie dans l'organisme, gagne en tonus.
- L'assimilation s'améliore, notamment le métabolisme du glucose.
- L'évacuation des déchets se fait mieux, allégeant le travail des reins et combattant la constipation.
- **Le système immunitaire**
- Il combat mieux la maladie, du rhume de cerveau au cancer.
- **Le système nerveux**
- La mémoire, l'aptitude à réagir vite, et les autres fonctions intellectuelles s'améliorent.
- Le système nerveux conserve un état d'éveil qui bénéficie de l'activité physique. Cela signifie qu'il perd ses tendances sédentaires. L'activité en soi, et les sentiments positifs dérivés de l'exercice, suscitent le désir d'une plus grande activité. *De la sorte, l'exercice tend à se perpétuer lui-même.*

à votre programme. Quoi que vous fassiez, votre activité physique doit comprendre les éléments de la forme qui suivent.

La résistance

Vous pouvez acquérir beaucoup de force et de tonus musculaire par des exercices de contraction répétés de ces muscles, malgré la résistance de votre corps, tels que les abdominaux et les levers de jambe proposés dans ma Gymnastique-Harmonie. Ces contractions musculaires en profondeur doivent être suivies de stretching et de détente. Vos muscles se développeront et s'affermiront, ainsi que le tissu conjonctif des tendons d'articulations, des ligaments et des cartilages, ce qui renforcera alors les os.

Vous pouvez introduire une certaine variété dans ce programme en utilisant des appareils de musculation, mais jamais plus de deux ou trois fois par semaine. Après ce type d'exercice, il faut au moins quarante-huit heures à vos fibres musculaires pour se remettre.

Le stretching

C'est en fait l'autre face de la résistance, mais on pratique fréquemment l'une au détriment de l'autre. Les adeptes du body-building sont souvent incapables de toucher leurs orteils ; et les corps aussi souples que des poupées de chiffons sont parfois aussi mous. Le but est d'obtenir des muscles et des articulations forts *et* souples à la fois.

Les étirement lents et soutenus, préconisés dans ma Gymnastique-Harmonie, allongent et échauffent les fibres musculaires. Sans forcer. Sinon l'effet des mouvements s'inverserait. Les muscles se contracteraient. Un échauffement initial est indispensable. Pour éviter tout risque d'accidents, tant osseux que musculaires, essayez d'être aussi détendue que possible pendant le stretching, de respirer à fond, de vous concentrer sur l'étirement du muscle que vous travaillez et de relâcher sa tension.

On croit souvent qu'un stretching lent est trop facile, qu'il n'apporte pas grand-chose. C'est loin d'être le cas. Plus vous travaillez lentement, et plus vous exercez le contrôle ; par conséquent, plus votre étirement est intense et dépend de votre volonté. Les danseuses le savent. Les professeurs de yoga connaissent aussi le pouvoir du stretching. En étirant un groupe de muscles, vous contracterez les muscles opposés. Quand, par exemple, vous étirez l'arrière de vos jambes, vous renforcez du même coup les muscles de l'avant. Quand vous allongez les muscles de la région lombaire, soulageant la pression sur la colonne vertébrale, vous renforcez vos abdominaux.

L'Aérobic : le cœur de la question

Joan Paul, cinquante ans, pratique la bicyclette chaque matin.

Tout en étant un des trois éléments fondamentaux de la forme physique, l'aérobic en constitue la base même. Il nous fait absorber un grand apport d'oxygène qui permet aux muscles et aux autres cellules du corps de produire de l'énergie. La quantité d'oxygène inhalée par nos poumons, la quantité de sang oxygéné que pompe notre cœur, et la quantité d'oxygène utilisée par nos muscles au cours d'un exercice vigoureux, offrent la meilleure mesure de notre forme générale.

Après trente ans, notre capacité aérobic diminue graduellement en raison du vieillissement naturel de notre organisme. Mais, comme vous l'avez vu, nous pouvons considérablement réduire ces changements par l'exercice – par l'aérobic. Conserver ou améliorer votre capacité aérobic aura sur vous un profond retentissement physique et mental, car le système cardio-respiratoire est capital pour la vitalité de tout le corps. Être fort et souple permet de pratiquer des exercices d'aérobic dans la sécurité, le plaisir, et l'enthousiasme.

Ces exercices mettent en jeu nos plus grands groupes de muscles : ceux des jambes et des hanches. Ils sont nos « seconds poumons et seconds cœurs », ces muscles d'endurance qui, en mouvements rythmiques continus, nous font respirer profondément, et envoient le sang dans tout l'organisme. Et si vous faites aussi travailler la partie supérieure de votre corps, ce sera encore mieux. Le cœur, les poumons, et le réseau des vaisseaux sanguins se renforceront. Si vous êtes en bonne forme, votre cœur parviendra à pomper en 45 ou 50 pulsations la quantité de sang par minute qu'un cœur moyen pompe en 70 ou 75 pulsations.

Pour être pleinement efficace, *l'aérobic doit être vif*, et accélérer les rythmes cardiaque et respiratoire. Mais n'oubliez pas, au départ, qu'il s'agit d'absorber de l'oxygène, de sorte que vos mouvements ne doivent pas vous faire perdre haleine et vous obliger à vous arrêter rapidement. Si vous commencez à haleter, sachez que vous travaillez *anaérobiquement,* c'est-à-dire sans oxygène. Vos muscles exigent de l'oxygène plus vite que votre système cardio-respiratoire ne peut le fournir. Les muscles manquant d'oxygène se fatigueront vite, ce qui abrégera votre exercice. Pour éviter cela, nous devons trouver le bon rythme, ni trop intense car cela nous contraindrait à l'abandon, ni trop lent car cela n'améliorerait pas notre système cardio-respiratoire.

Le bon rythme est capital pour qui désire conserver son poids ou maigrir. Un exercice très intense (anaérobique), tel que la course de vitesse ou la musculation utilise comme seul combustible du glycogène, ou hydrates de carbone en réserve. Un exercice modéré (aérobique), telle la marche rapide ou la ventilation en salle, utilise la graisse comme combustible principal. Comme je l'ai expliqué au chapitre 5 « La maturité s'installe », la graisse n'est brûlée qu'en présence de beaucoup d'oxygène. Si nous voulons brûler nos graisses (notre corps s'en portera mieux), ainsi qu'un maximum de calories, le but de l'exercice doit être d'aller *plus loin,* et non plus vite, à un rythme aérobic.

L'aérobic idéal amène nos cœurs à pomper nettement au-dessus de leur rythme de repos, mais un peu au-dessous de leur maximum. Ce qu'on appelle le *rythme cardiaque d'entraînement,* et qui doit être votre *but,* c'est *75 %* de votre rythme maximal. Pour y parvenir en toute sécurité, commencez vos mouvements sur un rythme d'entraînement de *60 %*. (Au-dessous, votre travail manquerait d'efficacité.) Restez un mois ou deux à ce niveau. Dans les six mois qui suivent, montez jusqu'à votre rythme cardiaque d'entraînement idéal de 75 %. Après six mois, ou plus, selon la forme que vous aurez acquise, vous pourrez progresser jusqu'à *85 %,* si vous le désirez. Il n'est cependant *pas* nécessaire d'atteindre ce niveau pour rester en forme.

Le tableau de la page 246 vous permet de calculer votre propre rythme cardiaque d'entraînement. Notez qu'il décroît avec l'âge, du fait que nous perdons en gros une pulsation par an de notre rythme cardiaque maximal après trente ans.

Comment savoir si nous travaillons à notre rythme d'entraînement idéal ? En prenant notre pouls, au repos et sitôt après l'exercice : c'est notre entraîneur interne, notre indicateur le plus fiable sur la quantité de sang, et par conséquent d'oxygène, pompée par le cœur et utilisée par les

muscles. Au début, je vous conseille de prendre fréquemment votre pouls afin de connaître votre rythme au repos et de calculer votre rythme d'entraînement.
Quand vous deviendrez plus résistantes, votre rythme au repos s'abaissera et vous irez plus loin dans votre entraînement. Vous finirez par bien savoir quand vous travaillez au rythme idéal, mais continuez à prendre votre pouls, c'est une bonne chose.

Pour une efficacité maximale, *l'aérobic doit être régulièrement poursuivi durant au moins 15 à 30 minutes,* selon l'intensité des mouvements. Des exercices d'aérobic *très rapides,* tels que la course de vitesse, le ski de fond, la bicyclette fixe et les mouvements en salle vous font facilement atteindre la limite supérieure de votre rythme d'entraînement, de sorte qu'un quart d'heure est un bon minimum. Des exercices de *rapidité moyenne* tels que la marche, le cyclisme, la natation, la gymnastique suédoise, et le saut sur mini-trampoline font travailler votre cœur moins intensément, et le meilleur minimum est une demi-heure. De façon optimale, ces séances peuvent être *prolongées* jusqu'à 30 minutes pour l'aérobic très rapide, et une heure pour l'aérobic moyen, mais il ne s'agit là que d'indications générales. Prendre votre pouls à la fin est le meilleur moyen de mesurer votre intensité aérobic.
Ces durées plus longues vous permettent de brûler *au moins* 300 calories par séance, niveau hautement recommandé par les spécialistes de la médecine physique. N'oubliez pas de prévoir un temps additionnel pour l'échauffement et pour la relaxation.

L'aérobic doit être pratiqué régulièrement, au moins trois fois par semaine pour *entretenir* votre capacité, et jusqu'à six fois pour l'*améliorer.*

Selon votre état au départ, en six mois, un an d'aérobic rapide, soutenu et régulier, vous aurez posé les bases d'une bonne forme physique. *Inutile* de dépasser 30 à 60 minutes pour continuer à améliorer votre santé cardio-respiratoire. En allant *au-delà*, vous devez savoir que les risques d'accident augmentent ; soyez donc raisonnable. L'unique raison de vouloir dépasser ce programme type est, je crois, l'entraînement en vue d'une compétition telle que le marathon, si vous avez particulièrement besoin du « coup de fouet » que peut donner l'aérobic, ou si vous devez perdre plus vite vos kilos superflus. Comme je l'ai expliqué au chapitre 5 « La maturité s'installe », l'aérobic est sans pareil pour brûler les graisses en réserve, édifier une musculature ferme, et, peut-être, abaisser le point de fixation qui, selon certains, règle la quantité de graisse que notre corps aime stocker. Il se pourrait aussi qu'un aérobic intense soit meilleur pour les

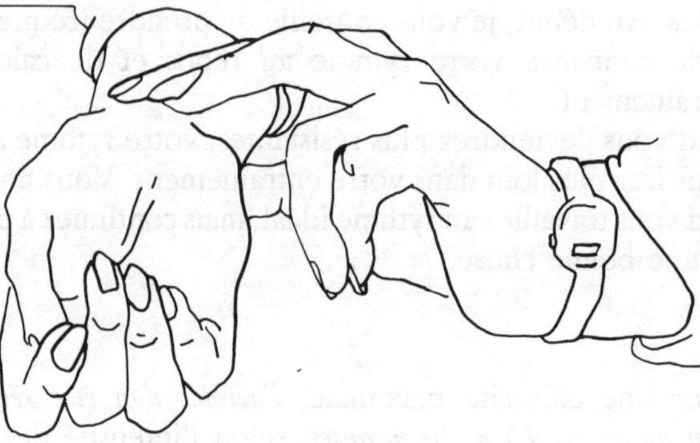

Le pouls : votre entraîneur interne

CALCULEZ VOTRE RYTHME CARDIAQUE D'ENTRAÎNEMENT

Il faut viser entre 60 et 85 % de votre rythme maximal. L'idéal correspond à 75 %.

Pour calculer votre rythme cardiaque maximal, soustrayez votre âge de 220 pulsations à la minute, rythme cardiaque maximal de l'adulte jeune.

Multipliez le chiffre obtenu par 60 %, 75 % et 85 % pour déterminer les rythmes minimal, moyen et maximal de vos exercices d'aérobic.

CÔNTRÔLEZ VOTRE POULS AU REPOS

Prenez votre pouls durant 60 secondes, de préférence le matin avant de sortir du lit. Si vous le faites une fois par semaine, choisissez le matin suivant le jour où vous vous abstenez de tout exercice vigoureux.

CONTRÔLEZ VOTRE RYTHME D'ENTRAÎNEMENT

Sitôt après l'exercice, prenez votre pouls durant 6 secondes. Multipliez le résultat par 10 pour obtenir votre rythme cardiaque à la minute pendant l'exercice. Prenez votre pouls au poignet ou à la carotide.

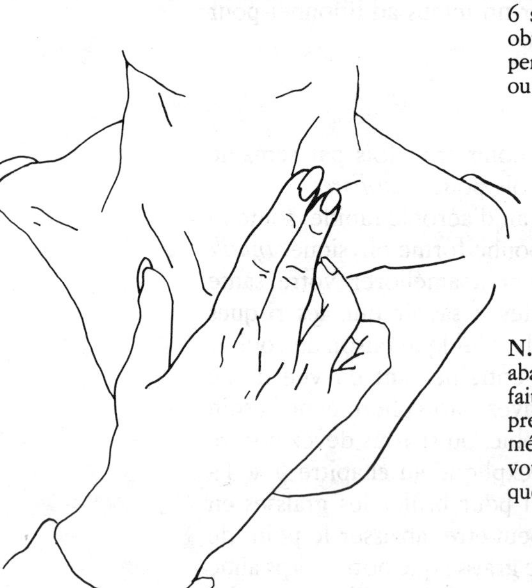

N.B. : certains médicaments contre la tension abaissent le rythme cardiaque maximal, et de ce fait le rythme cardiaque d'entraînement. Si vous prenez ce type de médicament, consultez votre médecin pour savoir s'il convient d'aménager votre programme d'entraînement en conséquence.

os, mais il ne faudrait pas que ces exercices se fassent au détriment des articulations. Une bonne nouvelle pour terminer : plus vous êtes lourde, ou grosse, et plus vous brûlerez de calories pendant l'aérobic.

Le repos

C'est le dernier élément à ajouter à ce programme de forme. Au fil des ans, j'ai appris que le corps tire de la force de l'exercice à travers un processus de pauses et de reprises. Grâce à des étapes raisonnablement graduées, nous reprenons chaque fois à un niveau de forme supérieure. Voilà comment nous *progressons.* Mais notre corps a besoin de souffler. Nous devons donc instaurer un équilibre entre le repos et l'activité physique afin de tirer un profit maximal de l'exercice. C'est particulièrement important après quarante ans, lorsque le corps est un peu plus long à se régénérer.

Il nous faut au minimum un jour par semaine *sans* exercice vigoureux. Avec une promenade à pied, si vous voulez, mais pas de course. Jouissez sans culpabilité de votre repos, en sachant qu'il est capital pour votre organisme et pour vous-même. Votre corps met à profit ce temps pour accomplir son travail de réparation interne.

LE POUVOIR DU PIED

Quand j'ai écrit *Ma Méthode*, mon premier livre, je venais de découvrir la course à pied. Quatre ans plus tard, j'ai ajouté la marche de fond à mes exercices. J'ai découvert ses avantages en arpentant les circonscription électorales, à raison de cinq à six kilomètres par jour, pendant la campagne de mon mari pour l'assemblée de l'État de Californie. L'intensité de cette campagne ne me permit pas de suivre mon programme usuel mais, conséquence inattendue et bienvenue, je perdis quelques kilos, maintins mon niveau d'aérobic, et exerçai mes jambes et mes hanches. La marche est la forme la plus naturelle d'aérobic. Avec la course à pied, c'est, à mon avis, le plus excitant et le plus aisé des sports aérobics. Tous deux vous font sortir et découvrir votre environnement : pentes et terrains plats, jours de pluie et de beau temps, brume matinale et soleil couchant. Vous rencontrez d'autres marcheurs et des sympathisants.

La marche rapide est un exercice de plein air idéal à mie-vie. Ses avantages égalent ceux de la course à pied : vous devez seulement la poursuivre plus longtemps. 1 500 mètres de marche brûlent environ 100 calories, comme 1 500 mètres de course à pied. A marcher ou à courir plus vite, vous ne dépensez qu'un peu plus de calories. C'est en allant plus loin et pendant plus longtemps (à votre rythme d'entraînement, bien sûr) que vous tirerez un maximum de bénéfices dans tous les sports de ventilation. Les habitués parlent de LSD *(long-slow-distance) :* longue distance parcourue lentement.

La marche est bonne pour toutes, des débutantes aux athlètes atteintes de blessures exigeant un « repos actif ». C'est un excellent exercice pour alterner avec des journées de travail intensif, ou pour se remettre du stress des autres sports. La marche impose peu de tension sur les articulations des genoux et des hanches. Les risques d'accident sont minimes. C'est l'introduction parfaite à la course de vitesse et autres sports aérobiques plus vigoureux. Elle renforce grandement les muscles, les tendons, les ligaments, et les os, leur permettant de s'habituer à soutenir tout le corps dans l'aérobic. Elle sollicite des muscles servant à la fois aux mouvements de traction et de poussée, à la différence de la course qui met essentiellement en jeu les muscles de poussée.

Ruth Anderson, cinquante ans, courant avec sa fille.

Je remplace la course par la marche les jours où je cherche un rythme plus lent, en supplément à mon programme d'exercices, ou simplement le temps de savourer la beauté du dehors. Mais il ne s'agit pas de marcher n'importe comment. Voici quelques principes de bases que j'ai adoptés.

La marche

- **Un pas vif** est important pour tirer profit de l'aérobic. Ayez pour but d'atteindre une allure de 5 à 6 km/h ce qui correspond à 1 500 m en 12-15 minutes.

- **Portez le poids du corps légèrement en avant,** en soulevant le talon avant la pointe du pied, avec les jambes dans l'alignement des hanches, et les pieds droits devant.

- **Avancez à grands pas :** cela accélère votre allure et rythme votre marche en faisant travailler vos jambes, vos cuisses, et vos fesses au maximum. Plus vous acquerrez ainsi de force, meilleure sera votre foulée. Faites partir le mouvement des hanches, cela améliorera aussi votre foulée.

- **Redressez-vous.** Pensez à marcher le dos droit, la poitrine et la tête hautes... si l'état du terrain ne vous oblige pas à regarder où vous mettez les pieds. Imaginez que le sommet de votre tête se soulève, et ayez la sensation d'étirer en souplesse le cou et le bas du dos.

- **Balancez les bras** avec vigueur, comme des pendules, dans un mouvement ample. Vous ne devez rien porter.

- **Soyez détendue :** vos bras et vos jambes doivent se mouvoir harmonieusement dans leurs articulations, tandis que vos coudes, vos mains, vos genoux et vos chevilles restent souples, et votre visage serein.

Vos jambes et vos bras s'activant de concert, vous serez peut-être aussi surprise que je le fus d'être bien vite en nage. Gravir des pentes augmentera l'intensité de votre exercice. Les pentes sont connues pour apporter force et endurance, notamment aux quadriceps – muscles antérieurs des cuisses – qui contribuent à la stabilité de l'articulation du genou. Descendre une pente, tout en étant plus facile pour l'aérobic, impose plus de stress aux articulations, aussi restez détendue et n'accélérez pas. Vous pouvez même ralentir un peu quand une descente est particulièrement raide.

Une fois que vous aurez acquis les principes de base, vous pourrez porter des poids aux poignets ou à la taille, afin d'activer votre travail d'aérobic. (Vous pouvez aller jusqu'à 20 % du poids de votre corps, mais *très progressivement.* Évitez les poids aux chevilles pendant la marche, car ils imposent trop de stress aux genoux.) J'ai une préférence pour les poids légers qui s'appliquent autour des poignets ou qui se logent dans des gants spéciaux, pour mieux exercer la partie supérieure du corps. Je les utilise aussi parfois pour courir parce que ce sport renforce beaucoup plus la partie inférieure du corps que la partie supérieure.

Une marche lente, avant et après une marche ou course d'aérobic, est un bon moyen de s'échauffer et de se détendre. Mais comme la marche et la course renforcent davantage l'arrière des jambes, à moins que les pentes à gravir soient *nombreuses*, je fais souvent 5 ou 10 minutes de stretching doux avant de marcher (et *toujours* avant de courir) ainsi qu'après. J'insiste sur l'étirement des mollets, de l'arrière des cuisses, ou des tendons du jarret. (Pour ces mouvements, voir pp. 337-345 des exercices de Gymnastique-Harmonie).

Si vous êtes sédentaire depuis longtemps et désirez courir, je vous conseille vivement de débuter par la marche, puis d'alterner la marche et la course, en augmentant lentement la durée de la course jusqu'à supprimer la marche. Lorsque vous courez, assurez-vous toujours de pouvoir soutenir une conversation. Cela vous confirmera que vous travaillez avec un bon équilibre entre l'inspiration et l'expiration d'oxygène : c'est la base du développement de votre capacité aérobic. Posez d'abord les talons au sol et poussez avec la pointe des pieds afin de réduire la tension sur les pieds et les jambes ; et attention en descendant les pentes. Souvenez-vous que les premiers kilomètres sont *les plus durs*, contrairement à ce qu'on pourrait croire. Ce sont eux qui nous mettent le plus en forme. Les autres sont plus faciles. Si vous ne vous sentez pas bien après 10 à 20 minutes de course, c'est que vous forcez trop.

QUELQUES PRÉCAUTIONS

C'est dans les six à huit premières semaines d'un programme d'exercices que les risques d'accident sont les plus grands. Les blessures les plus courantes portent sur les muscles, les tendons, les ligaments et les cartilages des articulations. Elles résultent souvent d'efforts excessifs et d'une ignorance de certains points élémentaires. La prévention est le remède le plus efficace.

Les *surfaces* recommandées pour marcher ou courir sont lisses et douces à la fois. Évitez dans la mesure du possible le béton, même dans les salles de gymnastique où on le recouvre de tapis. Ce n'est pas une protection suffisante. Il vous faut un plancher, ou au moins des nattes.

L'asphalte est un peu moins stressant que le béton. Il est souvent préférable à une piste rocailleuse. Mieux vaut aussi éviter les bas-côtés des routes. Marcher ou courir sur ces surfaces irrégulières force les articulations sous des angles inhabituels. C'est une cause fréquente du terrible « genou du coureur ». Au lieu de glisser sans heurt dans la cavité de l'extrémité du fémur, la rotule est entraînée sur le côté, causant une irritation du cartilage. Des courses répétées sur des surfaces dures font remonter le stress le long des jambes jusqu'aux hanches. C'est une des principales causes des périostites, ces douleurs chroniques sur la crête tibiale, et des fractures dues au stress. Vous pouvez éviter les périostites en étirant vos mollets et vos talons, en racourcissant votre pas, en posant d'abord vos talons au sol, et en portant de bonnes chaussures pour courir.

Les *chaussures* peuvent, dans une certaine mesure, compenser des surfaces dures et inégales. Même sur un sol idéal, des chaussures protectrices sont une priorité. Elles sont coûteuses, mais il n'est pas question ici de lésiner sur la qualité, comme les débutantes ont tendance à le faire sous le prétexte qu'elles ne sont pas sûres de tenir et qu'elles ne font que peu de kilomètres. C'est précisément au début que vous avez le plus besoin de protection, lorsque vos pieds et la partie inférieure de votre corps doivent d'adapter aux tensions nouvelles de l'exercice. Une blessure précoce peut vous pousser à abandonner. Alors, portez de vieux vêtements si vous voulez, mais pas de vieilles chaussures.

Trouver d'excellentes chaussures est chose facile de nos jours. Adoptez une de ces marques qui ont fait de la conception des chaussures d'athlétisme une vraie science. Veillez à la *stabilité, au soutien du pied,* et au *logement des orteils.* Une chaussure doit protéger les muscles, les os, et les articulations des jambes contre les surfaces dures et le cognement de la course. Mais des chaussures trop souples ne sont pas toujours les meilleures : les modèles moyennement souples sont plus stables. Un talon renforcé peut réduire les mouvements latéraux imposés à l'arrière-pied, qui sont si durs aux genoux et aux articulations des hanches. Ne soyez pas trop serrées dans vos chaussures : vos orteils ne doivent pas frotter, sur le plat comme en pente. Choisissez bien des chaussures d'entraînement, et non de compétition qui sont moins renforcées pour être plus légères. La semelle alvéolée convient aux pistes dures et sales ; la semelle en vagues à l'asphalte. Je cours et marche plutôt sur les deux types de surfaces, et j'ai des semelles en vagues.

Vos chaussures prendront la poussière et l'humidité car vous sortirez par tous les temps, et par tous les chemins. Ne vous abstenez pas de courir

Sœur Marion Irvine, cinquante-quatre ans, a commencé à courir à quarante-huit ans. Elle détient le record mondial du demi-marathon et du marathon pour le groupe des plus de cinquante ans.

pour leur conserver l'aspect du neuf. La plupart des meilleures marques ont des semelles internes amovibles, faciles à sécher. Remplacez vos chaussures dès que l'intérieur perd son élasticité et que l'extérieur s'abîme, surtout si vos semelles s'usent irrégulièrement, ce qui est généralement le cas.

Si vous vous entraînez en terrain accidenté, je vous recommande les nouvelles chaussures légères de randonnée, qui durent plus longtemps et protègent mieux les chevilles que les modèles de course. Elles sont imperméables, ou presque. Portez des socquettes épaisses, de préférence un mélange laine/coton, ou laine/synthétique (le tout-coton retient l'humidité et peut causer des ampoules) ; et dessous, des socquettes de fil pour garder les pieds plus secs. Les socquettes de coton léger conviennent bien à la course et à la marche normale.

Les *vêtements* que vous portez sont importants. Non seulement pour votre confort et l'agrément d'être bien habillée, mais aussi pour la stabilité de température de votre corps, qui est nécessaire à une bonne séance d'exercice. La sueur doit pouvoir s'évaporer afin de rafraîchir votre corps. En s'évaporant, elle refroidit le sang proche de la surface de la peau, qui regagne ensuite les tissus intérieurs. N'essuyez donc pas votre sueur. Les jours chauds et humides, portez un minimum de vêtements légers et lâches. Ayez des tissus qui « respirent ». Évitez les habits plastiques ou caoutchoutés et, par temps chauds, les gros chandails et les pantalons de sudation. Vous ne maigrirez pas plus vite en transpirant davantage car le poids que vous perdez en eau sera remplacé dès que vous boirez à nouveau. Ils risquent aussi d'élever dangereusement la température de votre corps. Par temps froid, si vous travaillez en plein air, porter une couche de vêtements de moins qu'à l'ordinaire ; mettez de vieux gants ou des mitaines ; et couvrez-vous la tête, du fait que 40 % de la chaleur du corps s'échappe par le cou et la tête.

Un bon soutien-gorge de sport est un investissement valable pour une femme active qui porte un bonnet B ou C, surtout si elle court. Prenez un modèle solide afin d'être bien maintenue. Les cotons mélangés sont les meilleurs tissus pour leur capacité d'absorption, et leurs coutures sont moins nombreuses. Veillez à ce que vos bretelles ne glissent pas et à ce qu'aucun élastique n'irrite votre épiderme.

Si vos vêtements doivent être aussi peu serrés que possible, des bas de soutien élastiques sont un impératif en cas de varices. (A ce propos, tous les exercices de jambes, surtout la marche et le cyclisme, sont excellents pour soulager l'inconfort et les complications des varices.)

Et pour compléter ces conseils de prévention des accidents, voici un bref rappel des impératifs de sécurité que j'ai présentés dans « Les mécanismes du corps ».

1. **Échauffez-vous toujours avant l'exercice et détendez-vous après.** Les muscles chauds et souples résistent aux accidents, ce qui n'est pas le cas des muscles tendus ou froids.
2. **Ne soyez jamais déshydratée.** Buvez beaucoup – de préférence de l'eau – un certain temps avant ainsi qu'après l'exercice. La déshydratation peut abaisser la performance de façon spectaculaire.
3. **N'en faites pas trop :** fatigue, perte de motivation, élévation du rythme cardiaque au repos. Une douleur qui augmente en cours d'exercice est un signal d'arrêt. Ne pas en tenir compte cause 80 à 90 % de tous les accidents. Attention aux douleurs, autres que les courbatures usuelles, qui persistent plusieurs heures après vos mouvements.
4. **Veillez à votre maintien pendant l'exercice.** Un bon alignement des articulations et du dos réduira les tractions anormales.
5. **Travaillez toujours l'estomac vide (et la vessie vide).** Évitez tout exercice intense pendant au moins une heure après les repas. Sinon, le sang, nécessaire à la digestion devra affluer vers vos muscles, ce qui risque de vous donner des nausées. Après une séance d'entraînement, essayez

La Gymnastique-Harmonie concerne aussi les hommes.

d'attendre au moins vingt minutes avant de passer à table. Si vous recherchez les effets coupe-faim de l'exercice, ne travaillez pas plus de deux heures avant les repas.

Un avis « médical »

La plupart d'entre nous n'ont pas besoin de voir un médecin avant d'aborder le programme d'exercices progressifs que je recommande. Cependant, si l'une des conditions suivantes correspond à votre cas, un check-up médical s'impose avant de débuter.

1. Vous (ou votre famille) avez eu des troubles du cœur ou des coronaires.
2. Vous avez une tension élevée.
3. Vous êtes très essoufflée après un effort moyen.
4. Vous avez des problèmes d'os ou d'articulations.
5. Vous avez plus de soixante ans et ne pratiquez pas d'activité physique.
6. Votre cas n'a pas été cité ici, mais vous estimez qu'il exige une attention particulière au cours d'un programme d'exercices.

Pour être complet, votre examen médical préalable devra comprendre un test de résistance à la fatigue qui mesurera la capacité de votre cœur à fournir un sang oxygéné à vos muscles de plus en plus en plus sollicités. Assurez-vous que votre médecin est équipé pour ce type de test (vélo ou tapis roulant).

LA MISE EN ROUTE

Quel que soit le programme d'activité que vous avez choisi, le premier principe est de débuter en douceur. Considérez le premier mois comme un mois d'échauffement. Vous avez des années pour progresser, aussi sachez apprécier cette première phase où votre corps et votre esprit s'adaptent aux contraintes d'exercices réguliers. Vous pourrez vous donner à fond plus tard, lorsque toutes les parties de votre corps seront plus fortes et plus souples. La gymnastique et vous-même devez avoir des relations durables car vous construisez pour la vie.

C'est au début que les progrès sont les plus rapides et les plus visibles.

Vous aurez peut-être un sentiment d'euphorie et de plénitude que rien ne saura vous arracher. Cela pourra durer des mois, souvent des années. C'est une période merveilleuse, en dépit des petits échecs ou des difficultés de votre pratique quotidienne. A mesure que vous approcherez de l'excellente forme, vous constaterez que vos progrès deviennent plus lents. C'est parfaitement naturel. Un gain de quelques secondes dans les records mondiaux, vous le savez, exige des prouesses de la part des athlètes. Il est réconfortant de savoir à l'avance que vous atteindrez un jour un palier. N'ayez pas alors l'impression de régresser. Vous aurez simplement acquis un niveau de forme qui est plus facile à conserver qu'à acquérir. La période de lune de miel, cette euphorie de vos débuts, ne peut pas durer toujours. Mais votre corps remodelé pourra *durer,* si vous continuez à travailler régulièrement. Votre activité physique est un processus à long terme, qui vous réserve encore bien des progrès, et d'autres paliers.

Au stade initial de votre programme, la meilleure règle pour un progrès régulier mais graduel est de ne jamais augmenter de plus de 10 % votre travail de la veille – qu'il s'agisse de mouvements, de kilomètres, de poids, ou de vitesse. Le corps est bâti pour répondre aux sollicitations en devenant plus fort, mais à doses équilibrées. Si les buts que vous vous êtes fixés pour une semaine ou plus vous fatiguent au lieu de vous dynamiser, répétez-les avant de travailler. Cela se fait couramment. Le progrès est certes une courbe ascendante, mais pas régulière : vous aurez vos bons et vos mauvais jours. Soyez persévérante. Essayez de vous entraîner quotidiennement. Mais si vous manquez une séance, ne vous inquiétez pas. C'est le tableau d'ensemble qui compte. Si vous abandonnez une semaine ou plus, reprenez un peu plus bas. Ne jetez pas l'éponge. Rappelez-vous que ce sont les premiers pas qui coûtent.

CINQUIÈME PARTIE

Gymnastique-Harmonie

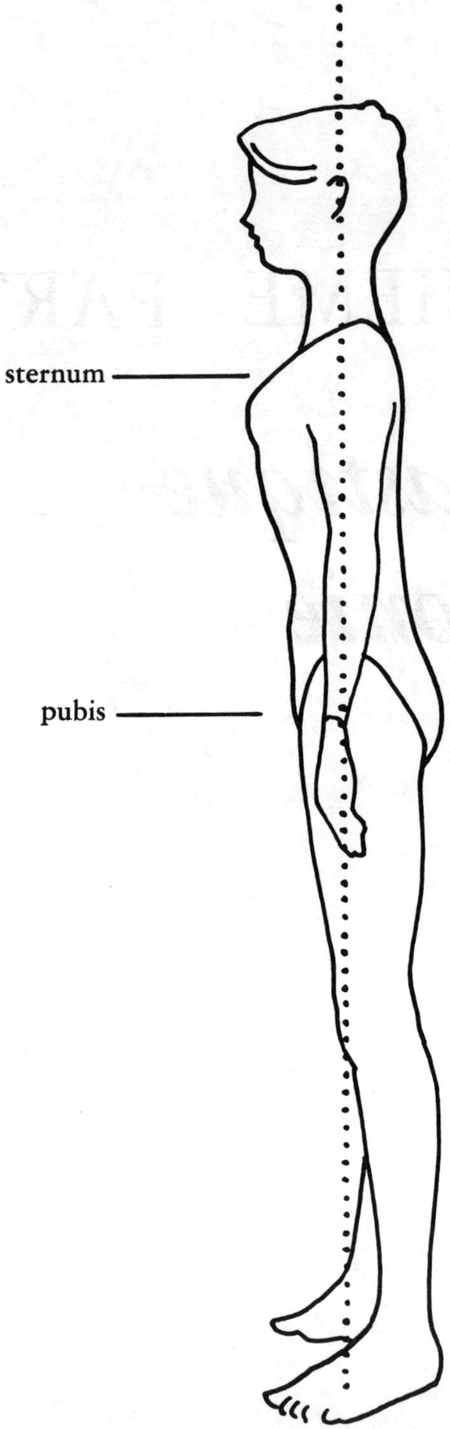

Pubis vers le nombril. Rentrez le ventre ; poitrine redressée, épaules baissées et en arrière ; le poids du corps légèrement vers l'avant.

LA GYMNASTIQUE-HARMONIE s'adresse aux femmes de trente-cinq, quarante ans et à toutes celles qui, ayant trouvé trop difficile le programme de mon premier livre, *Ma Méthode,* cherchent une méthode de gymnastique progressive. Cet ouvrage s'adresse également aux femmes qui pratiquent la méthode ordinaire, mais qui veulent simplement changer leur programme d'entraînement, ou à toutes celles qui n'ont jamais pratiqué d'activités physiques, qui se trouvent trop grosses, qui ont des problèmes de dos, de l'arthrose ou chez qui un excès d'activité physique a entraîné des troubles.

Mais ne croyez pas que la Gymnastique-Harmonie ne vous mettra pas à l'épreuve ! Au contraire. Elle vous permettra d'améliorer votre forme, votre tonus musculaire, votre souplesse, votre circulation sanguine, vos capacités cardiaques et pulmonaires.

Cette méthode fait travailler tout le corps, des pieds à la tête. Elle harmonise les bras, la taille, le ventre, les hanches, les cuisses, les jambes, et même le cou et le menton. Toutes vos articulations seront renforcées. Les épaules, les poignets, les mains, les doigts, les chevilles et les pieds bougeront au maximum de leurs possibilités. Nous portons un effort tout particulier à protéger et renforcer le cou et le bas du dos. Mais la méthode prévoit également des exercices pour les muscles pelviens internes.

Suivez-donc l'exemple de ma belle-mère, Shirlee Fonda, dans cette nouvelle méthode Gymnastique-Harmonie. Je suis fière qu'elle nous montre ce que peut accomplir une femme dans la fleur de l'âge.

FRÉQUENCE

On me demande souvent combien de temps il faut consacrer à faire sa gymnastique. Au minimum trois fois par semaine... si l'on souhaite obtenir des résultats. L'idéal serait de s'entraîner 6 jours sur 7. Mais n'en faites pas une contrainte ou n'allez pas vous culpabiliser si vous manquez une séance ou deux. Soyez à l'écoute de votre corps. Quand vous êtes fatiguée, reposez-vous ! Si vous pouvez vous astreindre à des exercices réguliers, vous vous sentirez fatiguée bien moins souvent.

Le secret, c'est la régularité ! Mais c'est également la chose la plus difficile à réaliser. Trouvez un créneau horaire qui vous appartienne. Comme beaucoup de femmes, vous avez sûrement passé une bonne partie de votre vie à vous occuper des autres. Faites une pause. N'est-il pas temps de vous occuper de vous-même ?

Comme moi, certaines personnes préfèrent s'entraîner le matin. Quand je fais ma gymnastique tôt, j'en suis débarrassée et je commence ma journée avec force et entrain. Certaines tirent un meilleur parti à faire leur gymnastique le soir. Après la fatigue et les tensions de la journée, c'est une excellente détente et ça peut même vous empêcher de trop manger au dîner. D'autres encore préfèrent la coupure du déjeuner. Quand je ne tourne pas de film, je prends un cours en fin de matinée à mon Centre. Si je dois être sur un plateau de tournage à 6 h 30, 7 heures, je fais ma gymnastique chez moi à 5 heures. Autrement dit, la veille je me suis couchée à 21 heures, en même temps que mon fils, puisque j'essaie de ne jamais dormir moins de 7, 8 heures par nuit.

Choisissez l'horaire que vous convient le mieux et tenez-vous-y ! Au début, ce ne sera pas facile de caser ces 45 minutes de gymnastique dans votre emploi du temps quotidien. Mais si vous êtes décidée, cela deviendra un réflexe quotidien, et un plaisir.

PRÉPARATION

1. Débranchez le téléphone avant de commencer.

2. Allez uriner.

3. Faites votre gymnastique dans un endroit sans courant d'air et ayez suffisamment de place pour bouger les jambes et les bras sans risquer de faire tomber quelque chose.

4. Prenez une chaise stable dont le dossier vous arrive à hauteur du bassin : vous l'utiliserez comme support pour les exercices à la barre.

5. Prévoyez un verre d'eau ou de jus de fruit dilué. Inutile de vous déshydrater en faisant votre gymnastique.

6. Préparez une natte, une serviette ou une couverture pour le travail au sol. Cela épargnera votre dos et vos hanches, et ça vous évitera de respirer de la poussière et des fibres de tapis, ou de vous salir les cheveux.

7. Essayez de ne pas être loin de votre chaîne hi-fi ou du lecteur de cassettes de façon à pouvoir remettre ou changer la musique très rapidement.

8. Enfilez un vêtement de gymnastique, confortable et absorbant (voir ce que j'en dis au chapitre précédent). N'essayez pas de faire de la gymnastique en jean ou en pantalon.

LA MUSIQUE

Intégrez la musique à votre entraînement. Le temps passera plus vite. Vous y prendrez plus de plaisir et vous pourrez évoluer avec plus de régularité dans les mouvements.

J'ai préparé une cassette-vidéo, un disque et une cassette pour ma Gymnastique-Harmonie.(Pour savoir comment se les procurer, consultez le Guide pratique.) J'y donne les indications et je compte les temps par rapport à la musique. Pour travailler d'après ce livre, vous devrez sélectionner votre propre musique avec des rythmes variés, un tempo facile à suivre, et des morceaux assez longs pour ne pas être obligée d'interrompre votre entraînement pour remettre la musique. Amusez-vous à trouver des airs qui vous donnent de l'entrain et vous poussent à travailler davantage.

COMMENT PROCÉDER ?

Ma Gymnastique-Harmonie est divisée en séquences. Faites-les dans l'ordre indiqué. Enchaînez les séquences avec aisance et souplesse. Au début, essayer d'apprendre les mouvements et le rythme respiratoire tout en consultant le livre vous paraîtra difficile et mécanique. Ne vous précipitez pas. Lisez soigneusement les instructions : il est important d'exécuter correctement chaque exercice. Autrement, vous pourriez vous blesser et ne pas obtenir les résultats que méritent vos efforts.

Apprenez les exercices par cœur le plus vite possible de façon à pouvoir suivre la musique et exécuter les enchaînements sans difficulté. Suivez le tempo. Si vous vous en sentez la force, allez plus loin.

Essayez de ne pas interrompre votre gymnastique. Quand on s'entraîne chez soi, on se laisse facilement distraire. Alors faites comme si vous étiez à un cours et qu'il vous soit *impossible* de l'interrompre. Cadence et continuité sont primordiales. D'abord parce que c'est ainsi que votre rythme cardiaque restera élevé et que vous brûlerez des calories, ensuite parce qu'en vous interrompant pour répondre au téléphone ou pour aller ouvrir votre porte à quelqu'un, par exemple, vos muscles vont se refroidir et, en recommençant, vous risquerez plus facilement de vous blesser.

RESPIRATION

J'indique la respiration dans la plupart des exercices. Suivez bien mes instructions. Sans doute aurez-vous tendance à retenir votre respiration, surtout pour les exercices très difficiles. Luttez contre cela ! Votre sang a besoin d'être oxygéné. Si vous ne respirez pas assez, vos muscles fonctionneront mal, et vous devez expirer pour éliminer les déchets et les toxines. En général, il faut expirer au moment de l'effort et inspirer pendant le relâchement. Un dernier conseil : en faisant vos exercices, essayez de penser à ne pas crisper les mâchoires et à garder le visage détendu.

Et maintenant... au travail !

Échauffement

1

Position de départ : debout, les pieds un peu plus écartés que la largeur des hanches et légèrement tournés vers l'extérieur, le torse bien droit, la poitrine sortie. Ne cambrez pas les reins et rentrez l'estomac. Le pubis vers le haut, les épaules baissées, les bras le long du corps. Gardez cette position pendant tout l'exercice. Inspirez par la bouche, puis expirez.

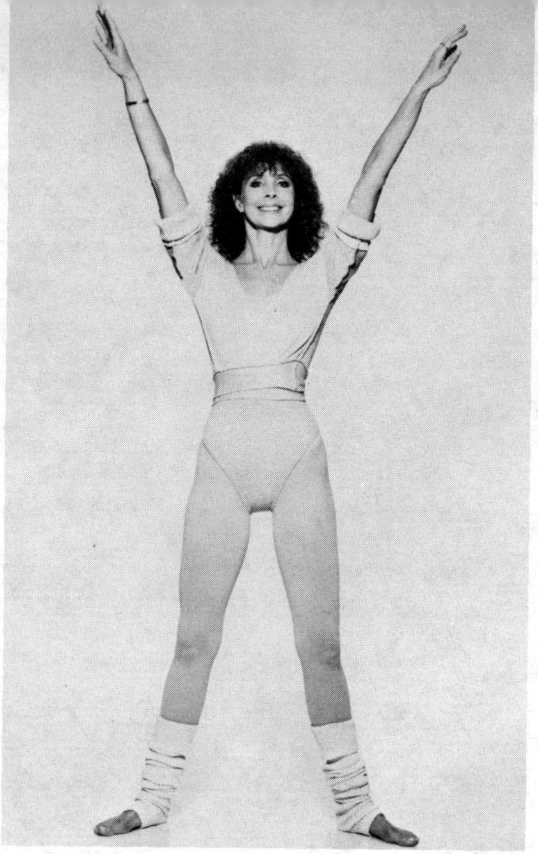

Inspirez à nouveau en levant les bras jusqu'au-dessus de la tête, les paumes vers le sol...

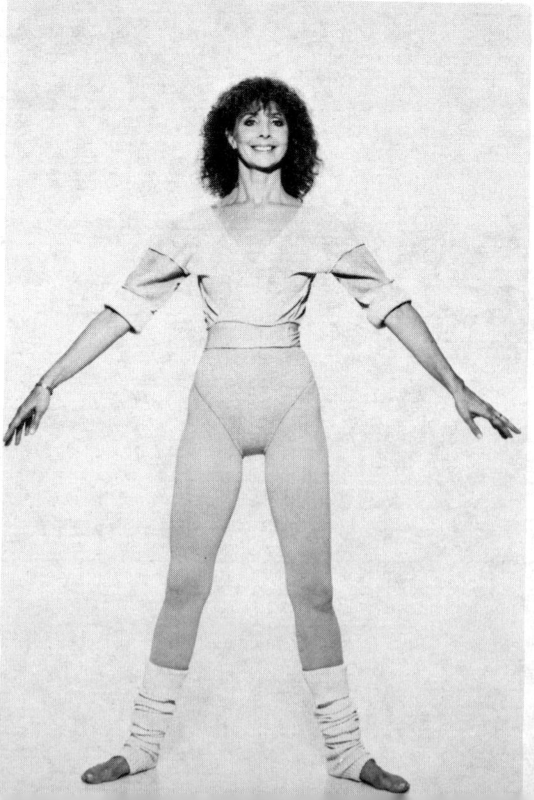

Puis expirez en baissant les bras.

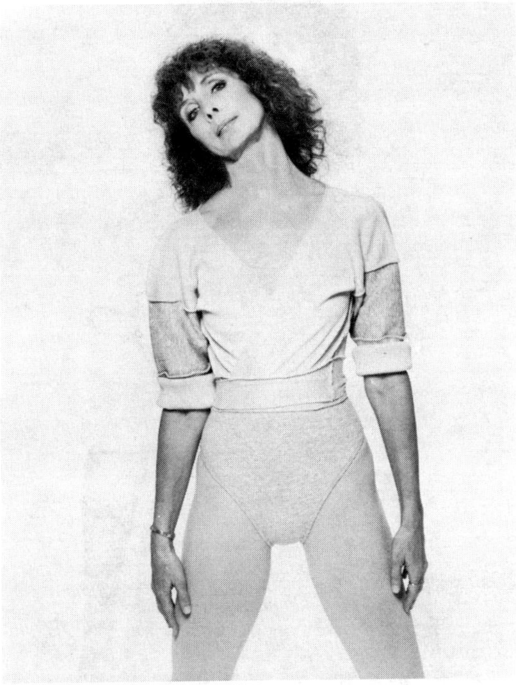

Inspirez, puis expirez en inclinant la tête à droite et tirez en comptant jusqu'à 4. Sentez bien l'étirement du côté gauche du cou. Gardez les épaules baissées.

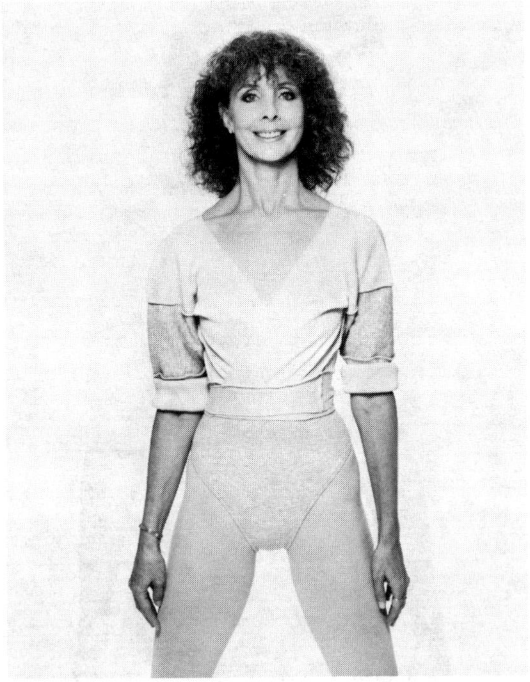

En inspirant, revenez à la position de départ en comptant jusqu'à 2.

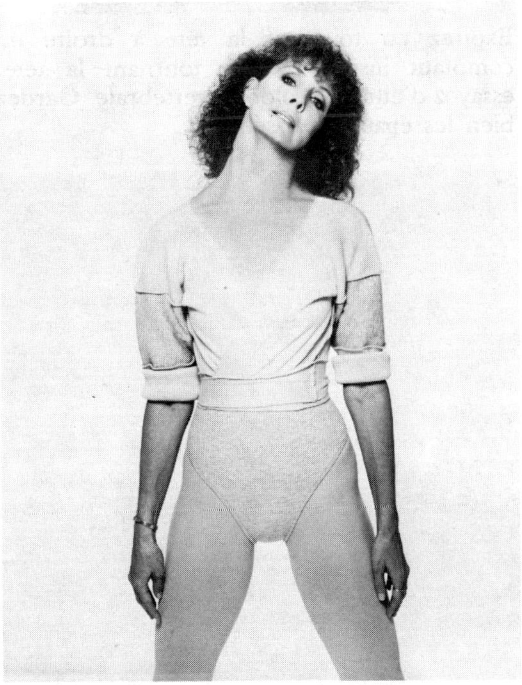

Expirez en inclinant la tête à gauche en comptant jusqu'à 4.

En inspirant, revenez à la position de départ en comptant jusqu'à 2. Faites 2 fois le mouvement complet.

3

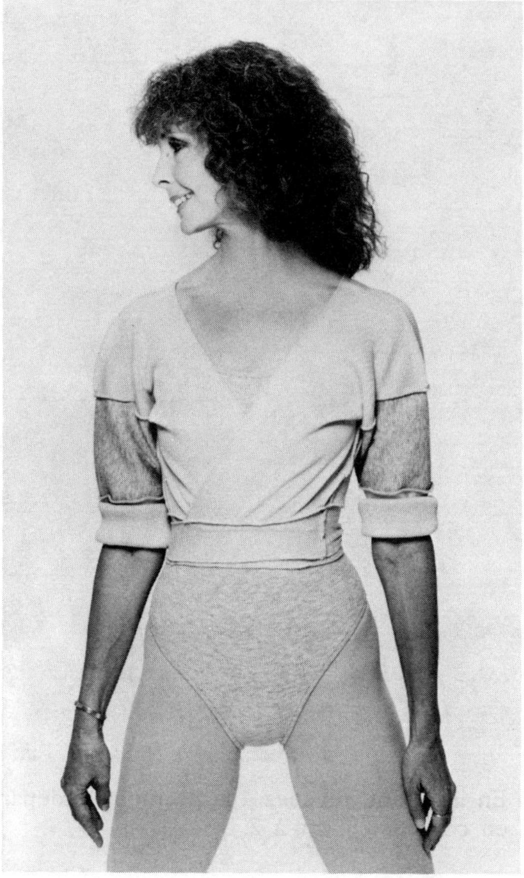

Expirez en tournant la tête à droite en comptant jusqu'à 4. En tournant la tête, essayez d'étirer la colonne vertébrale. Gardez bien les épaules baissées.

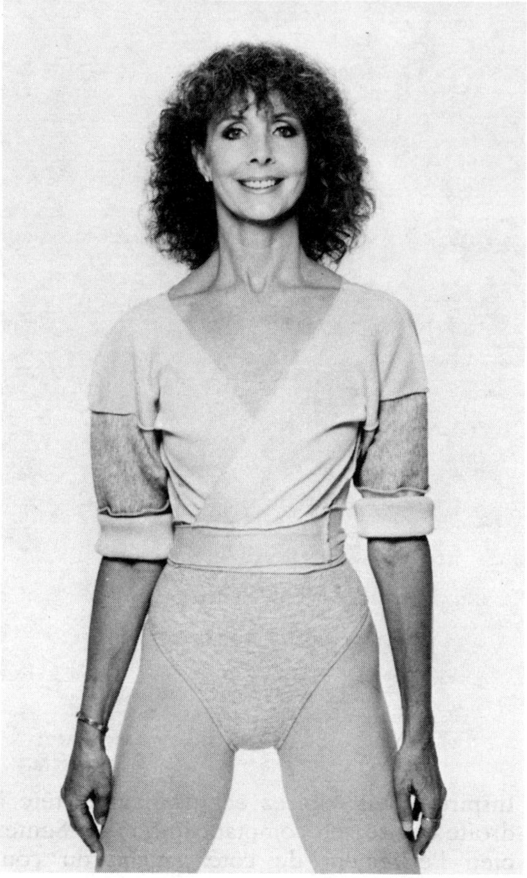

Revenez à la position de départ en comptant jusqu'à 2. Inspirez.

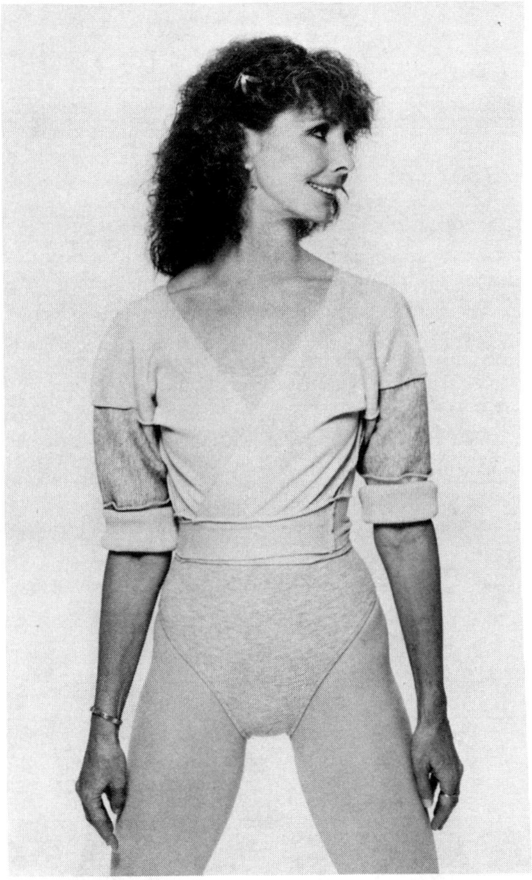

Expirez en tournant la tête à gauche et en comptant jusqu'à 4.

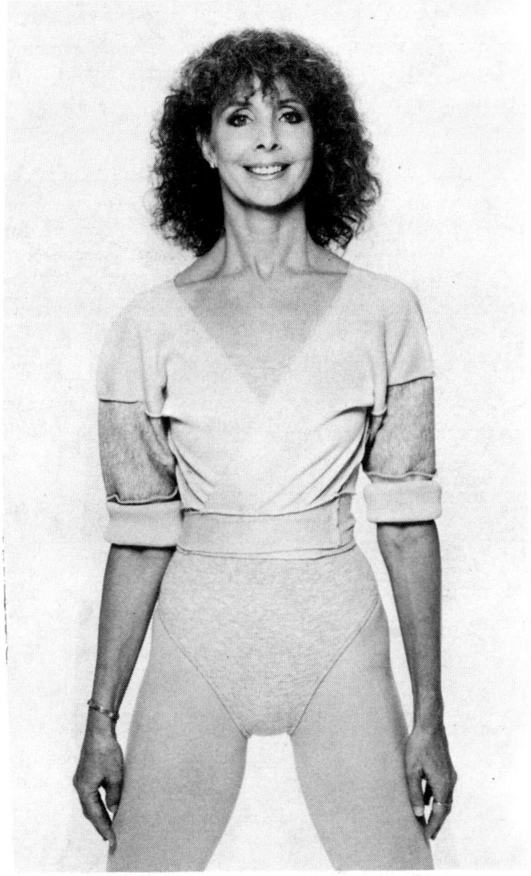

Revenez à la position de départ en comptant jusqu'à 2 et inspirez. Faites 2 fois le mouvement complet.

4

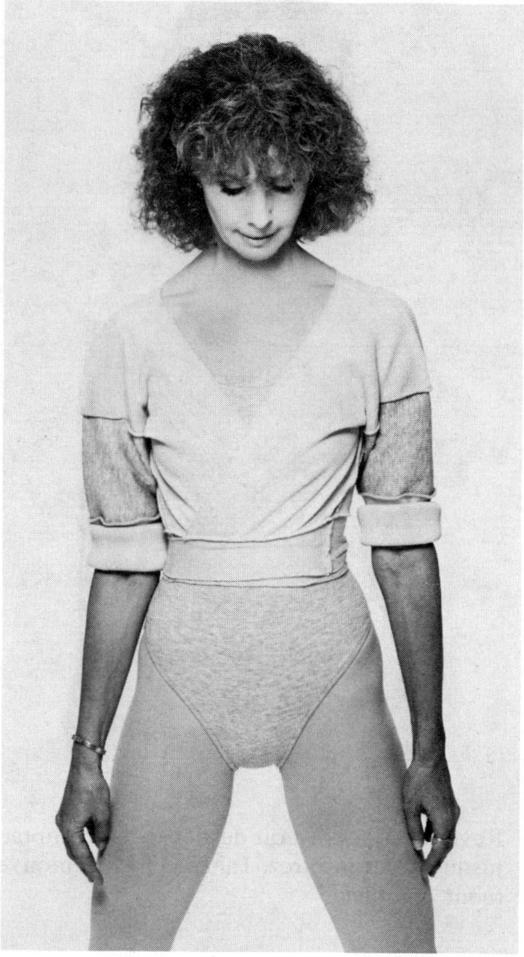

Avancez la tête en comptant jusqu'à 8. Gardez les épaules baissées et tirées en arrière. Étirez toujours la colonne vertébrale pour soulager le poids de vos reins.

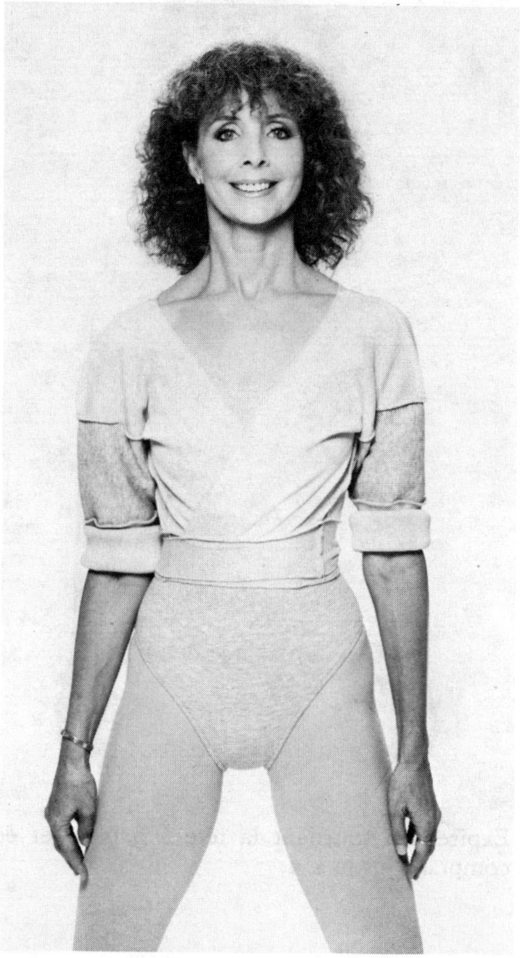

Revenez à la position de départ en comptant jusqu'à 2. Respirez normalement.

Inspirez en remontant les épaules en comptant jusqu'à 2.

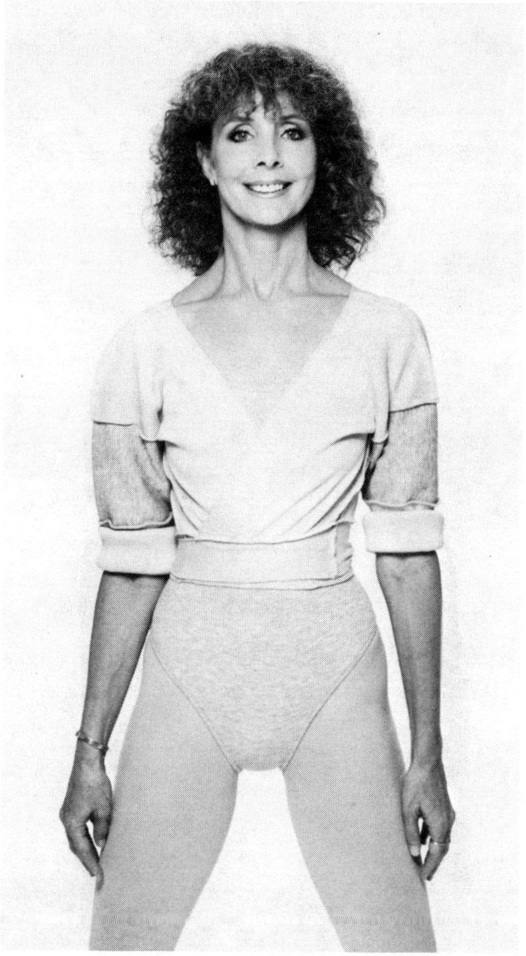

Expirez en baissant les épaules en comptant jusqu'à 2. Ne bougez pas le reste du corps en baissant les épaules. Faites 2 fois le mouvement complet.

5

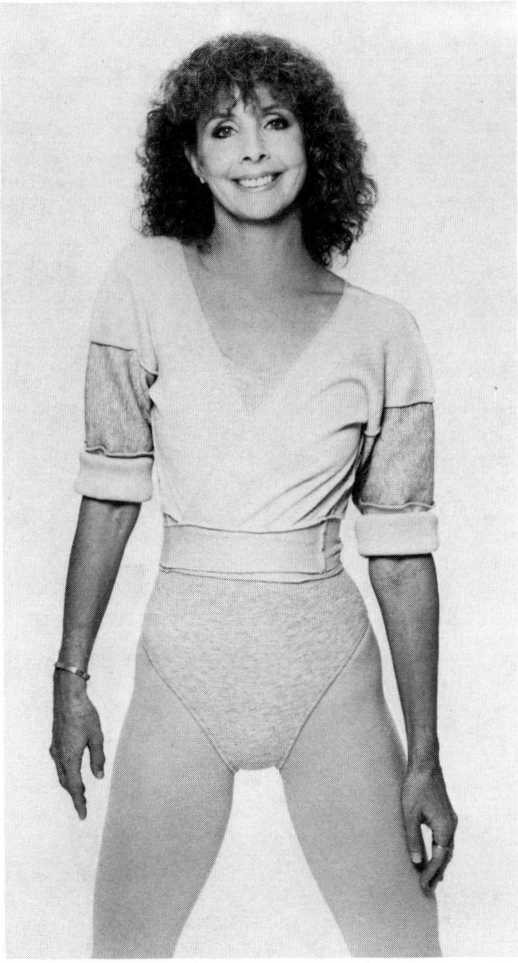

Levez l'épaule droite...

et baissez-la en contrariant le mouvement, sans bouger le reste du corps.

Levez l'épaule gauche...

et baissez-la en contrariant le mouvement, sans bouger le reste du corps. Faites 4 fois le mouvement complet.

6

Inspirez, puis baissez la tête en levant les bras et en avançant les épaules...

et relevez la tête en continuant de faire tourner vos bras jusqu'au-dessus de la tête.

Expirez et continuez de faire tourner vos bras, épaules tirées en arrière et baissées. Ne cambrez pas le dos.

Maintenant dans l'autre sens : inspirez en ramenant les bras, épaules en arrière et remontées...

Puis expirez en continuant de faire tourner les bras jusqu'à la position de départ, en avançant les épaules et en baissant la tête.
Faites 3 fois le mouvement complet.

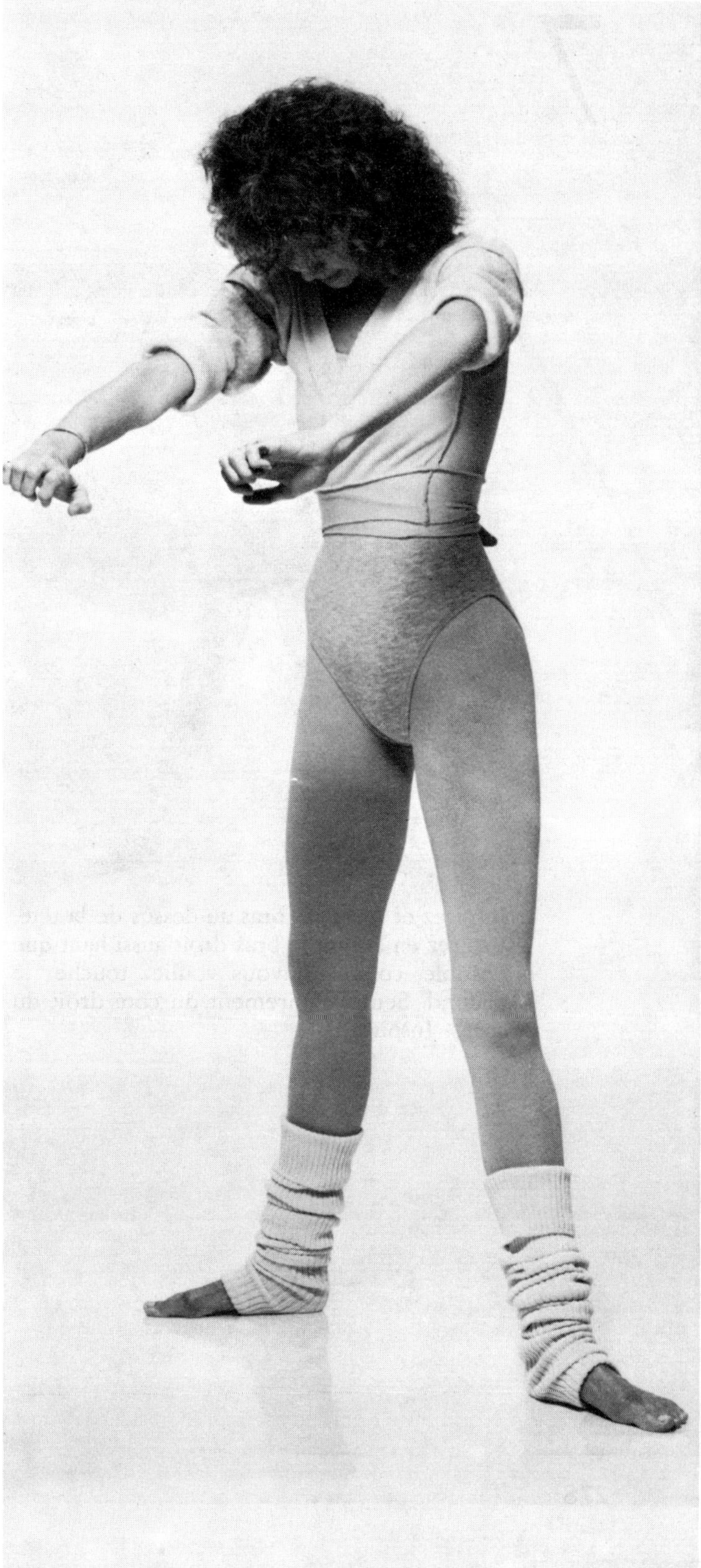

7

Inspirez et levez les bras au-dessus de la tête. Expirez en étirant le bras droit aussi haut que possible, comme si vous vouliez toucher le plafond. Sentez l'étirement du côté droit du corps. Inspirez.

Expirez en étirant le bras gauche aussi haut que possible. Sentez l'étirement du côté gauche. Refaites 8 fois ces deux mouvements. Inspirez en changeant de bras. Le mouvement complet comprend l'étirement des deux bras.

8

Joignez les mains au-dessus de la tête et, en essayant de ne pas bouger le bassin, portez le corps vers la droite en comptant jusqu'à 8. Gardez bien les épaules baissées. Sentez l'étirement du côté droit du torse.

Tirez le torse en comptant jusqu'à 8 vers la gauche. Sentez l'étirement du côté gauche. refaites la même chose 4 fois à droite et 4 fois à gauche. Puis répétez le mouvement complet 8 fois en ne comptant qu'un de chaque côté.

N.B. : Si, les mains jointes au-dessus de la tête, vous vous essoufflez, baissez les bras pour vous décontracter quelques secondes et repartez.

9

Bras tendus et épaules levées, inspirez en étirant bras et épaules comme si vous vouliez toucher le plafond.

Les épaules et les bras toujours levés, tirez en arrière en baissant le menton sur la poitrine. Allongez le dos et la colonne vertébrale, avancez les hanches.

Expirez en relevant la tête et en baissant les épaules, la colonne vertébrale toujours bien étirée.

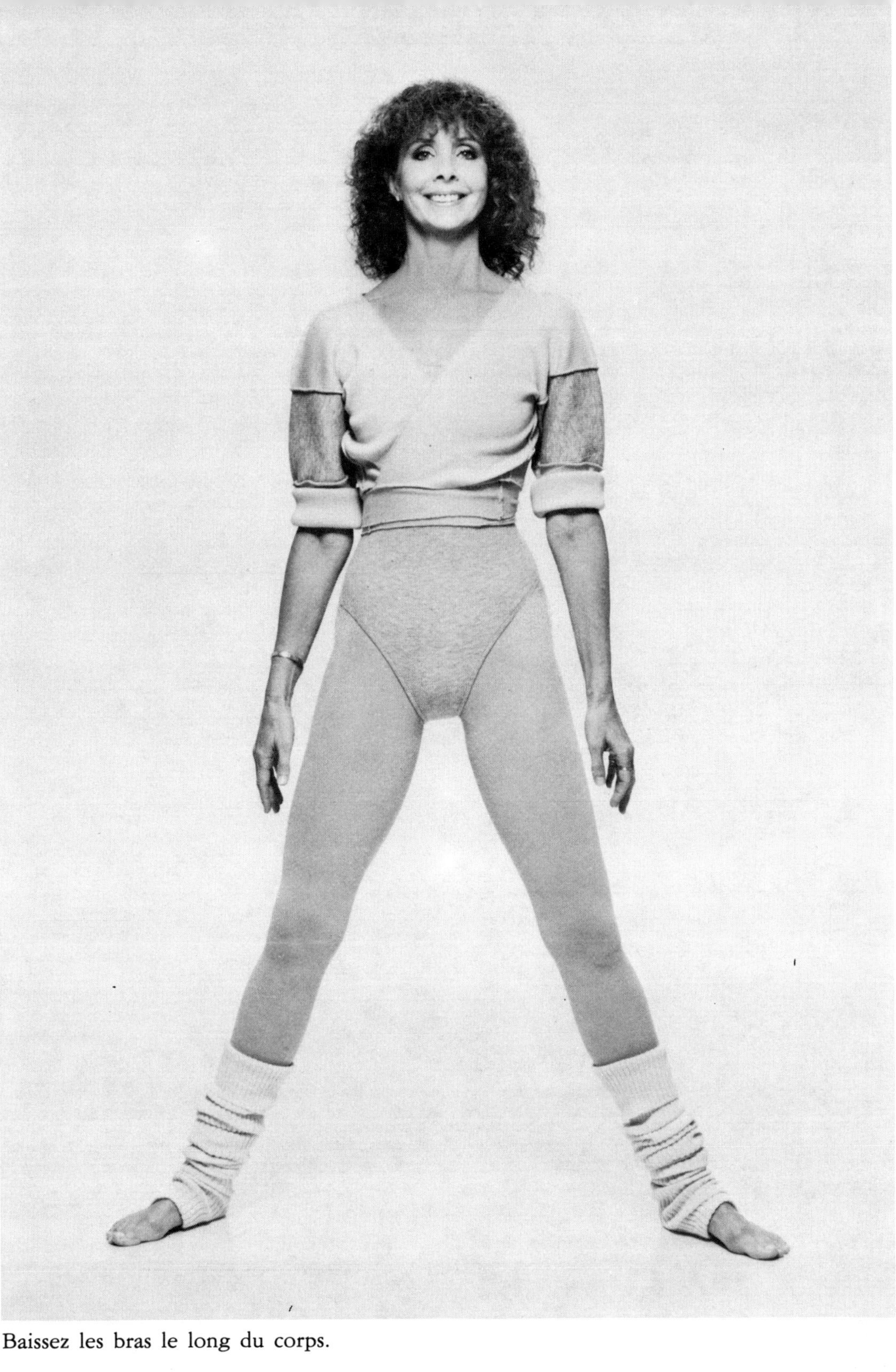

Baissez les bras le long du corps.

Travail à la barre

1

Utilisez comme support une chaise, une table ou une barre quelconque. Votre support doit être fixe, solide et à peu près à la hauteur du bassin.

Position de départ : main gauche sur le support, les pieds un peu plus écartés que la largeur des hanches et tournés vers l'extérieur, levez le bras droit sur le côté. Le poids du corps est bien réparti sur les deux pieds, pubis vers le haut.

Fléchissez, en comptant jusqu'à 2, les genoux en les écartant jusqu'à les aligner avec la pointe des pieds. Rentrez le bassin et le ventre, redressez le dos. Allongez bien le corps en fléchissant les genoux. *Ne tournez pas les chevilles vers l'intérieur et, les genoux alignés sur vos pieds, essayez de garder le poids du corps bien équilibré.* Puis tendez les genoux en comptant jusqu'à 2 et en contrariant le mouvement vers le haut. Faites 4 fois le mouvement complet. Puis répétez 12 fois le mouvement plié-tendu en un seul temps.

2

Le poids du corps toujours bien réparti, montez sur la pointe des pieds. Le bassin et le dos droits, le poids du corps légèrement en avant.

Gardez la position en reposant lentement les talons sur le sol, en les pressant vers l'avant. Faites 8 fois l'exercice. *Respiration :* expirez en baissant les talons.

3

Le poids du corps réparti sur les deux jambes, tirez le bras gauche au-dessus de la tête en comptant jusqu'à 6. Gardez les hanches droites, pubis vers le haut. Ne cambrez pas le dos.

Écartez le bras droit vers l'extérieur en comptant jusqu'à 2.

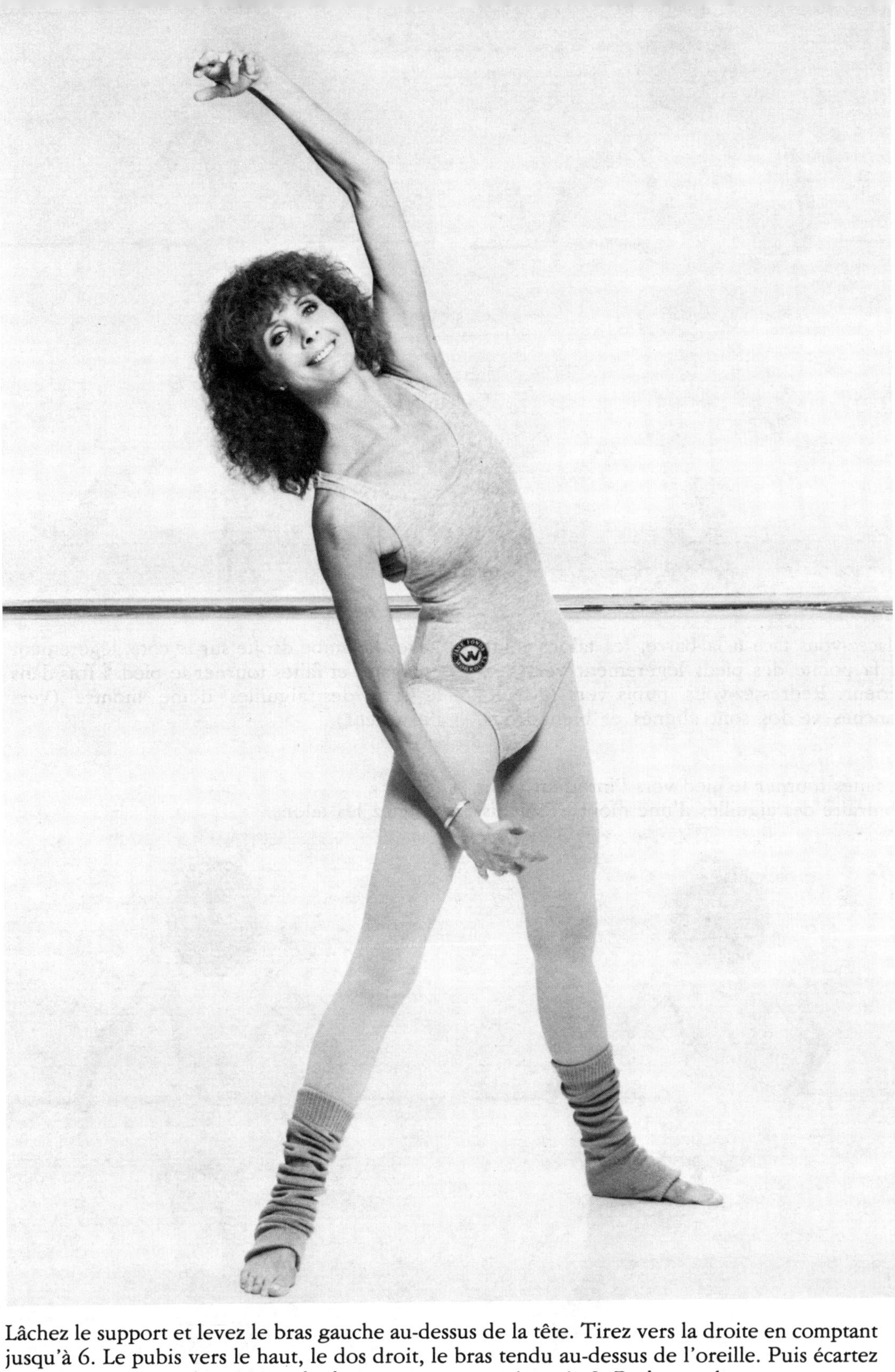

Lâchez le support et levez le bras gauche au-dessus de la tête. Tirez vers la droite en comptant jusqu'à 6. Le pubis vers le haut, le dos droit, le bras tendu au-dessus de l'oreille. Puis écartez le bras et revenez à la position de départ en comptant jusqu'à 2. Redressez le torse et rentrez le ventre. Respirez normalement.

4

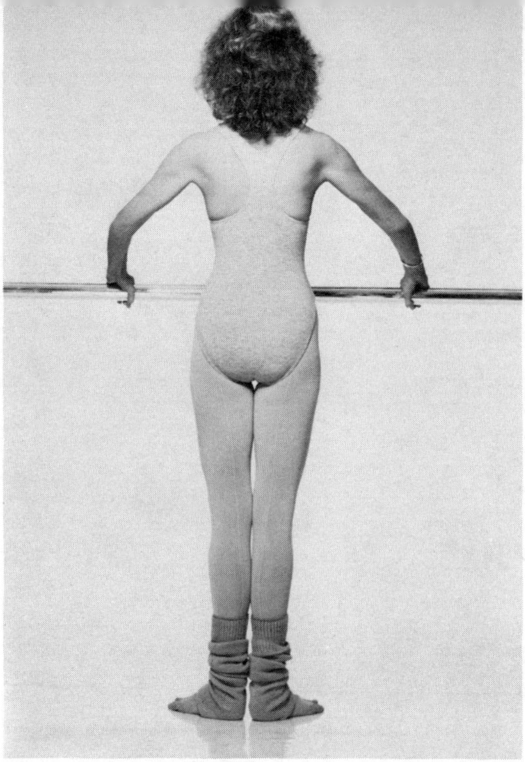

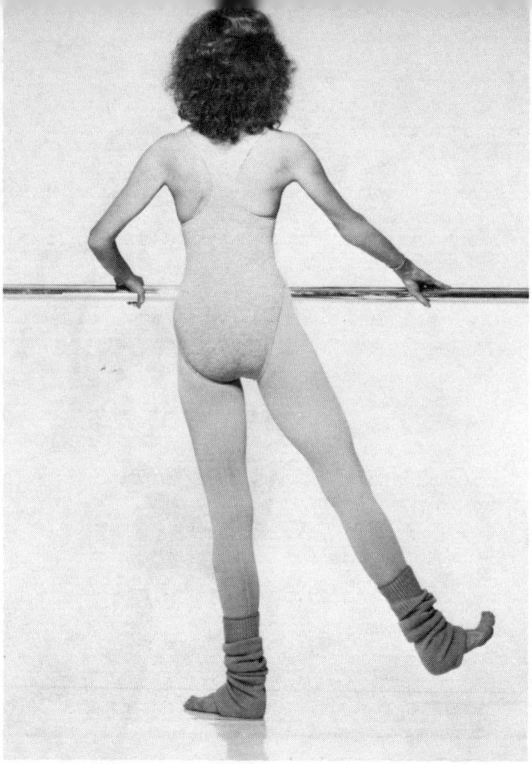

Placez-vous face à la barre, les talons joints et la pointe des pieds légèrement vers l'extérieur. Redressez-vous, pubis vers le haut ; hanches et dos sont alignés et bien droits.

Levez la jambe droite sur le côté, légèrement en avant, et faites tourner le pied 4 fois dans le sens des aiguilles d'une montre (vers l'extérieur)...

... faites tourner le pied vers l'intérieur (sens contraire des aiguilles d'une montre), 4 fois.

Joignez les talons.

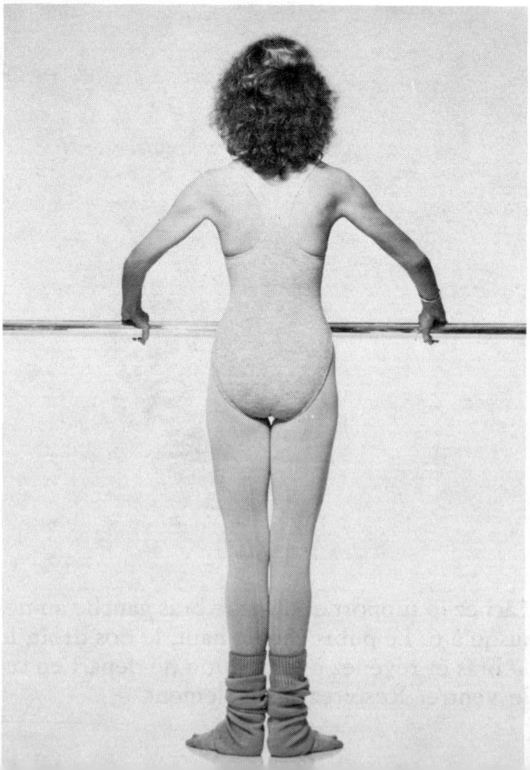

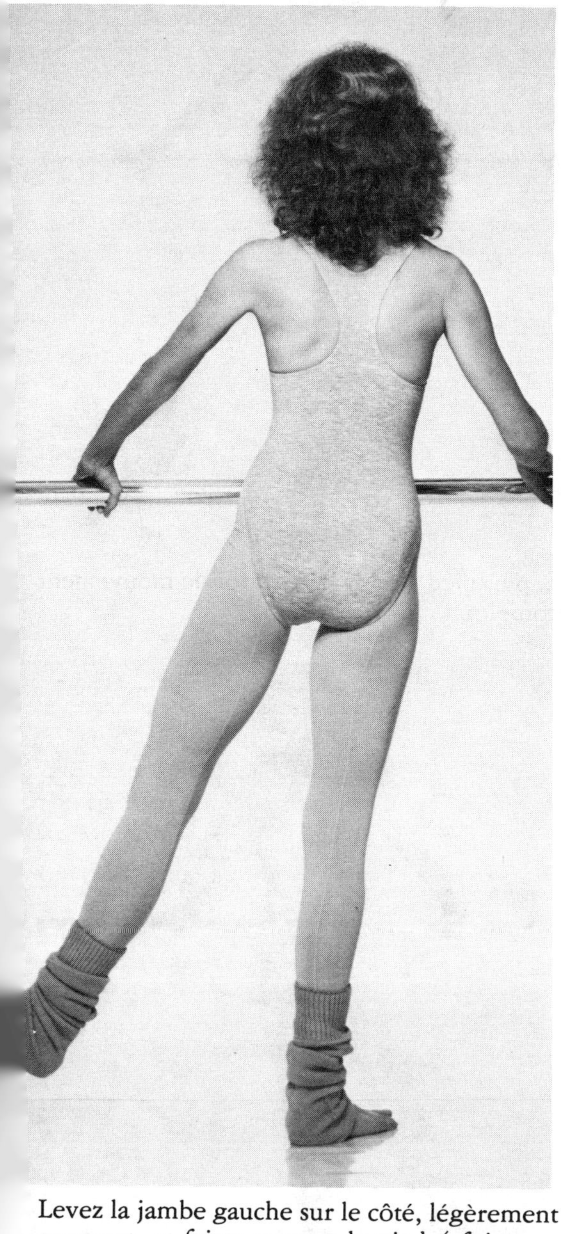

Levez la jambe gauche sur le côté, légèrement en avant, et faites tourner le pied 4 fois vers l'extérieur (sens contraire des aiguilles d'une montre)...

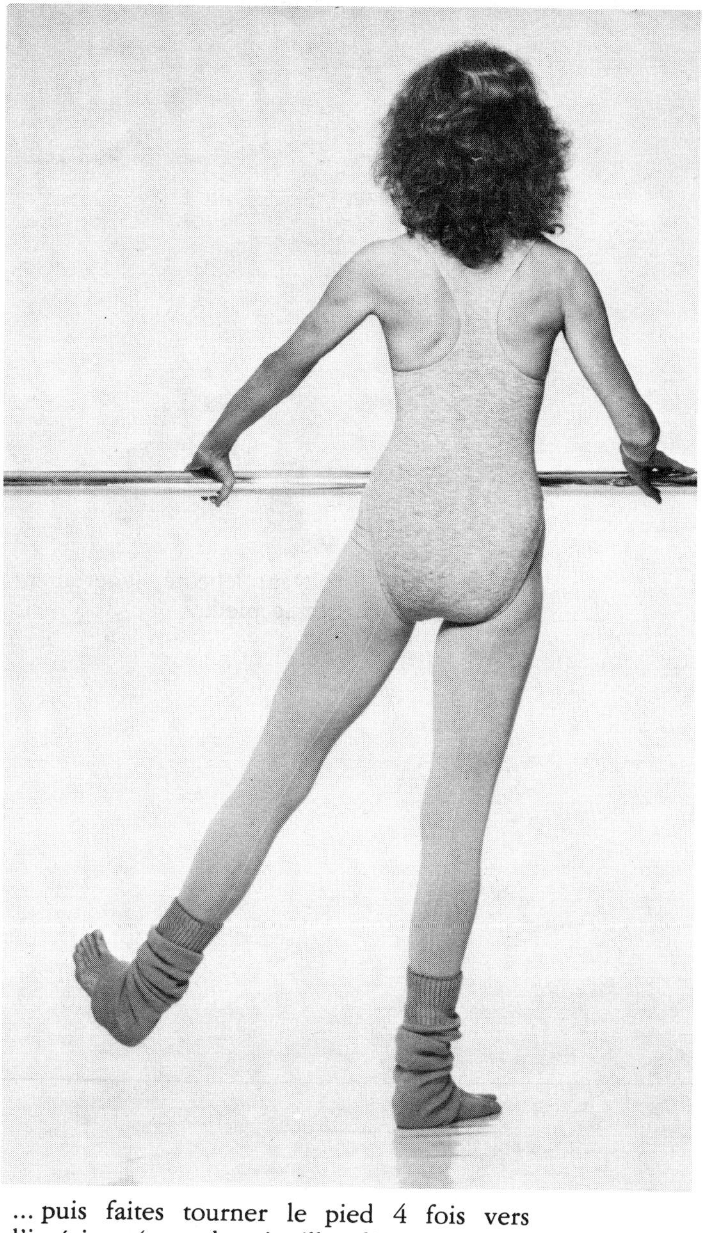

... puis faites tourner le pied 4 fois vers l'intérieur (sens des aiguilles d'une montre). Respirez normalement.

5

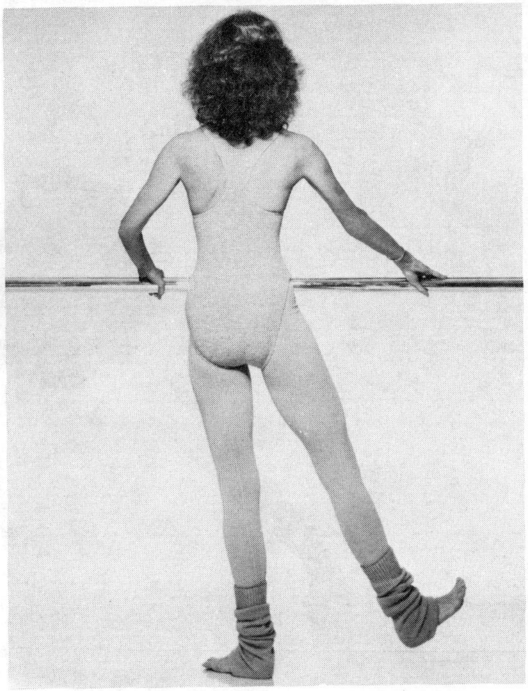

Levez le pied droit sur le côté, légèrement en avant. Fléchissez le pied...

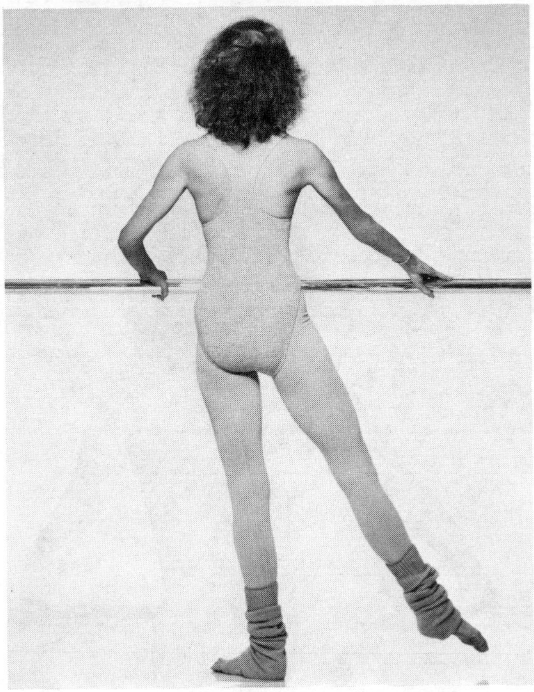

... puis pied tendu. Faites 4 fois le mouvement complet.

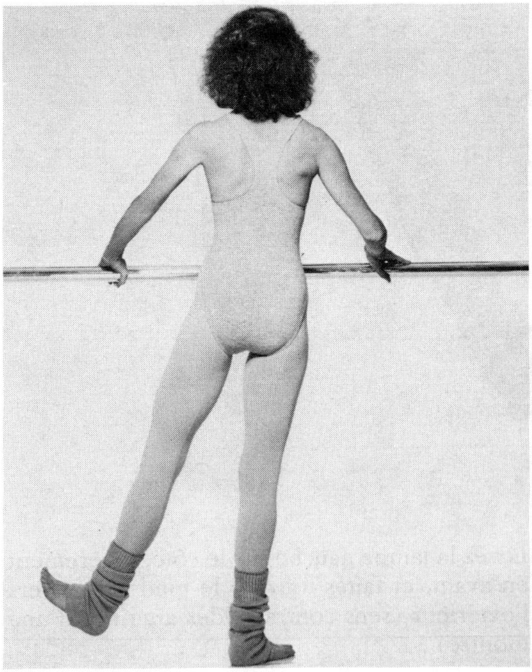

Faites la même chose du pied gauche, 4 fois.

6

Position de départ : debout face au support, les pieds parallèles et un peu plus écartés que la largeur des hanches. Le dos et le bassin droits, pubis vers le haut, fléchissez les genoux au-dessus des orteils, talons bien au sol.

Sans rentrer les genoux, inspirez et levez les talons aussi haut que possible, le poids du corps toujours bien réparti sur les deux pieds.

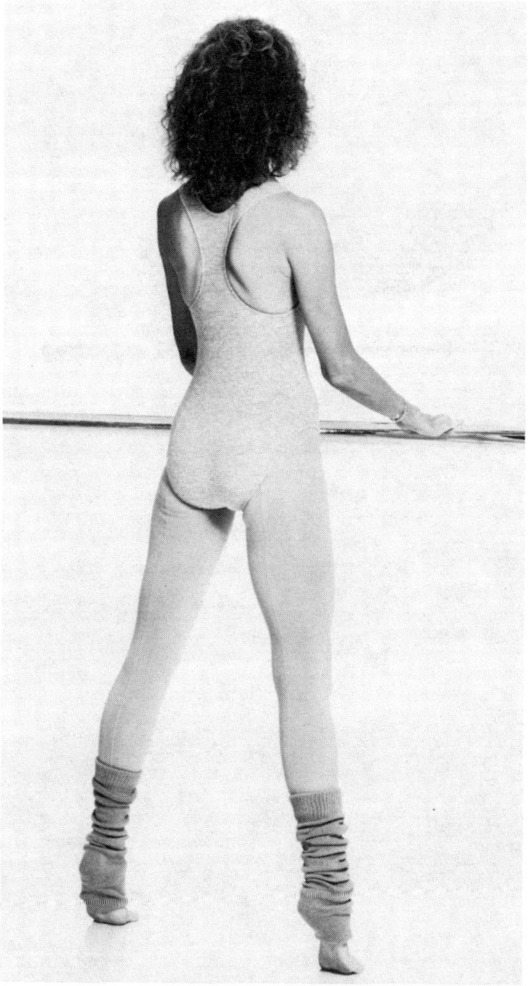

Le bassin et le dos alignés et droits, tendez les jambes en restant sur la pointe des pieds.

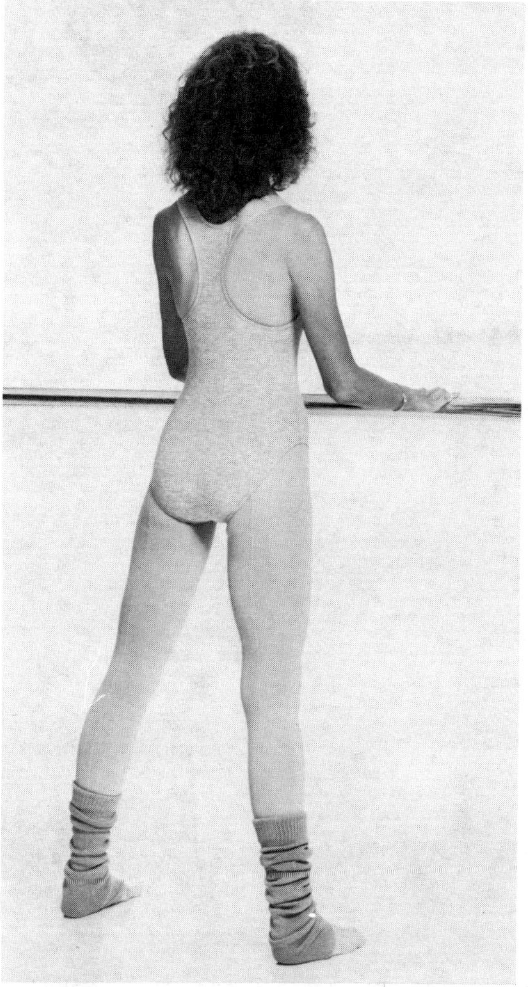

Reposez les talons au sol et expirez. Ces quatre exercices constituent le mouvement complet que vous ferez 4 fois. Puis exécutez le mouvement dans l'autre sens : montez sur la pointe des pieds, fléchissez les genoux, reposez les talons au sol et tendez les jambes. 4 fois le mouvement complet.

7

294 Avancez la jambe gauche, reculez la jambe droite. Fléchissez les genoux et pressez le talon droit au sol, en étirant le mollet droit ; faites cela en comptant jusqu'à 8.

Changez de pied et étirez le mollet gauche en comptant jusqu'à 8.

8

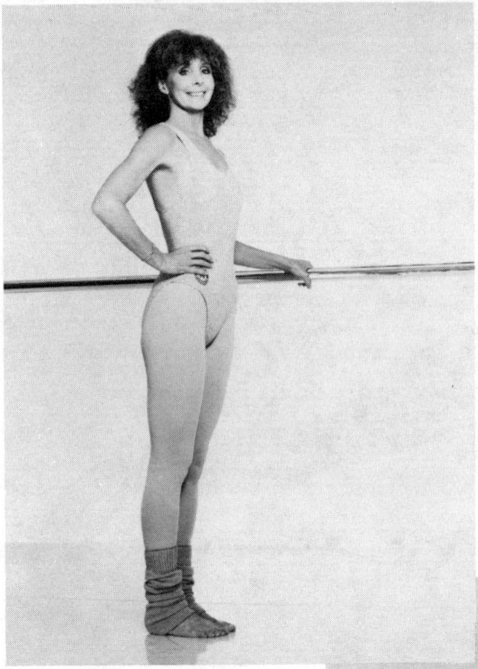

Position de départ : main gauche sur le support, pieds parallèles et joints, main droite sur la hanche.

Levez la jambe droite sur le côté et revenez à la position de départ (mouvement complet). Ne bougez pas le reste du corps, faites travailler les muscles. Exécutez lentement ce mouvement 4 fois, puis 16 fois en allant deux fois plus vite. Gardez les hanches et le dos droits et en alignement, ne bougez pas le bassin en levant la jambe. N'oubliez jamais de bien vous redressez, ne vous affalez pas sur la jambe immobile et gardez l'estomac rentré. *Respiration* : expirez en levant la jambe.

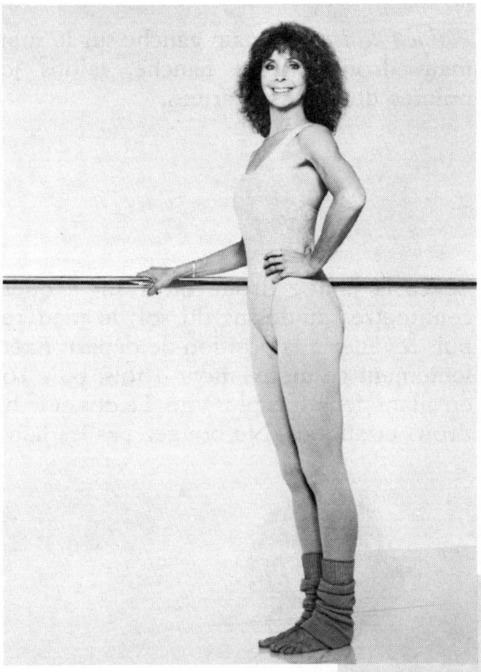

Inversez la position de départ : main droite sur le support, pieds joints, main gauche sur la hanche.

Levez la jambe gauche sur le côté et revenez à la position de départ (mouvement complet). Exécutez lentement ce mouvement 4 fois, puis 16 fois en allant deux fois plus vite. Gardez la même position que tout à l'heure. Expirez en levant la jambe.

9

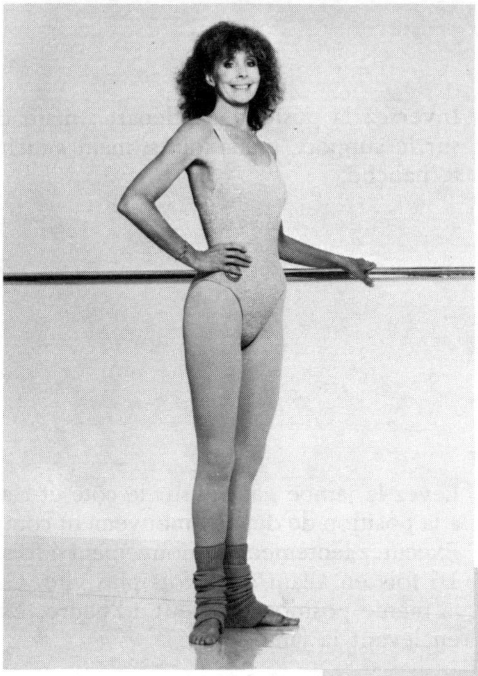

Position de départ : main gauche sur le support, main droite sur la hanche, talons joints, pointes des pieds écartées.

Levez la jambe droite en avant à quelques centimètres au-dessus du sol, le pied replié, puis revenez à la position de départ. Exécutez lentement ce mouvement 4 fois, puis 16 fois en allant deux fois plus vite. Le dos et le bassin droits et alignés. Ne bougez pas les hanches.

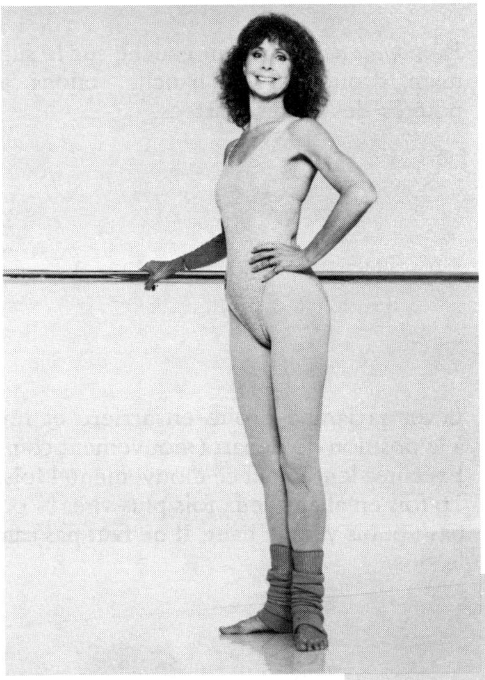

Inversez la position de départ : main droite sur le support, main gauche sur la hanche, talons joints, pointes des pieds écartées.

Levez la jambe gauche en avant, pied replié, puis revenez à la position de départ. Exécutez lentement ce mouvement 4 fois, puis 16 fois en allant deux fois plus vite. Le dos et le bassin droits et alignés. Ne bougez pas les hanches.

10

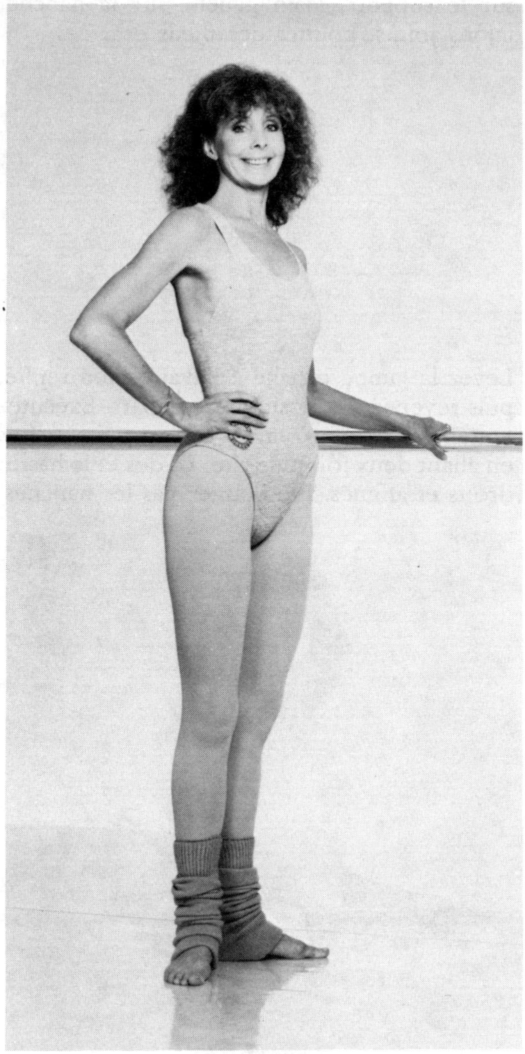

Position de départ : main gauche sur le support, main droite sur la hanche, talons joints, pointes des pieds écartées.

Levez la jambe droite en arrière et revenez à la position de départ (mouvement complet). Exécutez lentement ce mouvement 4 fois, puis 16 fois en allant deux fois plus vite. N'oubliez pas : pubis vers le haut. Il ne faut pas cambrer le dos.

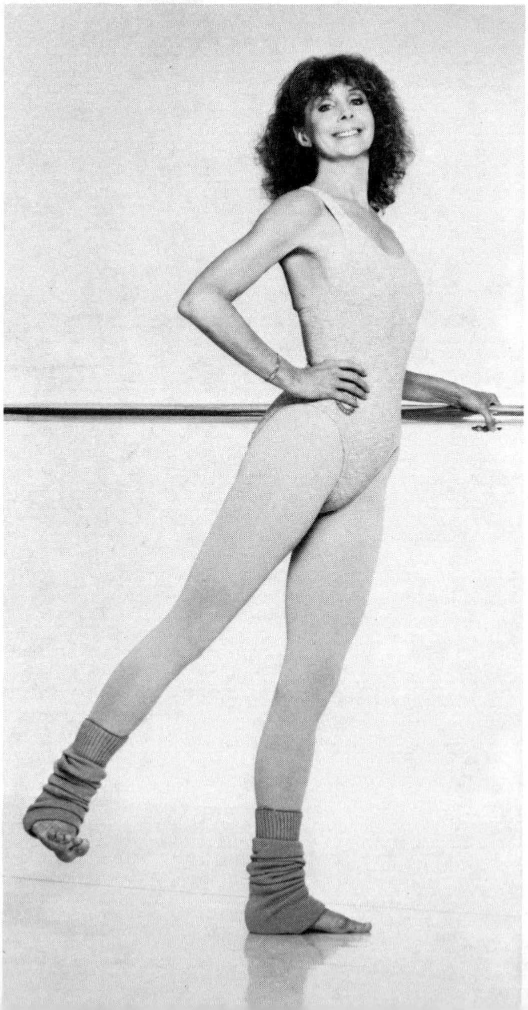

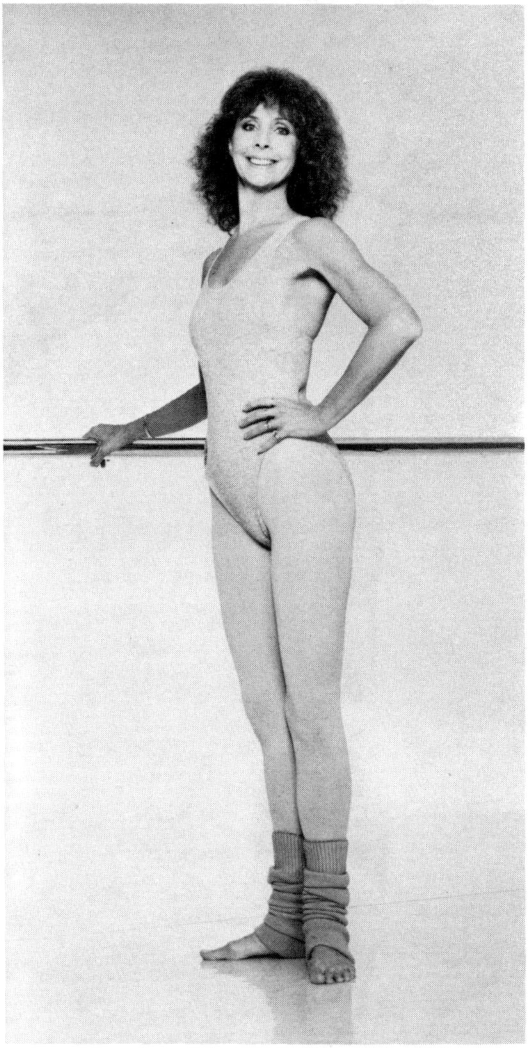

Inversez la position de départ : main droite sur le support, main gauche sur la hanche, talons joints, pointes des pieds écartées.

Levez la jambe gauche en arrière et revenez à la position de départ. Exécutez lentement ce mouvement 4 fois, puis 16 fois en allant deux fois plus vite. Ne cambrez pas le dos.

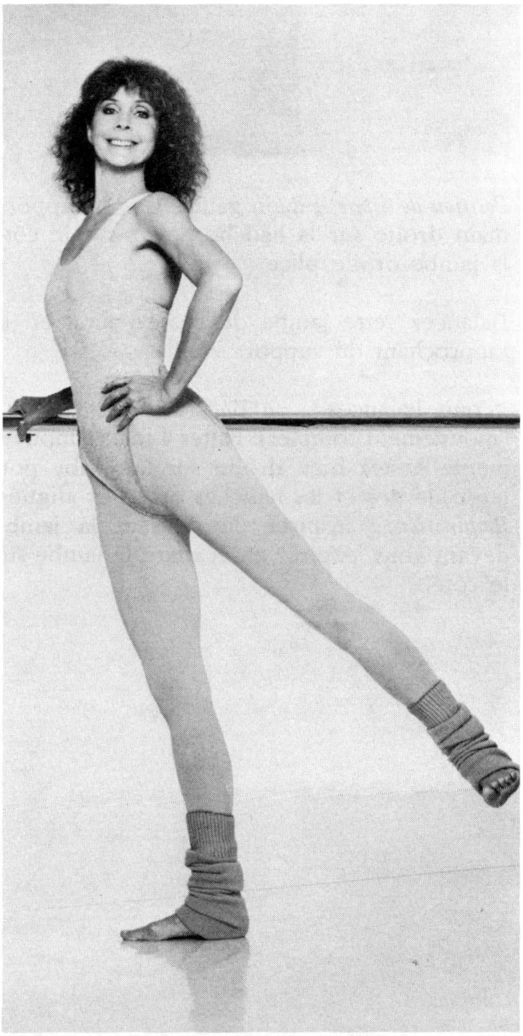

11

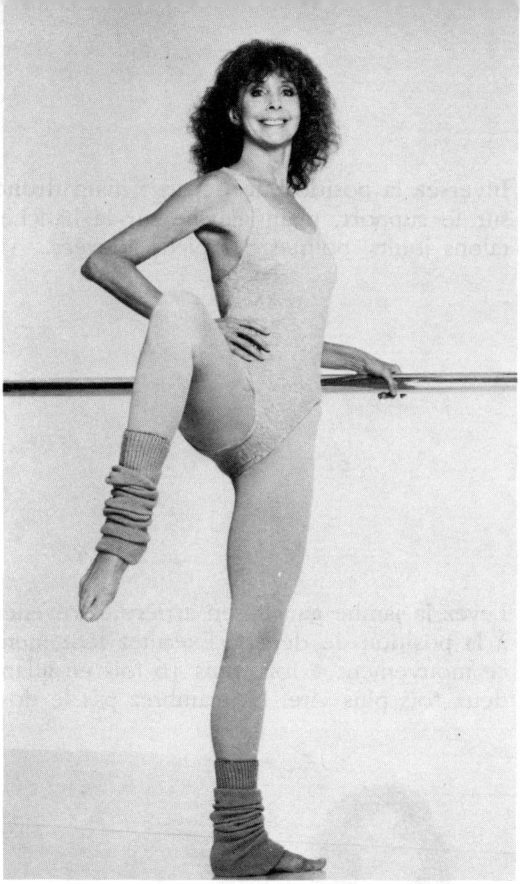

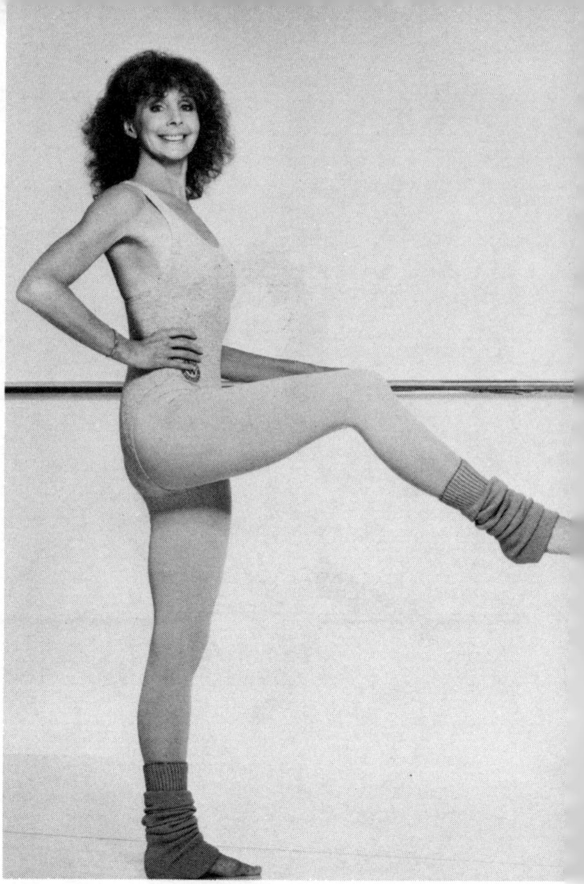

Position de départ : main gauche sur le support, main droite sur la hanche, levez sur le côté la jambe droite pliée.

Balancez cette jambe de bas en haut en la rapprochant du support...

... puis balancez-la en l'écartant vers le côté (mouvement complet). Faites 4 fois ce mouvement. Restez bien droite sur la jambe porteuse, le dos et les hanches droits et alignés. *Respiration :* inspirez en croisant la jambe devant vous, expirez en écartant la jambe sur le côté.

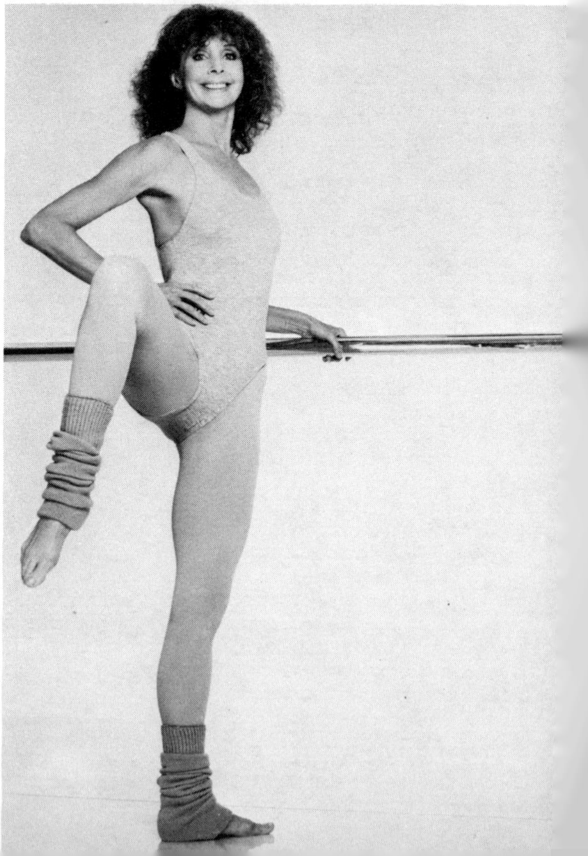

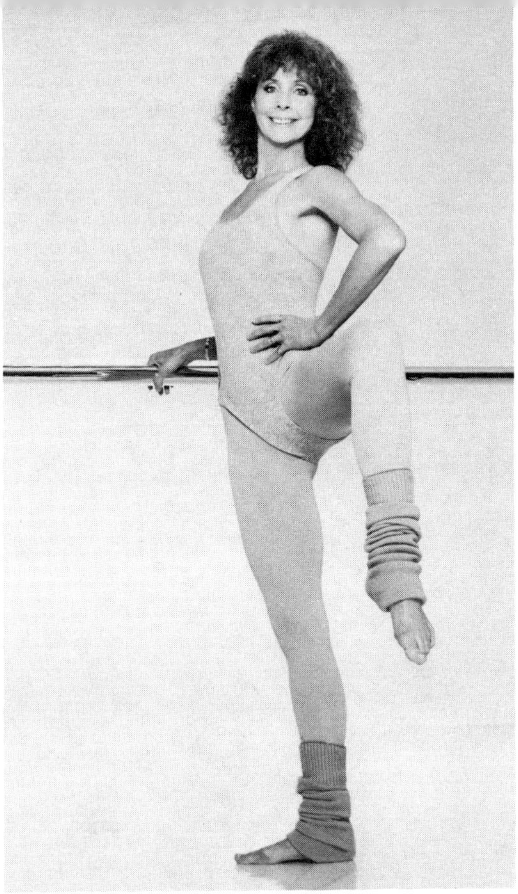

Exécutez le même mouvement de l'autre côté.

La main droite sur le support, balancez la jambe gauche. Faites 4 fois ce mouvement complet.

Bras

1

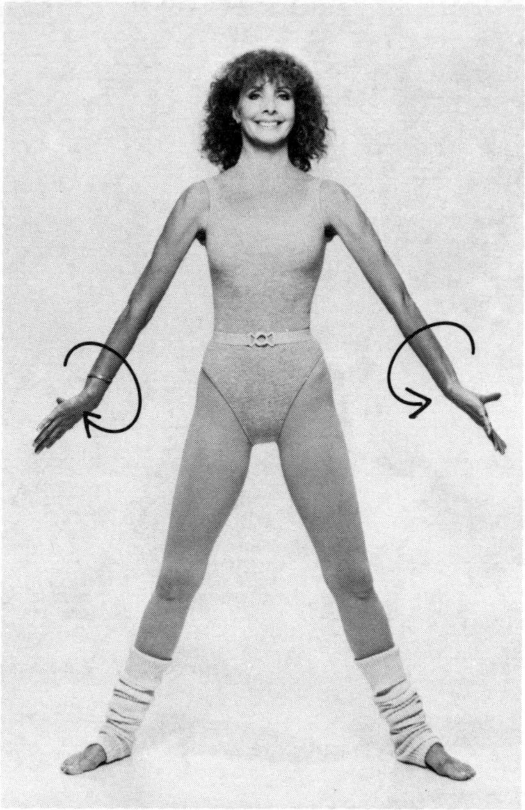

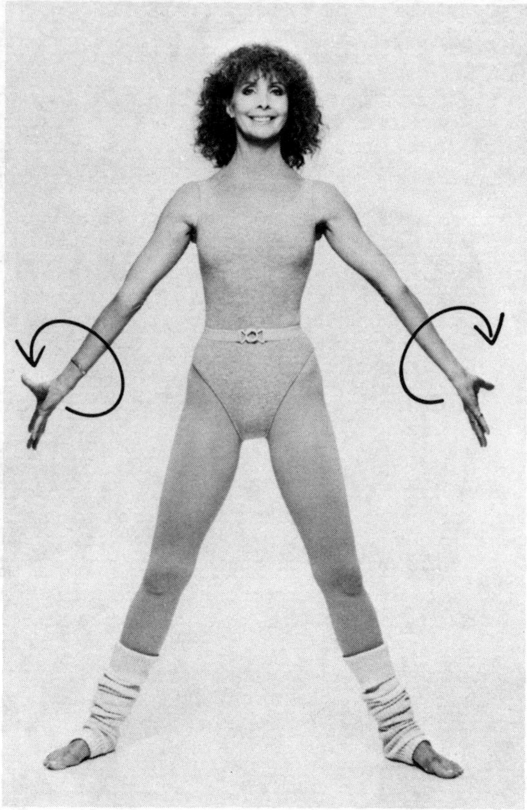

Position de départ : debout, les pieds légèrement tournés vers l'extérieur et un peu plus écartés que la largeur des hanches. Serrez les fesses, avancez les hanches et étirez-vous bien. Gardez les épaules baissées. Tendez les mains et faites pivoter tout le bras vers l'intérieur, des épaules jusqu'aux poignets...

... puis faites pivoter tout le bras vers l'extérieur, des épaules jusqu'aux poignets. Gardez les mains ouvertes et les doigts tendus. Faire pivoter les bras vers l'intérieur, puis vers l'extérieur constitue le mouvement complet. Expirez en faisant pivoter les bras vers l'intérieur. Exécutez lentement ce mouvement 8 fois, puis encore 8 fois en allant deux fois plus vite.

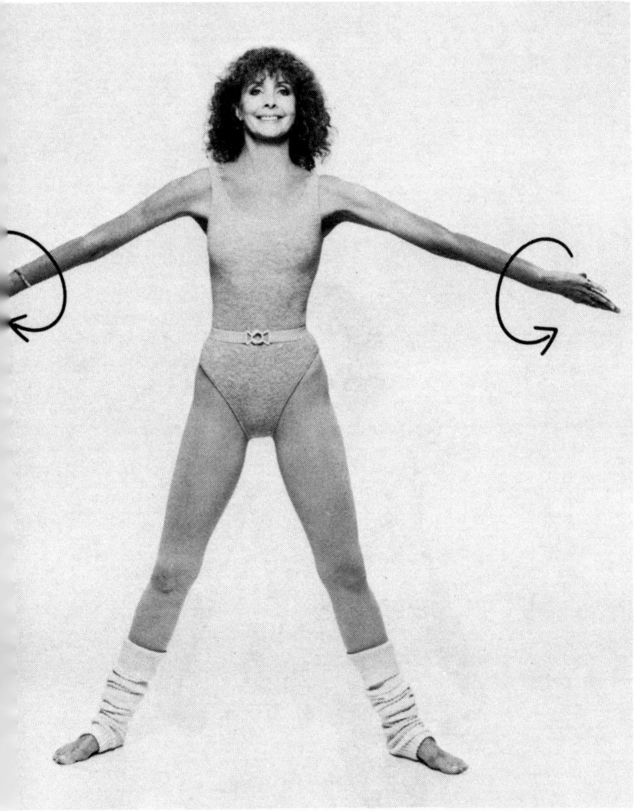

Continuez à faire pivoter les bras en les levant sur les côtés. 8 rotations pour lever les bras un peu au-dessous des épaules.

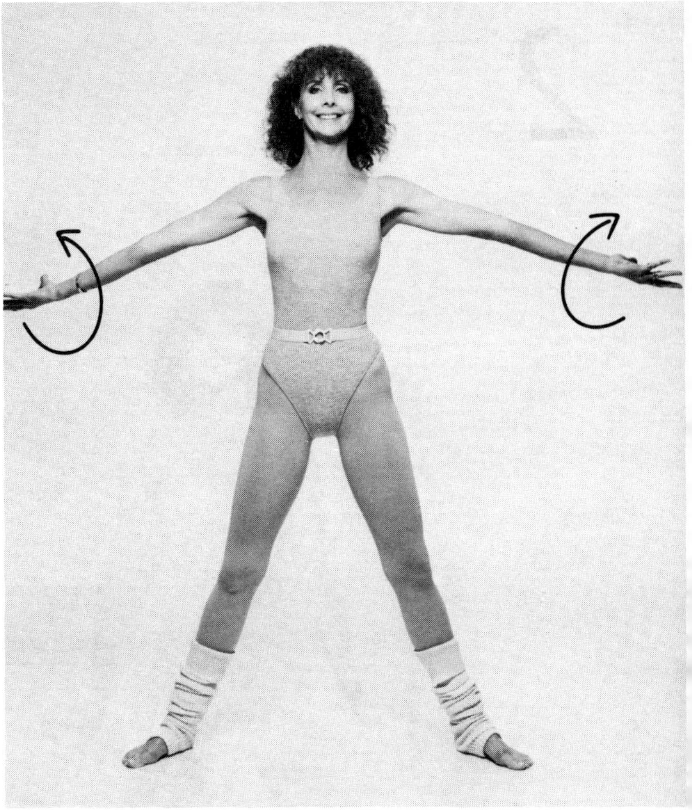

Les bras juste au-dessous du niveau des épaules, faites-les pivoter encore 8 fois.

Continuez à faire pivoter les bras en les baissant : 8 rotations.

2

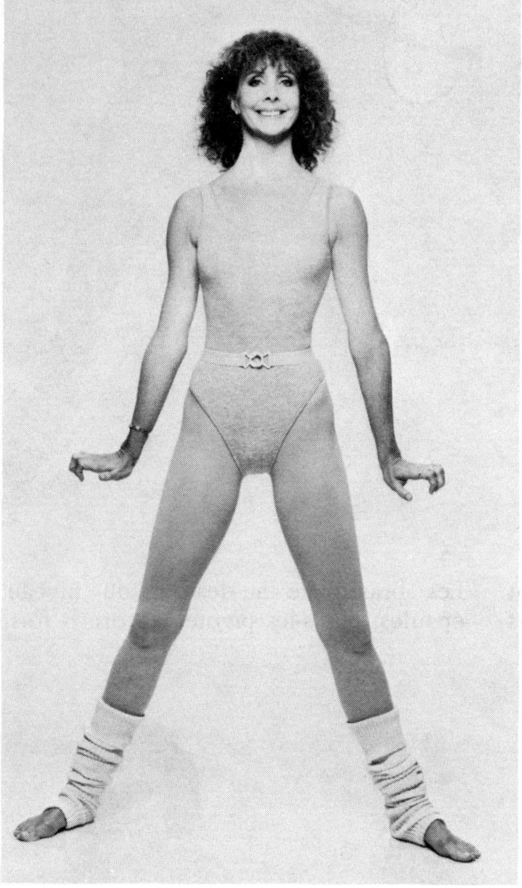

Pliez les mains et pressez l'intérieur du poignet vers le corps en inspirant...

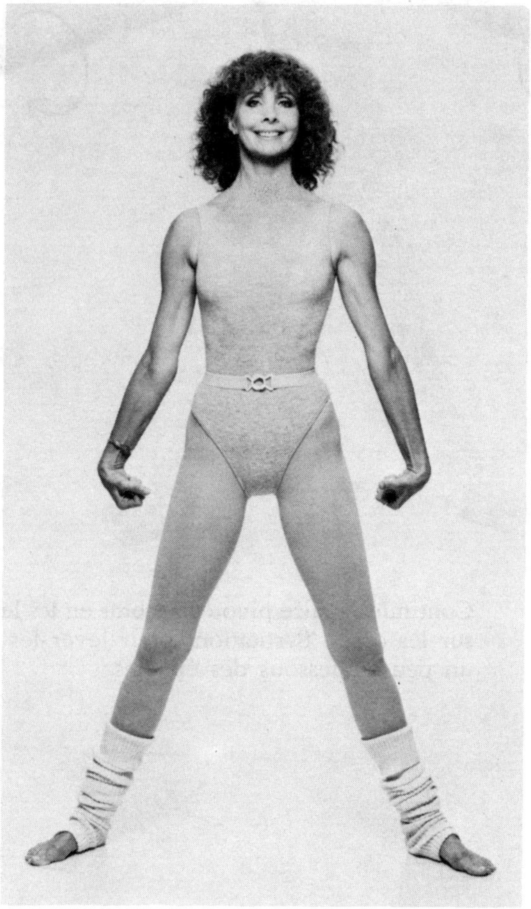

... puis fermez les poings et tournez-les vers le corps en expirant. Ces deux exercices constituent le mouvement complet. Gardez les épaules baissées et les bras bien tendus. Exécutez lentement ce mouvement 8 fois, puis 16 fois en allant deux fois plus vite. En cas de lourdeur ou de mal aux jambes, fléchissez légèrement un genou, puis l'autre.

3

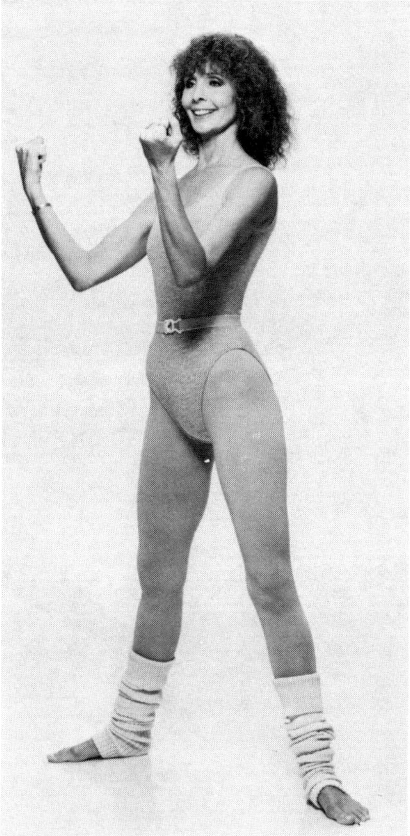

Position de départ : levez et pliez les bras en parallèle devant vous, poings serrés, paumes tournées vers vous.

Inspirez et balancez les coudes vers l'arrière. Gardez les coudes près du corps et les poings au-dessous de la taille.

Tendez les bras en avant en ouvrant les mains, paumes vers le sol...

... et expirez en tendant les bras vers l'arrière aussi loin que vous le pouvez, paumes vers l'extérieur. Bras et mains bien tendus. Revenez à la position de départ et recommencez le mouvement complet (balancement des bras pliés et étirement des bras tendus), 8 fois en tout.

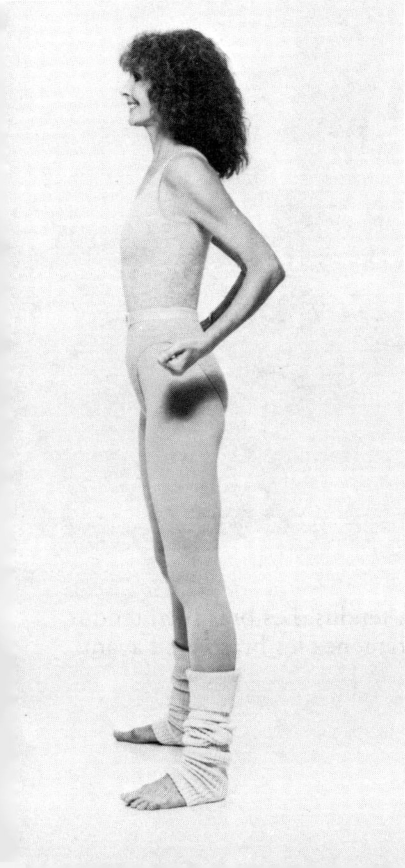

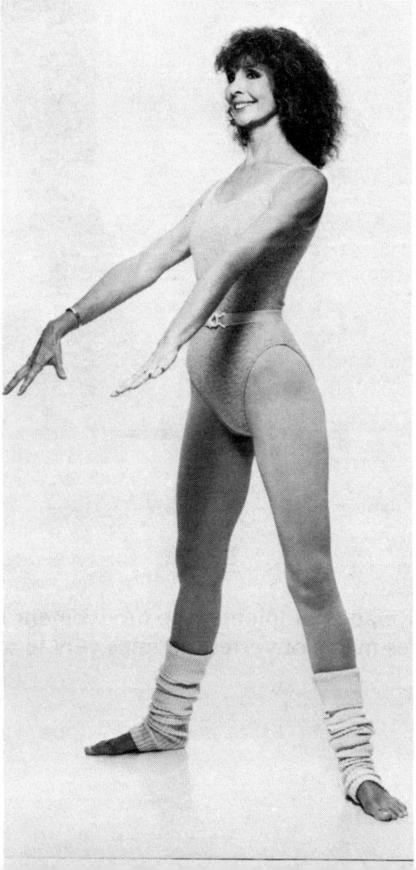

4

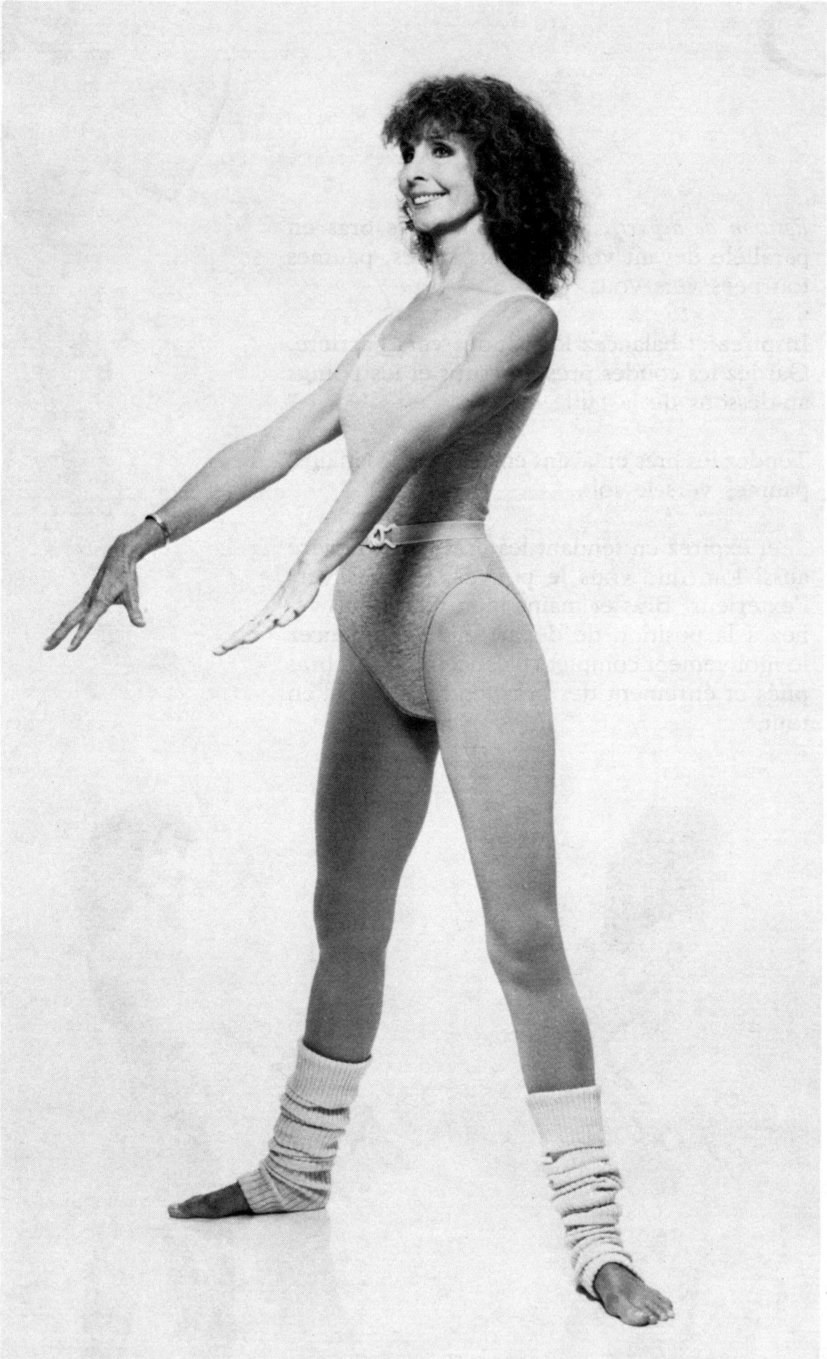

Refaites simplement le mouvement bras tendus. Les bras bien tendus, les mains ouvertes, paumes vers le sol, ramenez les bras vers l'avant...

... et tendez-les vers l'arrière aussi loin que vous le pouvez. Faites 24 fois ce mouvement.

5

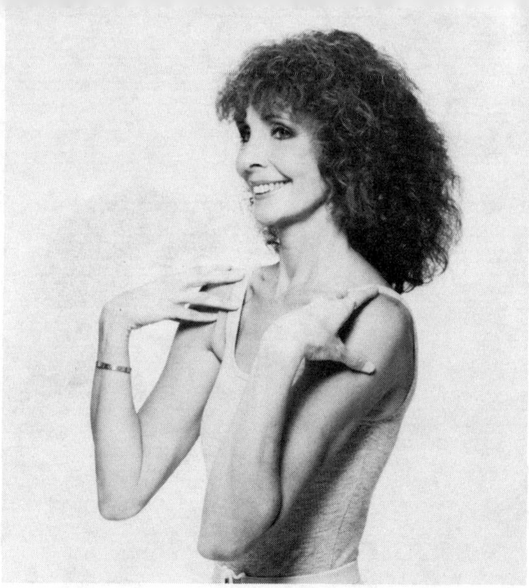

Mettez les mains sur les épaules, les coudes vers le bas...

levez les coudes jusqu'au niveau des épaules...

puis écartez complètement les coudes sur les côtés.

Revenez à la position de départ...

et baissez les coudes.
Faites 4 fois le mouvement complet.
N'OUBLIEZ PAS de bien serrer les fesses, de rentrer le ventre, d'avoir le dos plat et étiré.
Respiration : expirez en écartant les coudes sur les côtés. Inspirez en ramenant les coudes vers la positions de départ.

6

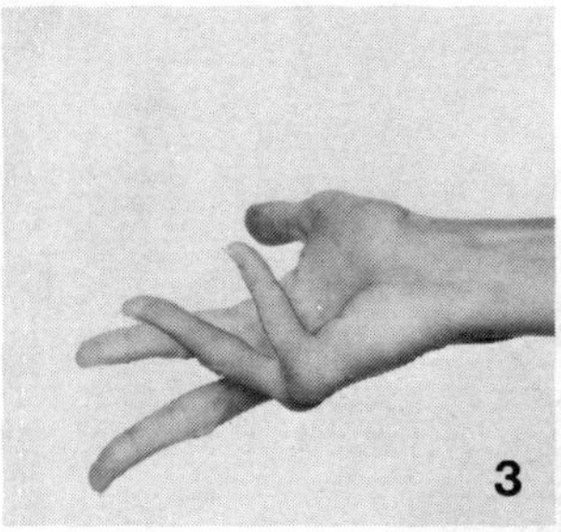

3

repliez les doigts un par un jusqu'à serrer le poing.

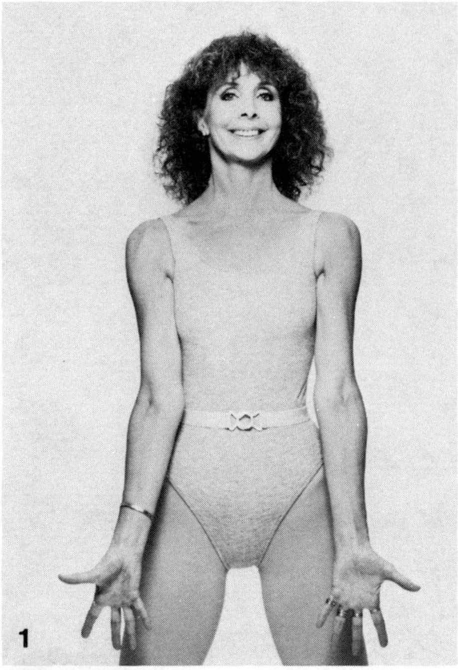

1

Baissez les bras le long du corps et écartez les doigts, paumes vers l'avant.

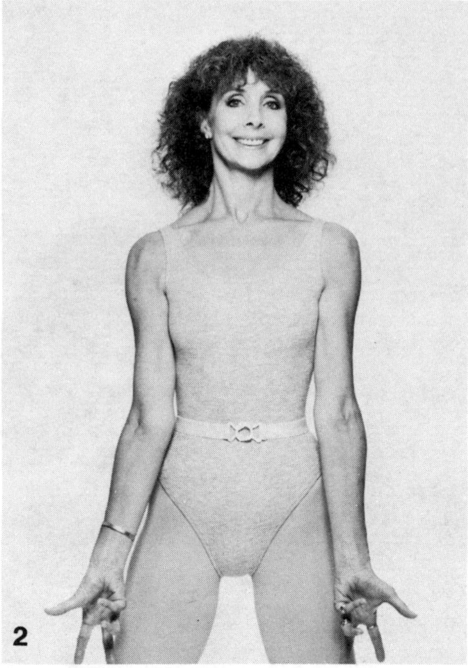

2

En commençant par l'auriculaire (le petit doigt),

Pliez les poignets vers l'intérieur et levez les avant-bras...

4

puis mettez les poings sur les épaules en levant les coudes jusqu'aux épaules.

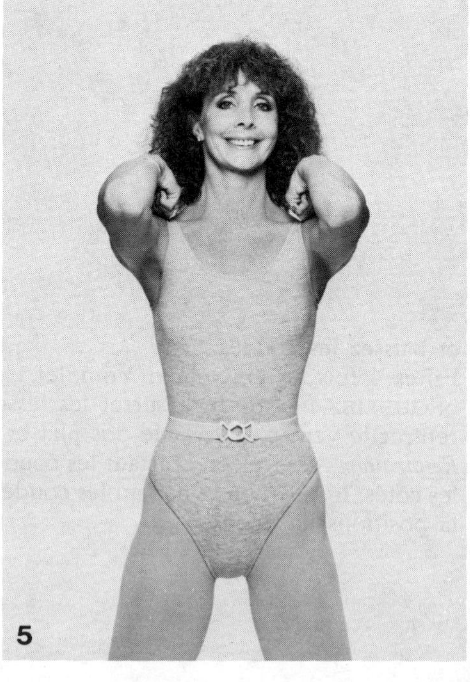

5

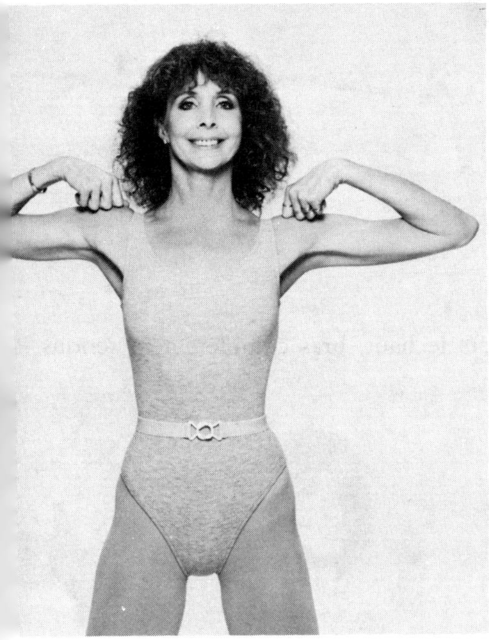

ʳtez complètement les coudes sur les ʹs...

7

ouvrez les bras sur les côtés, coudes toujours levés...

tendez complètement les bras en écartant les doigts un par un à partir du pouce...

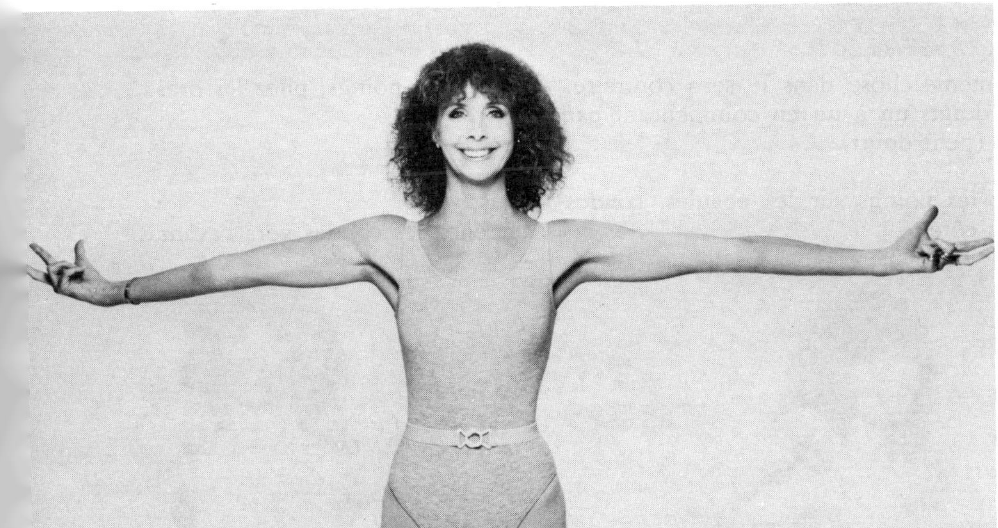

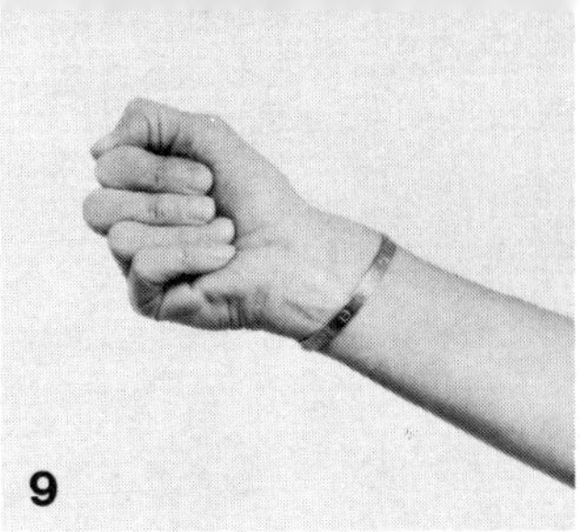

9

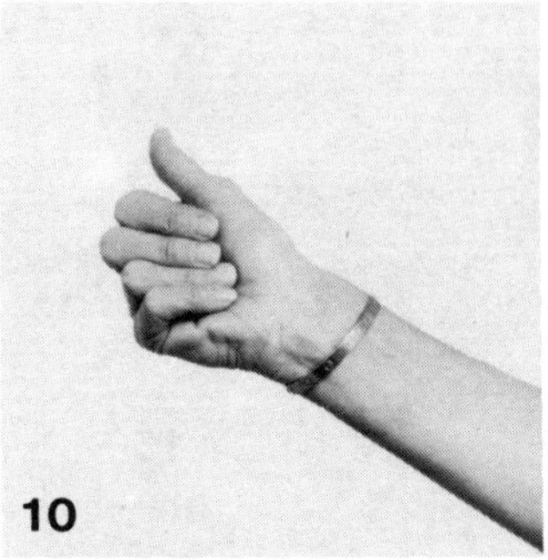

10

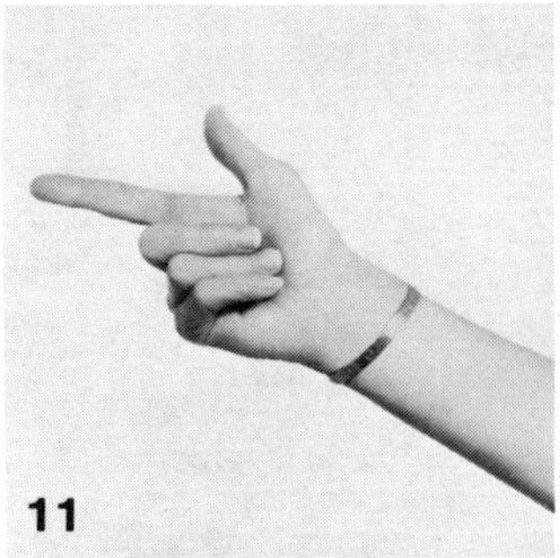

11

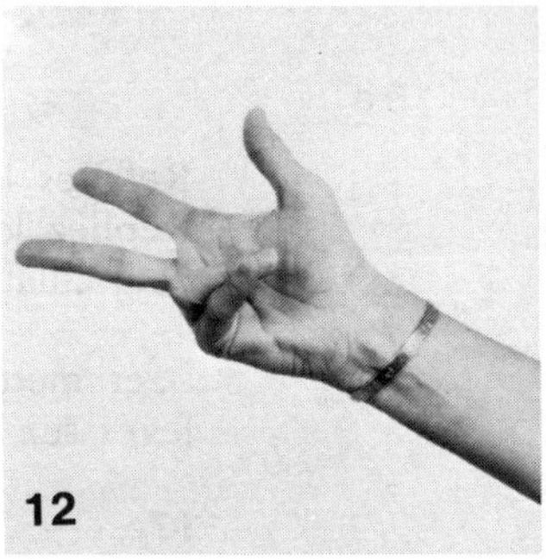

12

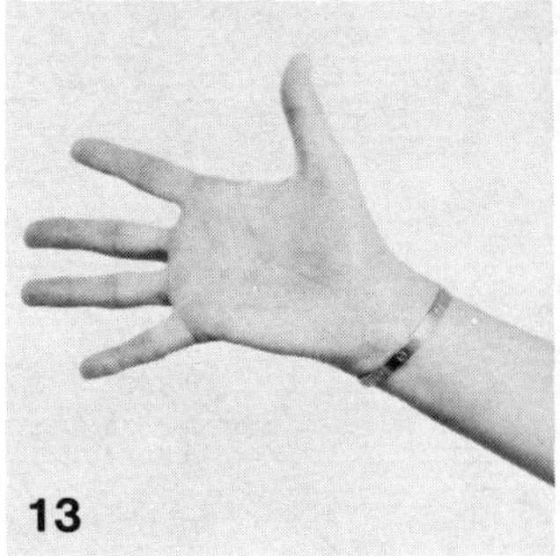

13

(suite page suivante)

14

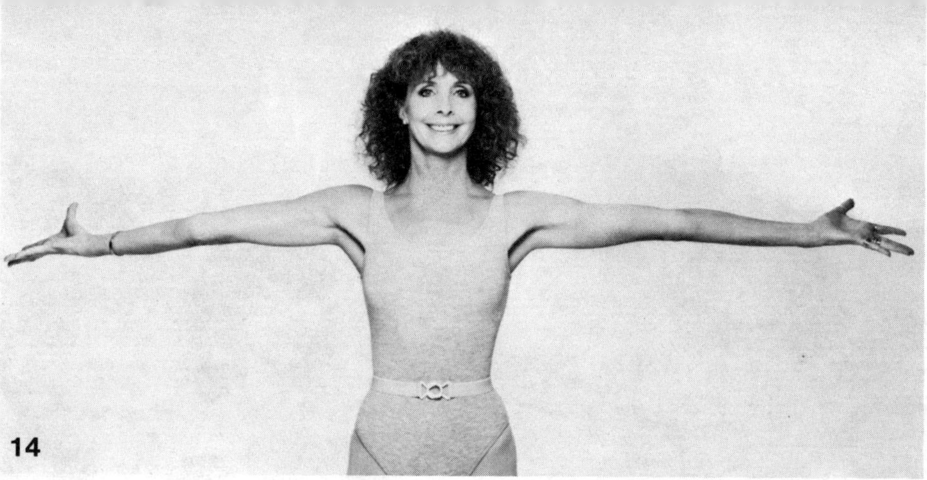

... jusqu'à bien ouvrir les mains, paumes vers le haut, bras complètement tendus.

15

15a

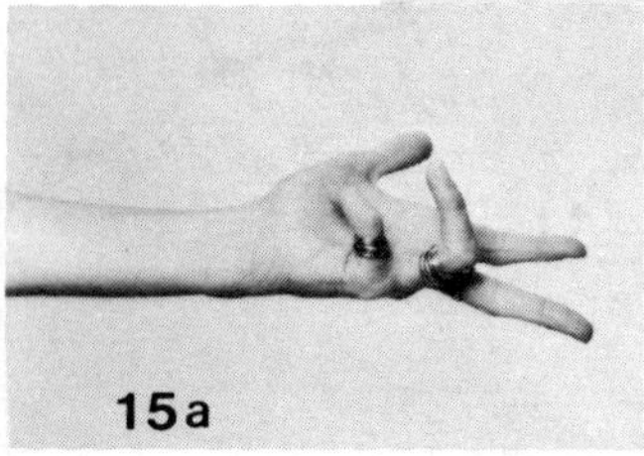

Refaites la même chose dans le sens contraire. Repliez les doigts un à un en commençant par l'auriculaire (petit doigt).

16

Fermez les poings, pliez les bras...

... et mettez les poings sur les épaules, coudes levés sur les côtés.

Ramenez les coudes vers l'avant...

17

18

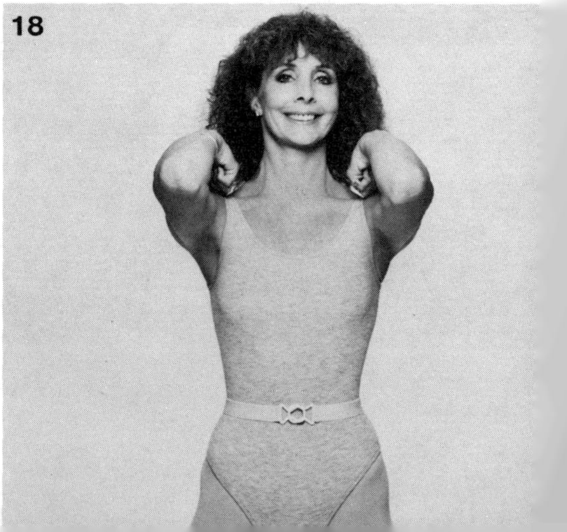

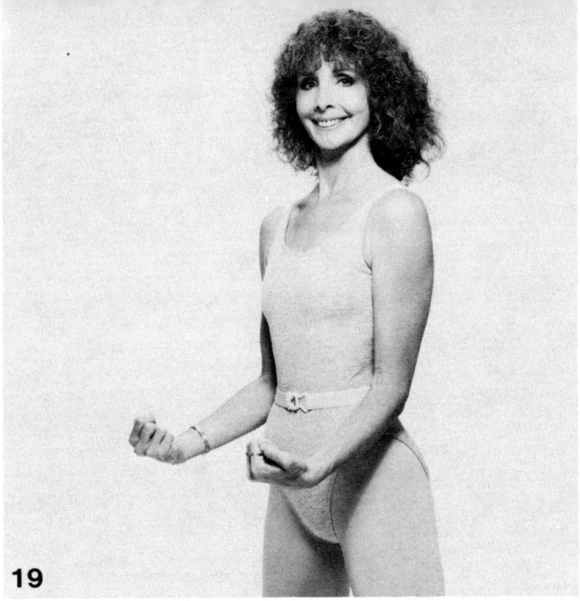

19

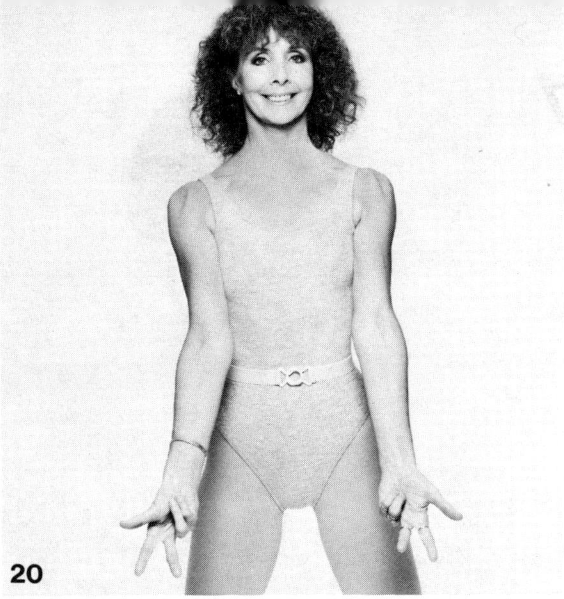

20

et tendez à nouveau les bras vers le sol...

en écartant les doigts un à un à partir du pouce...

... jusqu'à bien tendre les bras et les mains, et sentir un bon étirement. Exécutez lentement ce mouvement complet une fois. Puis refaites-le 6 fois, en comptant 2 temps pour amener les poings sur les épaules, 2 temps pour écarter les coudes sur les côtés, 2 temps pour tendre les bras et les mains vers les côtés ; puis 6 temps pour le mouvement de retour.

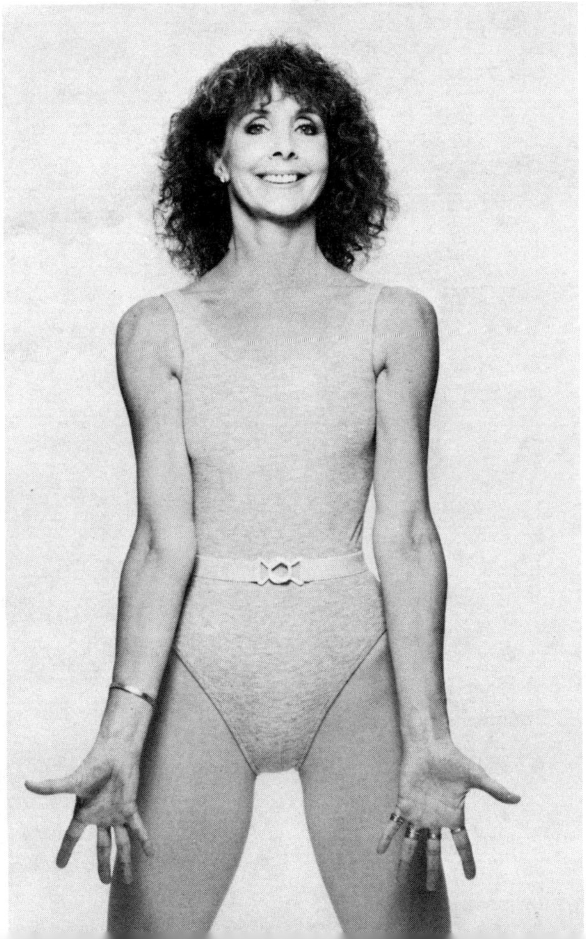

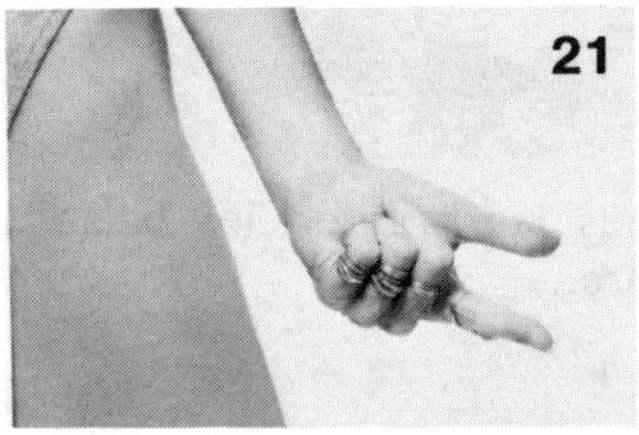

21

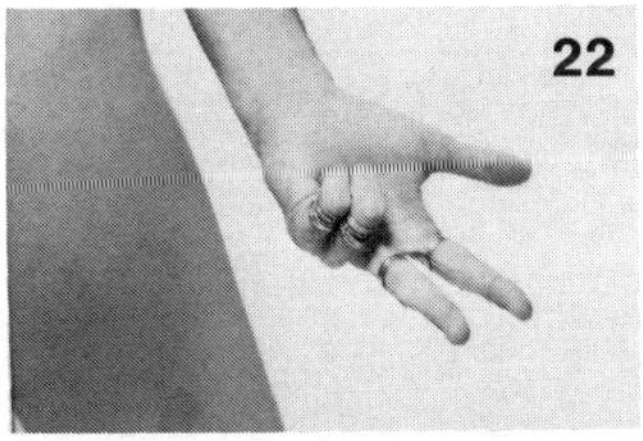

22

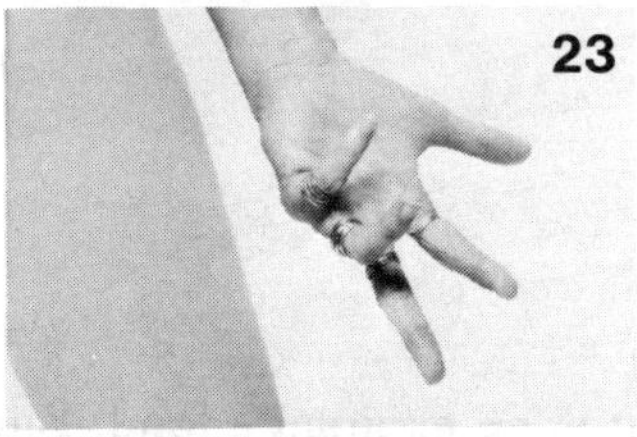

23

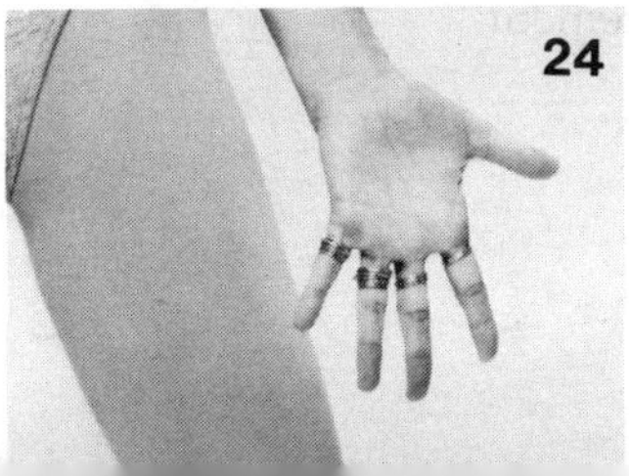

24

7

Décontractez-vous les bras en les balançant d'avant en arrière...

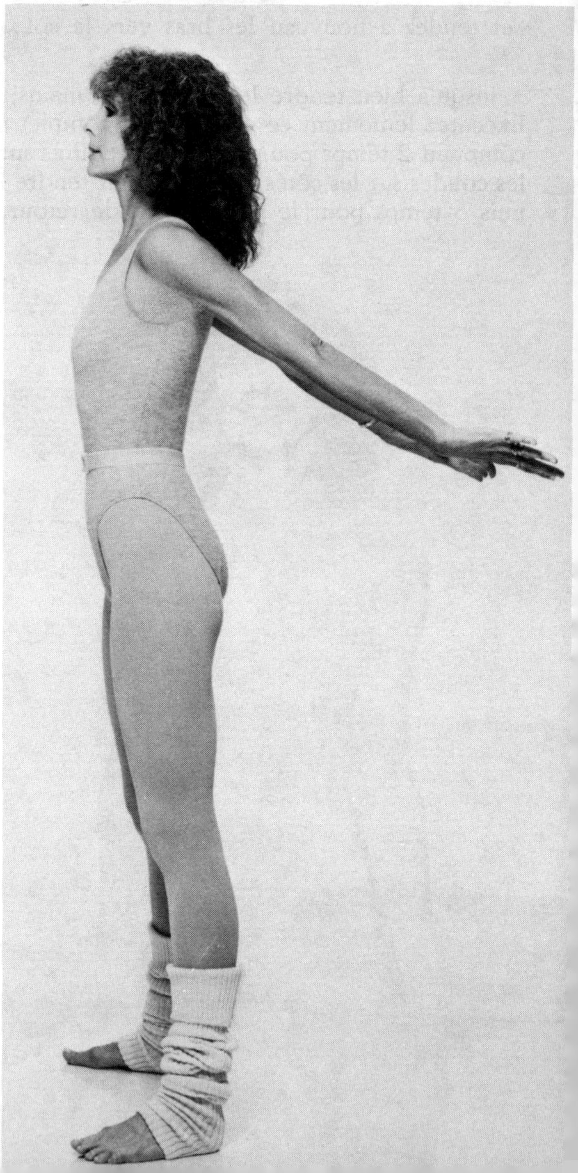

tout en inspirant et en expirant à fond. Faites 8 fois le mouvement.

8

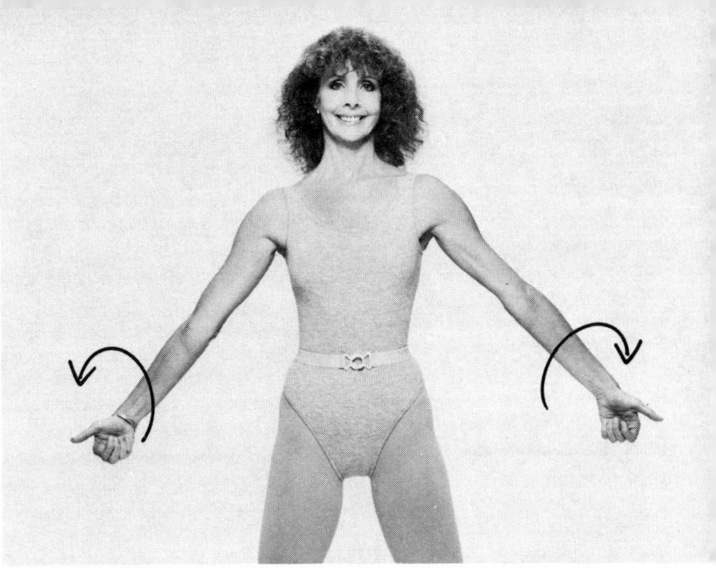

En commençant les bras le long du corps, décrivez des cercles vers l'extérieur avec vos mains tout en levant les bras jusqu'au niveau des épaules (en 4 rotations).
N'OUBLIEZ PAS que vous pouvez fléchir et renforcer les genoux en exécutant ces mouvements de bras, surtout si vous avez mal aux jambes. Ainsi, vous accélérerez la circulation sanguine et vous réchaufferez les muscles de vos jambes.

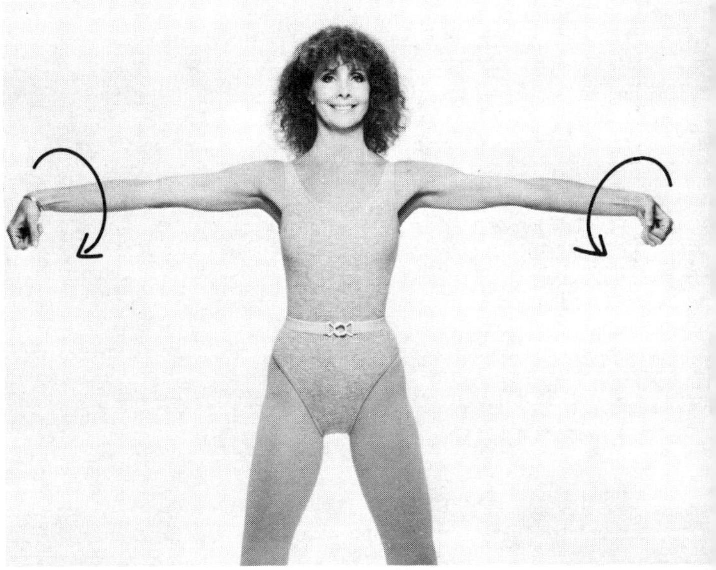

Maintenant, faites des cercles vers l'intérieur...

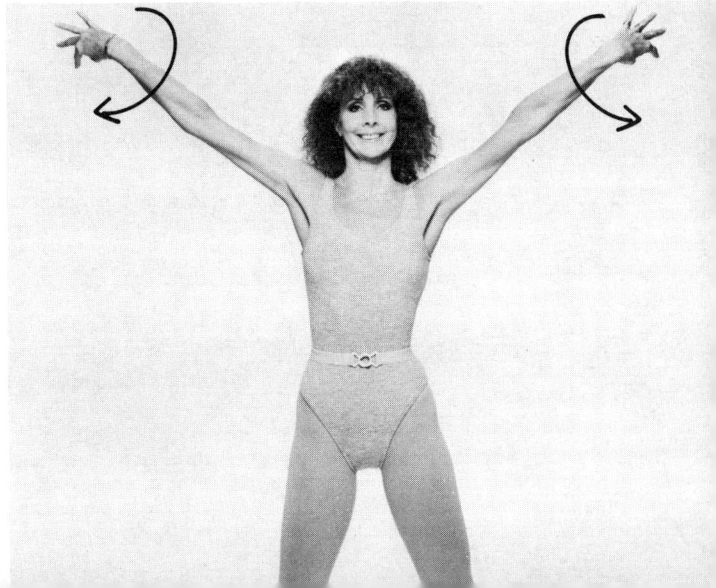

tout en levant les bras jusqu'au-dessus de la tête (en 4 rotations des poignets). Respirez normalement.

... et nous passons maintenant à la taille.

Taille

1

Position de départ : debout, les pieds légèrement tournés vers l'extérieur et un peu plus écartés que la largeur des hanches, le ventre rentré, les fesses serrées et les bras au-dessus de la tête.

Baissez le bras droit et inclinez-vous vers la droite en tendant le bras gauche juste au-dessus de l'oreille. Poussez doucement en comptant jusqu'à 14. Gardez les hanches bien droites, le poids du corps bien réparti sur les deux pieds et légèrement en avant. Tirez vers le haut et l'extérieur. Ne laissez pas le côté droit s'affaisser. Respirez normalement.

Revenez à la position de départ en écartant les bras sur les côtés en comptant jusqu'à 2...

... refaites la même chose du côté gauche, en tendant le bras droit au-dessus de l'oreille et en poussant doucement en comptant jusqu'à 14. Ne vous penchez pas en arrière.

Revenez à la position de départ en écartant les bras sur les côtés en comptant jusqu'à 2.

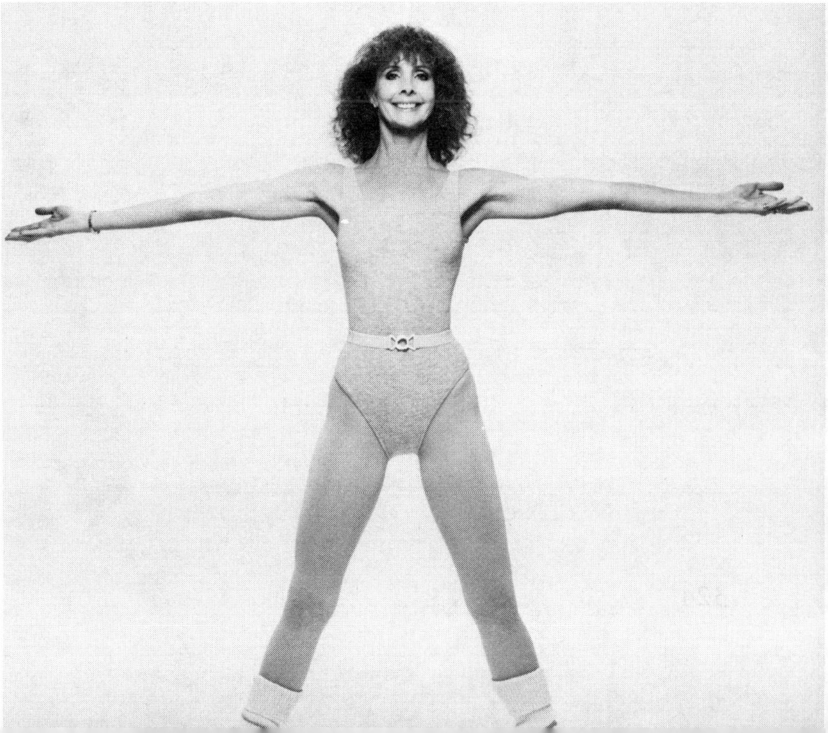

2

Maintenant mettez les mains derrière la tête, écartez les coudes sur les côtés et inclinez le torse vers la droite en poussant doucement en comptant jusqu'à 14.

Revenez à la position de départ en comptant jusqu'à 2 et refaites le mouvement à gauche en comptant jusqu'à 14. Respirez normalement.

3

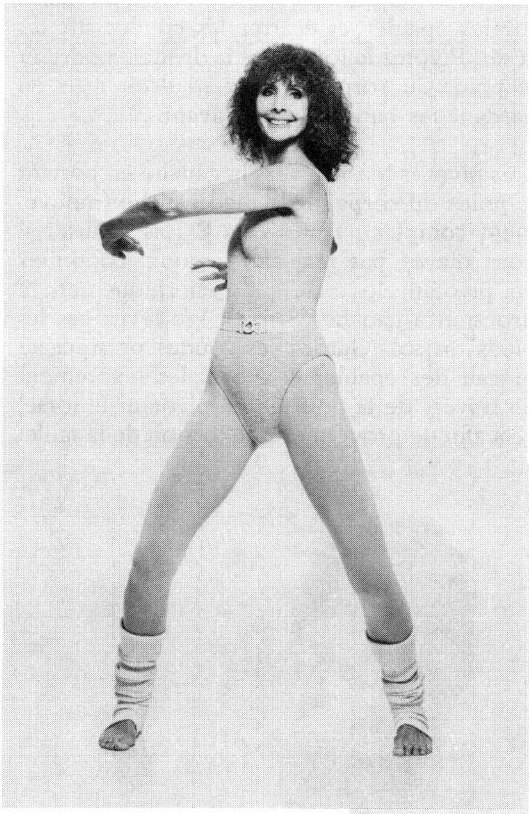

Genoux fléchis, pieds parallèles et un peu plus écartés que la largeur des hanches. Les coudes sont pliés et les bras presque au niveau des épaules. Balançez les bras et les épaules vers la droite...

puis vers la gauche (mouvement complet). Faites 16 fois le mouvement complet. Les genoux doivent restés fléchis et les hanches aussi immobiles que possible. Ne tournez pas les genoux vers l'intérieur. Respirez normalement.

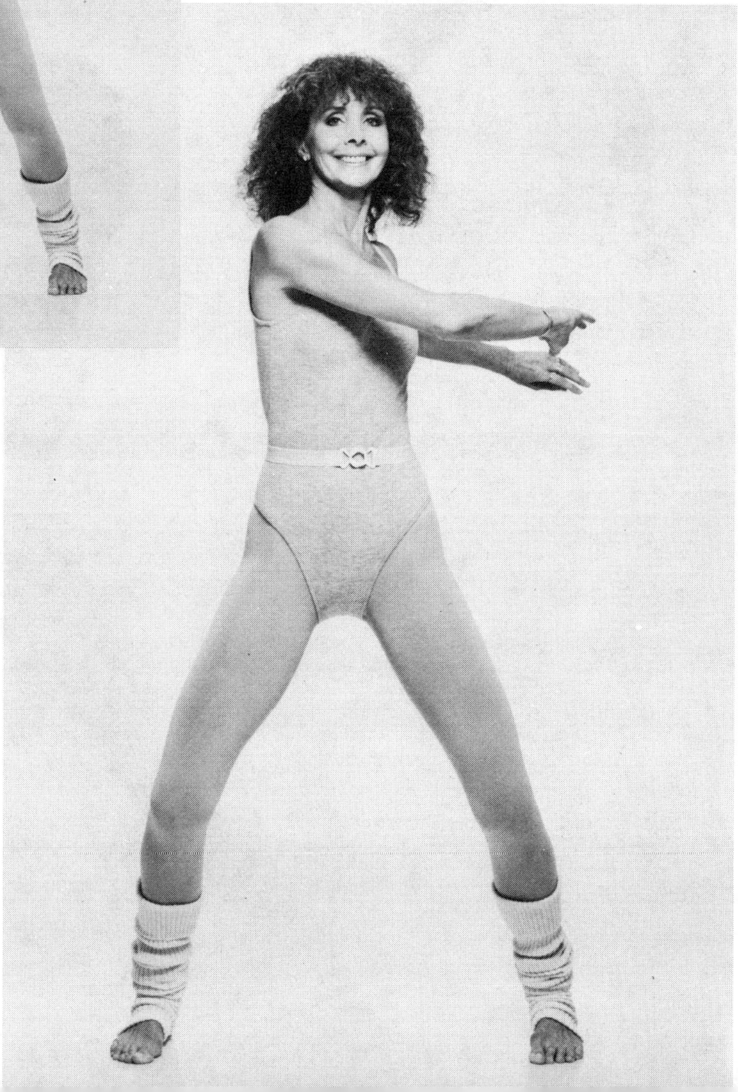

4

Les pieds toujours parallèles, mettez les mains sur les épaules et écartez les coudes sur les côtés. Pivotez le torse vers la droite en portant le poids du corps sur le pied droit mais en gardant les hanches vers l'avant...

puis pivotez le torse vers la gauche en portant le poids du corps sur le pied gauche (mouvement complet). Faites cela 8 fois ; Puis, ; si vous n'avez pas mal aux genoux, continuez en pivotant le torse plus énergiquement à droite et à gauche (8 fois). Ne levez pas les pieds du sol. Gardez les coudes presque au niveau des épaules et menez-les légèrement en travers de la poitrine en pivotant le torse, cela afin de provoquer une torsion de la taille.

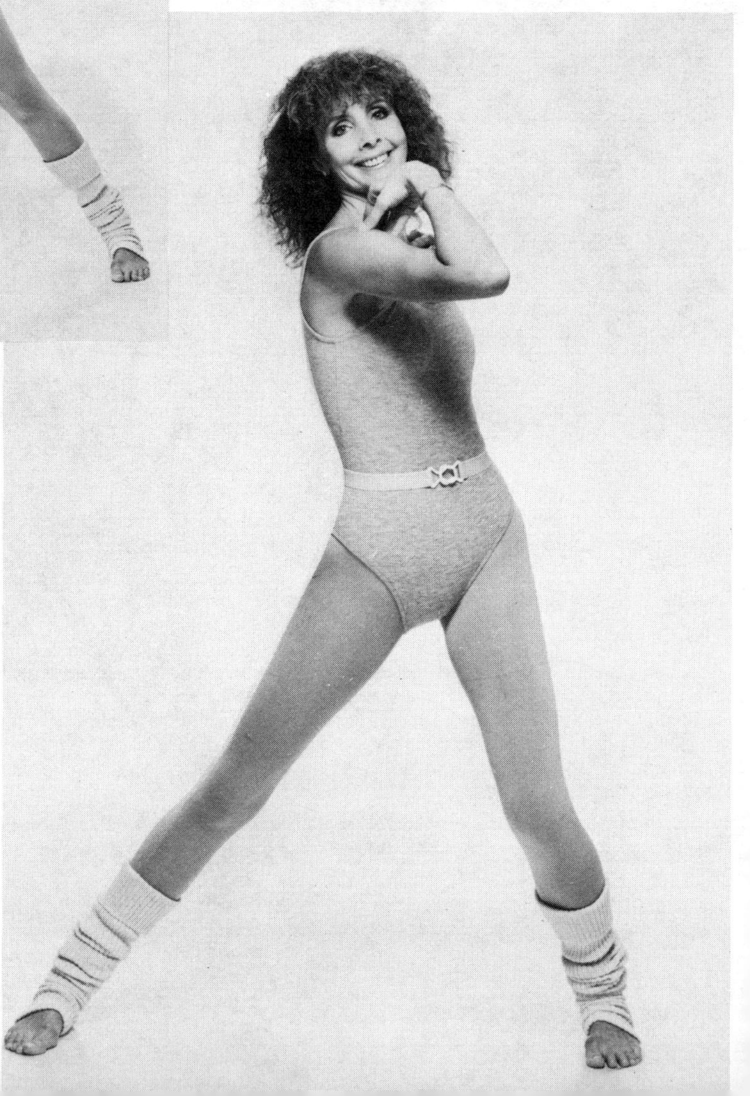

5

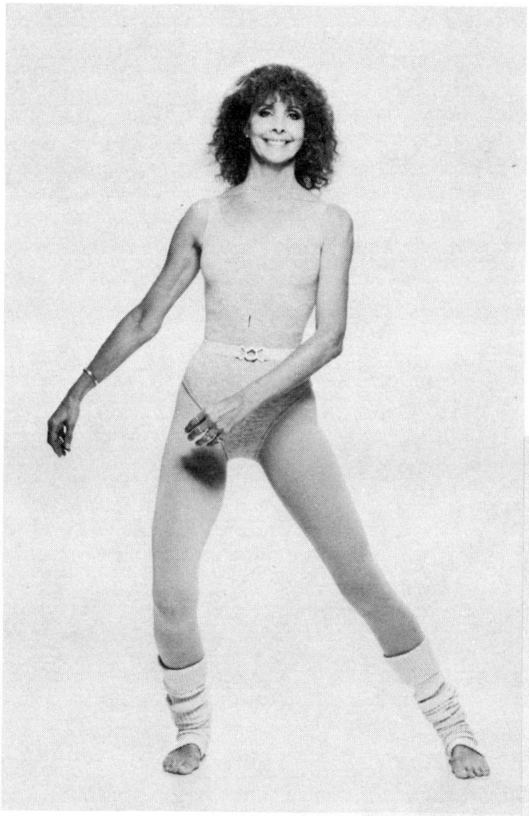

Baissez les bras, fléchissez les genoux et faites porter le poids du corps sur la droite, puis sur la gauche (mouvement complet)...

... en rapprochant peu à peu les pieds, 4 fois le mouvement complet. (Nous passerons ainsi sans interruption à l'aérobic.)

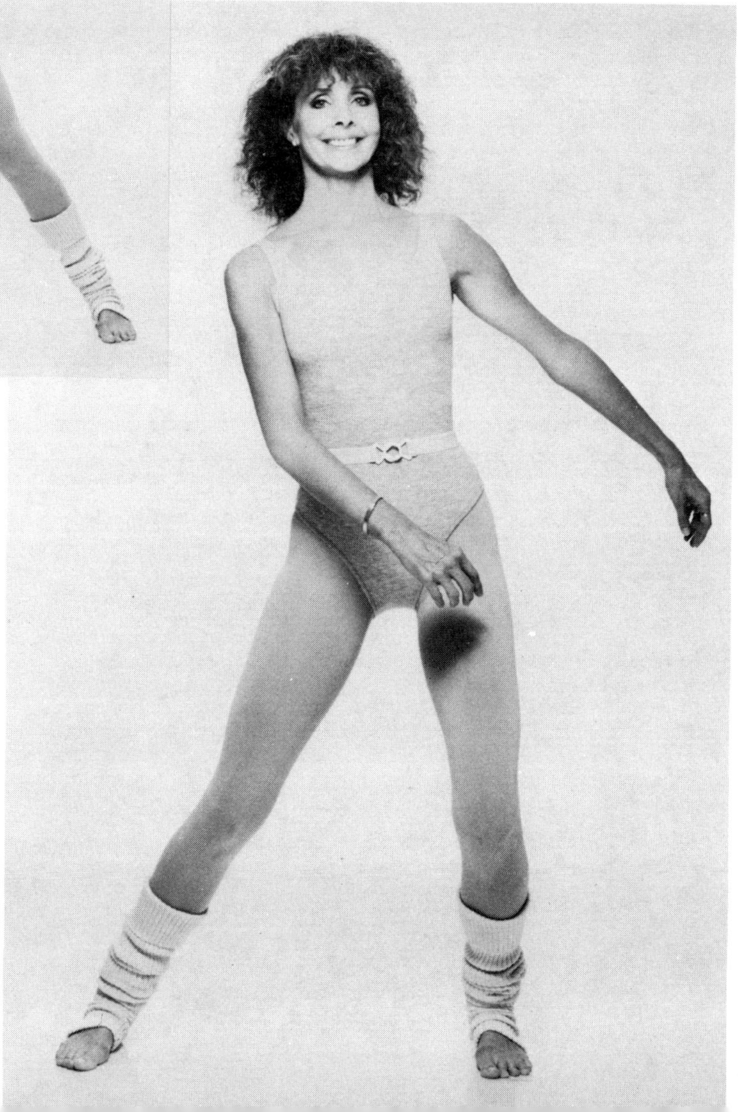

Aérobic

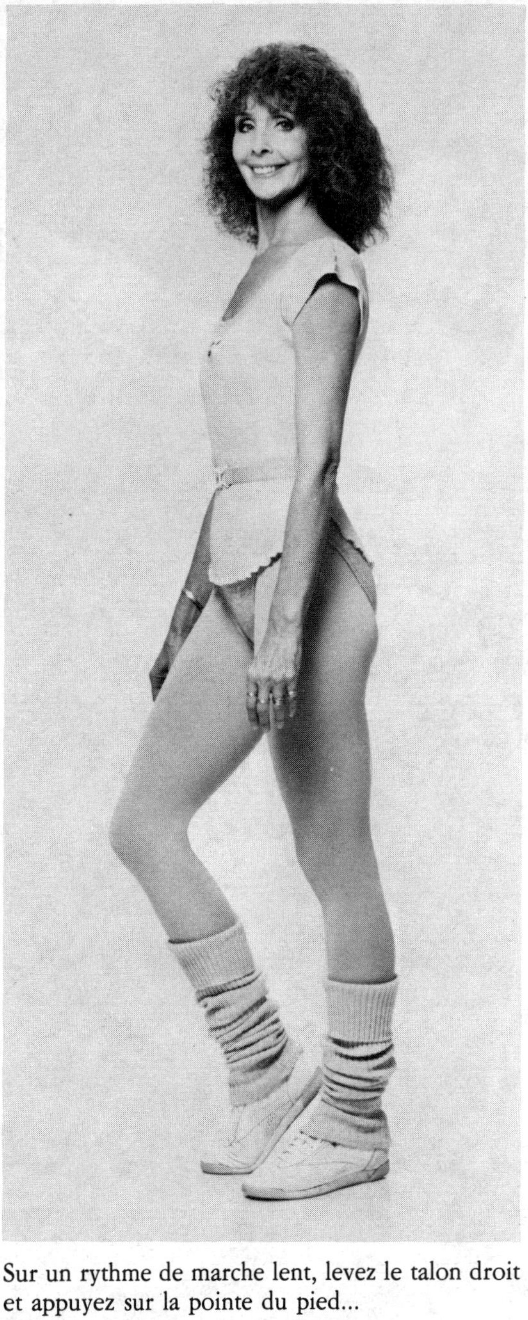

Sur un rythme de marche lent, levez le talon droit et appuyez sur la pointe du pied...

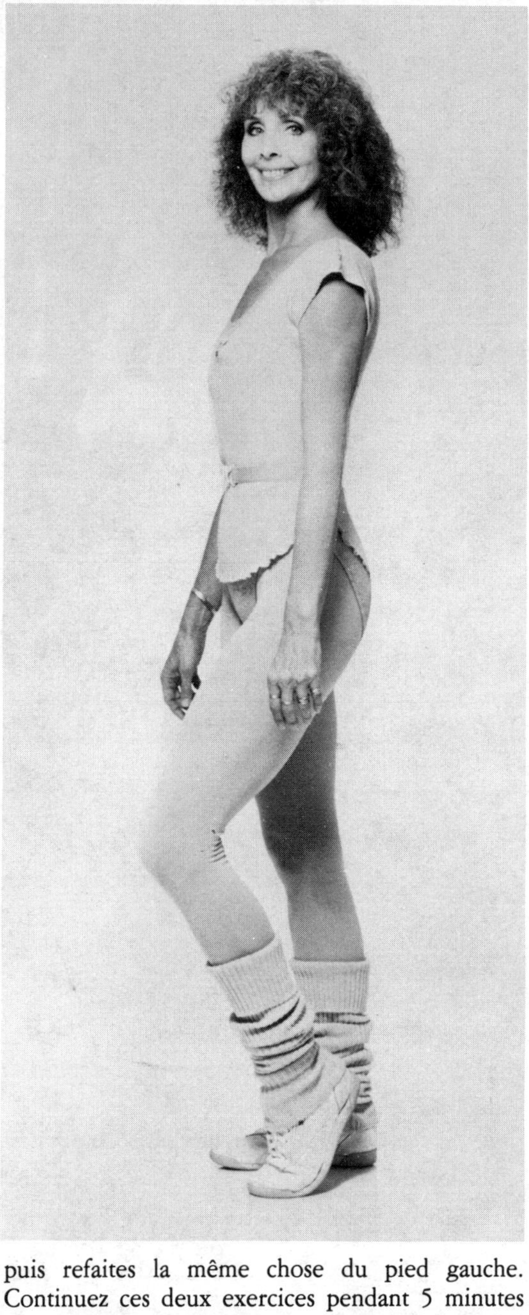

puis refaites la même chose du pied gauche. Continuez ces deux exercices pendant 5 minutes afin de réchauffer les muscles des hanches et des cuisses. Gardez la colonne vertébrale bien allongée, le corps légèrement en avant et le pubis vers le haut. Exécutez ce mouvement avec souplesse et aisance, sans forcer sur vos chevilles.

Mettez de la musique donnant envie de bouger et de danser. Choisissez un rythme facilitant les mouvements.

Votre but est d'arriver à faire 12 à 20 minutes d'aérobic sans interruption. Commencez très progressivement par 5 minutes de ce mouvement de petits pas, en levant simplement les talons. Puis courez gentiment sur place pendant quelques minutes. Lorsque vous y parviendrez sans vous essouffler, ou sans trop d'effort, accélérez le rythme, en levant les genoux un peu plus haut ou en ajoutant d'autres figures (petits sauts, balancements des jambes ou faites semblant de sauter à la corde). A mesure que votre capacité cardio-vasculaire s'améliore, n'hésitez pas à dépenser votre énergie, faites des pas de Charleston, de boogie ou de French-cancan... ou tout ce qui peut vous donner de l'entrain. Plus vous diversifierez vos mouvements, plus vous répartirez vos efforts sur les articulations et les tendons. Pour diminuer l'impact de vos mouvements, il est bon de disposer d'espace (entre un mètre et un mètre cinquante). Plus vous aurez de place pour travailler et mieux ce sera.

Pour brûler un maximum de réserves de graisse, restez dans les limites de votre rythme cardiaque d'entraînement. Voir page 246 comment déterminer votre rythme cardiaque idéal pour l'aérobic. Une règle d'or : vous devez toujours voir assez de souffle pour tenir une conversation.

En levant les genoux plus haut, en levant les jambes, en tendant les bras au-dessus de la tête tout en courant sur place, vous allez accélérer votre rythme cardiaque. Si vous vous essoufflez, ralentissez le mouvement en faisant de plus petits pas ou en levant seulement les talons pendant quelques instants jusqu'à diminuer votre rythme cardiaque.

TRÈS IMPORTANT :

- Respirez à fond tout au long des exercices. Vous n'obtiendrez rien de bon en allant jusqu'à l'essoufflement, au contraire.
- Retombez sur la demi-pointe et laissez vos talons toucher le sol.
- Grandissez-vous et tenez-vous bien droite.
- Posez les pieds par terre genoux fléchis.

N'interrompez jamais brutalement vos exercices d'aérobic. Ralentissez progressivement votre rythme cardiaque et prenez le temps d'étirez vos muscles pour les détendre et éviter le claquage.

DÉTENTE

En commençant cette phase de détente, prenez votre pouls pour vérifier si vous avez atteint votre rythme cardiaque d'entraînement maximal (voir page 246).

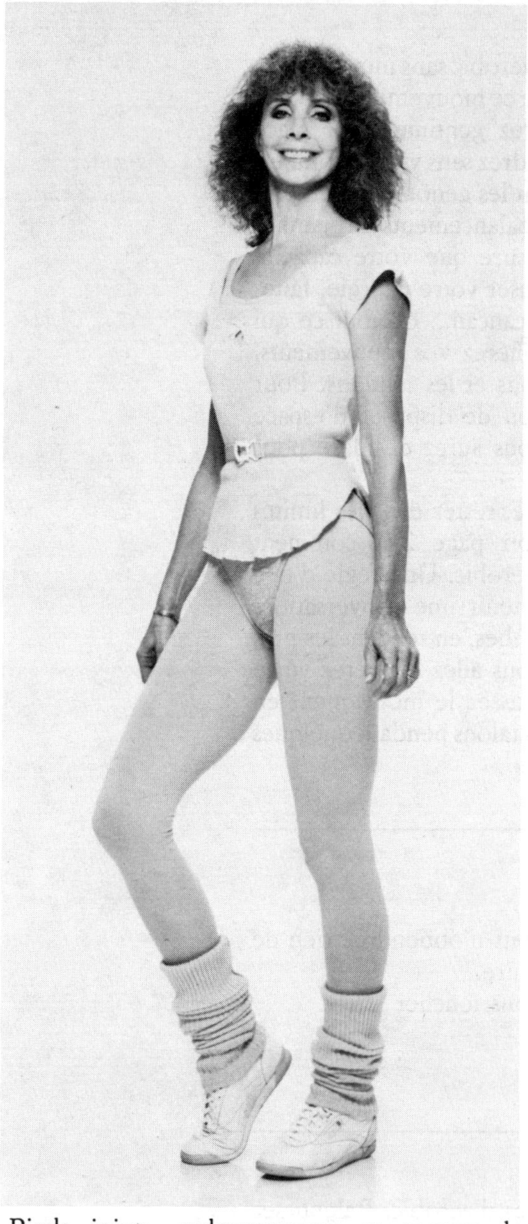

Pieds joints, redressez-vous et rentrez le ventre. Levez le talon droit et appuyez sur la pointe du pied.

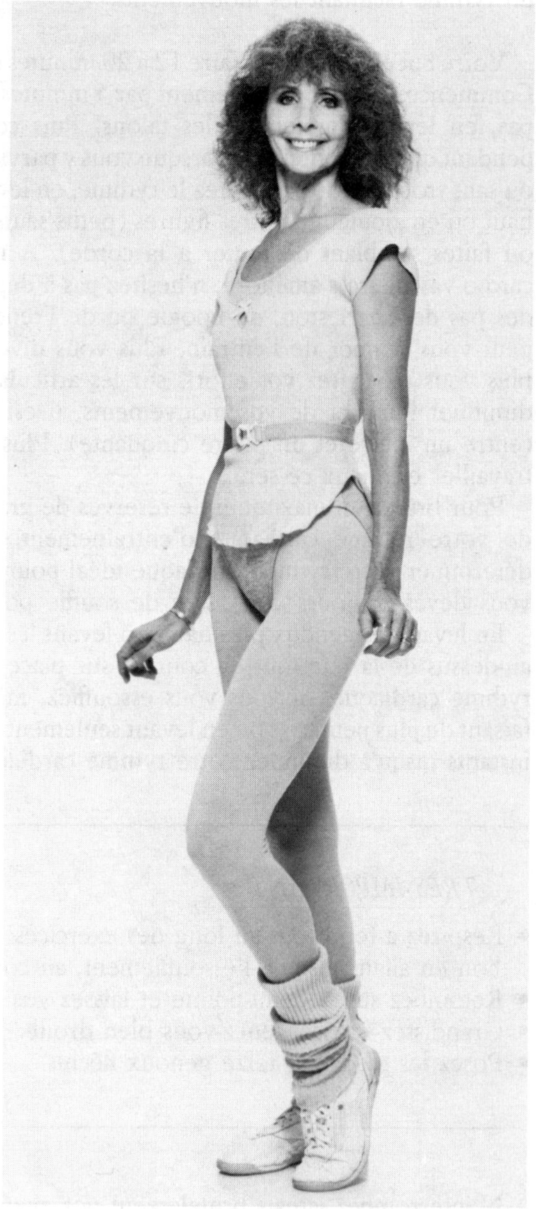

Puis faites la même chose du pied gauche (mouvement complet). Faites ce mouvement 32 fois, ou jusqu'à ce que vous ayez repris votre souffle. Gardez le dos bien droit, la colonne vertébrale allongée et faites travailler tout votre pied selon un mouvement souple et facile, le poids du corps légèrement en avant et le pubis vers le haut.

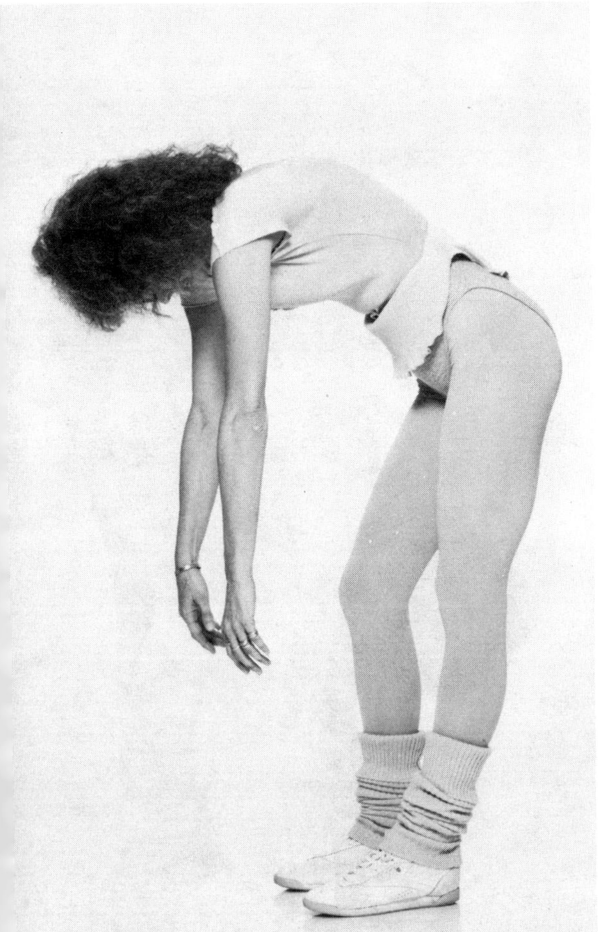

Laissez tomber la tête en avant et roulez le dos, en fléchissant le genou droit...

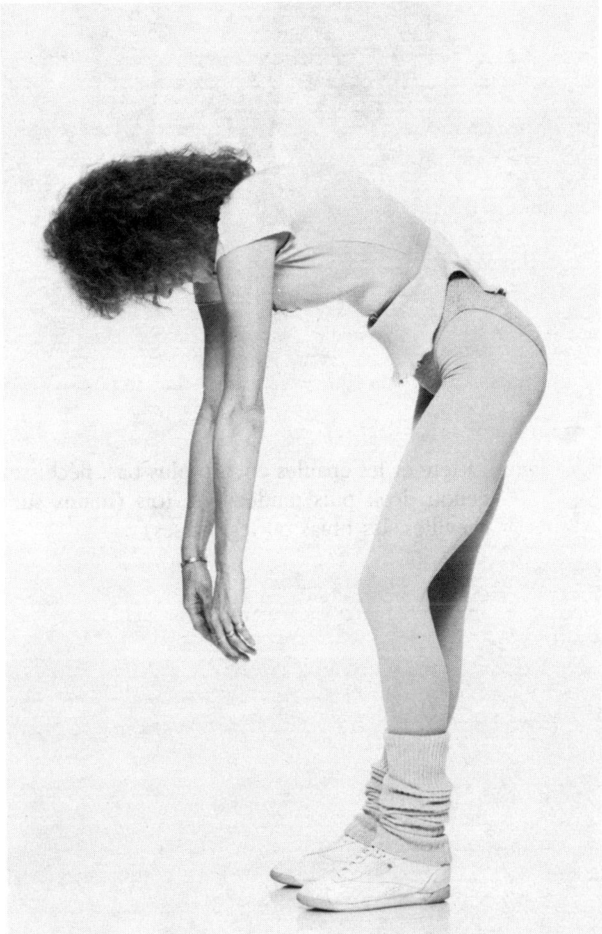

... puis le genou gauche, 6 fois. Si vous êtes essoufflée, continuez à fléchir les genoux et restez à ce stade, les mains sur les cuisses – ne vous courbez pas complètement.

La tête et les épaules encore plus bas, fléchissez le genou droit puis tendez-le 4 fois (mains sur les chevilles, les tibias ou les cuisses)...

puis fléchissez et tendez le genou gauche en comptant jusqu'à 4. Refaites le mouvement complet.

Les mains par terre en avant du corps, posez le talon droit au sol...

puis posez le talon gauche (mouvement complet). Exécutez 8 fois le mouvement complet. Levez bien haut les hanches tout en allongeant la colonne vertébale. Pour éviter de cambrer le dos, pensez à rouler le pubis vers le nombril.

Les genoux fléchis, avancez les pieds jusqu'aux mains...

puis écartez les pieds un peu plus que la largeur des hanches, mains sur les tibias ou les chevilles.

Passons maintenant au stretching du tendon du jarret.

Tendons du jarret

1

Pieds écartés, penchez-vous en avant et mettez les mains sur les cuisses, les tibias ou par terre devant vous. Les pieds doivent être parallèles et *non pas tournés vers l'extérieur.*

Fléchissez légèrement le genou droit...

puis fléchissez légèrement le genou gauche tout en tendant le droit (mouvement complet). Essayez de fléchir les genoux sans baisser les hanches. Pensez à bien allonger et étirer l'arrière de la jambe en la tendant. Faites cet exercice en souplesse, surtout pas brusquement. Le devant de la cuisse reste décontracté. Répétez 8 fois le mouvement complet.

2

En prenant garde de ne pas les rapprocher, fléchissez les genoux sans baisser les hanches...

puis tendez les genoux. Exécutez ce mouvement 8 fois. Vous n'êtes pas obligée de poser les mains par terre.
Respiration : expirez en tendant les genoux.

3

Toujours penchée en avant, les mains au sol, sur les tibias ou sur les cuisses, approchez le visage du genou droit. Fléchissez...

... puis tendez le genou droit, en vous concentrant sur l'allongement de l'arrière de la jambe. (Exécutez cet exercice avec souplesse. Il ne faut pas tendre le genou ; brutalement. Les pieds restent toujours à plat sur le sol.) Faites l'exercice 8 fois. Fléchissez à nouveau le genou droit, tendez-le doucement et étirez en comptant jusqu'à 8.

Faites la même chose du côté gauche. Fléchissez...

... et tendez le genou gauche. Répétez 8 fois. Fléchissez à nouveau le genou gauche, tendez-le doucement en comptant jusqu'à 8. *Respiration :* expirez en tendant le genou.

4

Penchée en avant, les jambes écartées, les pieds parallèles, mettez les mains sur le bas des jambes. Balancez les hanches vers la droite...

... puis vers la gauche. Faites 4 fois le mouvement. Sentez l'étirement à l'intérieur des cuisses.

Revenez à la position de départ et gardez-la 8 temps. Le poids du corps est légèrement en avant vers la demi-pointe des pieds. Respirez normalement.

Les genoux fléchis, les bras ballants, déroulez lentement le dos vertèbre après vertèbre, les abdominaux rentrés...

jusqu'à vous redresser complètement, le ventre rentré, le pubis vers le haut, le corps bien allongé et la poitrine dressée. Respirez normalement.

Travail au sol

1

Utilisez une natte, une couverture ou une serviette pliée pour amortir le travail du dos et des hanches, et pour éviter de respirer de la poussière et des fibres de tapis ou de vous salir les cheveux.

Position de départ : assise, pieds joints par la plante, mains sur les chevilles, genoux écartés sans effort.

Inclinez la tête. Rentrez le ventre et bandez les muscles du bas-ventre comme pour vous retenir d'uriner en comptant jusqu'à deux. Relâchez pendant 2 temps. (Mouvement complet.) Faites 4 fois le mouvement complet. Recommencez 24 fois en allant deux fois plus vite. Contractez vos muscles en comptant jusqu'à 8, puis relâchez.

2

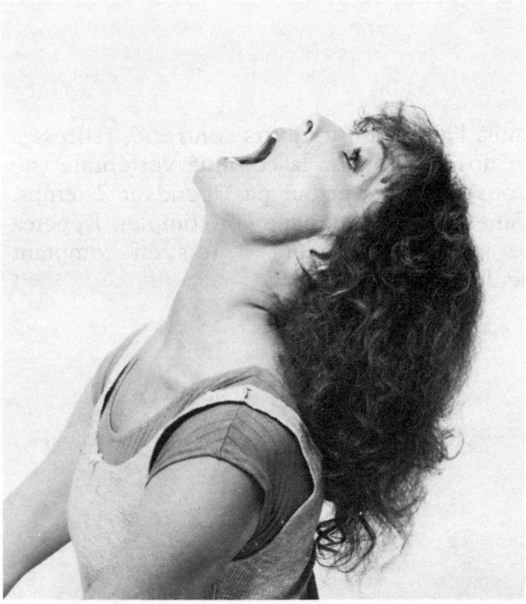

Penchez la tête en arrière aussi loin que possible sans douleur et ouvrez grand la bouche, tirant la mâchoire en comptant jusqu'à 8.

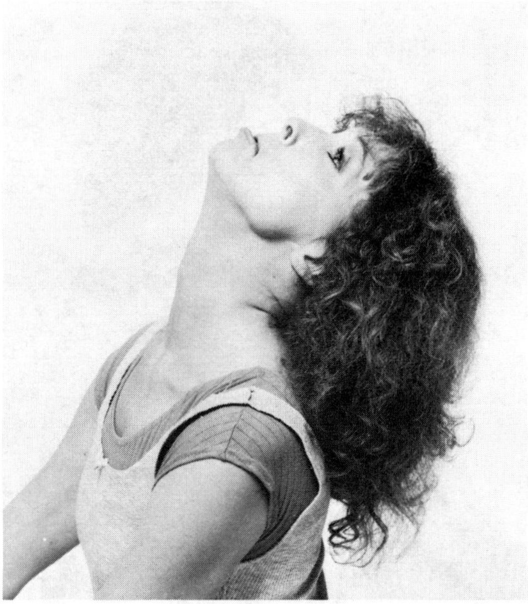

Puis fermez la bouche. Lèvre inférieure sur la lèvre supérieure, tirez le menton en comptant jusqu'à 8. Puis relâchez. Remettez la tête droite.
Respirez normalement. Si vous avez la tête qui tourne pendant cet exercice, remettez la tête droite et passez au mouvement suivant.

3

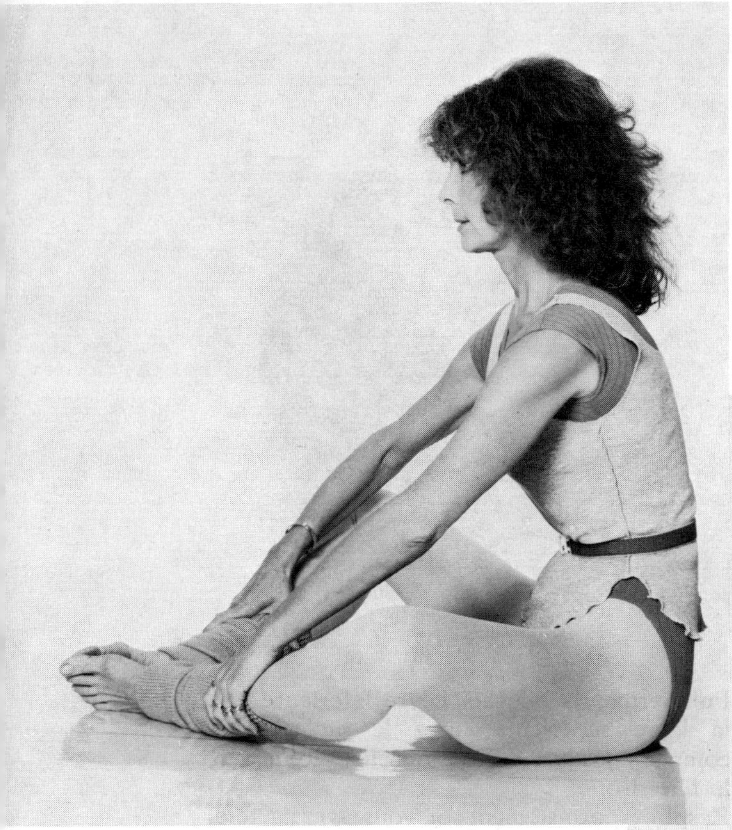

Arrondissez les reins en contractant et en rentrant l'abdomen pendant 2 temps, sans vous renverser en arrière...

puis, l'abdomen toujours contracté, redressez le dos et allongez la colonne vertébrale (ne vous cambrez surtout pas) pendant 2 temps. Faites 4 fois le mouvement complet. Répétez le même mouvement 8 fois en comptant seulement un temps.

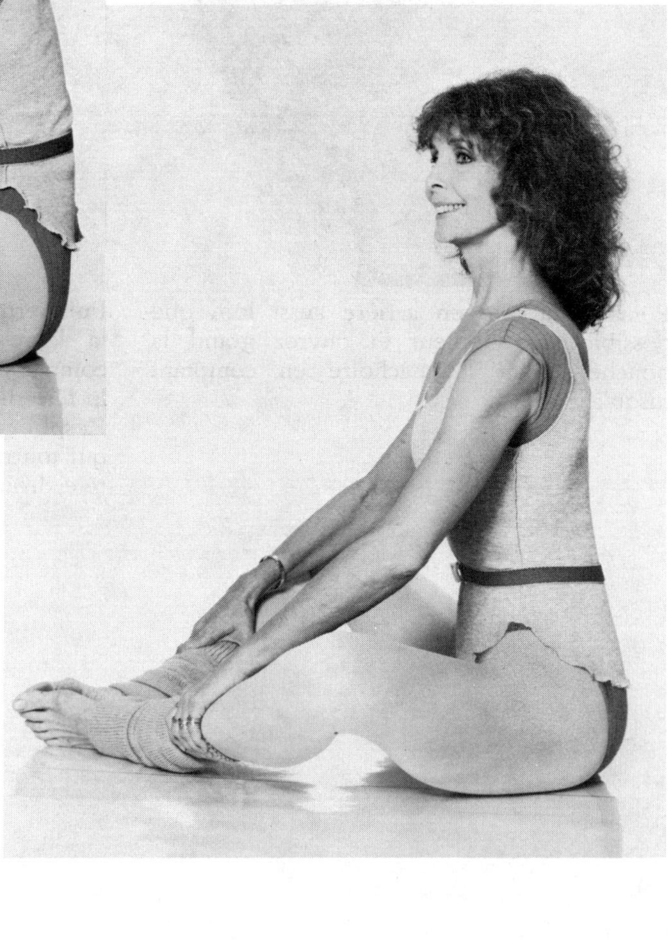

4

Courbez-vous, tête et dos en avant. Gardez cette position en comptant jusqu'à 8, en essayant de baisser les genoux vers le sol, abdominaux contractés. Déroulez le dos. *Respiration :* normale, calme.

5

Toujours assise sur le sol, ouvrez les jambes aussi largement que possible sans forcer sur les tendons de l'intérieur des cuisses. Vous pouvez pratiquer cet étirement jambes tendues ou genoux fléchis. Les pointes de pieds sont tendues. (Ne vous croyez pas obligée d'ouvrir les jambes autant que Shirlee.)

Mettez les mains de part et d'autre de la jambe droite et penchez le torse, en gardant les hanches au sol et sans rapprocher la cuisse gauche. Poussez doucement, comptez jusqu'à 8.

Les mains posées devant vous, torse tendu, gagnez le côté gauche en comptant jusqu'à 4.

Penchez le torse sur la jambe gauche, les hanches au sol et sans rapprocher le cuisse droite. Poussez doucement en comptant jusqu'à 8. Regagnez le centre en comptant jusqu'à 2.

Fléchissez les pieds et penchez-vous en avant, en essayant d'allonger la colonne vertébrale, en comptant jusqu'à 16. Ne vous cambrez pas. Secouez les jambes et rapprochez-les. Respirez normalement.

6

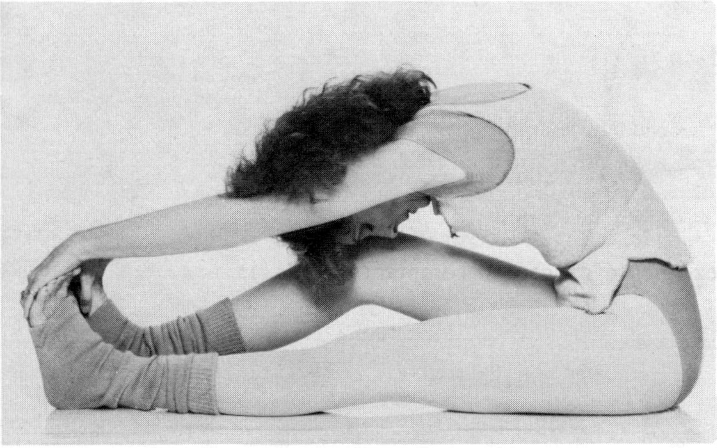

Rapprochez lentement les jambes devant vous et penchez le torse en avant. Fléchissez les pieds et attrapez les orteils ou le bas des jambes, puis fléchissez le genou droit...

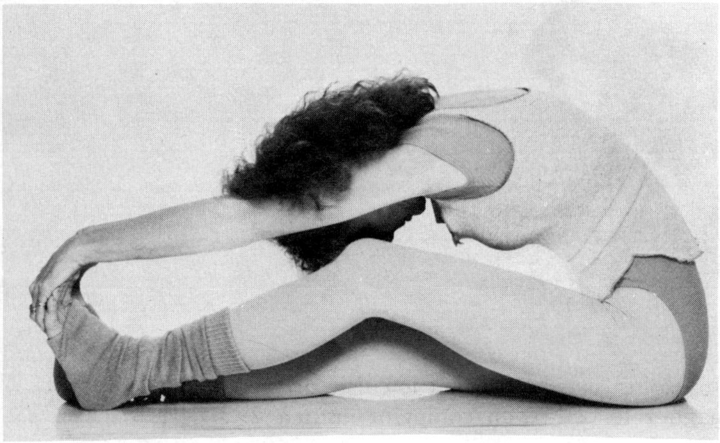

fléchissez ensuite le genou gauche (mouvement complet). Faites 8 fois le mouvement complet.

Abaissez le torse sur les jambes, genoux légèrement fléchis, en comptant jusqu'à 8. Puis déroulez le dos. Respirez normalement.

Abdominaux

1

Au début, vous ne parviendrez peut-être pas à faire ces exercices du ventre, ou pas autant de fois que je l'indique. Contentez-vous de faire ce que vous pouvez et de progresser peu à peu.

Les genoux fléchis et les pieds à plat sur le sol, mettez les mains sur les genoux ou sur les cuisses pour vous aider à dérouler le dos vertèbre après vertèbre.

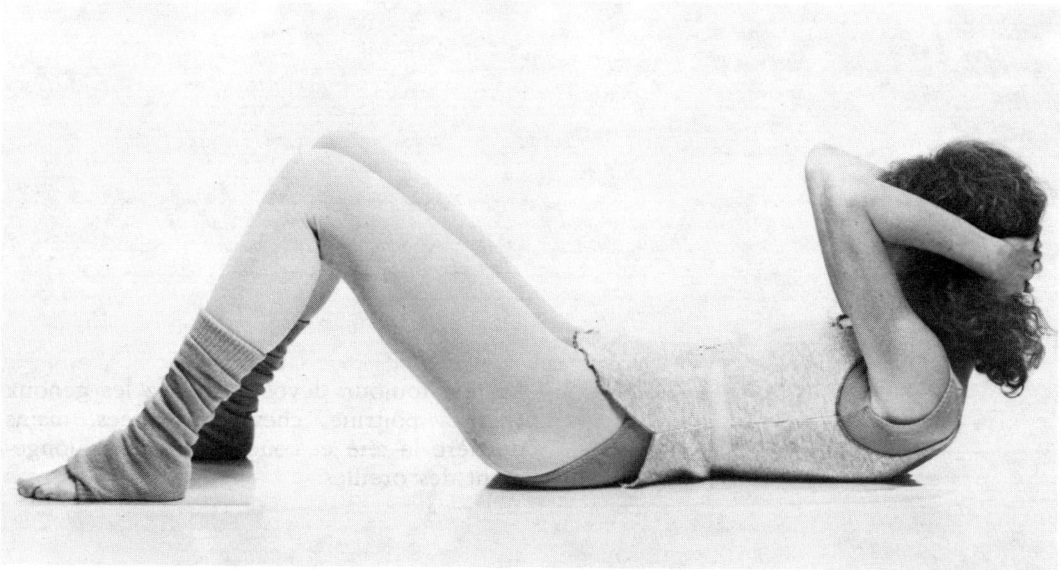

Les pieds toujours à plat sur le sol, mettez les mains derrière la tête, coudes rapprochés, et levez la tête du sol. N'essayez pas de tirer le cou avec vos mains – ce sont les abdominaux qui doivent travailler. Ne décollez pas les hanches du sol.

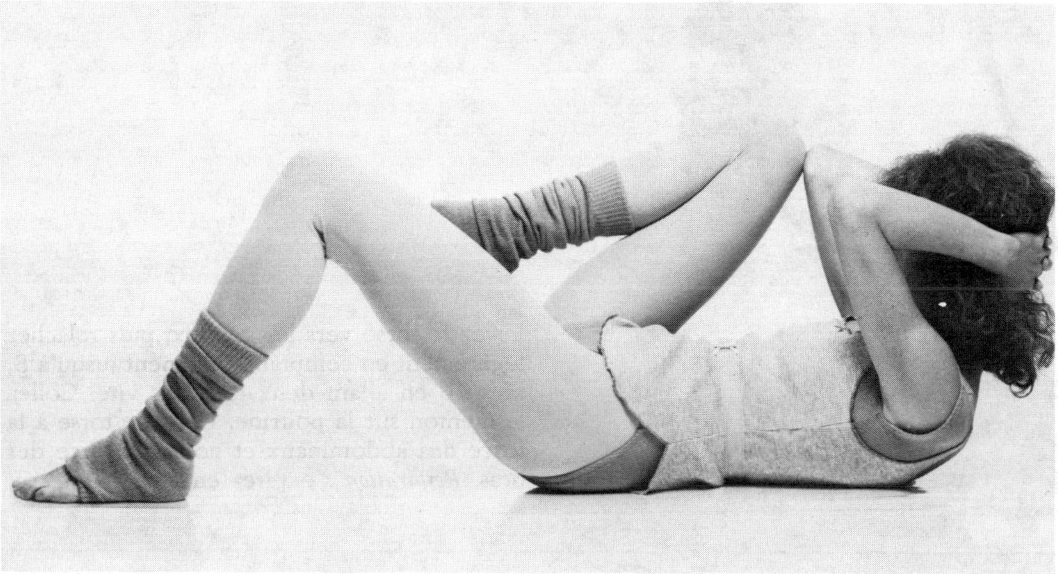

Pointez le pubis vers le nombril et levez en comptant jusqu'à 2 le genou droit vers le coude droit. Baissez la jambe en comptant jusqu'à 2. Même chose avec la jambe gauche vers le coude gauche. (Mouvement complet.) Faites cela 4 fois. Gardez la tête levée pendant tout l'exercice. *Respiration :* expirez en levant le genou.

2

La tête toujours levée, ramenez les genoux vers la poitrine, chevilles croisées, mains derrière la tête et coudes dans le prolongement des oreilles.

Levez le torse vers les genoux, puis relâchez légèrement en comptant lentement jusqu'à 8, puis 16 en allant deux fois plus vite. Collez le menton sur la poitrine. Levez le torse à la force des abdominaux et non à la force des bras. *Respiration :* expirez en levant le torse.

Touchez le genou gauche du coude droit...

puis touchez le genou droit du coude gauche. Exécutez doucement ce mouvement 8 fois, puis 16 fois en allant deux fois plus vite. Essayez de lever vraiment le torse et les épaules, et pas uniquement les coudes, pour bien faire travailler les muscles du ventre (entre le pubis et le nombril). *Respiration :* en exécutant le mouvement doucement, expirez chaque fois que le coude touche le genou. Pour le mouvement accéléré, expirez une fois sur deux.

Amenez les coudes contre les genoux en comptant jusqu'à 8 en mouvement rapide. Expirez en levant le torse.

3

Posez la tête sur le sol, relâchez les abdominaux et ramenez les genoux contre la poitrine. Si cette position vous gêne, mettez les mains sous les genoux plutôt que dessus.

1

Posez les pieds par terre. La main gauche derrière la tête, levez la tête et tendez le bras droit entre les jambes. Gardez le menton collé à la poitrine et expirez en tendant le bras, inspirant en vous relâchant légèrement en arrière. Faites cela 16 fois.

Reposez-vous la tête et le cou un instant, puis changez de bras et répétez le mouvement 16 fois. N'imposez aucun effort à votre cou. Ce sont les abdominaux qui doivent travailler et lever le torse.

5

Posez la tête sur le sol, décontractez les abdominaux et ramenez les genoux contre la poitrine. Si cette position vous gêne, mettez les mains sous les genoux plutôt que dessus.

6

Posez les pieds par terre et décontractez les jambes. Tournez les jambes à droite et les bras à gauche, puis reposez-vous.

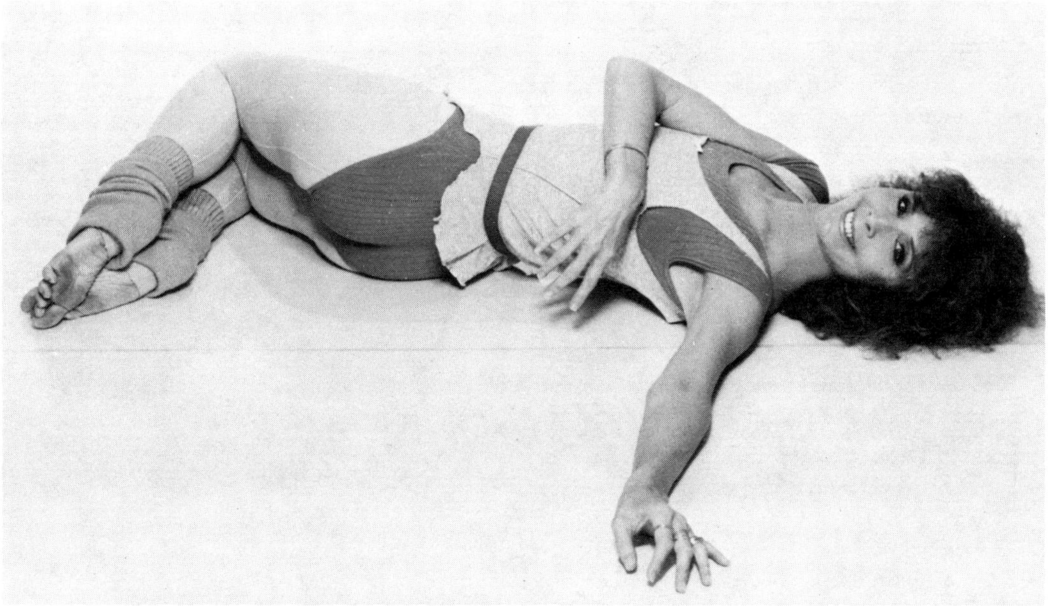

Faites la même chose dans l'autre sens.

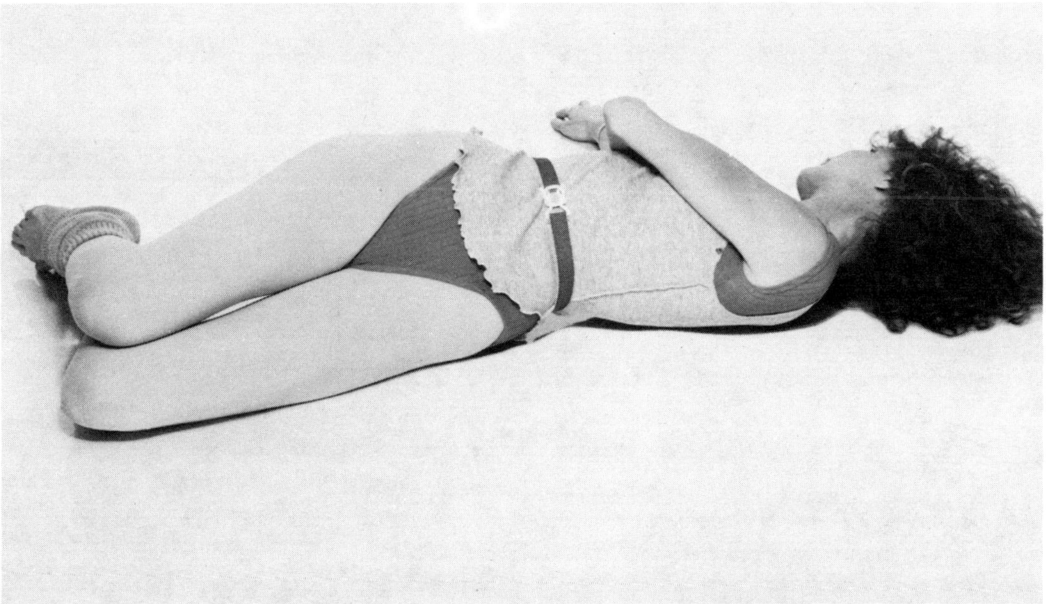

Jambes

1

Allongée sur le dos, la tête et les épaules au sol, fléchissez les genoux. Posez la cheville droite sur le genou gauche et poussez le genou droit vers le sol, en étirant l'intérieur de la cuisse ; comptez jusqu'à 8.

Répétez l'exercice avec le pied gauche sur le genou droit en comptant jusqu'à 8.

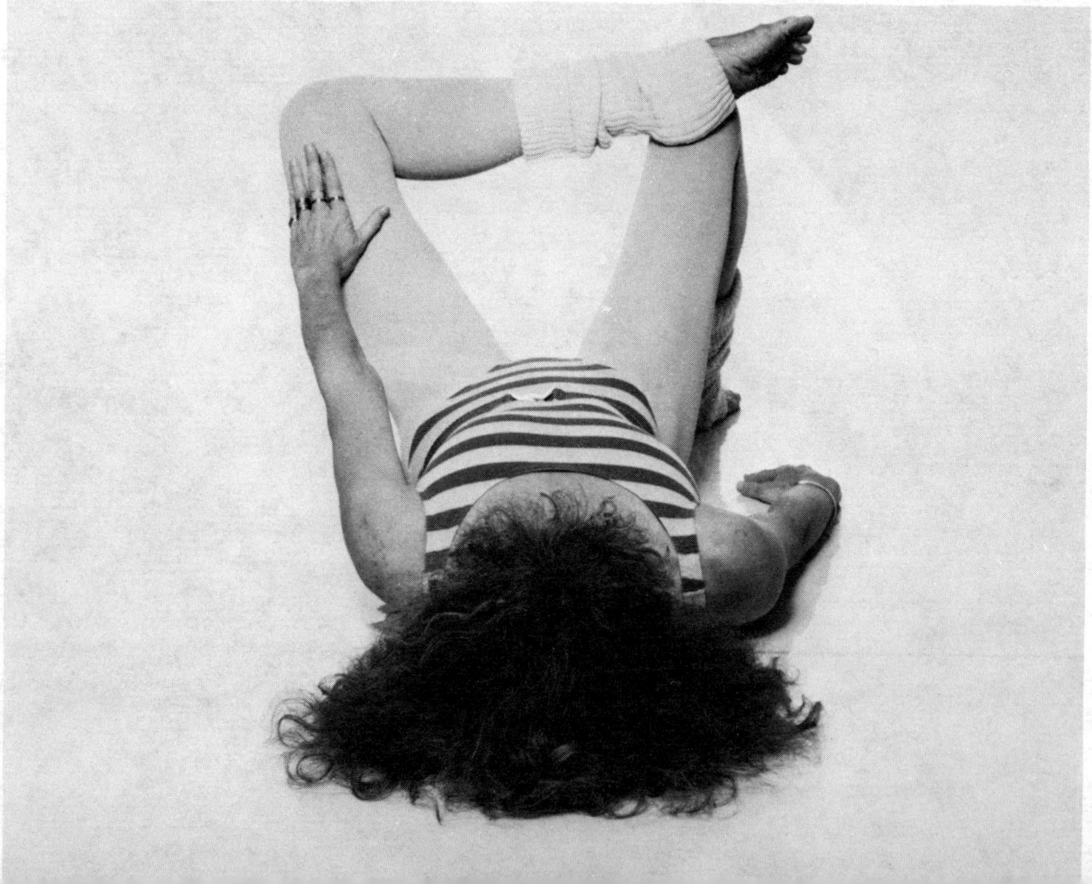

2

Tendez les jambes en l'air, hanches au sol et pointes de pieds tendues.

Baissez les jambes, talons joints, et expirez. Ramenez les jambes à la position verticale. Inspirez. Faites 4 fois le mouvement complet.

Gardez les jambes tendues en l'air et fléchissez les pieds...

puis baissez les jambes. Ramenez-les. Faites 4 fois le mouvement complet. Refaites la même chose en allant deux fois plus vite, 8 fois pointes de pieds tendues et 8 fois pieds fléchis.

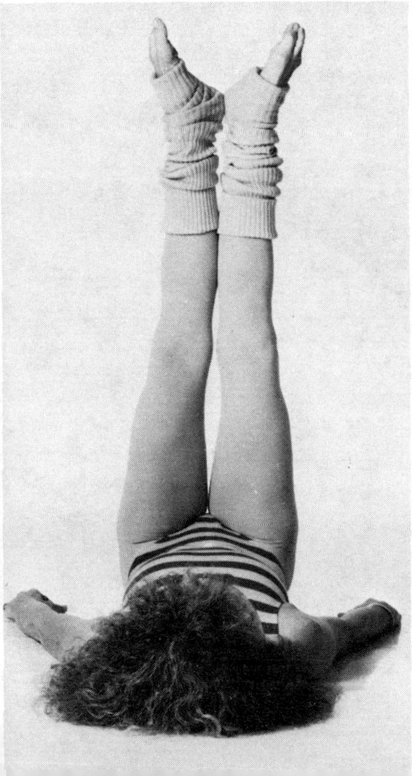

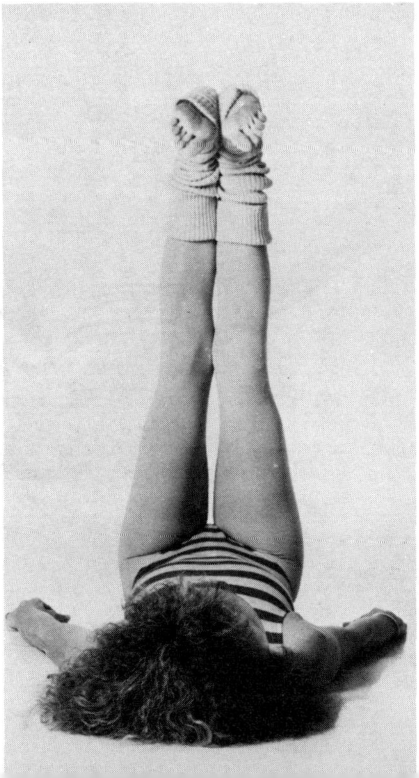

3

Pliez les genoux, jambes parallèles, pointes de pieds tendues et hanches au sol.

Écartez les genoux pliés, sans décoller les hanches du sol et en joignant toujours les pieds...

Tendez les jambes sur les côtés, hanches toujours au sol...

et rapprochez les jambes tendues. Exécutez doucement le mouvement complet 1 fois, puis 8 fois en allant plus vite.

4

En partant jambes tendues à la perpendiculaire du corps et tournées vers l'extérieur, pointes de pieds tendues...

tirez les jambes sur les côtés, hanches au sol, en comptant jusqu'à 2.

Fléchissez les pieds...

et rapprochez les jambes en comptant jusqu'à 2, jusqu'à toucher les talons. Tendez la pointe des pieds et refaites tout l'exercice encore une fois. Puis recommencez 8 fois en allant plus vite et en n'écartant les jambes qu'à moitié.

5

Tirez les jambes sur les côtés, pieds fléchis, et posez les mains à l'intérieur des genoux. (Ne faites par rebondir les jambes vers le sol.)

Sans bouger les genoux, rapprochez les talons à mi-distance en comptant jusqu'à 4, puis écartez-les en comptant jusqu'à 4. Faites 2 fois le mouvement complet. *Respiration :* expirez en écartant les talons.

Gardez les jambes écartées en comptant jusqu'à 5.

6

Pliez les genoux et rapprochez-les. En vous tenant les genoux, amenez-les contre la poitrine. Si cette position vous gêne, mettez les mains sous les genoux plutôt que dessus.

Fesses

1

Position de départ : allongée sur le dos, genoux et pieds parallèles, les pieds à plat sur le sol et un peu plus écartés que la largeur des hanches, les mains derrière la tête, le creux des reins collé au sol.

Roulez le pubis vers le nombril et contractez les muscles fessiers en levant légèrement les hanches du sol, puis relâchez en baissant les hanches. Faites ceci 8 fois, puis en comptant jusqu'à 32 deux fois plus vite. Pour être sûre de ne pas cambrer le dos, mettez les mains à plat sous le bas du dos qui devra toucher le dessus des mains pendant tout l'exercice.

2

Écartez un peu plus les pieds. Le pubis vers le haut, les hanches légèrement soulevées au sol, serrez les fesses en rejoignant les genoux...

... puis écartez les genoux sans bouger les hanches. Écartez et joignez les genoux 16 fois en gardant le bas-ventre levé et les fesses serrées.

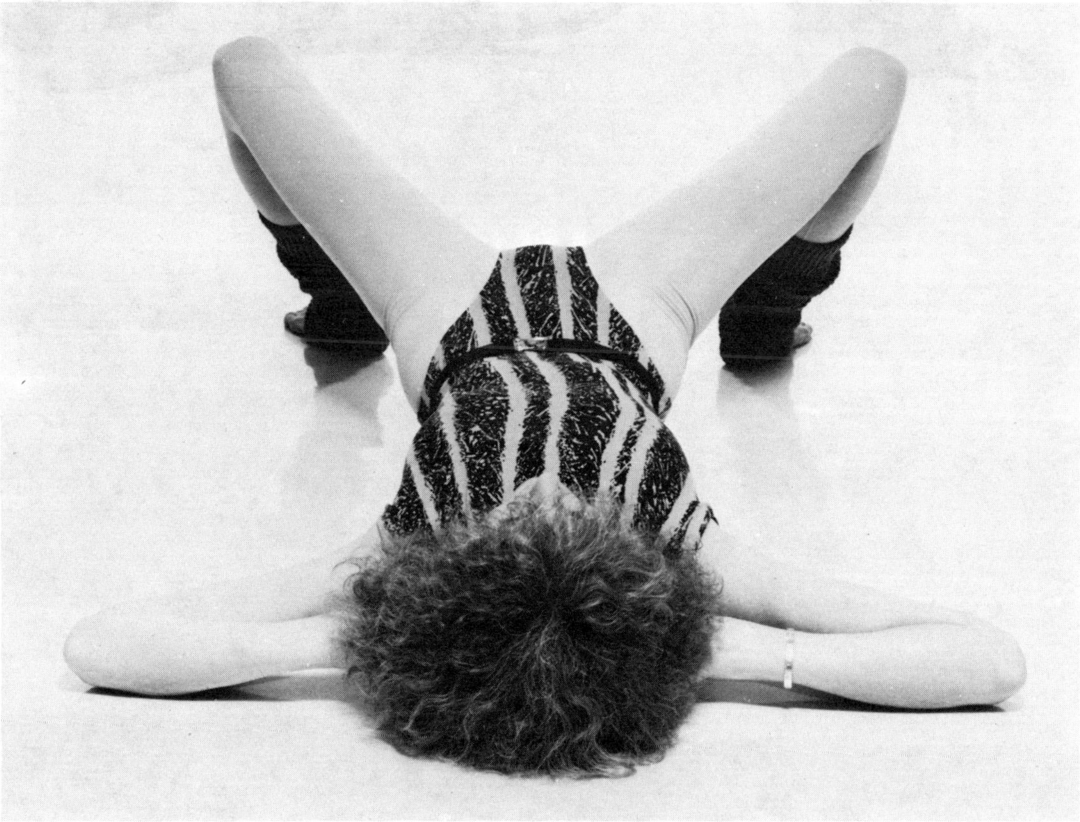

3

Remettez les genoux et les pieds en parallèle. Le bas du dos toujours collé au sol, levez et baissez les hanches 8 fois en allant deux fois plus vite. Tenez en comptant jusqu'à 8, puis baissez.

Posez la cheville droite sur le genou gauche et, en vous aidant des mains, tirez le genou gauche contre la poitrine, en étirant la hanche droite en comptant jusqu'à 8. Refaites le même exercice avec l'autre jambe.

Détente

1

Allongez-vous complètement sur le sol, jambes tendues et bras tirés en arrière, le tout bien aligné. Serrez les mains, pointes des pieds relevées et étirez les bras en inspirant. Retenez votre souffle.

Relâchez en expirant. Faites-le 2 fois.

2

Ramenez les genoux sur la poitrine...

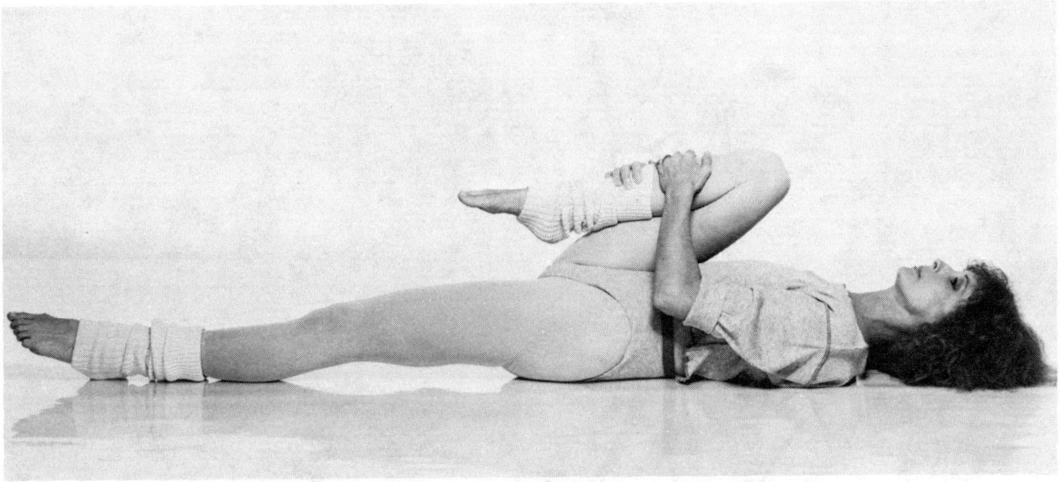

puis attrapez-vous le genou droit et tendez la jambe gauche. Pressez le menton contre la poitrine, en gardant la tête au sol, pour étirer la colonne vertébrale, et restez le bas du dos collé au sol. Si cette position vous gêne, attrapez la cuisse sous le genou et non au-dessus.

Puis changez.

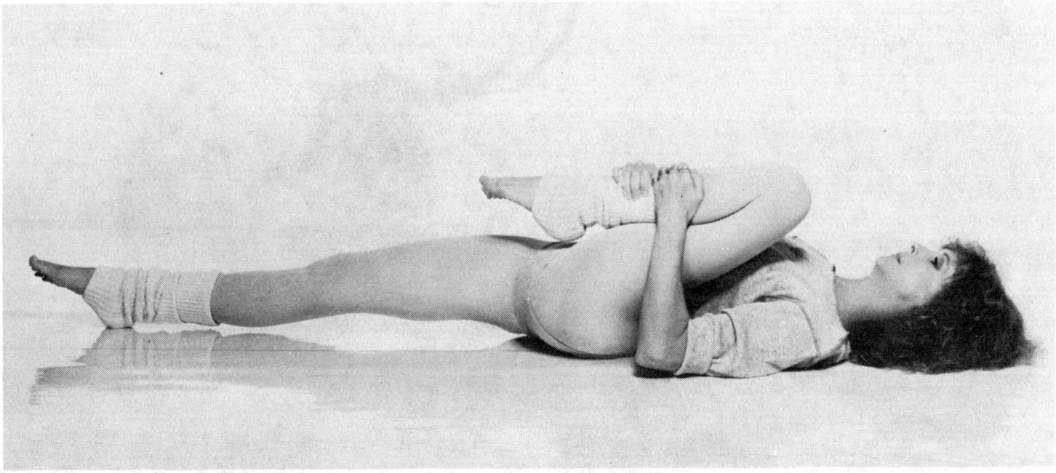

3

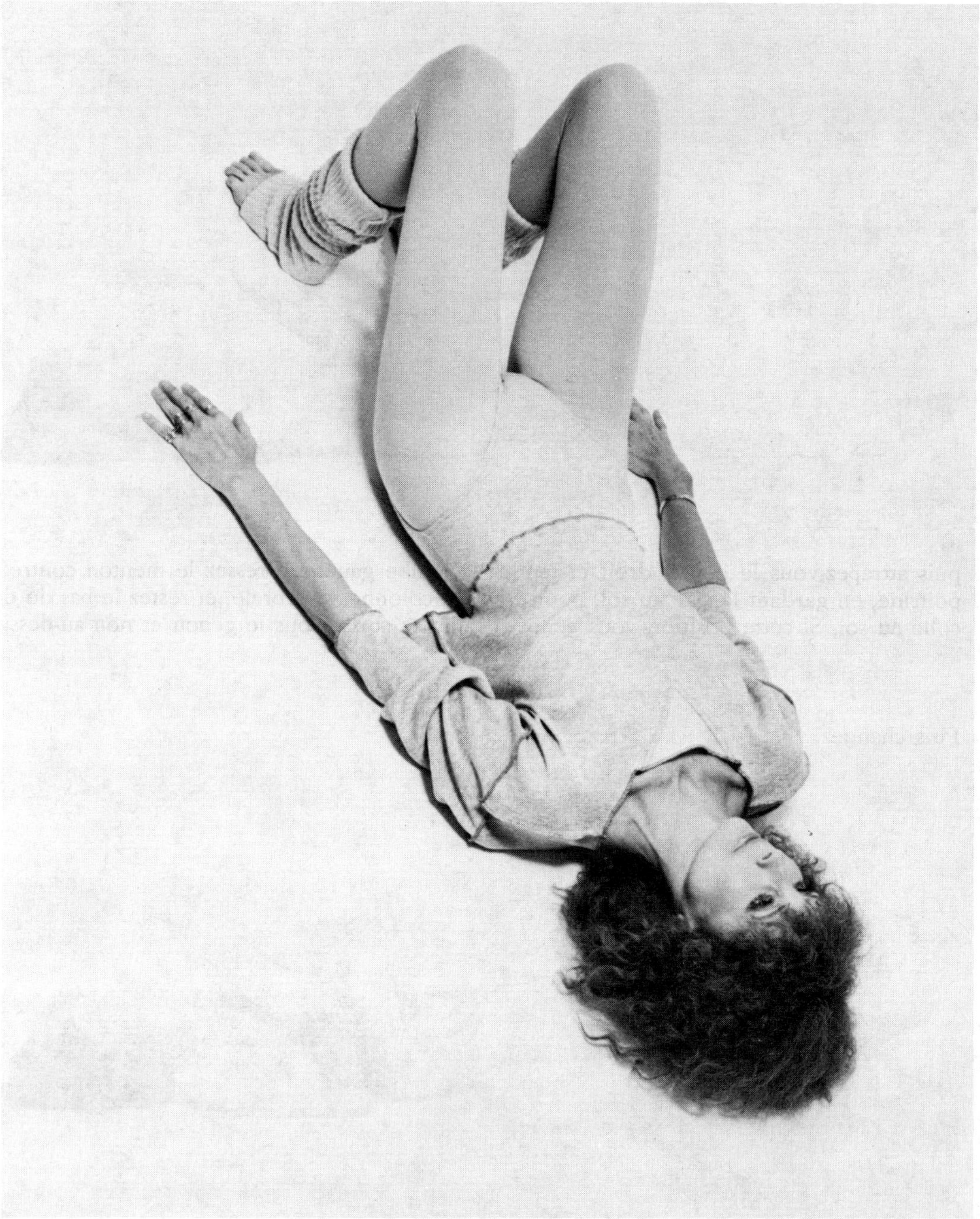

Posez les pieds par terre, placez les genoux et les pieds en parallèle et en prolongement des hanches. Baissez les bras sur les côtés et appuyez le bas du dos au sol.

Levez les épaules vers les oreilles sans les décoller du sol en comptant jusqu'à 2. Puis revenez à la position de départ en comptant jusqu'à 2. Faites 2 fois le mouvement complet.

4

Tournez la tête à droite en comptant jusqu'à 2...

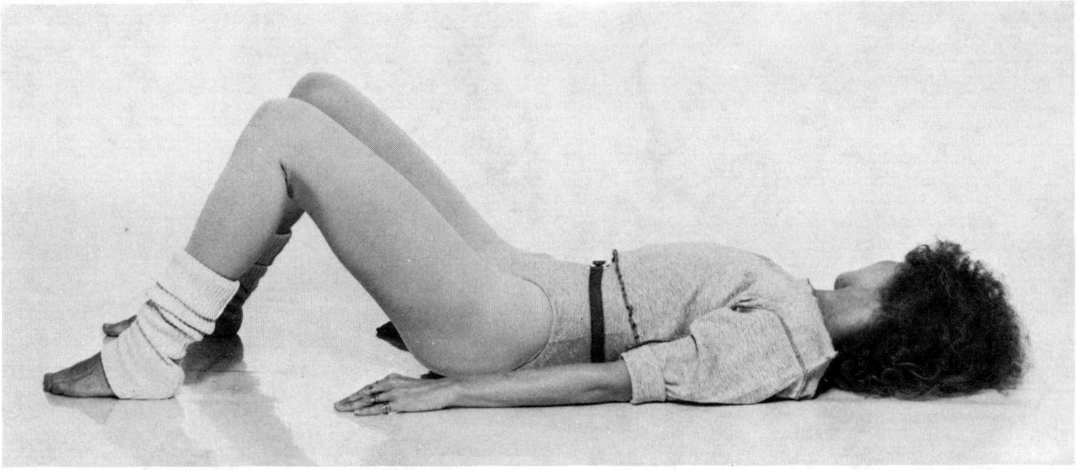

puis revenez au centre en comptant jusqu'à 2...

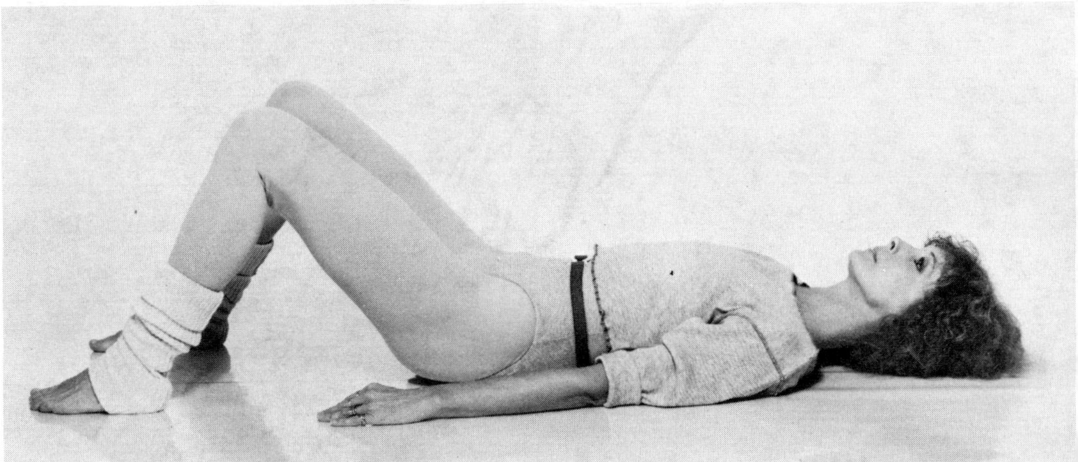

puis tournez la tête à gauche en comptant jusqu'à 2...

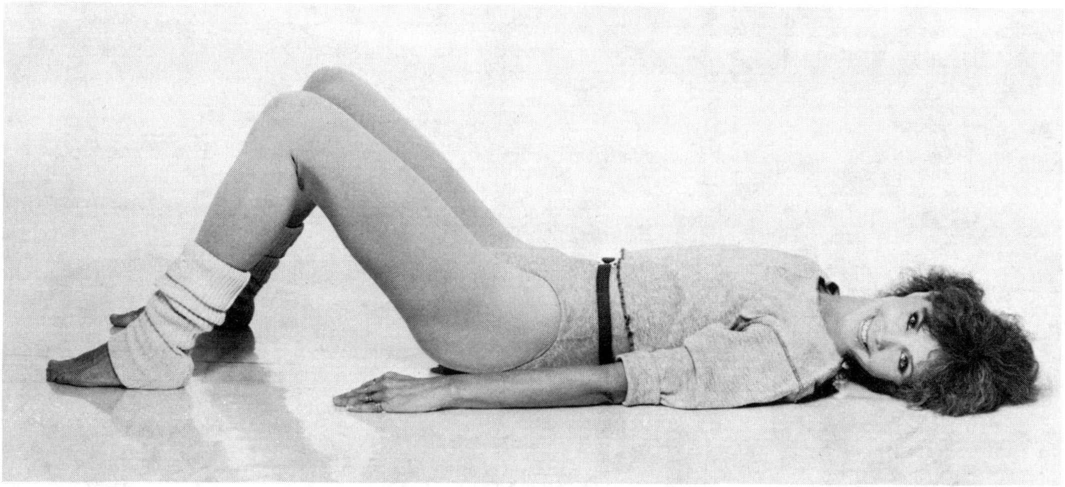

et revenez au centre en comptant jusqu'à 2. Respirez à fond et en expirant essayez de bien étirer la colonne vertébrale. Recommencez une fois encore.

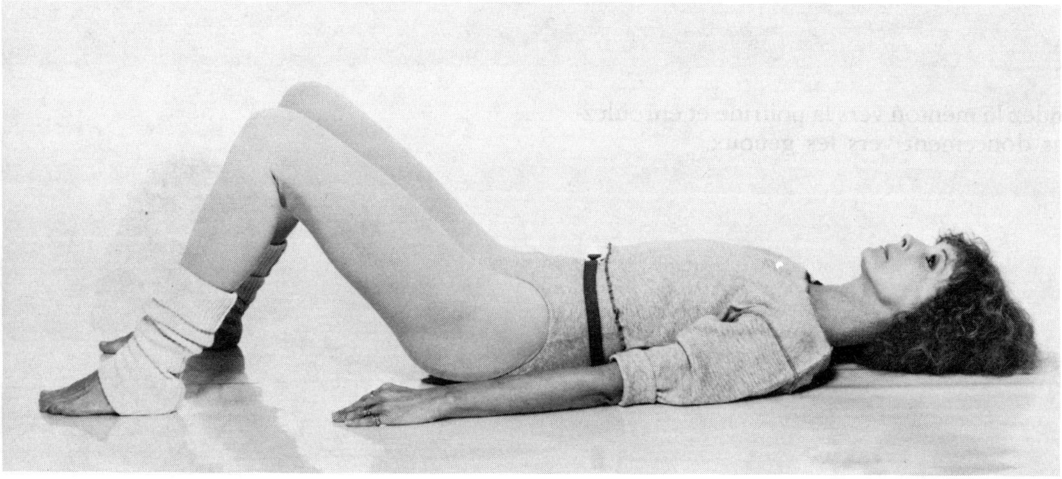

5

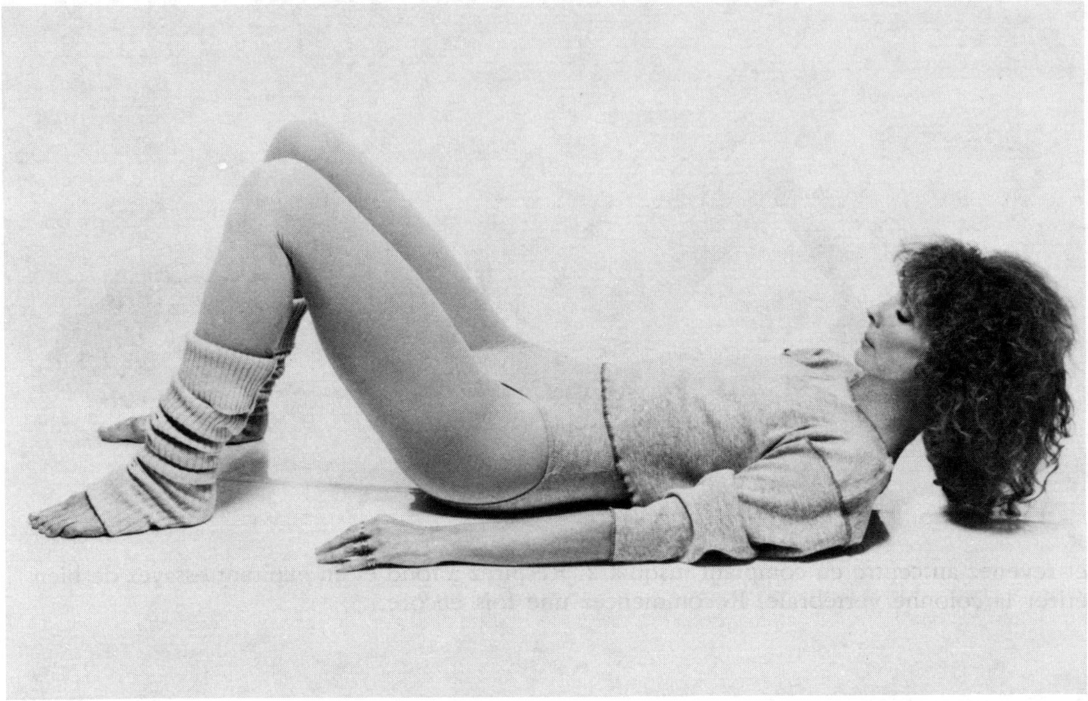

Tendez le menton vers la poitrine et enroulez-vous doucement vers les genoux.

Placez la jambe droite devant la jambe gauche et relevez-vous.

Le buste penché sur les jambes, fléchissez le genou droit et tenez la position en comptant jusqu'à 4. Sentez l'étirement à l'arrière de la jambe gauche...

puis fléchissez le genou gauche et tenez la position en comptant jusqu'à 4. Étirez bien l'arrière de la jambe droite. Vous pouvez mettre les mains en bas des jambes ou sur les cuisses si vous avez du mal à toucher le sol.

Fléchissez les deux genoux, rentrez les abdominaux et redressez-vous en déroulant le dos vertèbre après vertèbre.

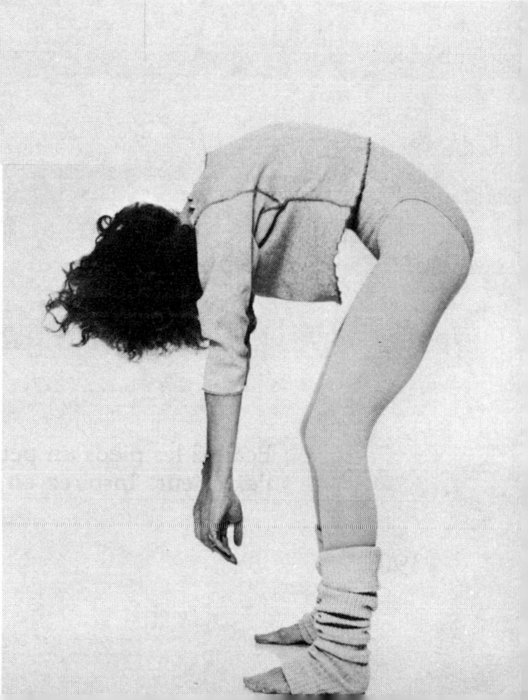

6

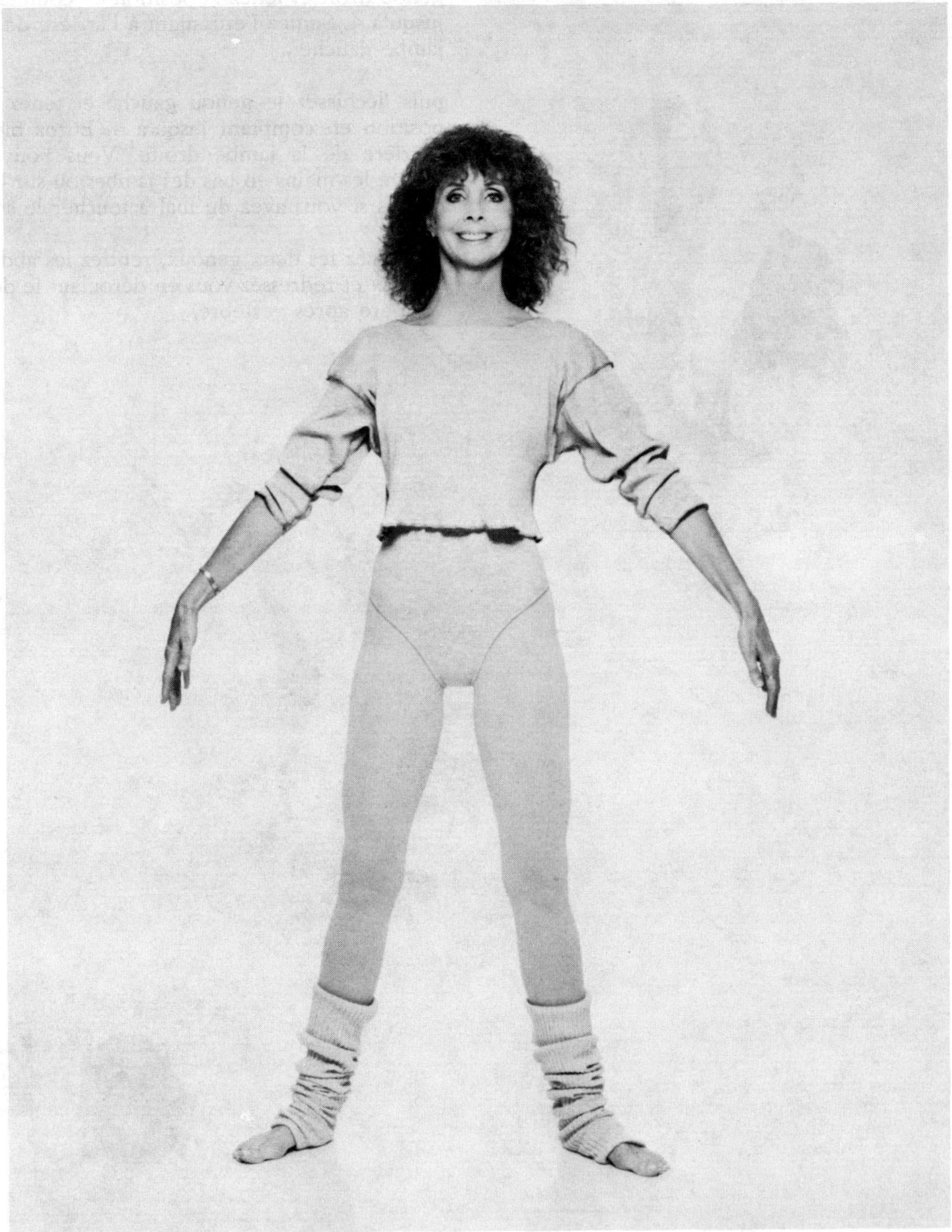

Écartez les pieds un peu plus que la largeur des hanches, pointes légèrement tournées vers l'extérieur. Inspirez en levant les bras jusqu'au-dessus de la tête, paumes vers le sol.

Expirez en baissant les bras, paumes vers le haut.

7

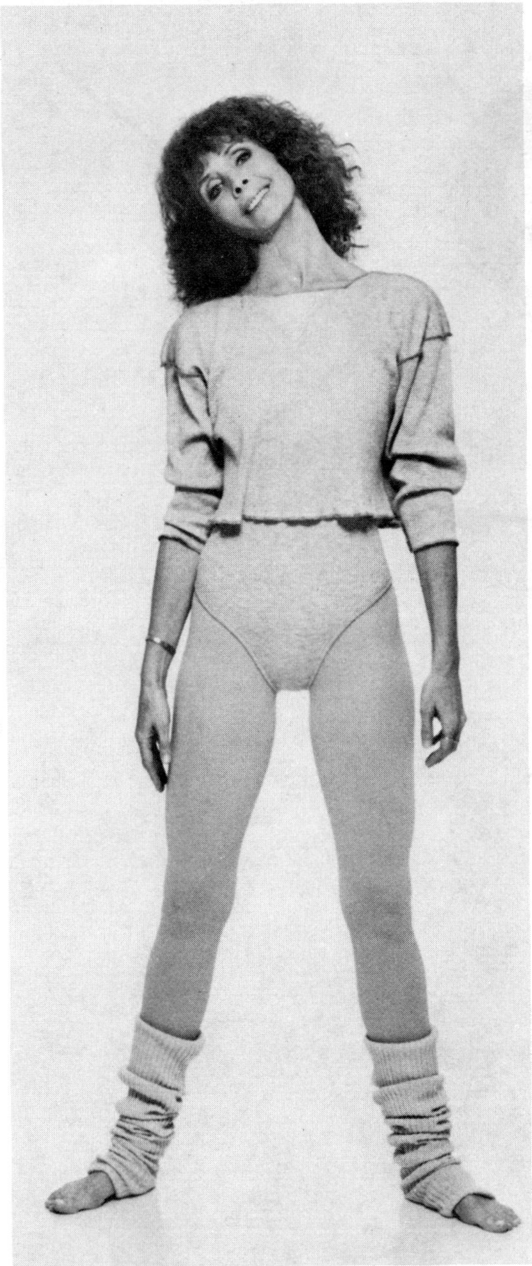

Inspirez. Expirez en penchant la tête à droite, l'oreille vers l'épaule, et tirez. Inspirez...

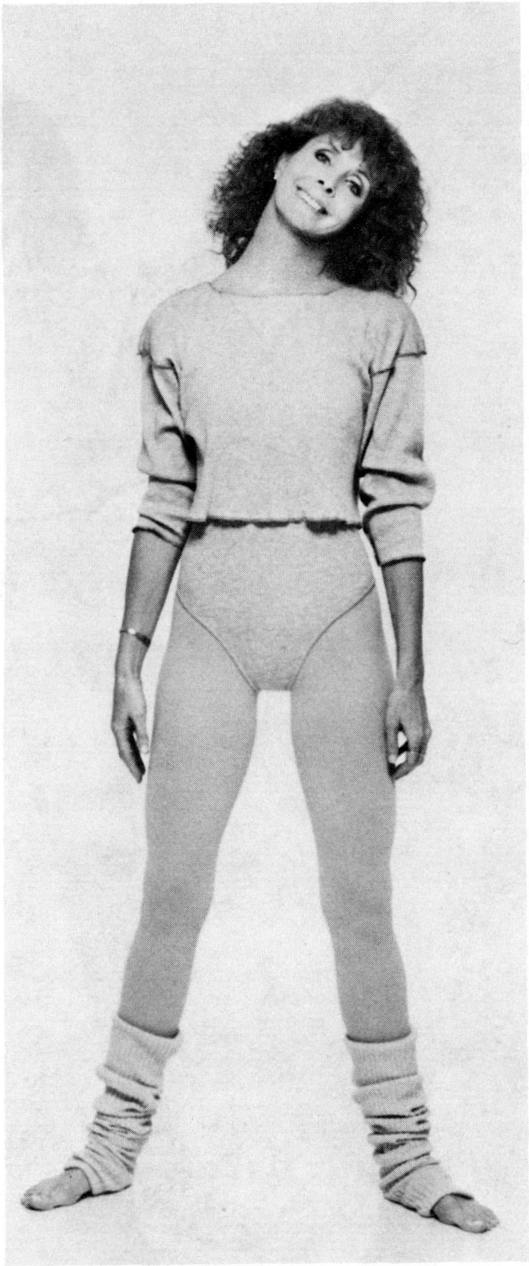

puis refaites la même chose à gauche.

8

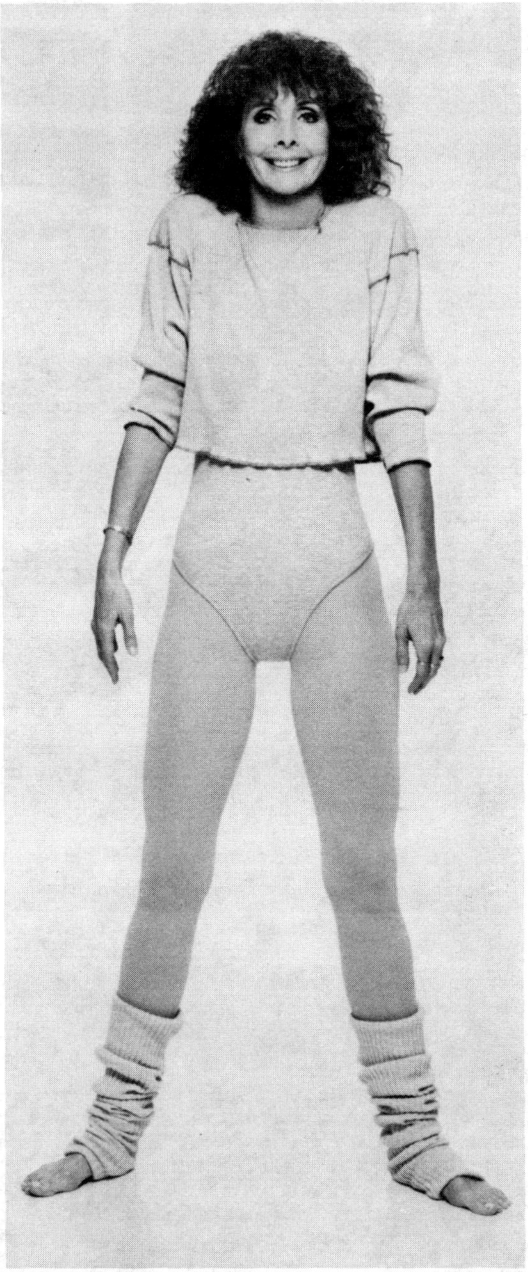

Inspirez en haussant les épaules...

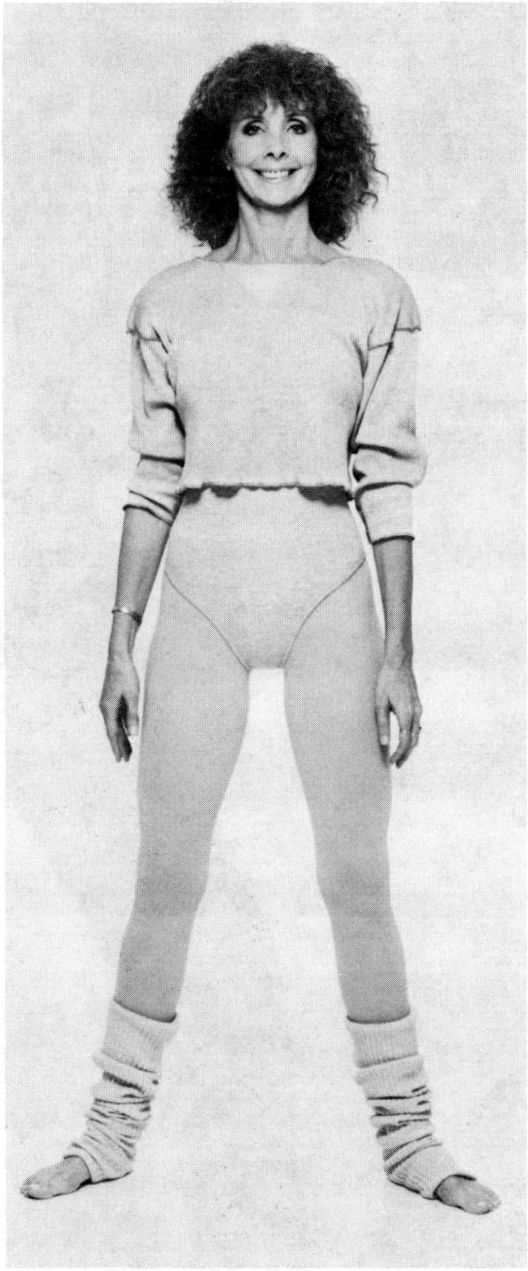

expirez en baissant les épaules. Faites cela 2 fois. En baissant les épaules, pensez à étirer la colonne vertébrale et à bien vous allonger.

Parfait ! Bon travail !

SIXIÈME PARTIE

Pour compléter le tableau

Moi avec Newton, notre oie, à Laurel Springs.

CHAPITRE 15

VOTRE PLAN DE SANTÉ

L'OBJECTIF DE CE LIVRE est que vous assumiez vous-même votre santé et votre forme physique, à mi-vie et au-delà. L'exercice régulier et l'alimentation saine sont les pierres angulaires de cette approche. Reste à ajouter l'*association* avec un médecin, fondée sur des rapports de confiance. Je dis bien association, car il n'est pas question de nous livrer aveuglément aux soins d'autrui. Nous devons nous informer de manière à pouvoir dialoguer avec le médecin de notre choix. Les directives qui suivent vous y aideront.

1. Établissez une relation permanente avec un médecin.

Il est bon d'avoir un médecin personnel vers qui se tourner au besoin. Cela vous évitera de recourir en cas d'urgence à un docteur ou une doctoresse que vous ne connaissez pas et qui ne vous connaît pas. Le choix d'un médecin de famille prend du temps, et s'opère au mieux lorsqu'on se porte bien. Cela permet de faire connaissance avant que la nécessité d'être soignée ne survienne.

Les femmes choisissent souvent pour médecins de confiance des gynécologues bien versés en médecine générale. Mais il peut aussi s'agir de généralistes ayant une connaissance approfondie de la gynécologie. Demandez autour de vous si l'on peut vous recommander quelqu'un. Un docteur ou une doctoresse qui jouit d'une bonne réputation sera plus apte à vous inspirer une confiance durable.

Voici les principales qualités à chercher dans votre quête :

- L'expérience et l'aisance des femmes d'âge moyen.
- La conviction que les processus du vieillissement et de la ménopause sont tout à fait normaux.
- Un bon contact humain : la réceptivité à vos questions et à vos préoccupations, la communication d'informations complètes sur votre état de santé, des explications détaillées sur les traitement qu'il recommande et leurs alternatives possibles, et l'accès à votre dossier.
- La mise à jour continuelle de ses connaissances médicales.
- Une philosophie de la prévention, avec l'idée que la santé repose sur l'interaction de nombreux facteurs.
- Un certain conservatisme dans la prescription d'examens, de médicaments et d'interventions chirurgicales.
- Une bonne disponibilité.
- L'observation du secret professionnel.
- Un climat de respect mutuel et d'amitié.
- Un personnel compétent et coopératif (le moral de ses collaborateurs ou collaboratrices vous en apprend souvent très long sur la nature du médecin ou de l'équipe médicale).

2. Constituez-vous un dossier « santé »

Si vous n'en avez pas encore, je vous conseille d'en faire un, ou de tenir un journal sur votre état de santé. J'ai découvert que plus les antécédents médicaux se font nombreux, plus il est difficile de se les rappeler alors que les détails précis semblent gagner en importance. Grâce à un journal, vous aurez toutes les informations nécessaires à portée de la main. Le cas échéant, vous pourrez l'emporter lors de vos consultations, ainsi qu'une liste des questions qui vous intéressent, et des copies de vos radiographies antérieures qui peuvent être utiles. Voici ce que je recommande d'inclure dans votre dossier :

- Les noms et adresses des médecins que vous avez consultés, avec les dates et les motifs de ces visites.
- Vos réflexions sur ces consultations, et les prescriptions de médicaments.
- Votre expérience de ces médicaments ; le cas échéant, leurs effets secondaires, vos allergies.
- Tout acte de chirurgie, ainsi que le nom et l'adresse de l'hôpital ou de la clinique et du chirurgien.

- Les risques présents (et passés) auxquels vous expose votre profession.
- Un historique de la santé de vos proches (parents, sœurs, frères).
- Votre courbe de température et de saignement, et vos signes de ménopause.
- Tout autre renseignement sur votre santé dont vous aimeriez vous souvenir.

Si vous désirez une copie de vos dossiers médicaux, sachez qu'en France votre dossier vous appartient. Dans une clinique, tous les éléments vous sont rendus à l'exception, bien sûr, des comptes rendus. Quant à l'Assistance publique, elle garde vos dossiers mais vous pouvez obtenir de votre hôpital qu'il vous les confie pour les montrer à un autre consultant.

3. Connaissez les problèmes de santé qui se posent aux femmes d'âge moyen.

Nous avons déjà étudié la ménopause, qui est un processus parfaitement sain du vieillissement de la femme. Dans les pages suivantes, nous allons voir les éléments de base sur deux autres problèmes de santé majeurs chez les femmes, à mi-vie : l'hystérectomie, et le cancer du sein. Ce ne sont *pas* là des aspects normaux du processus de vieillissement, mais tous deux prennent une importance croissante à mesure que les femmes avancent en âge. Voilà pourquoi j'estime essentiel d'exposer ce que nous avons besoin de savoir pour minimiser nos risques de faire l'expérience de l'un ou de l'autre.

L'HYSTÉRECTOMIE

De toutes les opérations importantes, c'est celle qui se pratique le plus aux États-Unis. En fait, les États-Unis présentent le pourcentage d'hystérectomies le plus élevé au monde. Et si cela continue, *plus de la moitié* des Américaines de soixante-cinq ans auront subi cette intervention... sans nécessité pour beaucoup d'entre elles. On évalue à 40 % le pourcentage des hystérectomies inutiles ! Or c'est une opération coûteuse, dont les complications sont nombreuses, et la convalescence assez longue. Si une hystérectomie vous est un jour conseillée, étudiez donc à fond les tenants et les aboutissants de cette solution avant de vous décider.

Un point capital de cette intervention chirurgicale est son étendue. L'hystérectomie est littéralement l'ablation de l'utérus, mais elle va souvent au-delà. Et l'hystérectomie dite « totale » vous enlèvera aussi le col de l'utérus, les trompes de Fallope et les ovaires. (L'ablation des ovaires est souvent appelée ovariectomie.)

Nous devons savoir précisément en quoi consistera l'opération qui nous est conseillée, et quelles en sont les raisons. Certaines femmes ont subi des ovariectomies sans en avoir été informées à l'avance. Or à présent que le rôle des ovaires dans la production hormonale après la ménopause est bien connu, les ovariectomies ne devraient jamais être une affaire de routine.

Toute intervention chirurgicale sur nos organes reproducteurs doit répondre à un risque majeur, et n'être envisagée qu'en dernier ressort. L'hystérectomie ne doit pas se faire à des fins de stérilisation. Il existe d'autres méthodes – notamment la ligature des trompes – qui sont beaucoup plus bénignes, plus simples, moins coûteuses et non sujettes aux effets secondaires. L'hystérectomie ne doit pas non plus se pratiquer automatiquement pour un prolapsus ou utérus « descendu » (on peut en ce cas procéder à un acte de chirurgie réparatrice simple), ni pour de petits fibromes (qui se résorbent d'ordinaire après la ménopause). Enfin, l'hystérectomie ne doit pas se faire dans un but préventif. Or des ovariectomies sont parfois pratiquées par mesure de précaution contre le cancer des ovaires, cancer extrêmement grave, mais assez peu répandu.

Voici des raisons valables d'envisager l'hystérectomie :

- Un cancer du col de l'utérus, de l'utérus, des ovaires, des trompes ou du vagin.

- Une grave endométriose irréductible aux autres traitements. (C'est l'apparition d'un tissu de la paroi utérine à l'extérieur de l'utérus.)
- Un nombre excessif de *gros* fibromes bénins, qui peuvent faire pression sur la vessie ou d'autres organes.
- Des saignements inhabituels ou des pertes anormales, rebelles au curetage ou aux autres traitements.
- Une maladie ou infection *chronique* des trompes ou des ovaires.

Le second avis

En France, rien n'est comparable au sytème américain, où il existe une association à cet effet. Vous trouverez toutefois dans le *Guide pratique* (*page 419*) les coordonnées de l'Ordre national des patients qui pourrait, le cas échéant, vous être utile.

LE CANCER DU SEIN

Au cours de ces dernières années, j'ai constaté que mes amies étaient plus nombreuses à consulter le médecin pour une grosseur au sein. La plupart furent soulagées d'apprendre qu'elles avaient une tumeur bénigne, mais certaines durent affronter l'effrayante et douloureuse réalité d'une tumeur maligne. Nous avons toutes besoin d'en savoir le plus possible là-dessus ; le cancer du sein frappe en France comme en Europe une femme sur quatorze – généralement après trente-cinq ans, mais pas toujours, dont la moitié environ subissent une mammectomie. C'est la principale cause de décès féminin jusqu'à cinquante-cinq ans, âge auquel les maladies cardiaques prennent la relève. Mais ça ne veut pas dire qu'il n'y a rien à faire.

Comme tous les cancers, celui du sein est une maladie des cellules. Il existe en réalité une quinzaine de types différents de cancer du sein. Certaines tumeurs se développent jusqu'à envahir des tissus extérieurs à la poitrine, alors que d'autres restent circonscrites. La mauvaise nouvelle sur tous ces types de cancer du sein est que nous n'avons pas encore trouvé leurs causes ni leurs traitements, et que les chiffres de mortalité demeurent à peu près constants depuis cinquante ans. Et en dépit du fait qu'il s'agit de la cause *majeure* de mortalité due au cancer pour toutes les femmes, et d'un risque particulièrement grand pour celles d'âge moyen, *4 %* seulement du budget national de la recherche sur le cancer est consacré à ce fléau* ! Nous devons veiller à ce que cela change. La bonne nouvelle est que beaucoup de progrès sont en cours. A l'heure actuelle, le traitement du cancer du sein est souvent moins dur que par le passé, et si la tumeur est traitée au début, les chances de survie à long terme sont nettement meilleures.

* Les statistiques françaises ne comportent pas les mêmes postes mais on peut noter à titre d'exemple qu'en 1982 l'État a alloué 495 millions de Francs au C.N.R.S. pour la recherche sur le cancer. La contribution française à la recherche internationale était de 57 millions de Francs.

Le dépistage

Nous allons voir ce qu'il faut faire si vous découvrez une des anomalies suivantes dans un de vos seins :

- Une grosseur ou induration au sein.
- Un suintement du mamelon.
- Un dessèchement de la peau, surtout autour du mamelon.
- Une modification dans la couleur ou dans la texture.
- Une formation de rides ou de bourrelets.
- Un changement dans la forme.
- Tout écart de la normale, sans lien avec votre cycle menstruel.

La première chose à vous rappeler si vous découvrez un, ou plusieurs, de ces signes suspects, c'est que 85 % des tumeurs se révèlent bénignes. Les kystes du sein sont plus courants que nous n'avons tendance à croire. Forte de cette connaissance, vous aurez, j'espère, moins peur et consulterez sans délai un médecin. C'est la première démarche à faire. Sans doute vous adresserez-vous à votre médecin généraliste ou à votre gynécologue. Mais vous préférerez peut-être voir un médecin spécialisé dans la détection et le diagnostic des maladies du sein. (C'est là une étape *indispensable* avant toute intervention chirurgicale.) Vous pouvez trouver ce spécialiste par l'intermédiaire d'un médecin que vous connaissez, ou de vos amis. Si vous téléphonez à la ligne bleue (voir le Guide pratique), on vous indiquera les différents hôpitaux.

L'établissement de votre diagnostic doit alors s'opérer en un série d'étapes. (Si le médecin que vous avez choisi ne les suit pas, demandez-lui pourquoi.)

La première étape comprend une palpation des seins et deux examens-clés : une *mammographie*, ou radiographie des seins, et une *ponction-aspiration* (sans douleur) de la tumeur. Cette ponction permet généralement de recueillir du liquide à des fins d'analyse. La mammographie détecte avec une exactitude de 85 % les tumeurs trop petites pour être palpables. On peut aussi recourir à la thermographie par scannographe à infrarouges pour découvrir des anomalies, mais cette technique convient mieux à la confirmation d'un diagnostic et à l'observation des changements du sein avec le temps. L'échographie détecte bien les kystes, mais sans distinguer entre tumeurs bénignes et malignes comme la mammographie.

Si la ponction-aspiration ne recueille pas de liquide, ou si l'analyse du laboratoire et la radiographie de vos seins ne vous donne pas un résultat pleinement rassurant, votre médecin doit ordonner une *biopsie*, prélèvement de liquide aux fins d'analyse biologique. Dans le passé, on demandait aux patientes de signer un formulaire qui autorisait le chirurgien pratiquant la biopsie à faire l'ablation du sein entier si le tissu se révélait cancéreux en un examen rapide. Cette *« procédure en un seul temps » n'est plus recommandée*. Un petit délai entre la biopsie et l'intervention chirurgicale qui peut s'imposer est actuellement la voie préférée en cas de cancer du sein. Cela nous donne le temps d'étudier les options possibles et de choisir la meilleure avec notre médecin de confiance. Et cela permet au laboratoire d'étudier plus minutieusement les tissus, et au spécialiste de déterminer avec plus de précision l'étendue et le type du cancer.

Les options

La chose la plus importante à savoir en matière d'option chirurgicale est que vous ne perdrez pas nécessairement votre sein. La vieille « mastectomie Halsted » mutilante, qui étendait l'ablation du sein à celle des muscles pectoraux et des ganglions lymphatiques sous le bras, est en voie de disparition.

La mastectomie la plus répandue aujourd'hui est l'ablation du sein avec curage de ganglions sous le bras, qui respecte les muscles pectoraux. Elle présente le même taux de survie que la mastectomie Halsted et permet ultérieurement une reconstitution du sein. On sait maintenant qu'en enlever *plus* n'est pas forcément mieux.

Une autre solution, relativement récente, qui gagne de nos jours en faveur, épargne au maximum le sein et peut offrir d'aussi bonnes chances de survie. Appelée « tumorectomie », elle ôte la tumeur et les tissus contigus, plus, parfois, certains ganglions lymphatiques sous le bras afin de déterminer si le cancer s'est étendu. Cette procédure est suivie d'une radiothérapie et plus tard, si le cancer s'est propagé au-delà du sein, d'une chimiothérapie ou d'une médication anticancéreuse. Des études sont actuellement entreprises pour comparer les résultats de la mastectomie et de la tumorectomie, avec *et* sans radiothérapie.

La taille de la tumeur est un facteur décisif dans l'intervention chirurgicale, aussi la détection précoce est-elle, je le répète, d'une importance capitale. Une tumeur inférieure à 2,5 cm de diamètre (cancer du sein Stade I) est la plus guérissable. Au-dessus de 2,5 cm, avec ou sans indication que le cancer s'est étendu (Stade II), l'opération *peut* s'imposer. La plupart des tumeurs sont heureusement détectées avant que ces stades ne soient dépassés (dont environ la moitié au Stade I*).

Avant l'opération du sein, il y a plusieurs autres dispositions importantes à prendre :

1. Décidez si vous vous ferez ultérieurement reconstituer le sein, afin que

* Un cancer du sein détecté au Stade I présente maintenant 87 % de chances de survie au-delà de cinq ans, et 70 % au-delà de dix ans. S'il est détecté au Stade II, les chiffres sont respectivement de 70 % et 50 %. S'il est découvert plus tard, les chances de survie à cinq ans sont de 47 %.

le chirurgien en tienne compte dans son intervention. (Cette chirurgie esthétique sera néanmoins possible si vous ne vous décidez que par la suite.)

2. Demandez que la réceptivité des tissus de votre sein aux œstrogènes et à la progestérone soit testée sitôt après l'opération. Un tiers de tous les cancers du sein se trouvent en effet alimentés par les hormones mêmes du corps. Les dosages des récepteurs aux œstrogènes sont actuellement courants, mais les dosages des récepteurs à la progestérone sont assez récents. Conservez les résultats dans votre dossier : ils indiqueront à votre médecin si une manipulation de votre équilibre hormonal présente un intérêt.

3. Prévoyez un programme d'exercices pour le haut du corps après votre opération, et discutez-en avec votre médecn ou avec un kinésithérapeute. C'est là un élément capital de la convalescence. Voir quelle aide demander dans le Guide pratique. Tous les exercices pour le haut du corps de la Gymnastique-Harmonie sont vitaux pour la convalescence, après une opération du sein.

La prévention

Comme pour la plupart des maladies chroniques, on pense que le cancer du sein n'a pas qu'une cause. Les conseils de prévention portent sur les *facteurs de risque* connus :

- Des antécédents personnels de cancer du sein.
- Des antécédents familiaux de cancer du sein des côtés maternel et paternel, notamment chez la mère ou les sœurs, surtout si leur cancer s'est développé avant quarante ans, et s'il a touché les deux seins.
- Avoir plus de quarante ans.
- Une longue période de fécondité – due à une menstruation précoce (avant douze ans), une ménopause tardive (après cinquante ans), ou les deux.
- Pas de grossesses.
- La naissance du premier enfant après trente-cinq ans.
- Ne pas avoir allaité ses enfants.

- Une activité sexuelle nulle ou tardive.
- Une exposition excessive aux radiations.
- Des antécédents personnels d'autres cancers.
- Des antécédents personnels de tumeurs bénignes, par exemple d'une maladie fibro-kystique des seins.
- Une corpulence ou une taille très supérieures à la normale.
- Origine juive européenne, origine non juive du nord de l'Europe, et Noires aisées.
- Vivre dans les zones industrielles urbaines du nord-est des États-Unis.

Malheureusement, même ces facteurs de risque sont quelque peu incertains, et jusqu'à ce que nous en sachions plus, nous devons *toutes* partir du principe que nous courons un danger pour adopter dans notre vie quotidienne les précautions que je vais maintenant indiquer brièvement :

1. L'auto-examen mensuel du sein

Vous venez de voir l'importance d'un dépistage précoce. L'auto-examen du sein en constitue certainement l'élément essentiel. *90 %* de toutes les tumeurs sont découvertes par les femmes elles-mêmes ou par leur amant – et non par le médecin. Le plus gros problème de l'auto-examen est que la plupart d'entre nous tendent à l'éviter car il signifie la recherche d'une chose que nous ne voulons pas trouver. Rappelons-nous que la majorité des tumeurs sont bénignes ! Nous devons donc connaître notre propre poitrine, la surveiller régulièrement sans crainte, et acquérir la certitude que nous saurons déceler très tôt les signes suspects. Votre médecin peut vous indiquer comment procéder. Voyez également le tableau de la page 408.

2. Des contrôles périodiques par votre médecin

Il importe également que votre médecin examine vos seins, même si vous les connaissez mieux que lui. Décidez ensemble de la fréquence de ces examens, selon votre niveau de risque. L'American Cancer Society (ACS) en conseille un tous les trois ans de vingt à quarante ans, et un par an à partir de quarante ans.

Comment examiner vos seins

Vous prendrez vite l'habitude de ces trois inspections simples, à faire *une fois par mois*, une semaine après la fin de vos règles quand vos seins ne sont ni gonflés ni trop sensibles. Choisissez le premier jour de chaque mois si vous êtes ménopausée ou si vous avez subi une hystérectomie.

1 SOUS LA DOUCHE

Les mains glissent facilement sur la peau mouillée. Les doigts bien à plat, palpez légèrement la surface du sein (le sein droit avec la main gauche, et le sein gauche avec la main droite) pour détecter toute grosseur ou induration.

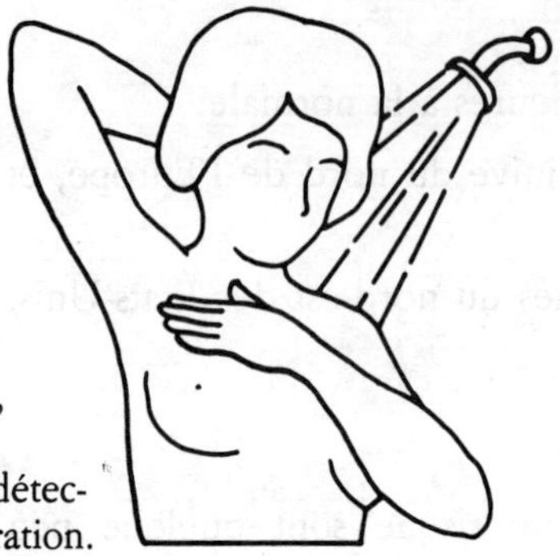

2 DEVANT UN MIROIR

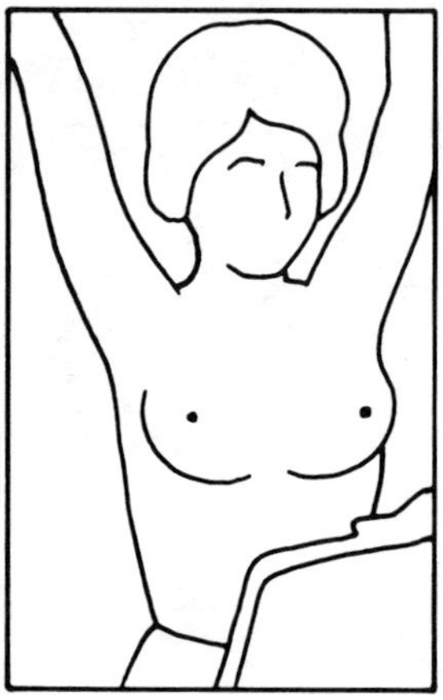

Observez vos seins les bras le long du corps. Puis levez les bras, cherchez tout changement dans le contour de chaque sein, gonflement, flétrissure de la peau, modification du mamelon.

Puis, mains sur les hanches, pressez fermement pour étirer les muscles de votre poitrine.
Il y a une petite dissymétrie entre les seins chez la plupart des femmes.
Un examen régulier vous apprendra à connaître votre poitrine et être sûre dans votre dépistage.

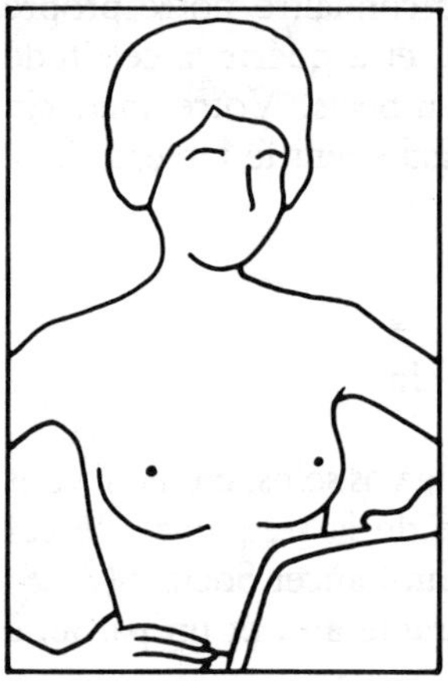

3 SUR VOTRE LIT

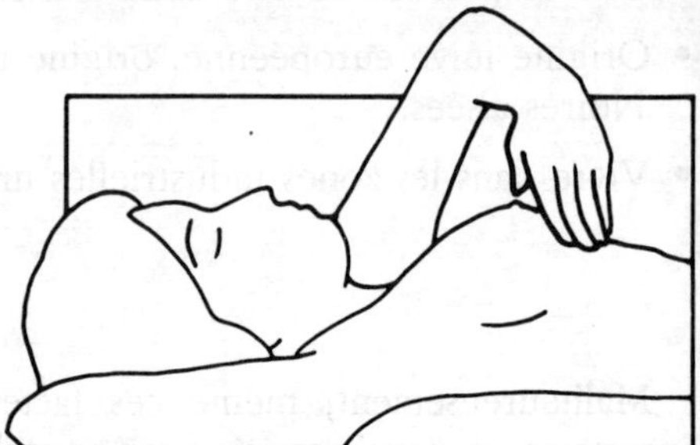

Pour examiner votre sein droit, placez un coussin ou une serviette pliée, sous votre épaule droite, et votre main droite derrière la tête (cela répartit plus régulièrement les tissus de votre sein). La main gauche bien à plat, palpez votre sein dans le sens des aiguilles d'une montre en partant du haut (à midi) et de l'extérieur. Un cercle de tissu ferme à la base de chaque sein est normal. Votre main doit faire au moins quatre fois le tour du sein pour en *explorer toute la surface*, y compris le mamelon. Procédez de même pour le sein gauche avec la main droite. Notez la structure de votre sein.

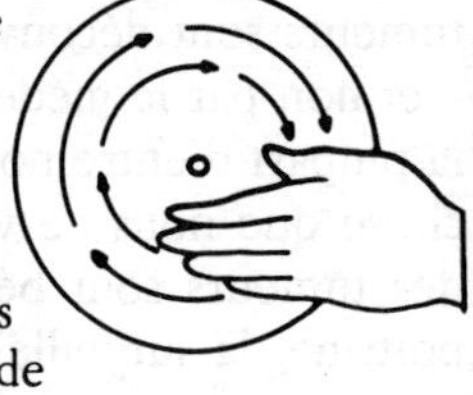

Pour finir, pressez légèrement le mamelon de chaque sein entre le pouce et l'index. Si une goutte de liquide (clair ou tenté de sang) apparaît, consultez immédiatement votre médecin.

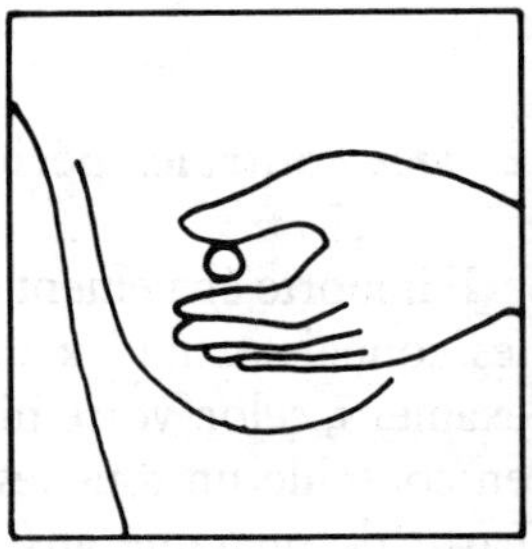

3. La mammographie

Cette radiographie des seins a une importance cruciale dans le *diagnostic* des grosseurs suspectes. Mais une mammographie à des fins préventives est une autre question, qu'il convient d'étudier très soigneusement. L'avantage est qu'elle peut détecter les tumeurs cancéreuses avant même qu'elles ne deviennent palpables. Le danger est que l'irradiation qu'elle implique est aussi un facteur de risque dans les cancers du sein. Par bonheur, il existe aujourd'hui un nouvel équipement qui radiographie les seins avec de très faibles doses de radiation.

Le National Cancer Institue recommande aux femmes qui se rangent dans les catégories suivantes d'étudier avec leur médecin l'opportunité de mammographies *périodiques* :

- Toutes les femmes au-dessus de cinquante ans.
- Les femmes de plus de quarante ans dont la mère ou les sœurs ont eu des cancers du sein.
- Les femmes de plus de trente-cinq ans qui ont déjà eu un cancer du sein.

L'ACS va un peu plus loin en recommandant à *toutes* les femmes entre trente-cinq et quarante ans de joindre une mammographie à leur dossier médical, qui servira de *référence* à leurs mammographies ultérieures. L'ACS nous conseille aussi de discuter avec nos médecins de l'opportunité de mammographies entre quarante et cinquante ans, et nous recommande une mammographie *annuelle* après cinquante ans.

Quelle que soit votre décision à ce sujet, veillez à ce qu'on utilise l'équipement de mammographie le plus récent, à faible dose de radiation*. Si vous avez besoin de radiographies pour toute autre raison, assurez-vous que vos seins seront bien protégés contre la radiation.

4. Un régime sain et une activité physique régulière

On voit aujourd'hui dans les régimes alimentaires un facteur majeur du développement des cancers du sein, notamment dans les *régimes riches en*

* Les directives de 1983 sur la mammographie de l'American College of Radiology recommandent que la dose de radiation ne dépasse pas un rad pour un examen de chaque sein comportant deux images (soit quatre images au total). L'équipement le plus récent répond à cette spécification.

graisses. Les taux les plus élevés de cancer frappent les pays riches, où l'absorption de graisses est la plus grande. En revanche, les pays aux régimes faibles en graisses ont peu, ou pas, de cancer du sein. Les Américaines consomment au moins trois fois plus de graisses que les Japonaises, qui ne connaissent pratiquement pas ce cancer. Mais lorsque les Japonaises viennent dans notre pays et adoptent le régime alimentaire occidental, elles deviennent très vite vulnérables au cancer du sein. On suppose que les graisses de nos menus peuvent indirectement stimuler le facteur œstrogénique qui favorise certains types de cancer du sein.

Suivez donc les conseils diététiques suivants afin de limiter les risques :

- Consommez moins de graisses saturés *et* insaturées.
- Mangez davantage d'hydrates de carbone complexes.
- Consommez beaucoup d'aliments riches en vitamines C et A (ou en bêta-carotène, précurseur de la vitamine A, qu'on trouve dans les légumes à feuilles vert foncé, et jaune-orangé comme les carottes).
- Veillez à manger beaucoup de légumes tels que brocolis, choux, choux-fleurs, choux de Bruxelles, épinards, qui semblent avoir un effet particulièrement puissant de désintoxication de l'organisme.
- Évitez les aliments fabriqués industriellement et les additifs.
- Veillez au maintien de votre poids, en perdant, si besoin est, tout excès de graisse.
- Ayez une consommation d'alcool modérée (ou nulle).
- Ne fumez pas.

Le rôle du système immunitaire dans la protection contre le cancer est parfaitement connu, mais un régime sain et une activité physique régulière contribuent à l'efficacité maximale de votre système de défense.

5. Le soulagement des maladies bénignes du sein

Environ une femme sur cinq présente une maladie fibro-kystique, caractérisée par des kystes ou des grosseurs, qui cause une sensibilité et un gonflement des seins similaires à ceux que nous connaissons avant et pendant les règles, mais sans rapport avec eux. Il se pourrait que cette maladie constitue un facteur de risque *possible* dans le cancer du sein. La suppression de la caféine et l'absorption de vitamines E à des doses atteignant 600 unités par jour (voir p. 201 de « Comment se nourrir pour vivre longtemps ») réussissent à améliorer cet état fibro-kystique des seins. Si vous souffrez de ce type de maladie, je vous conseille de parler à votre médecin de ces solutions diététiques. Moins vous aurez de petites grosseurs, plus votre auto-examen sera précis, et plus grande sera votre tranquillité d'esprit.

6. Prudence dans la thérapie aux œstrogènes

Du fait que certains cancers dépendent des hormones, un traitement aux œstrogènes lors de la ménopause peut être un facteur de risque dans le cancer du sein. Si vous avez décidé de prendre des œstrogènes, veillez à ce que leurs effets soient équilibrés par une prise de progestérone à des périodes déterminées. Malheureusement, nous ne connaissons pas encore les effets à long terme des traitements à la progestérone.

FUMEZ-VOUS ?

- Le tabac est la cause majeure de décès prématuré et de mauvaise santé aux États-Unis.
- Les adolescentes sont de plus en plus nombreuses à fumer, alors que les adolescents fument moins. Or plus on commence jeune, plus on risque de devenir grand fumeur.
- Davantage de femmes fument beaucoup : les Américaines sont les plus grandes fumeuses du monde, *surtout entre trente-cinq et quarante-quatre ans.*
- Une fumeuse court huit à douze fois plus de risques de mourir du cancer du poumon, trois fois plus de mourir d'un accident vasculaire cérébral, et deux fois plus d'une crise cardiaque, d'emphysème, ou de bronchite chronique.

Je m'adresse ici aux 30 % d'Américaines qui fument. La plupart d'entre vous *veulent* cesser. Ce n'est pas le problème. La faiblesse de caractère qui rend cela si difficile, non plus. On dit que cesser de fumer est aussi difficile, sinon plus, que de cesser de boire. On dit aussi que c'est plus dur pour les femmes que pour les hommes. Mais la lutte anti-tabac fait de réels progrès à l'heure actuelle, et il n'y a jamais eu autant d'ex-fumeurs. Pour aider celles d'entre vous qui fument encore à combattre cette habitude, je veux ajouter quelques remarques à ce que j'ai déjà dit dans ce livre sur le vieillissement rapide qu'occasionne le tabac.

Depuis une trentaine d'années, la santé des femmes s'est améliorée dans tous les domaines sauf un : le cancer du poumon. Et quand vous lirez ces lignes, ce cancer aura peut-être remplacé celui du sein comme première cause de décès par cancer chez les femmes. C'est déjà le cas en Californie et dans le District de Columbia, où nous avons rattrapé les hommes sur le terrain du cancer du poumon ! Les femmes ont été nombreuses à adopter le tabac lors de la Seconde Guerre mondiale, et les conséquences se font, et se feront, encore sentir.

Le drame du cancer du poumon, qui se révèle généralement à mi-vie, est que 5 à 10 % seulement des personnes atteintes parviennent à guérir. C'est un cancer beaucoup plus mortel et difficile à dépister précocement que le cancer du sein. Et si aujourd'hui les femmes sont moins nombreuses

En conversation, après une séance de Gymnastique-Harmonie, avec Hazel Wasbburn, qui est parvenue à ne plus fumer.

à avoir un cancer du poumon qu'un cancer du sein, leur risque de mortalité est plus grand parce que le cancer du poumon est le plus compliqué à vaincre. En revanche, il peut être le plus facile à *prévenir* : dans la plupart des cas, il suffit de ne plus fumer.

Qu'est-ce qui nous pousse à fumer ? L'habitude ; le stress ; les membres de notre famille qui fument ; la nicotine à laquelle on peut s'accoutumer comme à une drogue. Et surtout l'industrie du tabac pour qui les femmes sont une cible majeure.

Les cigarettes constituent 10 à 16 % de la publictié des magazines féminins. Après avoir présenté la cigarette comme un passeport pour la minceur, les publicitaires, grimpant dans le dernier wagon du féminisme, en font aujourd'hui le symbole de la libération, de l'équilibre, et du pouvoir de séduction, qui nous assurent la réussite dans le travail et en amour. Il faut dire non à tout ce qui nous fait fumer.

L'adoption de cigarettes à faible teneur en goudron et en nicotine peut, dans une certaine mesure, diminuer les risques de cancer du poumon et d'affections cardiaques... à condition que vous n'inhaliez pas plus profondément et que vous ne fumiez pas davantage, ce qui arrive communément. Et ces cigarettes ne sont *pas* un autre choix possible. Elles contiennent encore les trois grandes substances toxiques : goudron, nicotine et oxyde de carbone. En outre, les additifs servant à renforcer le goût de ces cigarettes moins fortes *augmentent* peut-être le danger de fumer au lieu de le réduire. Seuls les fabricants savent de quoi se composent les additifs.

Bref, il n'existe pas de bonne cigarette.

Je ne fume pas, mais j'ai travaillé avec beaucoup de femmes qui ont renoncé au tabac et adopté à la place un programme pour améliorer leur forme générale. D'après ce que j'ai vu et entendu, c'est à vous de voir personnellement comment vous préférez vous y prendre pour cesser de fumer. Une alimentation saine et un programme d'exercices peuvent vous apporter une aide considérable en réduisant le stress initial résultant de votre résolution, et en augmentant votre résistance à la tentation du tabac. Vous disposez également de beaucoup d'autres moyens, dont certains sont gratuits (voir ci-après le Guide pratique). N'oubliez pas qu'il existe une consultation « anti-tabac » dans les hôpitaux. Mais dites-vous bien que le tabac est une des choses les plus difficiles à abandonner. Ne vous attendez pas à réussir sans peine. Vous pourrez mettre près d'un an à vaincre votre désir de fumer. C'est pourquoi vous devez vous armer le mieux possible pour l'emporter dans cette lutte.

LES EXAMENS TOUS AZIMUTS

Cette liste des examens recommandés par les organismes et les spécialistes de la santé est purement indicative. Je n'entends pas me substituer à votre généraliste pour tel ou tel examen de routine. Voyez avec lui l'opportunité de tel ou tel test pour vous. Mais il est bon d'avoir une vue d'ensemble, surtout si vous n'avez pas de médecin de famille. Ce qui suit est d'ailleurs un schéma simple. Et n'attendez pas pour consulter si vous présentez des symptômes anormaux.

TOUS LES ANS

L'examen dentaire

Ou mieux tous les six mois. 45 % des Américains perdent leurs dents vers la soixantaine, par suite de maladies parodontales dues à une mauvaise hygiène buccale. Les bactéries s'accumulent pour former une plaque dentaire à l'intérieur des gencives. Peu à peu, les dents perdent de leur substance et finissent par tomber. Un bon brossage quotidien avec le dentifrice le moins abrasif possible est indispensable pour éviter ces maladies, ainsi que des visites régulières à votre dentiste pour un contrôle et un détartrage. Des radios tous les deux ans sont également une bonne mesure.

L'examen gynécologique

Après quarante ans, il doit comprendre *un frottis cervico-vaginal* de dépistage annuel. Les femmes ayant plusieurs partenaires sexuels doivent en faire faire deux par an. Avant quarante ans, vous pouvez procéder à cet examen tous les trois ans si vous avez eu deux années consécutives de bons résultats (à moins de forts risques). Votre examen gynécologique doit comporter une palpation des seins.

L'examen rectoscopique

Après quarante ans, cet examen permet de détecter les cancers du côlon et du rectum – troisième cause de décès par cancer chez les femmes d'âge moyen. Après cinquante ans, cet examen doit comprendre un hémocult (examen des selles).

L'examen général

Il doit comporter :

Une prise de la tension artérielle

Une analyse complète du sang (cholestérol, numération globulaire)

Une analyse d'urine (sucre, calcium, protéines)

TOUS LES DEUX ANS

Examen ophtalmologique avec recherche de glaucome

Le glaucome est un durcissement du globe oculaire. La tendance au glaucome croît avec l'âge et l'augmentation de la pression oculaire, qui peut endommager le nerf optique et aboutir à la cécité. Après quarante ans, un examen de l'œil comportant ce dépistage est recommandé tous les deux ans.

A DÉCIDER AVEC VOTRE MÉDECIN

Une mammographie de base, et d'autres par la suite à intervalles réguliers.

Un examen biologique et physique de base de vos os pour détecter l'ostéoporose par la suite (si son équipement le permet).

La fréquence des examens de vos seins par ce médecin.

La fréquence des examens gynécologiques en cas de traitement aux œstrogènes.

LE BILAN DE SANTÉ

Un bon principe consiste à recourir à un bilan de santé comprenant *tout*, y compris la plupart des examens ci-dessus : trois fois entre trente et quarante ans, quatre fois entre quarante et cinquante ans, cinq fois entre cinquante et soixante ans, et une fois par an à partir de soixante ans.

The
ERA
is for my
future.

CHAPITRE 16

CONCLUSION : VUE DU PONT

VOILÀ. UN AN A PASSÉ depuis que nous avons commencé notre livre. Nous avons abordé et couvert beaucoup plus de domaines que je ne pensais au départ. Mignon est sans doute devenue la plus jeune experte sur les années de maturité. Ensemble, nous avons éprouvé, par procuration, chacun des symptômes dont nous avons parlé. Chaque mal. Chaque douleur.

En ce qui me concerne, cette rédaction a été capitale. Pour avoir plongé au cœur de l'expérience de la maturité, et exploré toutes ses faces, j'ai moins peur de vieillir, je suis mieux armée pour affronter l'avenir, et disposée à tirer le maximum de cette période de ma vie. Vous aussi, j'espère.

Je sens plus vivement que jamais que nous devons pour nos enfants – filles *et* garçons – construire une nouvelle image de la femme, non plus axée sur l'âge mais sur une vision de la beauté et de la sexualité à mi-vie, et sur la possibilité d'un rôle plus riche jusqu'à un âge avancé. Sinon, rien n'incitera les jeunes (ni nous-mêmes) à préparer l'avenir. Si nous persistons à croire que tout ce que nous avons à offrir, c'est un visage et un corps jeunes, et la capacité d'enfanter, nous resterons aussi vulnérables que nos mères face au temps. L'« enfer de l'imagination » aura le dessus. Nous serons privées de la plénitude qu'apporte le bon usage de chaque âge de la vie.

C'est à nous les femmes de briser le mythe d'une féminité s'achevant à mi-vie. A nous seules de redéfinir ce qu'est la féminité. Nous avons une perspective unique à exposer et à offrir aux jeunes, nous qui assurons le *pont* entre les générations, entre les valeurs anciennes et les valeurs nouvelles.

Shirlee, Troy et moi nous apprêtant à fêter ce qui devait être le dernier anniversaire de papa.

Nous sommes les pionnières – la première génération de quadragénaires épanouies – qui traçons une voix positive pour nous-mêmes et nos filles, à travers une période mal comprise et mal éclairée de notre vie. A vous de nous rejoindre dans *le bel âge*..

Vanessa et moi au début de l'été 1984.

GUIDE PRATIQUE

OÙ TROUVER TOUT SUR MA MÉTHODE

1. Gymnastique-Harmonie (The Prime Time Workout)

- *Jane Fonda's Prime Time Workout*
- Album, cassette et cassette vidéo
  Ces trois supports ont été conçus pour compléter la méthode donnée dans ce livre. Chacun offre un programme de 45 minutes conçu tout spécialement pour les hommes et les femmes arrivant à maturité ainsi que pour ceux qui souhaitent des exercices complets mais trouvent ma méthode pour débutantes et pour avancées trop difficile. Ma Gymnastique-Harmonie est également excellente pour qui applique régulièrement ma méthode mais veut simplement changer de rythme. Mettant l'accent sur la souplesse et une forme adaptée, ma Gymnastique-Harmonie est spécialement bénéfique à celles qui n'ont jamais fait d'exercice, qui souffrent peut-être d'un excès de poids, ou de problèmes de dos, d'arthrose ou de blessures causées par des mouvements trop forts.

2. Première méthode

- *Jane Fonda, Ma Méthode*
  Mon premier livre sur la santé et la forme. Ce livre donne les bases d'une bonne alimentation et de bons exercices et présente la méthode complète pour débutantes et pour avancées fondée sur le programme proposé au centre.

- *Workout*, en album, cassette et cassette vidéo
  Ils sont fondés sur le programme présenté dans mon premier livre. Tous trois s'adressent aux débutantes et aux avancées. Pour les débutantes 25 minutes sur album et cassettes, 30 minutes sur cassette vidéo. Pour les avancées, 50 minutes sur album et cassette, 55 minutes sur cassette vidéo.

3. The Challenge Workout

- *Challenge*, cassette vidéo
  Pour les personnes confirmées, 90 minutes pleines de vigueur. Challenge est conçue pour développer la force, la souplesse et accroître l'endurance. Excellent pour celles qui ont fait le programme avancé et se sentent prêtes à attaquer un cours plus exigeant : 20 minutes d'aérobic mis en chorégraphie et hautement énergétique.

4. The New and Improved Workout

- *Workout, new and improved*
  Méthode pour débutantes et avancées entièrement mise à jour, avec une partie d'aérobic. L'accent est particulièrement mis sur une gymnastique équilibrée et non dangereuse. L'album et la cassette comprennent un manuel de croquis et d'instructions qui rendent les exercices plus faciles à suivre. Pour les débutantes, 30 minutes sur album et cassette, 35 minutes sur cassette vidéo. Pour les avancées, 50 minutes sur album et cassette, 55 minutes sur cassette vidéo.

5. The Stretch and Strengthen Workout (disponible au printemps 1985)

- *Workout, stretch and strengthen*
  Album, cassette, cassette vidéo
  Programme centré essentiellement sur un stretching en profondeur et le tonus musculaire. Excellent pour développer une plus grande souplesse et la force. Idéal en alternance avec les autres programmes.

6. The Pregnancy, Birth and Recovery Workout

- *Grossesse, accouchement et remise en forme.* Par Femmy DeLyser
  Remarquablement écrit, ce livre présente un programme unique créé par Femmy DeLyser pour guider les femmes au cours des changements rapides qu'entraînent la grossesse. Il couvre une année entière, depuis la conception jusqu'à la remise en forme et les soins à l'enfant ; il comprend entre autres les massages au bébé et offre un programme d'exercices spéciaux du centre, pour les femmes enceintes et accouchées.

- *Grossesse, accouchement et remise en forme*
  Uniquement en cassette vidéo ; offre 90 minutes d'un programme dirigé par Femmy DeLyser et moi.

Les deux premiers livres, édités au Seuil, sont disponibles en librairie et dans les FNAC.
Les albums et cassettes, édités par CBS, sont disponibles chez les disquaires et dans les FNAC.

Les cassettes vidéo, éditées par Warner Home Video, sont disponibles dans tous les vidéo-clubs.

REGARD SUR LE FUTUR : VOTRE FORME BUDGÉTAIRE

La santé, c'est beaucoup plus qu'une question médicale. C'est aussi un problème économique. Notre situation financière affecte notre état physique et moral. Elle détermine où nous vivons, comment nous vivons, si nous avons un sentiment de sécurité et d'équilibre ou d'angoisse et de stress et, bien sûr, si nous avons les moyens de nous faire soigner quand c'est nécessaire. Et pourtant, le côté économique de notre santé est celui pour lequel, bien trop souvent, nous ne sommes pas prêtes. C'est aussi l'arène dans laquelle les femme sont confrontées aux plus dures réalités.

Pour la plupart, nous vivons plus longtemps que notre mariage. Quel que soit le régime sous lequel nous nous sommes mariées, il nous faut être capables de nous prendre en charge à mi-vie et au-delà. Nous devons organiser cette seconde moitié de la vie avec autant de conscience et d'enthousiasme que possible, en accordant autant d'attention à notre forme financière qu'à notre forme physique. Il nous faut également nous créer un réseau d'amis, de parents et de communautés qui nous apporteront un soutien. Plus nos bases sociales et budgétaires seront solides à notre maturité, plus nous nous sentirons en sécurité l'âge venant.

Les organisations et publications suivantes constituent d'excellentes sources vers lesquelles vont tourner pour plus d'informations et d'assistances dans tous les aspects de votre vie : emploi, sécurité sociale, retraites, pensions alimentaires, assurances santé et tous les progrès accomplis récemment pour le bien-être des femmes.

Ministère des droits de la femme
53, avenue d'Iéna
75116 Paris
(1) 501.85.56

Vous trouverez là des informations générales en demandant le service de documentation.

CIDF (Centre national d'information des droits de la femme)
4, rue Bayard
75008 PARIS
(1) 225.05.05

Téléphonez de 9 h à 12 h 30 ou écrivez pour toute demande d'informations. Il existe près de 200 antennes en France ; Paris peut vous indiquer celle qui est la plus proche de chez vous. De nombreux services vous sont offerts :

- Service juridique
- Service pratique
- Service de documentation ; il existe entre autres un *Guide des associations féminines* que vous pouvez vous procurer pour 25 F (+ 10 F de port). Vous pouvez également obtenir la liste des publications ainsi qu'une liste des principales sources de documentation sur les femmes (centres d'information-documentation, bibliothèques, organismes).
- Vous pouvez aussi avoir la liste des centres de planning familial, des conseils en cas de litige patient-médecin, etc.

Femmes au présent
Présidente-fondatrice : Claudine Heslouin
9, rue Christine – 75006 Paris
(1) 329.47.43

Cette association organise des stages de formation pour aider les femmes à mieux s'affirmer dans la vie ; cela comprend aussi la bureautique, l'informatique et la dynamisation dans la recherche d'un emploi.

Retravailler
Fondé par Evelyne Sullerot
34, rue Balard
75015 Paris
(1) 558.23.09

S'adresse plus spécialement aux femmes qui, par choix ou par nécessité, cherchent à entrer ou à retourner dans la vie professionnelle.

NOTRE VOTE : UNE FORCE MONTANTE

Chaque fois que je rends visite à mon mari, à son bureau de l'Assemblée régionale à Santa Monica, une grande affiche attire mon regard. En noir et blanc, ces simples mots : « Deux adultes pauvres sur trois sont des femmes. Et si nous votions toutes ? »

Ce message reflète une dure réalité. Il montre aussi qu'il y a un pas tout simple vers l'égalité économique de la femme – exercer notre droit de vote ! Le vote est un moyen pour chaque femme de participer à la vie politique – dès l'âge de dix-huit ans. Pour la première fois, en 1980, les femmes ont été légèrement plus nombreuses à voter que les hommes. Et, naturellement, nous votons différemment en tant que groupe.

A mi-vie, notre vote peut jouer un rôle tout particulier dans la mise en forme d'une politique et d'un rôle essentiel dans l'arène du pouvoir politique. Dans notre société, parce que les inégalités s'intensifient avec l'âge, nous sommes en meilleure position pour lutter afin que ça change. Nous sommes le peloton de tête du vieillissement. Nous affrontons les dangers en premier. C'est pourquoi personne mieux que nous sait ce qu'il faut faire et, heureusement, comme le dit Maggie Kuhn, fondatrice des Gray Panthers, « nous survivons à presque tous nos opposants ». Historiquement, c'est la première fois que nous sommes tellement nombreuses que la politique publique sera obligée d'évoluer, fût-ce lentement, dans notre sens. Nous possédons une force politique, soyons donc sûre de l'utiliser, de ne pas laisser passer des élections sans être inscrites et sans voter.

Pour vous faire inscrire sur les listes électorales :

Renseignez-vous auprès de votre mairie. Pour tout renseignement, vous pouvez aussi appeler le

Centre d'Information Civique
242 *bis*, boulevard Saint-Germain
75007 Paris
(1) 544.41.66

OÙ TROUVER DE L'AIDE

Les femmes et leur maturité

LECTURES COMPLÉMENTAIRES :

Growing older, getting better : A handbook for women in the second half of life
Jane Porcino (Addison-Wesley, 1983)
Excellent livre de fond sur les aspects personnels, sociaux et financiers de la vie d'une femme à sa maturité.

Le processus du vieillissement

LECTURES COMPLÉMENTAIRES

Vitality and Aging
James F. Fries and Lawrence M. Crapo (W.H. Freeman, 1981)

Un des meilleurs ouvrages que j'ai pu trouver sur le vieillissement qui montre une forte croyance en la capacité des hommes à agir de façon préventive sur les maladies chroniques et sur la possibilité d'avoir une longue vie active grâce à une bonne alimentation et des exercices physiques réguliers.

SERVICES :

Vous pouvez vous renseigner auprès du
Secrétariat d'État aux personnes retraitées et aux personnes âgées
40, rue du Bac
75007 Paris
(1) 567.55.44
Institut national de recherche et de prévention du vieillissement
78, avenue du Général Leclerc
94270 Le Kremlin-Bicêtre
(1) 671.22.07

La peau

PRODUITS :

Caswell-Massey Company, Ltd
Mail Order Division
111 Eighth Avenue
New York, NY 10011
(212) 691 4090
Adressez-vous au service de vente par correspondance pour obtenir un catalogue de leur ligne de produits au concombre, savons, etc.
Par ailleurs, vous trouverez les produits Biotherm® en pharmacie. Demandez conseil à votre pharmacien pour utiliser telle ou telle marque.

Les mécanismes du corps

LECTURES COMPLÉMENTAIRES

Mal de dos, mal du siècle
Dr Robert Maigne (Laffont, 1980)
L'ostéopathie exactement
Lionelle et Marielle Issartel (Laffont, 1983)

Y-a-t-il une vie après la ménopause ?

LECTURES COMPLÉMENTAIRES

La cinquantaine épanouie
Dr Henri Rozenbaum (Laffont, 1980)
La ménopause (brochure éditée par le Comité français pour la santé)
9, rue Newton, 75116 Paris.
(1) 723.72.07

SERVICES :

International Health Foundation
69, rue du Montparnasse
75014 Paris
(1) 322.57.44

Cet organisme, au sein duquel agissent des groupes d'entraide, aide les femmes à mieux vivre leur ménopause.

Comment se nourrir pour vivre longtemps

LECTURES COMPLÉMENTAIRES

L'industrie de la faim
Frances Moore Lappé (Étincelle, 1982)

Soignez-vous par la nature ; Traité de naturopathologie pratique : cause, soins diététiques et nutritionnels, biothérapie des diverses maladies.
Robert Masson (Albin Michel, 1977)
Cet ouvrage vous expliquera aussi comment équilibrer les associations d'aliments.
Vous pouvez également consulter la collection du Dr Donnadieu, aux éditions Maloine.

Autre bonne référence : la revue *France-diététique*
40, rue de Paradis
75010 Paris
(1) 770.55.50

SERVICES :

Les hôpitaux ont souvent des services de consultation diététique ; ils disposent également de bibliothèques riches en ouvrages dans ce domaine.

Votre plan de santé

Hystérectomie

LECTURES COMPLÉMENTAIRES

Coping with hysterectomy
Susanne Morgan (Doubleday, 1982)

Cancer du sein

LECTURES COMPLÉMENTAIRES

Le sein
Dr Pierre Willemin, préface du Pr Léon Schwarzenberg (Pauvert-Garnier, 1983).
Brochures éditées par la Ligne bleue (adresse ci-dessous).

SERVICES :

Écoute cancer
(1) 502.15.15

Service du Comité de Paris de la ligue contre le cancer. Des anciens malades et des assistantes sociales répondent, uniquement par téléphone. On peut rester anonyme si on le désire.

La ligne bleue
46, boulevard de la Bastille
75012 Paris
(1) 347.34.34

Cette association est essentiellement axée sur le caractère social et humain de l'intervention. Elle comprend : un service téléphonique (on vous rappelle si vous le souhaitez), un service accueil, un système portes ouvertes avec des rencontres, des débats, une bibliothèque, un médecin qui vous expliquera tout ce que vous désirez savoir, un service d'édition des brochures publiées à la suite des débats.

Vivre comme avant
8, rue Taine
75012 Paris
(1) 622.62.83

Association d'anciennes malades ; comment bien se sentir après une mammectomie.

ILCO France
187, boulevard Murat
75016 Paris
(1) 527.13.70

Association qui vient en aide à tous les stomisés.

ARC
16, avenue Paul Vaillant-Couturier
94800 Villejuif
(1) 678.57.57

Cette association s'occupe exclusivement de la recherche sur le cancer.

Ligue nationale française contre le cancer
1, avenue Stephen Pichon
75013 Paris
(1) 584.14.30

Cette liste n'est bien sûr pas exhaustive.

Le tabac

SERVICES

Il existe des consultations antitabac dans les hôpitaux.

Vous pouvez également vous adresser au
Centre antitabac
141, rue Ordener
75011 Paris
(1) 606.12.13

La santé, en général

SERVICES :

Ordre national des patients
9, rue du Commandant Pilot
92220 Neuillly-sur-Seine
(1) 624.18.42

Le C.I.D.F. vous conseillera également en matière de litige médecin-patient.

Comité français d'éducation pour la santé de l'homme
9, rue Newton
75016 Paris
(1) 723.72.07

Il conçoit et anime des campagnes nationales sur l'alcool, le tabac, l'hygiène bucco-dentaire, le sport, la forme, etc.

Alcoholics Anonymous
3, rue Frédéric Sauton
75005 Paris
(1) 634.59.65

Alcooliques anonymes
21, rue Trousseau
75011 Paris
(1) 806.43.68

La Croix d'Or
10, rue des Messageries
75010 Paris
(1) 770.34.18

La Croix bleue
47, rue de Clichy
75009 Paris
(1) 874.85.22

Tous ces organismes ont des centres en province. Il n'existe pas encore de centre d'aide aux toxicomanes des médicaments, encore que des projets soient à l'étude. A noter un ouvrage qui traite de ces questions :

Les Toxicomanies, alcool, tabac, drogues, médicaments
Dr Michel Reynaud (Maloine, 1984)

NOTES

Page 18

Les travaux les plus importants menés aux États-Unis sur le vieillissement : The Baltimore Longitudinal Study of the National Institute on Aging.

Page 18

« Les femmes ont été totalement négligées... » Robert N. Butler, M.D., ancien directeur du National Institute on Aging.

Page 19

« A notre âge, nous n'avons plus rien à perdre... » Maggie Kuhn, fondatrice des Gray Panthers, « Advocacy in This New Age », *Aging,* août 1979.

Page 25

Dix ans d'études sur les heures de grande écoute et sur les émissions du week-end destinées aux enfants « Women and Minorities on TV, 1969-1978 », George Gerbner et Nancy Signorielli, Rapport de recherche par l'University of Pennsylvania Annenberg School of Communications, en collaboration avec le Screen Actor's Guild, le 29 octobre 1979.

Page 25

« Un homme vit toutes ses saisons... » Screen Actor's Guild Press Release, « Female SAG Members Work Less, Earn Less », 25 janvier 1980.

Pages 26-30

Principales sources démographiques.

The National Institute on Aging.

The U.S. Bureau of the Census.

« Growing Numbers, Growing Force », rapport sur la mini-conférence de la Maison Blanche sur les femmes âgées, coordonné par Tish Sommers, President, Older Women's League ; publié par la Older Women's League Educational Fund et la Western Gerontological Society, 1980.

« The Older Woman : Continuities and Discontinuities », rapport du National Institute on Aging et du National Institute of Mental Health Workshop, 14-16 septembre 1978 ; NIH Publication N° 79-1897, octobre 1979.

« The Status of Midlife Women and Options for Their Future », rapport et commentaire du Subcommittee on Retirement Income and Employment of the Select Committee on Aging, House of Representatives, 96ᵉ congrès, mars 1980 ; U.S. Government Printing Office, Com. Pub N° 96-215.

Page 30

« Plus les femmes s'engageront dans des occupations hors de la maison... » Robert N. Butler, M.D., Former Director, National Institute on Aging. « The "E" in Elderly : Exercise, » dans *A Symposium of the National Conference on Fitness and Aging,* President's Council on Physical Fitness and Sports, 10-11 septembre 1981, p. 40.

Pages 31-32

Principales sources pour discuter de la femme d'âge moyen qui travaille au dehors : « Vanished Dreams : Age Discrimination and the Older Woman Worker », rapport de 9to5, National Association of Working Women, août 1980.

Page 32

Le complexe de Dracula : cité de « Older Women at Work, » Carol Hollenshead, *Educational Horizons,* Vol. 60, N° 4, été 1982, pp. 137-146.

Page 33

Une des enquêtes les plus poussées sur les maladies cardiaques : Framingham Heart Study, Framingham, Massachusetts. « Women, Work, and Coronary heart Disease : Prospective Findings for the Framingham Heart Study », Suzanne G. Haynes, Ph. D., et Manning Feinleib, M.D., *American Journal of*

Public Health, Vol. 70, N° 2, 1980.

Page 34

Etudes sur la santé mentale des femmes de plus de quarante ans : évoqué dans *The Second Stage,* Betty Friedan, 1981, pp. 76-77.

Page 34

« Endosser des responsabilités n'a jamais tué personne... » Estelle Ramey, M.D., Georgetown University Medical School, cité dans « Testosterone : The Bonding Hormone », Dianne Hales et Robert E. Hales, M.D., *American Health,* Nov./Déc. 1982.

Page 40

« Nager contre le courant de la dégénérescence... » James F. Fries, M.D., « The Compression of Morbidity, » Dossier présenté à l'Institute of Medicine, National Academy of Sciences, Washington, DC, 20 octobre 1982.

Page 42

« Cette espèce de cellule qui vieillit est tout à fait comparable à l'histoire d'une ville... » Christian de Duve, « Cells Age », in *Aging Into the 21st Century,* Lissy F. Jarvik (ed.), 1982.

Page 58

Tableau des filtres solaires : adapté de « A Guide to Sunscreens », dans *Jane Brody's The New York Times Guide to Personal Health,* Jane Brody, 1982, p. 357.

Page 79

Théorie du système régulateur : évoquée dans *The Dieter's Dilemma,* William Bennett, M.D. et Joel Gurin, 1982.

Page 90, note de bas de page

Etude de la régénération du cartilage : Robert Salter, M.D., Professor and Nead of Orthopaedic Surgery, University of Toronto, évoquée dans « Joints Were Meant to Move–and Move Again, » Pat Ohlendorf, *The Graduate,* sept./oct. 1980, pp. 6-9.

Pages 102-103

Dialogue *Le miroir brisé* extrait du script de Jonathan Hales et Barry Sandler, 1980, d'après un roman d'Agatha Christie.

Page 107

Recommandation sur la consommation de calcium. « How Diet Can Help Prevent Brittle Bones », Bess Dawson-Hughes, M.D., *Tufts University Diet and Nutrition Letter,* Vol. 1, N° 3, mai 1983.

Page 110

« Si les médecins prescrivaient du calcium... » Joseph Lane, M.D., « Postmenopausal Osteoporosis : The Orthopedic Approach. Entretien avec Joseph Lane », *The Female Patient,* Vol. 6, novembre 1981.

Page 111

« L'âge n'apparaît pas comme un facteur limitatif... » Everett L. Smith, Ph. D., « Exercise for the Prevention of Osteoporosis : A Review », *The Physician and Sportsmedicine,* Vol. 10, N° 3, mars 1982.

Page 119

Pour en savoir plus sur le sexe et y prendre encore plus de plaisir, David Reuben, Presses sélection, 1974.

Page 120

Femme pour toujours, Robert A. Wilson, Trévise 1966.

Page 120

« Supposez que nous ayons eu pour président une femme en pleine ménopause... » Edgar Berman, M.D., cité dans « What Is Menopause ? » Louisa Rose, dans *The Menopause Book,* Louisa Rose (ed.), 1977, pp. 3-4.

Page 121

Je crois que je n'aime pas être définie d'après l'activité de mes fonctions ovariennes... » Grace Paley, « An Unsentimental Journey », *Ms,* février 1978, pp. 33-34.

Page 134

Discussions sur les bouffées de chaleur dans le sud du Pays de Galles : « Symptom Reporting at the Menopause, » Pat Kaufert et John Syrotuik, *Social Science and Medicine,* Vol. 151, 1981, pp. 173-184.

Page 136

Recommandation sur la consommation en vitamine E, *Women's Health '82,* Vol 1, N° 3, décembre 1982.

Page 137

« Œstrogène maison » : Susanne Morgan, *Coping with a Hysterectomy,* 1982.

Page 137

Étude sur les hormones et l'exercice physique. « Exercise and Reproductive Function in Women, » David C. Cumming, M.D., et Robert W. Rebar, M.D., *American Journal of Industrial Medicine,* Vol. 4, 1983, pp. 113-125.

Page 139

Étude sur la transpiration et l'exercice physique : « Sweating Sensivity and Capacity of Women in Relation to Age, » Barbara L. Drinkwater, J.F. Bedi, A.B. Loucks, S. Roche, et S.M. Horvath, *Journal of Applied Physiology : Respirat. Environ.*

Exercise Physiol, Vol. 53, N° 3, 1982, pp. 671-676.

Page 139

La clinique de la ménopause, département de médecine reproductive, University of California School of Medicine à San Diego, La Jolla, CA 92093.

Page 145

« Le plus vaste programme de recherches jamais effectué aux États-Unis, dans le domaine du vieillissement : The Baltimore Longitudinal Study of the National Institute on Aging.

Page 147

« J'ai soixante ans et je me suis laissé dire que l'on n'est jamais trop vieille pour jouir des plaisirs du sexe... » Cité dans « The Sexual Lives of Women Over 60 », Carol Tavris, *Ms.,* juillet 1977, pp. 62-65.

Page 147

« Un mythe perpétué par nos enfants parvenus à l'âge adulte... » Maggie Kuhn, fondatrice des Gray Panthers, cité dans *Breaking the Age Barrier,* Elaine Partnow, 1981, p. 99.

Page 155

« Aux alentours de la quarantaine... » cité dans *Growing Older, Getting Better,* Jane Porcino, 1983, p. 171.

Page 169

« Nous reconnaissons que l'on ne peut tirer aucune équation simple... »P. A. Van Keep, W. H. Utian, et A. Vermeulen, *The Controversial Climacteric.* Troisième congrès international sur la Ménopause, Ostende, Belgique, juin 1981.

Page 171

« Les problèmes émotionnels qui peuvent survenir à l'époque de la vie qui est associée à la ménopause... » Johanna Perlmutter, M.D., « The Estrogen Controversy, » *Harvard Medical School Health Letter,* février 1978.

Page 171

« Il ne semble pas que les œstrogènes empêchent les modifications liées à l'âge au niveau de la peau, des cheveux et des seins » : National Institute on Aging, « To Be or Not to Be an Estrogen User ? » Résumé des conclusions de la NIA Consensus Development Conference on Estrogen Use and Postmenopausal Women, 13-14 septembre 1979.

Page 171

« Pure sottise... » Johanna Perlmutter, M.D., cité dans *Unfinished Business : Pressure Points in the Lives of Women,* Maggie Scarf, 1980, p. 442.

Page 172

« Bien que l'on ait naguère espéré que les œstrogènes avaient un effet de protection contre les maladies cardiaques... » National Institute on Aging, « To Be or Not to Be an Estrogen User ? » *Op. cit.*

Page 173

« Actuellement, on ne dispose pas d'informations suffisantes... » Howard L. Judd, M.D., « Estrogen Replacement Therapy : Indications and Complications, » UCLA Conference, 1983 American College of Physicians, *Annals of Internal Medicine,* Vol. 98, 1983, pp. 195-205.

Page 176

« Ménostase » : Susanne Morgan, *Coping with a Hysterectomy,* 1982.

Page 179

« Les femmes qui s'apprêtent à passer la plus grande partie... » Wulf H. Utian, M.D., Ph. D., *Menopause in Modern Perspective : A Guide to Clinical Practice,* 1980, pp. 8-9.

Page 233

« Il n'y a aucun médicament, en usage ou en préparation... » Walter M. Bortz, II, M.D., « Disuse and Aging, » *Journal of the American medical Association,* Vol. 248, N° 10, 10 septembre 1982.

Page 234

Recherches sur « Briser la barrière de l'âge » :

Piro Kramar, M.D. et Barbara L. Drinkwater, Ph. D., « Women on Annapurna, » *The Physician and Sportsmedicine,* Vol. 8, N° 3, mars 1980.

Sharon A. Plowman, Barbara L. Drinkwater, et Steven M. Horvath, « Age and Aerobic Power in Women : A Longitudinal Study », *Journal of Gerontology,* Vol. 34, N° 4, 1979, pp. 512-520.

Paul Vaccaro, Ph. D., Gail M. Drummer, Ph. D. et David H. Clark, Ph. D., « Physiological Characteristics of Female Masters Swimmers », *The Physician and Sportsmedicine,* Vol. 9, N° 12, décembre 1981, pp. 75-78.

Page 236

« Je suis revenu de mes trois voyages d'études... » Alexander Leaf, M.D., « Getting Old », *Scientific American* 1973, Vol. 229, pp. 45-52.

Page 417

« L'enfer de l'imagination... » Susan Sontag, « The Double Standard of Aging, » *Saturday Review of the Society,* 29 septembre 1972, p. 29.

Remerciements

Merci à tous ceux qui m'ont si généreusement donné de leur temps et de leur savoir :

Evelyn Anderson R.N., Ph. D., Co-Coordinatrice, The Menopause Clinic, University of California School of Medicine, San Diego, et professeur à l'école d'infirmières, University of San Diego ; Jeffrey Bland, Ph. D., Professeur de biochimie nutritionnelle, University of Puget Sound ; the Boston Women's Health Collective ; Femmy DeLyser, R.N., Birth Educator et Directrice du programme « Grossesse, accouchement et remise en forme » de la méthode de Jane Fonda ; Jay Fliegelman, Professeur, Department of English, Stanford University ; James F. Fries, M.D., Associate Professor of Medicine, Stanford University School of Medicine, et Directeur, Stanford Arthritis Clinic ; James G. Garrick, M.D., Director, Center for Sports Medicine, Saint Francis Memorial Hospital, San Francisco ; Sadja Greenwood, M.D., M.P.H., Min An Healt Center, San Francisco ; Sonia Hamburger, Co-Coordinatrice, The Menopause Clinic, University of California School of Medicine, San Diego ; Henri G. Harter, D.C. ; Michael F. Jacobson, Ph. D., Executive Director, Center for Science in the Public Interest ; Gayle Kamer ; Michael D. Lockshin, M.D., Professor of Medicine, Division of Rheumatology, Cornell University Medical College, et Attending Physician, Hospital for Special Surgery, New York ; Judy Mahle Lutter, President, Melpomene Institute of Women's Health Research ; Maryann Napoli, Center for Medical Consumers and Health Care Information, New York ; the National Institute on Aging ; the National Women's Health Network ; Morris Notelovitz, M.D., Ph.D., Director, Center for Climacteric Studies, et professeur d'obstétrique et de gynécologie, University of Florida ; Maxine Ostrum, M.D. ; Jane Porcino, Ph.D., Directeur, Gerontology Department, State University of New York à Stony Brook, et Co-Director, National Action Forum for

Older Women ; Aviva Rahmani, artiste ; Robert W. Rebar, M.D., Professeur et Head, Reproductive Endocrinology and Infertility Section, Prentice Women's Hospital, Northwestern University ; Tish Sommers, President, Older Women's League ; et la Women's Equity Action League.

Mes remerciements et mon respect vont à Carol Garabedian, chorégraphe de la Gymnastique-Harmonie.

Mon affection et ma gratitude vont à ma merveilleuse belle-mère, Shirlee Fonda.

Mes remerciements tout particuliers à Georges Borchardt, notre agent littéraire, sa femme et collègue, Anne, Fred Hills, notre éditeur chez Simon and Schuster, et aux héroïnes cachées Leslie Ellen, Debi Karolewski, Denise Kurtzman et Jennifer Robertson.

Mignon voudrait remercier personnellement Camille Wenzel, Kim McCarthy, Leslie McCarthy, Suzanne McCarthy, Colleen Di Pilla, Laura Seitel, Joyce Sachs, Dannielle Pellegrin, Mary Kushner, Mary Humboldt, Scott Altmann et Bob Mulholland pour leur encouragement et leur soutien au moment où ce livre a été écrit ; et un merci tout spécial à toi, Tootsie.

INDEX

CRÉDITS ICONOGRAPHIQUES

PHOTOGRAPHIES

Les photos ne portant aucun crédit sont de Harry Langdon.
Peter G. Aitkin/Photo Researchers, 157 en-bas
Murray Alcosser, 195, 197, 214-219
Collection de l'auteur, 12, en haut, 20, 28-30, 57
Arlene Blum, 234
John Bryson, 12 en bas
Adger Cowans/Universal City Studios, 21
Henri Dauman, 61
Detroit Free Press, 16
Troy Freeman, 235
Burt Glinn/Magnum, 55
Arthur Grace/Stock Boston, 46
Kelvin Jones, 70, 74, 76, 80, 112, 138, 165, 255
Richard Kalvar/Magnum, 403
Kiran, 189
Bettye Lane/Photo Researchers, 118
George Magenta, 22
The Menopause Clinic, San Diego, 179
Barbara Pfeffer, 23
Mark Reiter/*50 Plus*, 237, 243
Matthew Rolston/*Interview*, 52
Lorraine Rorke, 249
Steve Schapiro/Sygma, 10, 13, 31
Jean Shapiro/*Runner's World*, 47
Ellen Shub, 33
Suzanne Szasz/Photo Researchers, 35
Suzanne Tenner, 18, 180, 192, 227, 416, 418
Arthur Tress/Photo Researchers, 157 en haut
UPI, 253
Alex Webb/Magnum, 164
Jim Zenk/ABC Circle Films, 25

DESSINS

Les dessins ne portant aucun crédit sont de Barbara Shock.
La structure de la peau, par Barbara Shock et Aviva Rahmani, 54
Les muscles du visage, illustration originale de Helen Roberts dans *The 15-Minute-a-Day Natural Face Lift,* par M. J. Saffon, copyright 1981, adapté par Barbara Shock avec l'autorisation de Warner Books, 64
L'alimentation du cartilage, par Barbara Shock avec Aviva Rahmani, 87
Le pouls : votre rythme d'entraînement par Aviva Rahmani avec Barbara Shock, 246
Posture debout, par Loren Clapp, 262
Comment examiner vos seins, avec l'aimable autorisation de l'American Cancer Society, 408

BANDE DESSINÉE

Sally Forth par Greg Howard © Field Enterprises, Inc., 1983. Avec l'aimable autorisation de News America Syndicate, 24.